初心传承之路

为中国参与国际经济贡献智慧

主编◎林桂军

对外经济贸易大学出版社
中国·北京

图书在版编目（CIP）数据

初心传承之路：为中国参与国际经济贡献智慧 / 林桂军主编. —北京：对外经济贸易大学出版社，2021.8

ISBN 978-7-5663-2317-0

Ⅰ. ①初… Ⅱ. ①林… Ⅲ. ①对外经济贸易大学–校史 Ⅳ. ①G649.281

中国版本图书馆 CIP 数据核字（2021）第 165746 号

初心传承之路：为中国参与国际经济贡献智慧

林桂军 **主编**

责任编辑： 王延新

出版发行：对外经济贸易大学出版社
社　　址：北京市朝阳区惠新东街 10 号
网　　址：www.uibep.com
资源网址：www.uibepresources.com
邮政编码：100029
邮购电话：010－64492338
发行部电话：010－64492342
E-mail：uibep@126.com

成品尺寸：185mm×260mm
印　　张：20.25
字　　数：480 千字
ISBN 978-7-5663-2317-0
印　　刷：北京博海升彩色印刷有限公司
版　　次：2021 年 8 月北京第 1 版
印　　次：2021 年 8 月第 1 次印刷
定　　价：82.00 元

序 1

破冰启航　砥砺前行

——中国对外开放与贸大的初生和成长

2021 年是中国共产党建党 100 周年，恰逢对外经济贸易大学建校 70 周年。过去的百年，对中国共产党来说，是带领人民创造伟大历史、铸就伟大精神、实现伟大飞跃的时代。对中国对外开放来说，是从闭关锁国、被动附庸，到破冰启航、主动开放、共创伟业的时代。对贸大来说，是一个从孕育初生、勇担使命，到履职尽责、与时偕行，主动推动国家对外开放伟大事业的时代。

从历史长河看，对外开放一直是中华民族的主流和趋势，中华民族向来以“天下大同”“协和万邦”的宽广胸怀，自信而又大度地同域外民族开展交往和文化交流，谱写光华无限的丝路长歌，也创造了气度恢弘的盛唐气象。欧洲工业革命之后，自由贸易在西方国家快速发展。同时期，清政府的对外开放政策却趋向保守，长期奉行闭关锁国的政策。直至鸦片战争之后，清政府被迫签订了一系列不平等条约，中国开始了被动附庸型的对外开放。

1949 年新中国成立以后，西方主要国家对我国实行贸易禁运措施。面对内忧外患的困境，新中国采取“一边倒”的开放方针，对外贸易的重点主要是苏联和东欧。为了解决国家对外贸易理论研究匮乏、高素质外贸人才紧缺的问题，1951 年，国家决定设立高级商业干部学校（对外经济贸易大学的前身，1953 年更名为“北京对外贸易专科学校”），专门培养外贸工作急需的专业人才。1954 年，国家决定汇集全国高校国际贸易专业的师资，成立北京对外贸易学院（1984 年更名为“对外经济贸易大学”），并将办学目标定为“培养政治上坚定可靠，具有较高的思想理论水平，了解对外贸易各种基本政策与业务知识，并能初步运用一门外国语言，能够派遣出国工作的专门人才”。

1978 年 12 月，党的十一届三中全会召开，改革开放被确定为我国基本国策，中国对外贸易破冰启航。国家采取引进市场机制、创办经济特区、构建沿海开放格局、建立保税区、推进外贸体制改革等一系列措施，在改革开放中“摸着石头过河”，中国对外贸易出现“奇迹式增长”。在这一时期，贸大学者不忘初心，紧跟时代需求，以“博学、诚信、求索、笃行”的精神，投身于对外贸易研究和教育事业，为国家对外开放打基础、育人才、献智慧、立标杆，推进了国家对外开放事业的发展。

在 70 年的办学历程中，贸大始终承载着推动国家对外开放和经济发展的使命，在服务国家重大战略中勇于担当、履职尽责。可以说，学校因贸易强国而生，因对外开放而兴，因全面深化改革而盛，因新时代对外开放事业而新。值此 70 年校庆之际，林桂军教授带领团队从追溯国家对外开放事业发展进程入手，解析贸大学者尘封的学术典籍，探幽已逝的百年往事，寻觅先贤的学人踪迹，不但揭示了中国百年来对外开放的源流与发展，也呈现出贸大初生问世的初心和 70 年学术传承之路。衷心缅怀那些曾为中国对外开放和贸大事业发展做出突出贡献的前辈先贤，感激为贸大“双一流”建设与发展贡献力量的在校教职员工，感谢所有参与本书编撰和出版的老师和同仁。走过千山万水，仍须跋山涉水。新形势下，中国对外开放之路“道阻且长”。新一代贸大学者将秉承前辈的初心和梦想，继续为建设特色鲜明的世界一流大学努力奋斗，在推进国家对外开放的道路上砥砺前行！

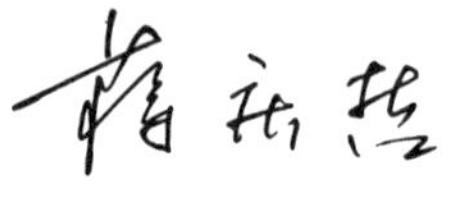

2021 年 8 月 20 日

序 2

70 年初生发展　执着笃行
从今后不忘初心　再谱新篇

新中国成立初期，我国对外贸易举步维艰。为解决我国对外贸易中，高素质外贸人才紧缺的问题，对外经济贸易大学（建校时名为“高级商业干部学校”）于 1951 年应运而生。光阴荏苒，岁月如梭。70 年来，伴随我国对外开放事业的发展，对外经济贸易大学亦走过了一段从初生问世、艰难起步，到执着笃行、创造辉煌的发展历程。

今天，这个因贸易而生的学校，在一代代学者的努力下，已发展成为教育部直属的全国重点大学，首批“211 工程”和首批“双一流”建设高校。学校现拥有经、管、法、文、理、工六大学科门类，以国际经济与贸易、法学（国际经济法）、金融学、工商管理、外语（商务外语）等优势专业为学科特色。围绕国家对外开放，学校设有 140 余个研究单位，其中，中国世界贸易组织研究院是全国唯一的研究世界贸易组织的国家级人文社科重点研究基地。学校与美国、英国、法国、德国、日本、俄罗斯、意大利、澳大利亚等 50 多个国家和地区的 280 余所著名大学和研究机构建立合作交流关系，是当前国家高等教育领域特色化办学和高质量发展的重要基地，更是国家对外开放领域人才培养和科学研究的重要阵地。

明史知今。70 年间，中国的对外开放取得举世瞩目的成就，对外经济贸易大学也因此而兴起。当前，全球正经历百年未有之大变局，国家对外开放面临诸多新情况和新挑战，需要贸大学者开展更多的新研究，提供更多的新支撑。面临新的国家需求，站在新的历史起点，由我校林桂军教授带领团队编撰出版的《初心传承之路：为中国参与国际经济贡献智慧》，紧密结合国家对外开放这一贸大初生和兴起的源头，生动展现了对外经济贸易大学一代代学者在潜心外贸研究、培育外贸人才、推进对外开放和谋求民族振兴中的耕耘和奉献。通过全书缜密清晰的全景式描述和阐释，可以窥见 70 年前贸大的初生缘由和前行冲动，亦可以感悟 70 年间贸大的学术承载和发展取向。因此，本书既是对外经济贸易大学的学术传承史，也是对外经济贸易大学的创业奋进史，对于在今天的新形势之下，我们要如何建设开放型经济学科群、进一步支撑国家对外开放、推进学校“双一流”建设和高等教育内涵式发展，无疑具有重要的启发价值。

稽古振今。本书的编撰和出版既是对过去 70 年间老一辈贸大学者默默耕耘的纪念和感谢，更是对未来新一代贸大学者坚守初心、继续奋斗的激励和动员。江山代有人才出，各领风骚数百年。希望在服务国家对外开放和建设高等教育强国的路上，贸大学者能够行稳致远、再谱新篇！衷心感谢所有为本书的编撰和出版做出贡献的同仁！

夏文斌

2021 年 8 月 20 日

前 言

对外经济贸易大学应新中国对外贸易发展的需要而建立。20 世纪 50 年代，对外经济贸易大学是全国高等院校中唯一专门从事对外贸易教育的学校。即使在计划经济时期，对外经济贸易大学的学者也没有停止对中国参与国际经济竞争问题的探索。1978 年，中共十一届三中全会后，轰轰烈烈的改革开放浪潮为对外经济贸易大学发展提供了空前的动力。行远自迩，求索笃行。对外经济贸易大学学者始终牢记办学使命，顺应国家发展的需要，以其独特的资源，成为“开放－强国”路径最积极的倡导者和知识的重要贡献者，“开放”也因此成为最能体现学校办学风格的关键词。

我们中国人有一个习惯或称定势，当前进的路上遇到新问题不知所措时，往往会去求助先人的智慧，以找到解决问题的答案，即所谓“从历史汲取成功的智慧”。2021 年，正逢对外经济贸易大学建校 70 周年。2 月份，科研处的同志找到我，说希望我能牵头，编写一本回顾对外经济贸易大学在国家对外开放不同历史阶段相关科研成果的书。我当时手头上有许多事情要做，已经忙得不亦乐乎，加之这项工作难度和工作量都很大，因此没有立刻同意。科研处的同志锲而不舍，又经过几次沟通，最终不知为何，我自不量力地就把任务接受了下来。

我是 1978 年进入对外经济贸易大学国际贸易专业（时称对外贸易专业）的，之后一直在母校学习和工作。蓦然回首，已是第 43 个春秋，突然发现自己竟已成为恢复高考后，贸大和全国高校教师中最早进入国际贸易专业学习的人。40 多年来，我有幸目睹了国家改革开放和学校一步步走过来的历史，也曾经萌生过要把贸大的发展逻辑以回顾历史的方式总结出来的想法。2009 年，中央财经大学原党委书记邱东曾邀我写一篇关于新中国 60 年以来国际贸易教育发展的文章。鉴于新中国成立以后相当长的时间里，对外经济贸易大学作为我国唯一可以进行对外贸易教育的高校，我就写了《新中国国际贸易教育的回顾与展望——以对外经济贸易大学为例》一文。后来，这篇文章被编入由南开大学原副校长逄锦聚等主编的《新中国经济学教育 60 年——回顾与展望》（高等教育出版社，2010），作为其中的一章。在撰写此稿的过程中，我曾经得到陈泉源、孙维炎、王林生、叶彩文、雷荣迪、王寿椿、赵润、胡斌华、薛荣久、贾怀勤等老一辈贸大领导和老师的支持。那时，恰逢我校国际经济贸易学院纪念建院 55 周年，我就又对这篇文章进行了修改，作为对国际经济贸易学院纪念活动的献礼。那篇文章包括人才培养和学术研究两部分，虽然是一篇较为完整的回顾对外经济贸易大学国际贸易教育的文章，但是在人物方面，重点放在了“文化大革命”之前的教师上；在时间上，也有厚古薄今的缺陷，重心偏向改革开放之前的时间段，对于改革开放之后情况的描述远远称不上具体和深入。

本书的重点是围绕改革开放以后我国所经历的重大政策变化、里程碑事件和重大问题，总结我校教师在科学研究上所做出的贡献。这是一个大家都想知道的故事，也是一个很难讲好的故事。改革开放前，我国学习苏联模式，大学以培养学生为主，基本上不搞科研。因此，总结那时教师所做的科研工作相对比较简单。改革开放以后，国家提出高等院校应该进行科学研究，重点大学要成为教学和科研的中心，大学的科研工作逐渐增多。另外，由于计算机和现代信息技术的发展，教师科研产出的速度明显加快，发表成果的数量成倍增加。毫无疑问，这些变化都使研究改革开放之后大学教师的科研情况变得难度更大。

为了完成这项工作，我们最初挑选了11位治学态度严谨、学术训练有素的中青年教师。后来，根据工作的需要，我们又邀请了几位教师加入进来。1978年开始的改革开放，包含了太多的内容，外贸放权、建立经济特区、引进外资、“大进大出”、“入世”、应对全球金融危机、“一带一路”倡议、应对反全球化浪潮、应对中美贸易摩擦、融入全球价值链等。为了避免流水账式的写法，我们将这段历史分成分10个专题（即10章），围绕这些专题，总结我校教师所发表的观点和提出的建议。经过近4个月的努力，这项“盘点”工作，虽然仍不完美，但是终于取得了骄人的成绩，在我校校史研究中留下了浓重的一笔。

通过参与这项工作，我感到，对外经济贸易大学建校70年来，学校的办学使命是：为中国参与世界经济培养人才和贡献智慧，吸引一群为这一目标而奉献的优秀学者。为了达成使命，几代贸大人带着信念一步一步地向前走，任凭风吹浪打、形势变幻，始终坚信“开放”才是中国走向复兴的唯一正确道路。建校70年来，应用驱动的研究风格成为贸大的学术传统，被年轻一代所传承。在我国对外开放各个历史时期，贸大教师均表现出极高的参与率，贡献了大量的成果，其中不乏一些具有创新性和参考价值的成果。

应该指出的是，由于调研的时间紧，本书不能将所有相关的成果和观点都总结出来；即使都总结出来，也不一定能够充分体现作者的真实观点或成果的价值。因此，遗漏和“估计有偏”难以避免。还应该指出的是，本书旨在反映贸大教师在促进国家对外开放方面所做出的努力，凸显这个群体在国家对外开放进程中留下的足迹。编写本书，既不是为了给所列举教师的贡献排名，也没有强调所列成果比未列入的其他方面成果更重要的意思。我个人认为，本书在总结对外经济贸易大学的科研贡献上，仅仅迈出了第一步。随着时间的推移，我校教师将会在学校办学使命的感召下，起点更高，走得更远。然而，一所大学要成功，需要经过长期不断的“误差矫正”过程。只有坚持不断地跟踪与自我再评估，才能提炼出学校办学的精神，形成学校向一流大学迈进的强大动力。

本书分成上下两篇。上篇主要回顾改革开放以前，老一辈学者对国家和民族对外贸易的贡献。这一部分，首先叙述了新中国成立以后学校对外贸易教育理念的变化。其中引人注目的是，将今天许多贸大人引以为自豪的“外语＋专业”的人才培养模式，追溯至20世纪30年代武堉干所提出的“出口技术＋外语”的模式。在国际贸易理论的探索上，贸大的老一辈学者对自由贸易理论，即使在1949年之前，多持怀疑态度。随着计划经济的开始，“调剂余缺”（也即“互通有无”）在较长时间处于主导的地位。当时，由于国际经济发展战略的需要，经常要挤出一部分国内短缺的产品出口。相对于国际贸易的决定因素，贸大老一辈学者更加关注我国出口能力落后这一问题，认为这是导致中国外贸不振的根本原因。对什么原因导致中国生产能力落后，这些学者从不同方面进行了大量的探讨。其中，有一个较为广泛的共识是，西方列强的压迫是首要和最重要的原因。在这一部分，根据手中现有的资料，重点介绍了一些老教授的学术观点，包括武堉干、袁贤能、张毓珊、饶毓苏、姚曾荫、胡敦元、史道源、曹康伯、康有枢等。由于缺少部分教师学术研究方面的资料，我们仅对其编写的教材进行了介绍，为今后的进一步研究预留下了空间。

本书的下篇共分为10章，包括外贸体制改革研究（第2章）、引进外资问题研究（第3章）、对外投资与“一带一路”研究（第4章）、全球价值链问题研究（第5章）、多边与区域贸易机制（第6章）、外汇体制与人民币国际化研究（第7章）、中美经贸关系研究（第8章）、服务贸易研究（第9章）、数量方法（第10章）、走向国际规范（第11章）。选定这些专题的一个重要标准，是这些方面所包含的内容，可以最大限度地反映1978年以来我国改革开放所经历的重要变化和我校教师居其问题前沿的位置。

十分感谢刘斌、胡钟中、杨立强、吕越、庄芮、袁宇菲、谌哲、丁蓉、樊瑛、陈志鸿、冯辉、杨军、祝坤福等13位中青年教师，在挖掘第2至11章历史资料，总结贸大学者观点上所付出的努力。张鹏帮助重新整理和充实了第1章的部分内容；郑榕撰写了胡敦元关于《美国酒税研究1791—1947》的书评；孙玉琴和舒莉对史道源教授关于《四川省之猪鬃》（1945）进行了评析；刘园和汪一鸣为史道源的生平补充了大量鲜为人知的宝贵资料；姚新超对曹康伯和姚周杰《国际贸易价格条件》（1964）一书，在国际贸易实务课程发展中的地位进行了分析；王炜瀚评价了康有枢《世界市场行情》教材（1992）在新时期的重要性及康有枢和蔼谦虚、热爱社会主义、淡泊名利的高尚品德。除此之外，贾怀勤为本书的编写提供了持续的咨询和指导，李洋认真阅读了各章并进行了统稿工作；柳瑛负责全面的协调工作；校科研处是本书的创意者，并对本书的编写提供了全程的支持；闫芷毓、汪一鸣、苑文华、舒莉等研究生同学以极大的热情参与了本书的资料查找和编写协助工作。对于以上教师和学生以及科研处的辛勤付出和认真的态度，我表示衷心的感谢和崇高的敬意！正是由于这些教师的勤奋工作、严谨的态度和扎实的学术基础，今天这本书才有可能和读者们见面。

写到此，已经是8月1日凌晨2点，我忽然感到对外经济贸易大学的历史正在翻过过去的一页，新的一页已经开始展现在新贸大人的眼前。在母校建校70周年之际，祝愿新一代贸大人积历史之厚蕴、兴创新之思维，在新的70年里，飞得更高、走得更远！

2021年8月1日

目 录

上篇 改革开放之前：前人铺路

下篇 改革开放：继往开来

上篇

改革开放之前：前人铺路

第一章

贸大对外贸易教育：追溯先辈学者[①]

伴随我国对外开放事业的发展，对外经济贸易大学走过了辉煌的 70 年历程（1951—2021）。1951 年 11 月，中央人民政府贸易部设立了高级商业干部学校，招收在职青年干部入学，按照高等院校的要求进行外贸和外语的学习。根据教育部 1952 年院系调整计划，高级商业干部学校于 1953 年改名为“北京对外贸易专科学校”，培养外贸发展急需的专门人才。同年，原中央财经学院外贸教师并入北京对外贸易专科学校。1954 年，全国高等院校再次调整，其他高校国际贸易专业一律停办。当年 7 月，以北京对外贸易专科学校为基础，合并中国人民大学贸易系对外贸易专业，建立北京对外贸易学院，并入同济大学和上海财经学院的国际贸易专业师资，并调入南开大学、北京大学、清华大学以及原燕京大学和辅仁大学等高校的部分师资。至此，北京对外贸易学院汇聚了一大批来自全国的国际贸易精英人才，成为对我国国际贸易教育影响最大的学校。学校人才培养目标清晰，即培养能够出国从事外贸业务工作的专门人才，具体表述为：培养政治上坚定可靠，具有较高的思想理论水平，了解对外贸易各种基本政策与业务知识，并能初步运用一门外国语言，能够派遣出国工作的专门人才。[②]

但 1966 年“文化大革命”开始后，学校陷入瘫痪。1970 年，北京对外贸易学院被撤销。1971 年 10 月，中华人民共和国恢复在联合国的合法席位，国际地位日益提高，对外经济贸易活动日益扩大，迫切需要外贸干部。1972 年，外贸部决定以原北京对外贸易学院教职员为主体，建立对外贸易中等专业学校。1973 年 3 月 17 日，经国务院批准，

---

① 本章主要以林桂军《新中国国际贸易教育的回顾与展望——以对外经济贸易大学为例》（见逄锦聚等《新中国经济学教育 60 年——回顾与展望》，高等教育出版社 2010）为基础改编而成。张鹏帮助重新整理和充实了部分内容，郑榕增加了对胡敦元关于《美国酒税研究 1791—1947》的书评，孙玉琴和舒莉增加了对史道源教授关于《四川省之猪鬃》（1945）的评析，姚新超增加了对曹康伯和姚周杰《国际贸易价格条件》（1964）一书在国际贸易实务课程发展中的地位的分析，王炜瀚增加了对康有枢《世界市场行情》教材（1992）的评价以及对康有枢先生高尚品德的介绍。

② 邓力群. 当代中国对外贸易（下）[M]. 北京：当代中国出版社，1992.

国务院科教组发出通知，恢复北京对外贸易学院。复校后，设立外贸英语、日语、法语、德语、俄语、西班牙语、阿拉伯语、朝鲜语、意大利语、越南语等专业，但国际贸易专业直至 1978 年才得以正式恢复。1984 年，学校正式更名为“对外经济贸易大学”，并成为全国唯一的国际贸易博士点授予单位。

对外经济贸易大学由贸易而生，因贸易而兴。70 年的发展历程中，对外经济贸易大学汇聚了大批国际贸易领域的卓越学者，为我国对外开放事业做出了卓越贡献。改革开放前，对外经济贸易大学的老一辈学者在投身国际贸易教育事业的同时，通过对国际贸易的深入研究与探讨，提出了许多鲜明的观点，建立、完善和丰富了我国国际贸易学科体系，为我国对外开放事业的发展与繁荣打下了坚实的基础。

一、改革开放前，贸大对外贸易教育事业的源起与发展

1953 年，随着第一个五年计划的实施（1953—1957），我国开始进入计划经济时期。这一时期，我国经济建设的指导思想是建立完整的能替代进口的工业生产体系；发展对外贸易的目的，是填补国内供求的缺口。具体讲，当时我国进行对外贸易的目标主要包括两个方面：一、通过进口先进技术和设备，建立起先进的、独立自主的工业体系；二、进口关系国计民生的重要物资，如粮食、石油和紧缺矿产品等。虽然这一体制将对外贸易的必要性降到最低限度，但是，客观上我国无法摆脱对进出口的依赖。为了实现国家工业化，保证人民生活需要，我国仍需要进口原材料、先进技术和设备以及关系国计民生的重要物资（包括粮食）。由于朝鲜战争爆发后，主要西方国家对我国实行贸易禁运措施，我国发展对外贸易的重点只有苏联和东欧国家。

进入计划经济时代，国内学界将国际贸易改称“对外贸易”。当时，我国的国际贸易教育面临两方面的任务，一是为社会主义计划经济下的对外贸易活动提供理论基础，二是培养高素质的外贸人才，特别是能够从事苏东贸易的人才。以下从这两方面回顾国际贸易教育在贸大的发展。

（一）北京对外贸易学院的建立与学习苏联模式

1953 年，高级商业干部学校更名为“北京对外贸易专科学校”。在此基础上，1954 年 7 月，通过汇集中国人民大学贸易系对外贸易专业、同济大学和上海财经学院的国际贸易专业的师资，并调入南开大学、北京大学、清华大学和原燕京大学/辅仁大学等校的部分师资，集中设置国际贸易专业，北京对外贸易学院成立。

新成立的北京对外贸易学院设对外贸易经济系、西语系、东语系和俄语系。其中，外贸系主任由孙松亭担任，[①] 西语系主任由余绍光担任，东语系主任由许英担任，俄语系

① 1956 年，许乃炯任外贸经济系主任。

主任由许乃炯担任。办学理念强调外语与外贸的复合，培养具有外贸专业的理论、知识和技能，以外语为工具的人才。1956年，北京对外贸易学院被批准设立研究生班，招收在职的中层干部入学，旨在培养高层次的外贸理论和业务专家。1957年，学校在外贸系增设国际运输和国际金融专门化。① 1960 年，从外贸系毕业生中，招收外贸专业第一批研究生。1960年10月22日，根据中共中央《关于增加全国重点高等学校的决定》，北京对外贸易学院被列为全国64所重点院校之一。②

新中国成立以后，全国各项工作强调“以俄为师”，学习苏联的先进经验。《中华人民政治协商会议共同纲领》中规定：“中华人民共和国的教育方法为理论与实际一致”，“有计划有步骤地改革旧的教育制度、教学内容和教学法”。1954年，北京对外贸易学院成立后，沿袭中国人民大学“教学与实际联系”和“苏联经验与中国情况相结合”的方针，逐步进行教育改革。实际上，改革的实质是由新中国成立前的英美模式转变为苏联模式。在向苏联模式转变的过程中，乌菲莫夫和包达包夫是对我国计划经济时期对外贸易教育影响最大的两位苏联专家。当时，对外贸易被视为国际经贸领域内的阶级斗争，因此，必须做到“知己知彼”，才能“百战不殆”。“知己”主要指学习并领会党的外贸理论和政策方针，故设置中苏对外贸易原理（后称中国社会主义对外贸易）；③ “知彼”指要了解资本主义对外贸易的发展规律及其政策措施的变化，故设置国际贸易课程。斯大林在联共（布）“十八大”的报告中指出，“当政治路线确定之后，技术工作就决定一切”，故“知己知彼”还需掌握进出口技术方面的技能，于是，又开设了对外贸易组织与技术。20世纪60年代至70年代，这门课程曾改称进出口业务，80年代以后采用现名国际贸易实务。此外，为介绍组织与技术等其他相关技能，学校还开设有资本主义世界市场行情④、国际汇兑与结算（后分设并改称国际金融）⑤、国际运输①、国际商法②）和商品

---

① 也曾讨论增设国际法专门化，但后来未能付诸实施。

② 这64所大学有：［综合大学13所］中国人民大学、北京大学、复旦大学、中国科学技术大学、吉林大学、南开大学、南京大学、武汉大学、中山大学、四川大学、山东大学、山东海洋学院、兰州大学。［工科院校32所］清华大学、上海交通大学、西安交通大学、天津大学、哈尔滨工业大学、大连工学院、东北工学院、南京工学院、华南工学院、华中工学院、重庆大学、西北工业大学、合肥工业大学、北京航空学院、北京工业学院、北京石油学院、北京地质学院、北京邮电学院、北京钢铁学院、北京矿业学院、北京铁道学院、北京化工学院、唐山铁道学院、吉林工业大学、大连海运学院、华东水利学院、华东化工学院、华东纺织工学院、同济大学、武汉水利电力学院、中南矿冶学院、成都电讯工程学院。［师范院校2所］华东师范大学、北京师范大学。［农林院校3所］北京农业大学、北京农机化学院、北京林学院、［医学院校5所］ 中国医科大学、上海第一医学院、北京医学院、北京中医学院、中山医学院。［外语政法4所］北京外国语学院、国际关系学院、北京政法学院、北京对外贸易学院。［音乐体育2所］中央音乐学院、北京体育学院。［军事院校3所］哈尔滨军事工程学院、第四军医大学、军事通讯工程学院。1962—1964年，又增设4所：厦门大学、浙江大学、上海外国语学院、南京农学院。至此，“文革”前全国重点高校共68所。

③ 中国人民大学首先开设这门课程，由苏联的乌菲莫夫教授讲授并编写教材《苏联和中国对外贸易原理》，由中国人民大学出版社出版 （1950，1952）。

④ 这门课程原在中国人民大学讲授，分“世界市场行情”第一至第五题，教材由苏联专家乌菲莫夫编写。1954 年，该课程转入新成立的北京对外贸易学院后，以高平叔、康有枢教授为主。课程的主要内容是分析和预测资本主义经济周期及商品市场行情的变化。

⑤ 以史道源教授为先，课程的主要内容为与贸易相关的外汇交易。1981年，《国际金融》教材由刘舒年教授编写出版。

学。[3] 以上 8 门课程构成新中国第一轮外贸专业课程体系的核心，初步奠定了具有特色的“外语加理论和实务”的外贸人才培养模式的基础。[4] 实际上，这 8 门课程所覆盖的知识面加上外语，与 20 世纪 30 年代武堉干教授所提倡的外语和文化加 12 个方面能力的外贸人才培养模式大体上是一致的。

在上列 8 门课程中，国际贸易、中国对外贸易概论、国际贸易实务、国际金融和资本主义世界市场行情在后来的课程改革中，一直保持相对稳定，在北京对外贸易学院习称“老五门”。[5] 中苏对外贸易原理的主要内容包括苏联对外贸易的基本理论和在各个历史时期的作用。由于新中国成立时间短，内容很少，所以只是口头讲述。1956 年 3 月，苏共“二十大”提出社会主义世界经济体系问题，此课程也随之改称“社会主义阵营国家对外贸易”。[6]

本科国际贸易课程主要使用包达包夫的《国际贸易》教材，[7] 英美教材的体例是按照一般的问题进行组织，包达包夫的教材结构则按照资本主义和垄断资本主义的时间顺序和贸易地理区域进行组织。研究生的国际贸易课程，虽然也开列了几本英文参考书，但主要阅读其中有关国际经济组织和贸易政策措施的部分，理论突出，强调钻研马恩原著，参读米苏斯基的讲义。与包达包夫的教材相比，该讲义历史部分篇幅大，其他部分差异不大。[8]

在苏联专家的指导下，中国人民大学外贸教研室于 1953 年首先出版了《对外贸易组织与技术》教材。该教材侧重对外贸易的操作及相关知识，包括三大部分，即苏东国家的对外贸易组织与技术、中国的对外贸易组织与技术和资本主义国家的对外贸易组织与技术。教材的三大部分相互交叉重复，内容庞大繁杂。有些内容在苏联和东欧国家部分已进行了介绍，但在后面中华人民共和国部分及资本主义国家部分又重复介绍，因而全部教材多达 26 章，50 万—60 万字，课时数达 200 余小时。

---

① 国际运输课程源于 1956 年聘请的苏联专家古比尔曼，以高义章、熊大惠教授为先。1994 年，严启明教授和韩艺萌出版了《国际货物运输》教材。1995 年，严启明和雷荣迪教授又出版了《国际运输与保险》教材。

② 以沈达明教授为先。

③ 以陆崇玮教授为先，苗述凤教授于 1993 年出版了《外贸商品学概论》。

④ 50 年代所形成的人才培养模式强调实践环节，学生在校学习期间，一般均需要去“广交会”或外贸公司实习，这一做法一直延续到改革开放初期。进入 80 年代中期以后，由于同外贸企业关系逐渐疏远，在校学生数量增加，有组织的实习减少，逐渐变成学生自主寻找实习机会的方式。

⑤《国际贸易》教材于 1983 年正式出版，由陈同仇、薛荣久任主编；《中国社会主义对外贸易》于 1984 年正式出版，由王绍熙、王寿椿任主编；《国际贸易实务》于 1980 年正式出版，由黎孝先、冯大同、邱年祝任主编；《国际金融》于 1981 年出版，由刘舒年任主编；《世界市场行情》于 1985 年出版，由康有枢和藤德祥任主编。

⑥ 内容从苏联扩大到波兰、捷克斯洛伐克、民主德国、匈牙利、罗马尼亚、保加利亚、阿尔巴尼亚、蒙古、朝鲜、越南等 12 个社会主义国家。由于内容扩大，教学时间也从一学期改为一学年。

⑦ 之前在中国人民大学《国际贸易课程》曾使用乌菲莫夫编写的《国际贸易提纲》（1951，1952）。包达包夫是莫斯科外贸研究院院长，曾任苏联专家组组长，是一个老布尔什维克。其《国际贸易》一书由北京对外贸易学院翻译室译成中文，1957 年 4 月由财经出版社出版。参加翻译的教师有：郗藩封、许静梅、汪廷乐、陈寿琦、廖靖南、黄毅，由郗藩封总校阅。陈寿琦教授早年留学日本，曾任山西大学校长，北京对外贸易学院国际贸易教研室主任。在国际分工问题上曾与包达包夫发生争论，后被定为右派。1994 年，陈寿琦在天津财经学院病逝。

⑧ 米苏斯基的讲义被译成中文，但未正式出版。

（二）反对教条主义，清除修正主义影响

20 世纪 50 年代初，我国外贸教育体制向苏联模式转轨，在相当程度上中断了 1949 年以前我国对外贸易教育的进程。而 60 年代初，中苏关系的破裂使对外贸易教育再次出现波动。1958 年，毛泽东主席先后在成都会议和党的八大二次会议上提出反对教条主义，指出对解放区及旧大学的经验不重视，照搬苏联经验。同年，中共中央、国务院发布了《关于教育工作的指示》，明确教育方针是“教育为无产阶级政治服务，教育同生产劳动相结合”。高等教育开展了批判脱离实际、脱离政治、脱离生产劳动的教育革命。这一运动对于学科建设的转型影响较大。北京对外贸易学院采取的措施主要有两条：一是各主要教研室聘请外贸部领导兼任主任，加强与业务部门的联系；[①] 二是各外贸课程聘请业务部门干部到学校，与教师共同授课。在此基础上，由教师逐步编写出教材。

中苏论战开始以后，国内大张旗鼓地展开了批修、反修、防修的运动。北京对外贸易学院以 1960 年《红旗》杂志编辑部的《列宁主义万岁——纪念列宁诞生 90 周年》等三篇文章为纲，要求各教研室进行自查。各门课程成立了有党政干部、专业教师（党团员）和高年级学生参加的“三结合”小组，脱产负责检查，重点清除课程中“三和一少”的影响。涉及和平过渡、和平竞赛和减少对亚非拉民族运动援助的言论和倾向，苏共中央的文件和赫鲁晓夫的言论，引用苏联和东欧的书刊论文中涉嫌这方面内容的，均在删除范围之内。运动强化了教研室对教师讲稿的审查，教师的独立思考和大胆探索受到严重束缚，政治色彩加深而使学术气氛陷入沉闷低潮。在清除修正主义影响的运动中，“中国模式”（或“本土化”）势头上升，有的将自编教材也视为“中国化”的重要标志。

在反修运动中，由于中苏对外贸易原理和国际贸易两门课程属基础理论课程，因而首当其冲，在理论导向上，更加反对我国参与国际分工，认为国际分工是修正主义和殖民主义的同义语，将对外贸易的作用狭义地解释为调剂国内余缺，片面夸大自力更生的作用。这种把注意力集中在论证为什么一个国家不应进行贸易的情况，实际上等于又回到 160 多年前乾隆谈论贸易无益的时代。[②] 为了划清社会主义和资本主义的界限，中苏对外贸易原理和国际贸易课程一度合并，主要讲授社会主义国际分工与资本主义国际分工、社会主义世界市场与资本主义世界市场、社会主义对外贸易与资本主义对外贸易等内容。课程没有教材，也没有印发材料，学生全凭听课记录。

---

① 例如，国际贸易原理教研室主任由卢绪章兼任，组织与技术教研室由胡仁奎兼任，行情教研室由张光成兼任。

② 1792 年，乾隆皇帝给英国特使马戛尔尼的复书中所说的一段话：“天朝物产丰盈，无所不有，原不藉外夷货物以通有无。特因天朝所产茶叶、瓷器、丝斤为西洋各国及尔国必须之物，是以加恩体恤，在澳门开设洋行，俾得日用有资，并沾余润。……所有尔使臣恳请，……皆不可行”；“……至尔国王表内恳请派一尔国之人，住居天朝，照管尔国买卖一节，此则与天朝体制不和，断不可行。”

20 世纪 60 年代初，外贸部领导要求外贸干部要学习政策、研究政策和贯彻政策。于是，国际贸易与中苏对外贸易原理又重新分开，中苏对外贸易原理改称中国对外贸易政策，讲授内容包括自力更生为主、争取外援为辅的路线，国内市场为主、国外市场为辅的方针，平等互利的外贸政策（以前称“和平的外贸政策”），进出口政策，国别贸易政策和价格政策等。课程由外贸部各级领导先讲授，教师作为学生，根据听课记录编写教材；有了教材，教师再开始上课。[①] 此课程最初专注政策内容，缺少理论依据。后来，课程加强了政策的理论依据，因而改名为中国对外贸易政策理论。易名之后，又感到只讲与政策相关的理论，课程覆盖面太窄，应该交代更加完整的理论体系，[②] 于是，课程再次易名为中国对外贸易理论与政策。实际上，理论一直是中国对外贸易概论面临的一个问题，描述政策不是问题，但是如果将政策与特定的理论联系起来，则往往感到理论背景不足。

20 世纪 60 年代中，“文化大革命”开始之前，对外贸易部人事教育局曾经多次召开以北京对外贸易学院为主，有天津、上海、广州等地外贸教师参加的全国性“对外贸易组织与技术”课程和教材工作会议。会上，教师们批判了教材中的单纯业务观点，强调教材内容应当突出无产阶级政治，做到“以政策为纲”，“以我为主”。所谓“以政策为纲”，是指要以党和国家的方针政策统帅教材的全部内容；所谓“以我为主”，是指教材的内容和安排应当从我国的立场和实际出发。上述会议之后，在对外贸易部人事教育局的领导下，各地院校的部分教师集中在北京，共同编写了一部名为《进出口业务》的新教材，以取代以前的《对外贸易组织与技术》教材。这本新教材之所以用《进出口业务》的名称取代《对外贸易组织与技术》，也没采用西方国家习惯使用的《国际贸易实务》为名，意在表明这本新教材所阐述的不是单纯的外贸技术工作，而是在理论和方针政策指导下的外贸业务工作。在内容与结构的安排上，新教材由原来的三分法改变为二分法，即由苏联与东欧国家对外贸易组织与技术、中华人民共和国对外贸易组织与技术以及资本主义国家对外贸易组织与技术，改变为我国对资本主义国家的进出口业务和我国对社会主义国家的进出口业务。新教材在内容与结构上的这一改变，旨在体现“以我为主”的精神，并减少原教材中不必要的重复，缩短课程的授课时数。由于“文化大革命”的影响，60 年代初所编写的这份教材没有正式公开出版，仅在内部印发使用。

1961 年 4 月，中宣部、教育部和文化部共同召开全国文科院校教材编选计划会议，会上提出要贯彻“双百方针”。现实中也有这样一种倾向，认为资产阶级思潮是修正主义的理论根源。为了加强反修、防修，“正本清源”，需要了解各门学科的资产阶级理论。为此，北京对外贸易学院于 1961 年开设了专题讲座“资产阶级国际贸易理论”，[③] 由袁

① 该课程编写了油印教材。

② 例如，出口收购员在收购出口产品时，群众经常会问，我们的商品这么少，为什么还要拿去出口？这就需要从理论层面给予解释。

③ 1961 年 4 月 21 日—25 日，中宣部、教育部文化部共同召开全国文科院校教材编选计划会议，会上提出要贯彻“双百方针”，正确处理理论与历史、古与今、中与外、正与反等关系。陆定一在讲话中提出，在社会科学里不能随便乱贴标签，说“贴标签是简单粗暴，宁“左”勿右，我看都不是战斗，这么搞下去，不但无益，而且有害”。资产阶级国际贸易

贤能、姚曾荫、武堉干、吴永珣和王林生等教师讲授。参与该课程的还有胡敦元，他为课程提供了讲义，但未授课。[①] 张毓珊由于生病不能授课，不久逝世。这是新中国成立后第一次让学生较系统地接触西方贸易理论的尝试。然而好景不长，不久"文革"开始，国际贸易课程被视为"打着红旗反红旗"的修正主义私货，而资产阶级国际贸易理论一课也被定为"公然打着白旗反红旗"的毒草。

与苏联决裂之后，我国对外贸易长期停滞。1970 年，中国的出口额只相当于 1959 年的水平。面对与苏联贸易停顿的状态，我国必须寻求发展与西方发达国家的贸易关系。与此同时，国际贸易教育也陷入困境。长期抵制西方的，又不能借鉴苏联的，剩下的路就只有封闭。1971 年起，随着与西方国家关系的缓和，中国对外经贸关系日益扩大。1973 年，北京对外贸易学院复校。但直至 1978 年，国际贸易专业一直未恢复招生，仅负责其他语言专业国际贸易系列课程的教学和科研工作，要求课程"少而精"。由于当时"极左"思想横行，把进口视为崇洋媚外、洋奴哲学，把出口视为出卖资源、卖国主义，因此，外贸专业课程不知如何讲授。例如，中国对外贸易课程是由外贸部有关部门领导把课程定名为中国对外贸易概论。按照当时的解释，谓"概论"者，就是能讲什么就讲什么，能讲多少就讲多少，既不要求全面也不要求系统，只要"大概理论理论"就行了。

（三）计划经济时期对外贸理论的探索

新中国成立后，我国的国际贸易理论面临转型。新中国成立前所讲授的西方国际贸易理论，需要转向符合马克思主义和计划经济体制的贸易理论。由于受到苏联计划经济模式的影响，我国许多学者倾向认为，对外贸易是资本主义生产方式本身的产物，具有对发展中国家剥削和压迫的性质。由于资本主义国家频繁爆发经济危机，要使社会主义计划经济免受经济周期的冲击，就必须将与资本主义国家的贸易降低到最低限度。这些观点与现实中政府的思路并不完全吻合。国家工业化建设需要以技术、先进设备和重要物资的进口作为保证，在非常情况下，进口用于消费的粮食也是必要的。当时，我国政府对于国际贸易的基本指导思想是，出口的目的是为了进口，进口是为了保障独立自主、不受国外控制的经济体系。[②] 实际上，这一指导思想同约翰·穆勒的贸易的直接利益在于进口的观点和亚当·斯密利用国际贸易调节余缺的观点更接近。[③]

为了探索用马克思主义理论指导计划经济时期的对外贸易实践，学校教师于 1958

理论课程没有使用"批判"两字，原因是中宣部认为要"寓批判于介绍之中"。该课程还曾经对两届本科生开设。

① 胡敦元（1902—1975），安徽绩溪县扬溪镇石街头村人，与胡适同乡同族。1916—1924 年，就读于清华大学，曾参加 1919 年"五四"爱国运动，并与施滉等人结成进步团体"超挑社"。1924 年，南下广州谒见孙中山畅谈国事。1925 年，公费留美改读经济学，获美哥伦比亚大学经济学博士学位。在美期间，曾被列入联邦调查局和非美活动委员会的黑名单。家人曾托胡适（任驻美大使）打听胡敦元在美的情况。胡适回信说："敦元的母亲：来信收到。敦元在美国，生活很好，请释远念！"1951 年，胡敦元由美回国，先在北京外贸部工作，后入北京对外贸易学院任教授。1975 年，逝世于北京。

② 叶季壮，《人民日报》1955 年 7 月 30 日。

③ John Staurt Mill，*Principles of Political Economy*，1848（1898 edition，Longman，Green and Co. London），p350.

年开始编写《马克思、恩格斯、列宁、斯大林论国际贸易》，于1959年以北京对外贸易学院的名义出版。[①] 该书收录了马克思、恩格斯、列宁、斯大林著作中关于国际贸易的论述，虽然不能构成一个完整的贸易理论体系，但是，应该说它是改革开放前对我国的国际贸易理论研究和实践影响最大的成果。[②]

当时的国际贸易理论课程核心是要解决两方面的问题，一是国际贸易发生的原因，二是如何决定国际商品的交换比率，即国际分工和国际价值论两个问题。关于国际分工，苏联学者根据马恩原著，提出两个基本命题，即“对外贸易是资本主义生产方式的前提和结果”和“产业革命建立了以机器大工业为基础的国际分工体系”。[③] 关于国际交换比率则立足于劳动价值，围绕价值规律在国际市场上的表现来讨论价格的决定问题。[④] 以上两个问题与古典经济学中的比较优势和约翰·穆勒的“相互需求理论”形成对照，也与新古典的以“提供曲线”为基础的需求理论框架和放弃劳动价值的供给理论体系不同。

总体上，从1949年到改革开放前，亚当·斯密、大卫·李嘉图、约翰·穆勒、李斯特的理论是学生们熟悉的内容，[⑤] 而对后李嘉图的新古典贸易理论则涉及较少或者被视为“禁区”。对于古典理论特别重视的原因之一，是这些理论均没有完全偏离劳动价值论，而后李嘉图贸易理论发展的主要方向是完善需求分析框架，并在供给分析方面不再以劳动价值论作为基础。第二个原因是当时的一些教师在国外学习的是古典理论或新中国成立前讲授过古典理论，因而比较熟悉这些理论的内容。

国内对于亚当·斯密关于国际贸易方面的论述接受程度较高，这主要与亚当·斯密关于国际贸易利益的观点有关。亚当·斯密（1776）认为，国际贸易可以带来两个方面的好处，即贸易可以消化国内过剩的产品和推动国际分工。斯密的理论回答了计划经济下我们该出口什么和进口什么的问题，即出口国内生产过剩的产品，进口国家计划存在供给缺口的产品。这一点，国内学者和政策制定者均是可以接受的。例如，外贸部部长叶季壮在1956年党的八大汇报工作时，就谈到我国如何利用对外贸易调剂余缺平衡国民经济的问题。[⑥] 对于斯密关于国际分工的论述，国内学者则持否定态度，认为发展中国家参加国际分工是被迫的和受剥削的，国际分工会加大城乡之间的差距，也会使国民经济受到世界经济危机的冲击。

---

① 此书由姚曾荫、郗藩封教授担任主编。

② 在研究如何以马克思主义原理指导中国的对外贸易的同时，国内也加强了对西方自由贸易理论的批判。例如，褚葆一教授1956年出版了《资产阶级自由贸易批判》。

③ 中央编译局．资本论（第三卷第十四章）［M］．北京：人民出版社，2004．郭大力，译．剩余价值学说史［M］．上海：上海三联出版社，2009.

④ 中央编译局．资本论（第三卷第十三章和十四章第五节）［M］．北京：人民出版社，2004.

⑤ 李斯特的 *The National Wealth of Political Economy* 于 1961年翻译成中文出版；李嘉图的 *On the Principles of Political Economy and Taxation* 于1962年翻译成中文出版。

⑥ 1957年10月到11月，叶季壮曾几次在北京对外贸易学院做关于“内销与外销”关系的报告。报告中强调，社会主义国家的对外贸易是为了相互间的经济发展，外贸是为生产服务的。要发挥外贸服务生产的作用，调剂国内的余缺。

实际上，亚当·斯密关于对外贸易调剂余缺的观点是建立在绝对优势基础之上的过时理论，斯密以后的学者（包括李嘉图）一般认为，国际贸易的作用不在于利用被闲置的资源和产品，而在于提升资源的利用效率。然而，斯密的观点正好与我国通过出口创汇，建立独立自主的工业体系的目标相吻合，因而受到青睐。

改革开放前，我国学者对李嘉图的比较优势理论持全盘否定态度，原因是：

（1）认为该理论服务于制造业先进国家尤其是英国的利益，其目的是使发展中国家成为发达国家农产品和廉价原料的供应地，而我国的目标是通过进口建立起独立自主的工业体系，[①]因而该理论不具有应用价值；（2）改革开放前，我国所显现的比较优势主要集中在农产品和原材料方面，坚持比较优势将不利于我国建立起完整的工业体系；[②]（3）比较优势理论否定劳动价值论在国际市场的作用；（4）在没有市场机制的条件下，比较优势是无法准确判定的。

李斯特理论的存在，实际上减轻了全盘否定李嘉图比较优势理论的压力，他被视为19世纪前半期各国进步的资产阶级经济学家。李斯特认为，由于战争、国家政策的变化及经济危机，国际合作是一个不现实的目标，这一点十分符合近代我国所遭遇的现实情况。其次，李斯特认为，发展中国家要获得长期的贸易利益，必须在产业发展初期实行保护措施，如果一国只是用农产品交换发达国家的工业制成品，这就如同一个人只用一只胳膊一样。从本质上讲，李斯特所倡导的是一种进口替代的发展道路。

1973年，北京对外贸易学院复校之后，国际贸易专业没有恢复招生，主要为其他语言专业提供课程和从事学术研究。1975年，在国际贸易系主任孙玉琮教授的支持下，经叶彩文（时任国际贸易系副主任）、王林生、冯大同、黎孝先四位教授倡议，北京对外贸易学院于1975年创办内部刊物《国际贸易问题》，由王林生教授担任第一任主编。该刊物是为国际贸易理论和实务问题的探讨与交流提供园地。1980年，该刊物被批准为正式刊物。[③]

同西方的对峙，与苏联的决裂，加上理论上否定国际分工的积极作用和比较优势是贸易利益的基础，种种因素使我国在20世纪70年代成为世界上最封闭的大中型经济体，人民生活受到商品短缺的极大困扰。20世纪60至70年代，就在我国理论界拒绝国际分工的时候，亚洲有些国家和地区通过外向型经济发展战略，经济获得高速增长，与我国经济相对停滞的局面形成鲜明对照。这一时期，开放是我国富强之路这一理念在我国国际贸易教育界还处在萌芽状态。

---

① Marx，Karl（1867），*Das Kapital* Vol. III，Progress Publishers，Moscow，1959：424–425；Marx，Karl （1848） *Free Trade* （with an introduction by Friedrich Engels），New York Labor News Company，New York，1957：40.

② 应该说明的是，为了分析方便，李嘉图的比较优势理论是基于静态分析，其理论不排除比较优势在贸易伙伴之间发生逆转。另外，李嘉图的比较优势首先指的是本国产品之间生产的相对机会成本，而不是两国之间产品成本之比。改革开放以后的经验证明，当时我国的出口产品结构被严重扭曲，农产品和原材料并不是我国的比较优势所在，而是劳动密型制成品。

③ 见黎孝先《祝〈国际贸易问题〉创刊15周年》。

二、改革开放前，贸大部分学者的学术观点与贡献

（一）武堉干：扎根中国，以史为据的国际贸易学者

武堉干（1898—1990），湖南溆浦人。1917 年，入国立武昌商业专门学校，经钱智修教授的悉心培养，对经济学产生浓厚兴趣并开始发表论文。1921 年 3 月，《东方杂志》刊载了他的《国际版权同盟与中国》一文。1921 年大学毕业后，武堉干先生任上海商务印书馆会计员。1924 年，任《东方杂志》编辑。编刊之余，埋头著述，先后发表了 200 多篇有关国际贸易和国际问题的文章，出版了《中国国际贸易史》等专著，应聘到上海法学院、中央大学商学院讲授国际贸易课。1928 年以后，他先后在中央大学商学院（后改名为上海商学院）、南京中央大学商学院、湖南省立商专、复旦大学、湖南大学等担任教职。中华人民共和国成立后，他历任复旦大学、上海财经学院教授兼国际贸易系主任，北京对外贸易学院（今对外经济贸易大学）教授、校学术委员会委员，中国国际贸易学会顾问。他的著作有《鸦片战争史》《中国国际贸易概论》《中国国际贸易史》和译著《人口问题》等。武堉干教授被誉为“国际贸易学权威”“中国对外贸易史的著名专家”，受到社会各界的尊重。

早期中国贸易学者关注的是帝国主义列强对我国贸易的控制和我国对外贸易所面临的危机问题。[①] 武堉干教授在其 1930 年所著的《中国国际贸易概论》中，通过大量数据对中国对外贸易状况进行研究，分析了阻碍中国国际贸易发展的原因，对于今天的我们仍然具有借鉴价值。武堉干教授指出，中国国际贸易不振，有政治、社会、经济和国外控制四个方面的原因。其中，社会原因包括四个方面：一是以农立国原则所滋生的保守习惯；二是贸易知识缺乏，以至于进出口贸易仍需依赖洋行才能进行；三是商业道德低落，以假乱真、以次充好扰乱市场秩序；四是妄自尊大，鄙夷外人。经济原因指经济组织不良，包括交通落后、关税制度不良、金融制度不完善、劳动能力薄弱等因素。国外控制指鸦片战争后，帝国主义所强加给中国的一系列不平等条约，使我国的国际贸易长期控制在洋行手中，压抑了国人从事国际贸易能力的发展。政治原因主要包括政府从拒绝贸易到放任自流、政治动荡和军阀混战。

在振兴我国国际贸易的对策方面，武堉干教授认为，要振兴我国的对外贸易，必须“首先努力于不平等条约之废除，然后方足以言其他振兴政策”。[②] 但武堉干教授也指出，此为消极振兴国际贸易之策而非积极的振兴对策。因为列强的反对，废除不平等条约不是一件容易的事情。因此，武堉干教授认为“排货运动”是最为有效的手段。此外，振兴中国国际贸易的积极对策还包括发展直接对外贸易，完善官方和民间贸易促进机制，

---

① 例如，夏燮《中西纪事》中指出，“中国丝茶之出口足与鸦片之入口相当……，商民人等竭其终日之操作，乃不足以偿暗室之一灯”。

② 武堉干. 中国国际贸易概论［M］. 上海：商务印书馆，1930.

发展保险、银行和运输等对外贸易辅助业务，根据国民经济的需要调控进出口商品结构，振兴农工业，提高商人的职业道德等。

武堉干教授深感中国国际贸易中的商人“缺乏近代商业知识”，不熟悉“进出口之专门技术”，[①]不了解货物出口的相关专业知识。因此，他特别强调对外贸易教育的重要性，呼吁培养“新式商业人才”。他指出，我国进出口商人必须通晓国际贸易原理和实践，熟练掌握“输出技术”，即出口技术。[②]按照武堉干教授的解释，出口技术是指货物从出口到收回货款所有相关的业务过程，具体包括出口商品知识、报关程序、运输安排、保险、出口检验、海外代理的选择、国外关税和通关程序、进口地的贸易政策和法规、海外市场的习惯、海外销售策略及产销竞争情况、外汇结算、货款回收等 12 个方面。他特别强调对出口技术的研究，指出“现时中国欲促进对外贸易，当先努力于‘输出技术’之研究，此实经营对外贸易之中心问题也”。[③]除此之外，武堉干教授还强调从事国际贸易的商人必须熟练掌握外语，熟悉国外文化。

武堉干教授从政治、社会、经济和国外控制四个方面对中国国际贸易不振的原因进行深入全面的分析，标志着中国的国际贸易研究进入专门化、系统化的新阶段。他提出的振兴中国国际贸易的主张，以废除不平等条约为前提，强调直接对外贸易特别是出口的重要性。针对彼时中国国际贸易的发展状况，强调对外贸易教育对于发展中国国际贸易的重要性，尤其主张国际贸易技术层面的教育，使中国国际贸易思想发展到了从理论到实务全面关注的层面。武堉干教授所强调的出口技术，实际上就是今天的国际贸易实务。其所倡导的“出口技术加外语”的人才培养模式，直至今天，仍是国际贸易人才培养体系的核心组成部分。

（二）袁贤能：学贯中西的经济学泰斗

袁贤能（1898—1983），浙江天台人，我国杰出的经济学家，曾有“南马（马寅初）北袁”之称。1921 年复旦大学毕业后，入燕京大学经济研究所，一年后即获硕士学位。1922 年，袁贤能赴美国留学。1929 年，获得纽约州立大学哲学博士学位。1929 年回国后，辗转任教于复旦大学、中央大学、南开大学和燕京大学等，对西方经济学说和国际贸易理论进行了开拓性研究，著有《经济学》《经济思想史导言》《柏拉图的经济思想》《亚里士多德的经济思想》《任诺风（Xenophon）的经济思想》《亚当 • 斯密前的经济思想史》等，并有多篇重要论文散见各种杂志。抗战期间，袁贤能因抗日言行和拒绝出任伪职三次入狱。他创办私立天津达仁经济学院兼任院长，收留沦陷区拒绝与日军合作的学生。新中国成立之初，他主持南开大学经济学院的工作，不久渡江南下，任上海财经学院和杭州之江大学教授。

① 武堉干．中国国际贸易概论［M］．上海：商务印书馆，1930.

② 武堉干（1930）还提到进口技术，但是他认为，由于我国商人对国际贸易和国际环境了解甚少，因而出口技术比进口技术更重要，同时也更难以掌握。

③ 武堉干．中国国际贸易概论［M］．上海：商务印书馆，1930.

1954 年，院系调整，袁贤能由上海财经学院转入北京对外贸易学院，继续从事西方经济思想史、国际贸易理论研究，译有《英国得自对外贸易的财富》、《对劳动的迫害及其救治方案：或强权时代与公理时代》、《人口原理》（合译）和《中世纪欧洲经济思想》（手稿）。

袁贤能教授把自己的一生比作“一盏小油灯”，为我国经济领域培养人才而竭心尽力。在近 60 年的学术教育生涯中，袁贤能教授培养了一代又一代的学者，比如 20 世纪 30 年代的胡光泰、杨曾武、张延祝、秦佩珩、关淑庄（女）、陈国庆等，还有新中国成立后成长起来的薛荣久教授。

袁贤能教授对经济史思想研究具有浓厚的兴趣和深厚的造诣，他在纽约大学的博士论文以《道家及相关哲学对中国经济思想的影响》（The Influence of Taoism and Related Philosophies on Chinese Economic Thought）为题，应用比较分析方法，运用西方现代经济学理论比较和分析了中国古代不同思想流派，如道家、儒家和墨家的经济思想；尤其是对道家和儒家的经济思想进行了详实的比较分析，并对各思想流派的争论进行了评价。

袁贤能教授将东方的“克己节欲”与西方的“放任逞欲”两种观念称为“人类的二大实验”，他认为两种观念各有优劣，但“东方的克己节欲和西方的放任逞欲，都不能算是一个光明大道，一个是忽略竞争求存的现实，一个是忽略人类生活的意义”。[①] 儒家的“中庸之道”才是中国之途，是第三派代表。但袁贤能教授也主张所谓的儒家“中庸之道”，必须先“立己”而后“立人”。[②]

袁贤能教授在其著作和国际贸易理论研究中，对凯恩斯（J. M. Keynes）的一般“理论”及凯恩斯主义提出了严肃的批评，认为凯恩斯主义的“货币贬值、通货膨胀、发行公债和公共工程等措施”只是为“垄断资本”攫取最大限度的利润而采用的方法措施，只是一针“强心针”，实质上是“火上浇油”，无法解决帝国主义根深蒂固的固有矛盾。凯恩斯不是一个自由贸易论者，主张通过“顺差来增加投资乘数，刺激生产和就业，并且只是在本国经济衰退时希望如此”。尽管有人称凯恩斯为“新重商主义者”，但袁贤能教授认为凯恩斯只是“为保护贸易政策辩护”，因此，凯恩斯并不是一个“国际主义者”，而是国家主义者。[③]

米德（J. E. Meade）是 20 世纪 30 年代的英国经济学者，主要研究领域为国际贸易与新福利经济学，其主张自由贸易，认为自动调整的价格机能可以有效调整国际收支并取得国际收支平衡。米德的福利经济学涉及国际贸易和国际经济关系，从全世界出发探讨福利经济。袁贤能教授认为，米德所主张的自由贸易“实质上就是李嘉图的旧货似的”，[④] 并未突破李嘉图的贸易理论框架，各国放弃贸易限制措施，实际上是不可能的。袁贤能教授认为，“国与国之间又要加上种种的限制，便生产要素不能由边际生产力较低的地方转移到边际生产力较高的地方去”。[⑤] 国与国之间的生产要素转移的障碍“对于

① 袁贤能．袁贤能著述文集．北京：中国商务出版社，2014：587.

② 同上：587.

③ 同上：654.

④ 同上：667.

⑤ 同上：668.

缺乏资金和资金有余的国家都不利”。[①] 因此，袁贤能教授主张各国之间需要设法达成国际协议，减轻国际生产要素移动的壁垒和障碍，只有如此，对于贸易双方才是有利的。同时，袁贤能教授认为，仅依靠“国际协定”和“有限制的放任政策”来“消灭价格和生产价格的差距”不能“完全消灭剩余价值”，无法解决资本主义制度根本性的问题，需要从根本上改革社会经济制度。

袁贤能教授在着力花笔墨分析评价“重商主义”时，强调“无形输出（Invisible exports）”是国际贸易中的重要因素，包括“劳力输出（Export of work）”和“运输费”收入等。他认为，“凡是制造愈精的货物其所需的人工亦愈多，将这种货物输出外国去卖，实际上就等于输出大量的劳工去卖一样”。[②] 实际上，袁贤能教授前瞻地意识到“技术”对于一国贸易的重要作用。他认为，谈论国际收支时不能仅限于货物的价值，其他“无形输出”也应该包括在内。袁贤能教授认为，理解“重商主义”不能简单地将其与“轻农贱工”等同起来。商业（尤其是国际商业）仅仅是“获取金钱的途径的最末一段途径”。实际上，“重商主义”是一种包含了“发展农业”（亦是“开发富源增加制造原料”）、“发展工业”和“发展商业”的“观前顾后”的整个计划。“从农业到工商业，步步是有增加效用和价值的可能”。[③] 袁贤能教授的观点，与当今国际贸易中对于“价值链”的重视颇有异曲同工之妙。他还指出，“重商主义”并没有忽视人在生产中的作用，“训练人才、促进教育”对于发展一国对外贸易亦具有举足轻重的作用。袁贤能教授认为，“重商主义”实际上是重视“技术”的，重视“生产方法的改进”。

袁贤能教授对于“重商主义”的观点，总结下来有二。第一即是“重商主义的作家，并不像一班人所想一样，以为他们是信从极端的干涉主义”。第二就是“重商主义的学者对于鼓励贸易的方法，并不是偏重哪一方的，也不是不顾整个而只求片段的解决的，……，就是其他金融、运输、安全、邦交、他人利益以及种种对于贸易的便利，没有不注意鼓励的”。[④] 因此，袁贤能教授认为，不能仅仅将“重商主义”看作一种经济政策，而更应该看作一种“整个的国家政策”，是一种“社会理想”。他主张应该“狭义”地解说“重商主义”，是“致富求强”的最后关键，“重商主义”实际是一种“货币政策”。

袁贤能教授同时对“重商主义”也提出了批判。他认为，“重商主义”只是在特定历史时期承担了特定历史任务的学说，实际是一种“损人利己”的理论。以损人利己为目的，通过改善国际关系以求国际贸易的增进，最终会导致利害冲突。

袁贤能教授对东西方经济思想史以及国际贸易理论的研究，体现了先生对于国家未来前途的满腔热忱、对国家深沉的热爱与责任感以及传播传统经济思想和推动国家国际贸易发展的使命感。

---

① 袁贤能．袁贤能著述文集．北京：中国商务出版社，2014：669.

② 同上：558.

③ 同上：562.

④ 同上：567.

（三）张毓珊：扶植和保护民族工业的倡导者

张毓珊（1907—1958），江苏金坛人，曾任国立上海商学院专任教授、复旦大学教授，后调入北京对外贸易学院。[①] 张毓珊教授曾于1932—1939年间，在国立上海商学院讲授国际贸易课程。1939年，商务印书馆出版了他的《国际贸易原理》一书。[②] 张毓珊和孔士谔还另著有《中国国际贸易问题》（商务印书馆，1936）。此外，张毓珊教授还著有《经济思想史》（商务印书馆，1940）。

我国学术界对于流行于西方学术界的自由贸易理论，一开始就持怀疑态度。在《国际贸易原理》中，张毓珊教授结合中国的实际国情分析了国际贸易的各派理论与实务技术，认为外贸政策的制定必须以本国利益和民族经济发展需要为重，提出中国的对外贸易政策要在符合中国国情实际的前提下开展。张毓珊教授这样写道："吾国之经济学者，盛倡中国可专事生产农产品与原料与他国交换工业品，此辈奴隶学派的经济学者，观夫孟诺依赖斯库之言论，当亦知所自惭也。"该书中，张毓珊教授分别分析了自由贸易主义、折中保护贸易主义、国家经济主义以及罗马尼亚学者米哈尔•孟诺依赖斯库的保护贸易说。

张毓珊教授以谋求本民族经济发展为原则并将其作为出发点，对以李嘉图为代表的自由贸易主义理论提出了批判。张毓珊教授认为，李嘉图的比较优势自由贸易理论，对工业先进国家有利而对产业落后国家不利。工业先进国家通过自由贸易"侵略"产业落后的国家，阻碍产业落后国家失去发展本国工业的可能。因此，一国采取的具体贸易政策不能理想化地完全采用自由贸易，还需根据本国国情考虑。

德国经济学家李斯特主张折中保护贸易，认为古典贸易理论忽视了民族特点与差异，主张以国家利益为重建立贸易理论，本国的幼稚产业需要得到保护。张毓珊教授借鉴了李斯特的贸易保护主张，强调贸易政策不能静态地仅考虑眼前情况，更应该从长远利益动态地考虑。如果一个产业有可能未来发展壮大，则值得采用幼稚产业保护政策。张毓珊教授认为，李斯特的"折中保护贸易主义"比"自由贸易主义"更加符合落后国家的现实情况。

经济国家主义者强调自给自足，"根本否认国际分工的利益"。[③] 针对经济国家主义，张毓珊教授指出，经济国家主义者对于贸易保护政策的观点不仅出于经济利益，也包含了政治方面的考虑，认为事实上一国难以做到完全的自给自足。但张毓珊教授也强调"与国家独立生存"有关的产业，国家必须实现"自足自给"。

张毓珊教授在《国际贸易原理》中，花费大量笔墨阐述罗马尼亚学者米哈尔•孟诺依赖斯库（又译作马诺莱斯科，Mihail Manoilesco）的"企业净生产力"保护理论，所

---

① 张毓珊教授调入北京对外贸易学院后，改名"张玉珊"。

② 张毓珊教授的《国际贸易原理》一书，内容包括贸易理论（斯密、李嘉图、穆勒等人的理论）、贸易政策措施、国际收支与汇率三大部分。

③ 张毓珊. 国际贸易原理》[M]. 上海：商务印书馆，1940：121.

占篇幅超过亚当·斯密、大卫·李嘉图和约翰·穆勒（John Stuart Mill）诸人学说之合计。孟诺依赖斯库认为，弱小国家不可能闭关自守，但也不应该沦为发达国家的农业附庸，故主张对“净生产额”最多的民族工业予以扶植和保护，一国应该从事生产力最高的企业。张毓珊教授指出：“一种生产事业，凡足以提高本国的平均生产力水准，即应竭力加以保护。”①

通过对四种国际贸易理论的分析，张毓珊教授明确主张我国对外贸易政策的制定不可完全类似先进工业国家，不可盲目照搬西方贸易理论。必须考虑我国的实际情况，要从我国利益与民族经济发展出发，制定符合我国国情的贸易政策。然而，当时正值日本帝国主义侵略中国。抗日战争结束后，国内又陷入战乱，类似张毓珊教授的观点，没有引起社会的讨论。

（四）饶毓苏：“对等”不适用于发达和落后国家之间的谈判

饶毓苏（1911—1978），清朝新疆巡抚饶应祺之孙女。1930年，考入北京大学。1934年获“金钥匙”荣誉，毕业后留任研究助教。1938—1940年，赴美留学，获Smith College国际贸易硕士学位。1941—1952年，与爱人林耀华一同归国执教以助抗战，曾在燕京大学、中央财经学院等处任教职。饶毓苏教授在燕京大学执教期间，在经济系开设国际贸易课程。教材内容有理论和实务，使用英文教材并英文讲授，一些燕京学生称该课是“大二英语”。② 1947年，饶毓苏在燕京大学学生自治会刊物上发表《论中美新商约》一文。1953年，饶毓苏从中央财经学院调入北京对外贸易专科学校，专门讲授中苏对外贸易原理课程。

饶毓苏教授发表并出版的论文和著作包括*The Land Tax in China*（硕士论文）和《云南省工业生产指数研究报告》《论我国开放对日贸易之危机》《中国战后国际贸易应有的方针》《中日两国输出入贸易的比较分析》《中国手工艺品之出口贸易——中国国际收支平衡问题研究》《对外贸易在我国国民经济中的地位和作用》《对社会主义国家间贸易价格体系建立问题的意见》《关于亚非国家经济发展的出路问题》《论中美新商约》《再论中美新商约》等。

抗战胜利后，中美两国于1946年11月4日签订《友好通商航海条约》（简称《中美商约》）。这是中国近代史上废除一系列不平等条约后，国民政府与外国签订的第一个自由贸易条约。从表面上看，其体现了当时中国的国际地位、中美两国在第二次世界大战期间所建立的友好关系，也是当时复杂的国际局势与国内形势下的产物。《中美商约》广泛涉及政治、文化、经济、军事等各方面，是二战后美国对外签署的第一个自由贸易协定，在中外条约史上占有重要地位。经济领域涉及通商、航运、制造、加工、金融、

① 张毓珊．国际贸易原理［M］．上海：商务印书馆，1940：134.

② 饶毓苏讲授国际贸易课程所使用的教材是C．E Griffin，Principles of Foreign Trade（Macmillan，1924）。

采矿、教育等各个方面，中美贸易方面则涉及工商贸易条款、航权条款、移民条款和国民待遇等。《中美商约》自签订起就存在截然不同的评价。驻美大使顾维钧认为，商约的签订有益于中美两国经济发展。“中国可以将猪鬃、蚕丝、茶叶、刺绣等需要高度技巧和大量劳工的产品输出到美国，美国也可以把中国暂不能大量生产和种植的钢、铁、木材、小麦、面粉、棉织品等输出到中国。美国的汽车与船只也将在中国占有一定的市场。商约的签订有利于两国经济的互补。”①政治层面，国民政府认为，“《中美商约》的政治意义在于增进中美两国之间的传统友谊”。②

中国共产党指出，《中美商约》的签订带有浓厚的政治色彩，并于 1946 年 11 月 7 日至 12 日，连续六天内在《新华日报》发表对签订《中美商约》的批评文章。认为《中美商约》实为“美国大规模侵略洞开门户，较‘二十一条’有过之无不及”，表面上平等而“实‘惠’而不‘互’”，将“断送我国民经济”。③

《中美商约》的签订引起了国内各界强烈的反响与争论。与政府关系密切的学者通过不同途径对《中美商约》予以解释并表示赞同。但很多学者认为，商约的实施结果只能使中国沦为殖民地地位，是中国人民的卖身契，将使中国受到单方面约束，中国的民族工业将受到严重打击。④

《中美商约》签订一周年后，燕京大学学生自治会研讨股召开“《中美商约》签订一周年纪念座谈会”并出版《评中美商约》。饶毓苏教授在《评中美商约》一书中，发表《论中美新商约》和《再论中美新商约》两篇文章。饶毓苏教授认为，《中美商约》以所谓的“对等开放”为基础，表面上的确是追求平等互惠，将中美“两方放在平等的地位上，彼此都受国民与最惠国的待遇”。但是，这一原则根本的问题是中国和美国是两个不同类型的国家，反对将同一个标准适用在不同国家上。当时，中国处在“交通不便利”“产业不发达”“人民也生活在最低的水准上”这一背景下，中国的目标不是追求所谓的“对等”，而应是利用国际贸易促进中国经济的繁荣进步。饶毓苏教授指出，在当时中国的国情下，我国企业根本无法与美国企业竞争，“势必在一切的职业与企业方面，都让他人占了上风不可”，“中国自己的幼稚工业只能继续做存亡的挣扎，而无法做任何的发展”。本质上，《中美商约》与以前的不平等条约并无不同。饶毓苏教授认为，之所以如此，根本原因在于“我们国力太差，产业不发达不进步，国民经济濒于破产的地步”。因此，饶毓苏教授主张中国应该采取“若干的贸易保护政策”，“方能达到实际的平等，方能使自己振兴，有助于世界的永久和平和繁荣”。⑤饶毓苏教授与当时我国许多进步学者的态

① 顾维钧．顾维钧氏发表演说中美贸易前途光明［N］．申报，1946-11-14（1）．

② 此为时任立法院经济委员会委员长楼桐孙的观点，来源于财经部长及专家对中美商约意见［N］．中央日报，1946-11-5（2）．

③ 参见《新华日报》，1946 年 11 月 7—12 日。

④ 新的枷锁！新的镣烤！对丧权辱国的中美商约，沪各界极为愤懑，认为此约实为美国大规模侵略洞开门户，其丧权辱国，较之“二十一条约”有过之无不及［N］．新华日报，1946-11-7（3）．

⑤ 饶毓苏．论中美新商约［A］．燕京大学学生自治会研讨股．评中美商约［M］．［出版地不详］，1947.

度一致，认为《中美商约》只是形式上平等，实际上，条约的内容与当时的实际需要并不符合。我们需要的是能够真正促进我国产业振兴与经济发展的必需的若干贸易保护政策。

国际分工是国际贸易理论中，长期存在争论的重要理论问题。1957 年 11 月，饶毓苏教授等学者参加在捷克斯洛伐克布拉格召开的“对外贸易国民经济盈利性问题”讨论会，代表北京对外贸易学院在大会上做了“对外贸易国民经济盈利性问题的探讨”的发言。在讨论对外贸易的本质问题上，大会分成两种主要的观点。一种观点认为，国际分工是中性的，社会主义国家和资本主义国家均可以利用国际分工获得利益。还有一部分学者甚至提出，在对外贸易的研究中，应该关注的是发达国家与不发达国家之间的对外贸易，而不是社会主义国家同资本主义国家之间的对外贸易。针对这一问题，饶毓苏教授代表中国代表团也作了发言，她坚持否定资本主义的国际分工学说，认为社会主义国家之间展开分工合作具有巨大的潜力，并提出社会主义国际分工的两个原则：“首先是无产阶级国际主义原则和民族平等原则，其次是在各国有利的自然条件和经济条件都得到充分利用的基础上，有计划地协商进行专业化和协作的原则。”[①] 饶毓苏教授主张，“对外贸易的本质不能脱离历史条件，不能一般地、抽象地谈对外贸易的本质，而应该结合具体历史发展条件来认识”。她认为，“社会主义对外贸易和资本主义对外贸易有本质的不同”，必须区分“社会主义对外贸易和资本主义对外贸易”。社会主义国家进行对外贸易时，需要在中央领导下进行，不能将价值规律理解为贸易平衡规律。社会主义国际分工的同时，还需要“尽量利用和资本主义国家的分工”。[②] 饶毓苏教授关于“社会主义国际分工”的观点，与当时我国国际贸易学术界对于国际分工的态度基本一致。尽管与当今对于国际分工的观点有所不同，但是通过这一讨论，一方面可以更好地总结与评估我国改革开放 40 余年的历史；另一方面，也使我们看到当时其他社会主义国家对这一问题的激烈讨论。

（五）姚曾荫：我国国际贸易学科奠基人

姚曾荫（1915—1988），江苏镇江人，为著名桐城学派创始人之一姚鼐后裔。我国著名的国际经贸学家，国内国际贸易学科最早的博士生导师和学科带头人，全国经贸系统先进工作者，国际贸易学科奠基人。1933 年，姚曾荫就读于北京大学经济系。1937 年毕业后，在中央研究院社会科学研究所工作，先后任研究生、助理研究员、副研究员。1946 年赴美国米里苏大学研究院进修。1949 年回国。1949—1952 年，任北京大学经济系副教授。1952—1953 年，任中央财经学院教授。1953 年 9 月后，任北京对外贸易学院（对外经济贸易大学）教授。

20 世纪 50 年代，姚曾荫教授主持编著了《马恩列斯论国际贸易》一书，成为新中国成立 10 周年国庆献礼项目，荣获对外贸易部一等奖。1987 年，他受国家教委和人民

---

① 薛荣久．对我国关于国际分工问题观点的回顾［J］．世界经济调研，1979（43）．

② 饶毓苏．对外贸易国民经济盈利性问题的探讨［C］．布拉格：1957．

出版社委托，主编了“大学世界经济丛书”之《国际贸易概论》。这是我国国际贸易界第一部巨著，对国际贸易学科的建设做出了重要贡献，获得全国高等学校第二届优秀教材特等奖。《国际贸易概论》资料详实，立论有据，内容丰富，形成有特色的理论体系。姚曾荫教授通过梳理国际贸易理论的发展与成果，通过借鉴与吸收以往的研究，坚持生产决定交换的原理，构建了马克思主义指导的国际贸易理论。他指出，“国际贸易学的对象是一个不断变化、不断缩小的世界”。① 以此为基本出发点，他首先介绍对外贸易与经济发展，然后分别介绍国际分工、世界市场、国际价值与国际价格、跨国公司与对外直接投资，并对国际贸易的发展、各国对外贸易政策以及西方国际贸易理论等进行介绍与评价。姚曾荫教授的学术观点主要体现在以下几方面：

其一，国际贸易和世界市场的基础是国际分工。在国家出现和社会生产力发展到一定阶段后，才产生国际分工。他从历史的角度回顾了三次社会大分工，指出当代世界分工具有四个特征，包括发达资本主义国家之间工业分工迅速发展，各国间工业部门内部分工逐步加强，发达资本主义国家与发展中国家间工业分工的发展与古典工业国与农业国之间分工为主导形式的国际分工的削弱，以及社会主义国家也积极参加世界分工的进程。姚曾荫教授反驳了亚当•斯密主张的“交换是人的本性并且交换引起分工”的见解，认为分工是交换的基础，没有国际分工，就没有国际贸易和世界市场。国际贸易中，交换的商品可以分为使用价值不同的商品的交换和使用价值相同的商品的交换。国际分工的发生与发展取决于两个条件，即社会经济条件和自然条件。西方经济学家片面地用自然条件和地理条件解释社会经济现象，姚曾荫教授则认为，自然条件仅仅为国际分工提供了可能性而非必然性。从马克思主义的观点分析，决定国际分工发生和发展最重要的因素是社会生产力，而分工只是一种社会劳动关系。姚曾荫教授还反驳了卡布拉尔（M. J. Cabral）关于国际分工是“自发形成的，而不是发达国家所采取的某些政策的结果”的观点，指出在国际分工形成过程中，各种超经济的强制手段及自由贸易政策起了重要作用。尽管如此，要改变一国的经济面貌，姚曾荫教授认为还是要靠市场的力量。

其二，世界市场的产生和发展是资本主义生产方式的历史使命，这源于资本对利润的追逐，资本主义固有矛盾不断加深和克服促使市场向纵深和广阔发展的过程。交通运输工具的革命和资本输出，是促使统一世界市场形成的主要因素。价值规律使资本主义生产关系冲破国家的界限，扩展到世界范围成为世界关系，结果是导致世界范围的两极分化，形成落后国家从事初级产品的生产、发达国家从事工业制成品的生产。国际价值并不取决于各国的社会必要劳动时间，而是取决于一国生产单位产品的国民平均劳动。正是由于各国国民平均劳动高低不同，使得各国劳动生产率不同，从而表现为不同的商品价格。国际贸易中的等价交换，实际上隐含了以少量劳动交换较多劳动的不平等劳动的交换。

其三，独立自主、平等互利、趋利避害地发挥跨国公司的作用。跨国公司是国际贸

① 滕德祥．马克思主义国际贸易理论的丰硕成果［J］．世界经济，1988（7）：84－88．

易中的主要垄断力量，资本输出既是国际垄断组织形成和发展的前提，又是跨国公司扩张的标志。对外直接投资，是跨国公司控制发展中国家对外贸易、促进商品输出的重要手段。跨国公司的海外扩张，主要通过剩余价值实现的国际化和剩余价值生产的国际化来实现。跨国公司内部通过调拨价格来获取利益，外部则利用限制性商业做法加强其控制地位。此外，跨国公司利用其垄断势力控制、操纵许多商品的世界市场价格。姚曾荫教授强调指出，应该通过辩证的观点来看待跨国公司，跨国公司有其消极作用，但也有其积极作用。跨国公司对世界各地的投资有助于世界贸易的发展，也为东道国带来资本、先进技术、管理经营和销售技能等东道国缺乏的能力，也使得各国间经济上的相互依赖不断加强。因此，需要“制定有效的国家法律和国际行为准则以防止跨国公司可能造成的伤害”。①

其四，对外贸易对于一国经济发展具有重要作用，既可以降低生产费用，又可以通过不等价交换进行价值的国际转移来提高利润率。有学者认为，资本主义的发展，将削弱对外贸易的作用，各个资本主义国家将退回“自给自足”的状态。姚曾荫教授则通过事实分析，反驳了“资本主义将越来越走向经济上的自给自足”和“一个国家的经济发展会减少它对国外贸易的依赖”这两个论点，指出“对外贸易重要性渐减规律”是不成立的。但他也指出，“对外贸易是经济成长的发动机”的观点并不具有普遍意义。

其五，我国必须坚持长期的对外开放政策，强调社会主义国家发展对外贸易的必要性，社会主义国家应该贯彻独立自主、平等互利的对外贸易原则。由于生产国际化和经济事务日益国际化的趋势，使得社会主义国家和资本主义国家一起参加社会分工的过程。社会主义国家参加并利用国际分工，是建立在长期稳定基础上的长久考虑。对外贸易不仅可以使社会主义国家引进先进技术、提高本国技术水平、促进国民经济增长，也是执行对外政策的一个重要方面。但姚曾荫教授也指出，“为了确保社会主义国家对外贸易及其政策的社会主义性质和作用，社会主义国家必须实行国家对外贸易管制”。社会主义国家反对任何形式的自给自足，绝不是要与世界隔绝、闭关自守、自给自足，实行闭关锁国政策。我国的对外开放应该是长期的、全面的、全方位的开放。②

（六）胡敦元：美国酒税研究——税收与健康不能双赢

胡敦元（1902—1975），安徽绩溪县人，著名经济学家。1924 年毕业于清华大学，1925 年留美，获哥伦比亚大学经济学博士学位。胡敦元博士在国外积极参与组织进步活动。1927 年，加入美国共产党。抗战爆发后，他组织了华侨抗日救国总会，并参与组织了美国援华委员会。“四一二”事变之后，他和众多爱国学子一道开展了“反蒋”运动。麦卡锡主义泛滥时，胡敦元博士受到联邦调查局和非美活动委员会的黑名单调查。1951

① 姚曾荫. 国际贸易概论［M］. 北京：人民出版社，1987：357.

② 同上：107.

年，胡敦元博士由美回国，先在外贸部，后在北京对外贸易学院（今对外经济贸易大学）工作。曾经参与过《毛泽东选集》的翻译工作。

胡敦元教授在哥伦比亚大学商学院完成的博士毕业论文 *The liquor Tax in the United States* 1791—1947（《美国酒税研究 1791—1947》）于 1950 年正式出版。这部专著是哥伦比亚大学商学院推出将该学院所有博士论文出版举措之后，出版的博士论文系列专著的第一部，[①] 几乎涵盖了联邦酒税的方方面面。其学术贡献主要体现在以下几个方面：

其一，论文从历史发展的角度回顾了美国联邦政府对酒征收消费税的历史，并深刻剖析了社会公众对酒税的态度变化以及联邦财政对酒税收入依赖的变迁。1789 年，美国联邦政府成立之初，在财政上捉襟见肘。为了增加联邦收入，尤其是为了清偿独立战争中欠下的债务，在首任财政部部长亚历山大·汉密尔顿的力推下，国会于 1791 年通过了《国产酒税法案》（也被称为威士忌法案），对用小麦酿造的酒类征收消费税。可以说，1791 年开征的酒消费税是美国最古老的税种，也是美国建国初期尝试建立联邦税收体系的实验税种。对威士忌征收消费税引起了西部农民的不满，他们开始抵制纳税并引发了美国历史上著名的威士忌暴乱。托马斯·杰斐逊就任总统后，于 1802 年取缔酒消费税。1812 年，由于战争引起财政亏空，联邦政府再度开征酒消费税。这次开征延续了五年，至 1817 年再度取缔，此后直到美国内战爆发，联邦政府都没有征收过酒消费税。1862 年，由于内战导致的财政紧张促使联邦政府三度开征酒消费税。这次开征一直延续到今天，即使在禁酒令时期，联邦政府仍保留了对烈酒的征税。在这部著作中，胡博士详细回顾了美国联邦酒消费税的历史并提出，19 世纪酒税的征收主要出于筹集财政收入的考虑，对其健康效应的影响则鲜有讨论。之后，尽管酒税“寓禁于征”的作用日益突显，但要寻求财政收入与健康效应“双赢”的税率几乎是不可能的。

其二，文章从税制要素和税收征管的角度，探讨了如何设计一个好的酒消费税制。对此，胡敦元教授不仅探讨了对酒征税的最优税率问题，也探讨了从量税和酒执照税以及这些征收方式对酒生产商行为的影响以及对政府税收收入的影响。

其三，胡敦元博士从税收征管的角度探讨了如何防范逃避税。逃避酒消费税，在内战期间及之后的一段时期广为盛行。据估计，约一半以上的酒没有被征税。1868 年，联邦政府将酒税的税率削减了 75%，但税收却大幅增加。胡敦元教授认为，增加的税收一部分归功于纳税人税收遵从度的提高，因为税制中新增了防范税收逃避措施。他还以美国内战时期三度开征酒消费税为例，探讨了对酒的存货设置一个最低税率的必要性，以防止不法商人存货居奇。

胡敦元教授的博士论文，很有可能是历史上第一部以美国酒税为研究对象的学术著作。这部著作充分揭示了酒税对于美国社会影响之深远，酒税与政府收入、酒行业以及消费者关系之复杂，民众对于酒税态度之矛盾及变迁，联邦政府在酒税政策方面之纠结

① 本文中的酒指蒸馏的烈性酒，酒税特指对烈性酒征收的联邦消费税。

和在税制设计方面之考量，为后世学者的进一步研究提供了基础。这部著作问世于1950年。65年后（即2015年），世界卫生组织授权胡敦元博士任教的对外经济贸易大学成立世界卫生组织烟草控制与经济政策合作中心，作为世界卫生组织在全球设立的唯一经济政策合作中心，专门从事烟税、酒税和含糖饮料税的研究与政策推动工作。

（七）史道源：剖析中国“拳头”出口产品——猪鬃

史道源（1918—1976），河北阜城人。先后就读于燕京大学、南开大学。曾任教于南开大学、燕京大学、中央财经学院。1953年9月，调入北京对外贸易专科学校（今对外经济贸易大学）任教。是我国金融业的先驱者之一，新中国成立以来招收的国际金融研究生第一人。所著《四川省之猪鬃》，是研究民国时期中国猪鬃产业及猪鬃出口贸易的重要参考著作。

19世纪末，中国猪鬃进入国际市场。自20世纪20年代后期开始，猪鬃作为战略性产品，世界市场需求旺盛。中国作为世界上最大的猪鬃供应国，供应量占世界猪鬃市场一半以上，猪鬃也由此成为中国出口的大宗产品。通过对外输出猪鬃等优势产品换取国外先进机器设备，对实现我国对外贸易商品结构从以农产品为主向多元的工业制成品转型，进而推进中国工业化建设具有重要作用。抗战时期，中国实行战时对外贸易统制，猪鬃即成为易货偿债贸易的主要输出品。四川省的猪鬃产量位列中国第一，在战时经济中的地位尤为重要。时任职于四川省银行经济研究处的史道源先生，利用大量报刊和调查报告，研究了抗战前四川猪鬃产销和抗战时期猪鬃统制状况，于1945年撰写了《四川省之猪鬃》一书。

《四川省之猪鬃》一书共分为八章，资料详实，内容丰富。该书主要涵盖七个方面的内容：一是阐述了四川省不同地区猪鬃的产量、猪鬃的类型以及猪鬃的出口情况，反映了四川省猪鬃在我国与世界市场上的地位，表明四川省猪鬃行业之发达；二是介绍了四川省的猪鬃加工过程，包括猪鬃选取方法、加工程序（洗净、蒸伸、理顺和提清）、漂制过程等，以论证四川省猪鬃品质之优良；三是阐述了战前四川省的猪鬃产业情况，对猪鬃市场的结构、市场交易、例规、军运、税捐、军用资金等进行了多重维度分析，表明四川省的猪鬃产业之完备；四是阐述了战时对外贸易统制时期，四川省猪鬃所处的地位、统购统销的管理方法以及猪鬃的收购牌价等，表明四川省的猪鬃对战时中国经济的重要作用；五是围绕抗战期间四川省猪鬃产销的变化，讨论了抗战对中国猪鬃内外销的影响；六是针对战时世界上最大的猪鬃进口国——美国进行分析，主要从美国政府战时猪鬃进口政策、战时猪鬃的来源以及美国人造猪鬃的发展三方面分析研讨：一方面阐明美国战时对于猪鬃需求之旺盛，另一方面，与中国猪鬃产业的发展和管理政策做对比，探讨中国猪鬃产业更好发展的举措。

史道源教授还梳理了当时四川省各地区统购统销办法、不同地区在不同年份猪鬃的产量、不同类型猪鬃的产地、历年四川省主要地区的猪鬃对外出口数量以及重庆市商会等四大团体对于统购统销制度的呼吁，并将这些内容列入该书附录中。《四川省之猪鬃》一书，不仅是研究民国时期中国猪鬃产业及猪鬃出口贸易的重要参考著作，而且对战时统制经济的研究具有独特的参考价值。

（八）曹康伯：中国贸易术语研究的先行者

曹康伯（1913—1981），辽宁铁岭人，1932—1937 年于南开大学学习，1937—1946 年、1947—1949 年先后在原国民党政府农本局、成都金陵大学、战时生产局、善后救济总署等部门任职，1946—1947 年在美国哥伦比亚大学研究生院进行研究，1949—1959 年在上海华东贸易部、中国进出口公司任副处长/处长，1959 年 4 月起在对外经济贸易大学任教。曹康伯教授长期从事国际贸易研究。1964 年，与姚周杰教授[①]合作撰写和出版《国际贸易的价格条件》。该书不仅首次提出“国际贸易惯例”之说，而且是我国国际贸易术语研究的“开基之作”，引领着我国国际贸易业务的发展。

提出“国际贸易惯例”之说。新中国成立之初，百业待兴。20 世纪 60 年代又是特殊的历史时期。曹康伯与姚周杰两位先辈远见卓识，切磋问难，为后辈提供了可贵的研究文献。据考证，此前，我国学术研究领域并无关于国际贸易惯例的相关探讨，而《国际贸易的价格条件》在我国首次提出了“国际贸易惯例”的学说，[②]并主张“国际贸易惯例”从本质上来看，都有其任意性、不一致性和不稳定性，是公认习惯性规定与具体做法。[③]尽管西方学者对此已有研究，[④]但作为中国学者，两位先辈并未蹈袭西方学者的主张，而是提出自己的观点，尚属首次，难能可贵。目前，国内关于国际贸易惯例的研究均将其总结为国际贸易惯例的特征，[⑤]先辈的学说为后辈的传承起到了奠基和借鉴的作用。

我国国际贸易术语研究的“开基立业”之作。国际贸易惯例可谓博大精深，其作用及效力在国际贸易操作中，得到明确的肯定和较大程度的反映。国际贸易价格条件（术语）仅为国际贸易惯例中的一部分。从事国际贸易实务研究的学者及实务操作的业者都知道，在世界范围内，国际贸易术语已被国际贸易当事人所普遍接受和使用，并对国际贸易买卖合同产生了深远的影响。尽管贸易术语的研究和应用在西方国家早已司空见惯，但两位先辈在 20 世纪 60 年代的特殊背景下，撰写和出版了如此专业的学术论著，不仅为实施国家的对外政策添砖加瓦，也为专业人员灵活运用贸易术语提供了实用工具

---

① 姚周杰（1918—1983），安徽贵池人，曾在北京辅仁大学、燕京大学就读，1960 年 9 月调入对外经济贸易大学任教，曾讲授“进出口业务”课程，编有《中国对外贸易基础知识》《国际贸易价格术语》《中国对外贸易三十年》等。

② 曹康伯，姚周杰．国际贸易的价格条件［M］．北京：中国财政经济出版社，1964：15－19.

③ 同上，18.

④ 参见施米托夫《国际贸易法律的渊源》《经济情况转变中的商业法律》及诺伯特·霍恩《国际商业合同法的统一与变异》等论著。

⑤ 参见黎孝先、邱年祝、冯大同主编《国际贸易实务》，姚新超编著《国际贸易惯例与规则实务》，陈晶莹等主编《〈2000 年国际贸易术语解释通则〉释解与应用》，柯泽东编著《国际贸易习惯法暨国际商务仲裁》等论著。

及为学术研究奠定了基础。

我国国际贸易业务之引领。两位先辈在该书中不仅高屋建瓴、从大处着眼，论述了国际贸易惯例的性质、特征及其适用，且从细微着手，重点探讨了各种贸易术语的应用策略，可谓“大者含元气，细者入无间”。例如，该书第二章至第六章分别详细阐述了各种价格术语及“买卖合同中的价格条款与其他条款之间的关系”等具有较强实用性的因应策略。曹康伯教授还在1975年发表了《资本主义世界主要港口对“船上交货”(FOB)价格条件的解释与运用》的学术论文，详细分析了国际贸易中使用频率最高的FOB术语的运用策略。[①] 其中，对FOB术语的研究非但因时间久远而失去学术价值和实用性，相反，当今的相关探讨都无出其右，真可谓“小小见大，大至极大”。

此外，我国于20世纪80至90年代争论不休的FOB中文译名问题，也可在此书中找到答案。1949年，我国华东区对外贸易管理局曾发布《关于进出口货价译名的统一规定》，并制定了“国际贸易价格术语译名表”。其中，将FOB和CIF分别译为“离岸价格”和“到岸价格”。1950年，中央人民政府贸易部召开的“全国对外贸易行政管理会议”曾做出“关于术语的统一规定”，当时亦采用了上述译名。这一发现表明，新中国在成立伊始就高度重视对外贸易，且对中国对外贸易史学研究提供了可靠依据。

当然，“金无足赤，人无完人”。受时代背景的局限，该书将西方国家称为“资本主义国家”，且认为国际贸易惯例具有“阶级性”，带有明显的意识形态色彩。然瑕不掩瑜，我们应以历史唯物主义的观点看待先辈及其论著，而不应过于苛责。

（九）康有枢：世界市场行情与国际市场

20世纪后半叶，学校国际贸易专业搭建完成了“老五门”专业课程体系。世界市场行情（以下简称“行情”）作为其中之一，由康有枢先生主编教材，滕德祥同志协助工作，童书兴、王新、郭培兴等同志参与其中。

行情课程所构建的知识体系，目的在于以经济行情共性研究为基础，进行世界商品市场行情个性研究，以行情调研进一步具体化服务于外贸实际业务。相对于国际贸易实务课程指导进出口业务“后台”的执行工作，行情指导进出口业务“前台”的决策工作，其重要性在程度和层次上不言而喻。尽管当时外贸公司进出口商品的品类和规模都由主管部门进行年度计划指导，但毕竟“进口成本”和“出口换汇成本”都进入进出口贸易企业的经营指标，把握价格趋势和买卖时机具有现实的财务价值。

《世界市场行情》教材在结构上分为四篇，依次为以宏观经济学为基础的“总论”、“经济行情研究”、以微观经济学与产业组织经济学为基础的“商品市场行情研究”和以计量经济学为基础的“行情预测”。其中，也涉及篇幅为三章的世界经济史（战后部分）。

① 曹康伯. 资本主义世界主要港口对“船上交货”(FOB)价格条件的解释与运用[J]. 国际贸易问题，1975(1)：85-92.

这在全国经济与财经院系尚未全面引进西方经济学课程的时代，不得不说是先进乃至超前的。仅从参考文献覆盖 20 世纪 60 至 80 年代的十余本英文原版以及中译本预测学、统计学和计量经济学经典教科书，就可见一斑。

行情的教学目的与底层知识体系，实际上是康先生一生教育背景与教学生涯的投影。康有枢先生 1917 年 2 月 25 日出生于江苏省江宁县江宁镇的一个农民家庭，1939 年 12 月考入中央大学（1937—1946 年因抗战迁址重庆）经济系，1944 年毕业获得经济学学士学位。随后至 1954 年 8 月，康先生在国立上海商学院（今上海财经大学前身）国际贸易系任教。1954 年 9 月直至退休、病逝，康先生一直在北京对外贸易学院、对外经济贸易大学任教，先后讲授了进出口商品学、苏联对外贸易、中国基本工农业入口与出口、世界市场行情、世界市场分析与预测等课程，为国家培养了大批的本科生和研究生人才。

在行情调研具体化服务于外贸实际业务的思想指导下，《世界市场行情》提出了成熟的程序性框架以及编制商情预测报告的基本环节和一般原则，包括商情预测必须从估计一般经济行情的发展前景入手、正确估计具体商品主要进口国和主要出口国经济的发展前景、估计具体商品供给和需求的未来变动、基本影响因素的比较分析等。其中，对于估计具体商品供给和需求的未来变动，康有枢先生提出，要从商品的自然属性和社会属性出发，结合商品的生产周期、生产的季节性、生产的垄断程度、技术条件、政府政策措施，同时，结合商品的消费周期、消费的季节性、消费的垄断程度、消费结构的变化，系统提取商品市场行情分析不可缺少的直接要素。

康先生在《世界市场行情》中特别关注到的一些具体的世界市场问题，今天看来是眼光极其敏锐的。关于科技进步与商品的用途，就以用途不断扩大的石油为例，在教材编写的 20 世纪 80 年代初，即便是刚刚经历了第二次石油危机，当时的历史最高油价也不过每桶 40 美元，石油的重要性远不能跟现在相比。对于商品在世界政治经济中的意义，康先生提出，当有些商品可用于某种制裁的目的和手段时，这类商品价格会随着世界政治局势的紧张或缓和发生剧烈的波动，如美国限制对苏联的粮食出口。就消费结构的变化，《世界市场行情》当时就提到由于怕发胖、怕致癌，市场对低盐、低糖、低脂肪的“轻食品”和“健康食品”的需求将大大增加。这些内容现在读起来，多少有些时光穿越的感觉。欧洲美元泛滥的通货膨胀效应、国际卡特尔的垄断影响、国际商品协定等制度安排的实践效果等世界市场价格影响因素，都明确清晰地进入了《世界市场行情》的分析框架。

可见，《世界市场行情》知识体系的建立，清醒地洞察到商业问题的具体性，恰当地处理了经济学与商学的学科分工关系，体现了我校国际贸易专业历史上从建立之初的很长一段时间里定位于商学（这里主要是外贸作为商业交易）而非（国际）经济学的传统。

需要特别强调的是，《世界市场行情》知识体系虽然指导我国外贸人员参与西方发达国家主导的国际市场（20 世纪 80 年代末东欧巨变之前尤为如此），是以西方经济学统计学为基本工具，但其关于世界市场、世界市场价格、经济危机/商业循环的观点都是以马克思主义理论为指导的，足见康先生是一位马克思主义学者。康先生一生追求进步，坚信社会主义，拥护中国共产党。当年，康先生拒绝了随国民党政府迁往台湾的建议，毅然决定留在大陆投身社会主义建设事业。他亲身经历了新旧社会的对比，对中国共产党充满感恩之情，坚信只有社会主义、只有中国共产党才能救中国，并于 1981 年 7 月光荣加入中国共产党，实现了多年夙愿。

1992 年，在康先生的带领下，由林桂军和杨逢华担任副主编，对《世界市场行情》教材进行了第二次修改。此次修改有两个主要的背景。一是领先－同步－滞后指标系列在西方的研究已经处于颓势，因此，在修改时，特别注意对这些指标进行介绍的范围，篇幅也尽量压缩。二是随着我国对外贸易的发展，制成品所占比重不断提升，而制成品往往规格多样化，因此，在学理上进行分析，难度很大。为此，新编教材明显加强了对国际初级产品市场的分析和预测。现在，行情课程已经淡出 20 世纪 90 年代新建的国际经济与贸易专业核心课程，但在建校 70 周年之际，回顾行情课程在学校国际贸易专业中曾经起到的极其重要的作用，还是让人感慨万千。每当看到《世界市场行情》这本教材，就不禁使我们再次回忆起康有枢先生所代表的两袖清风、严于律己、不争名利的前辈。向这些在国际贸易领域为对外经济贸易大学建立学术声誉的前辈表示敬意！

三、结论与展望

从旧中国的 1757 年乾隆皇帝下令关闭沿海口岸，到新中国成立后的 1978 年改革开放，中国人对于开放贸易一直抱着一种怀疑的心态。在这 200 多年的时间里，中国经历了闭关锁国－开放－封闭－再开放的发展过程。不同历史时期，国内学者对于贸易利益的观点也没有表现出稳定性。从历史的争论来看，国人对于开放贸易一直未达成完全的共识，这种怀疑态度在某种程度上也延误了中国开放的进程。按照自然界的法则，一个孤立的循环系统的总混乱度（即“熵”）会不断增加；随后，由于能量的消耗，系统将逐渐走向死亡。自然界的规律同样可以适用于人类社会，开放对于我国的重要作用在于它使我国的经济不断保持活力。①

在旧中国，为振兴中国的对外贸易、培养现代贸易人才，武堉干、安子介等早期贸易学者特别强调国际贸易实务在国际贸易教育体系中的重要作用。武堉干教授在 20 世纪 30 年代所提倡的“出口技术加外语”的贸易人才培养模式，经历了新旧中国不同的历史时期，直至今天，仍然具有强大的影响力。改革开放以后，为秉承国际贸易实务的

① 林桂军，崔鑫生.“以全球价值链比较优势推动再开放——对改革开放 40 年外经贸重大里程碑事件的回顾与展望［J］. 国际贸易问题，2019（1）.

历史传统，对外经济贸易大学建立起以国际贸易物流、国际贸易融资、国际贸易保险、国际技术贸易和电子商务为支撑的国际贸易实务课程体系，并开发出适合我国出口企业的国际贸易实务技能培训课程体系。

1978 年改革开放以来，中国的国际贸易取得了举世瞩目的成就，为我国经济社会发展做出了突出的贡献。但我们还必须清醒认识我国对外贸易发展所面临的挑战。1930 年，武堉干教授在其《中国国际贸易概论》中曾经指出，中国的对外贸易历来为“被动贸易”，隋唐以前与西域、罗马的贸易全由外商居间经营；以后，中国的海上贸易完全操纵于阿拉伯人之手；近代初期，则操纵于西班牙、葡萄牙、荷兰和英国诸国人之手；到了 30 年代，贸易则由英、美、日之洋行操控。我们不能形成覆盖全球的出口渠道，“被动贸易”的情况从未根本改变。我国企业对外投资，欲成长为全球跨国公司，在“硬实力”（包括设计、技术水平、品牌、分销渠道等）和“软势力”（语言能力、对国外文化的了解、人力资源管理等）两个方面仍然很弱。解决这些问题，必须以开放的态势提升学科水平，坚持国际化的人才培养方针，培养出世界一流的国际经贸人才。

老一辈贸大学者怀抱赤子之心，默默耕耘，投身于我国国际贸易教育事业，为我国贸易领域的人才培养做出了巨大贡献。他们学术造诣深厚，各有专攻，针对不同议题有各自独到的见解和观点。为我国国际贸易学术研究的发展树立了标杆，也打下了坚实的基础；为我国成为贸易大国细心耕耘，提供了知识积累。老一辈贸大学者言传身教，塑造了对外经济贸易大学求真、务实的历史传统。正是他们的引领和榜样作用，激励着对外经济贸易大学一批又一批的学者投身于我国国际贸易教育与科学研究事业中。

作为一个贸易大国，面对复杂的国际形势，中国应该实行什么样的贸易政策？应该如何优化贸易结构？在实现我国两个“一百年”的目标中，国际贸易应该如何更好地发挥作用？这些都为我国国际贸易教育界提出了挑战。新一辈贸大人，当继承老一辈贸大学者的优良传统，继续“求索”“笃行”，潜心国际贸易学术研究，为我国实现从贸易大国向贸易强国的转变提供知识与智力支持；且“博学”“诚信”，甘为“一盏小油灯”，为我国国际贸易教育的发展努力奋斗。

下　篇

改革开放：继往开来

第二章

外贸体制改革研究[①]

在中国外贸体制演进的过程中，对外经济贸易大学学者始终与改革开放同呼吸、共命运，在关键历史节点，敢于发出贸大的声音。自 1951 年建校，对外经济贸易大学便汇集了国内一批国际贸易领域的知名学者，随后吸收了北京大学、清华大学、中国人民大学等国内著名大学的部分国际贸易系师资，创建了中国最早的以马克思主义为指导的国际贸易学科体系。在雄厚的师资力量支持下，对外经济贸易大学逐步形成了以国际贸易为主要研究对象的国际经济贸易学院，以世界贸易组织为研究主题的中国世界贸易组织研究院，以国际投资为主要研究领域的国际经济研究院，以全球价值链（GVC）为研究特色的全球价值链研究院，以教育与对外开放为主要研究方向的教育与开放经济研究中心等众多学院和科研单位。2017 年，举全校之力，成立国家对外开放研究院，作为服务国家对外开放战略的智库总平台。在波澜壮阔和风云激荡的改革开放历史进程中，贸大学者勇立潮头、敢于发声，为推动贸易体制改革做出了重要贡献。

一、外贸经营管理体制改革

改革开放以来，我国外贸体制改革不断推进，贸大学者亲历中国改革开放浪潮，始终站在改革开放前沿“抽丝剥茧”，深刻把握中国外贸发展脉搏，为中国不断推进外贸经营管理体制改革建言献策。

（一）简政放权，打破集中（1978—1992）

1978 年 12 月，党的十一届三中全会做出把党和国家工作中心转移到经济建设上来，实行改革开放的历史性决策。而外贸体制改革正是推进中国全局性改革开放的重要突破口，此阶段外贸经营管理体制改革的主要内容，是在外贸领域探索实行一些特殊和灵活

① 本章由刘斌编写。

政策。改革开放的推进不仅面临制度上的“藩篱”，同时面对当时思想上的束缚，重新定位对外贸易在国民经济中的作用变得尤为重要和十分紧迫。王林生（1980，1982）[①]辨析了当时部分学者对社会主义对外贸易地位和作用的片面认识，并从生产力和国际分工的角度出发，认为不应当把对外贸易仅仅视为调剂国民经济“填空补缺”的手段，而应积极参与国际分工和扩大对外贸易。王林生等学者科学回答了当时的一个重要问题，即社会主义国家是否应该积极参与国际贸易，对外贸易是不是加快经济发展的重要途径。朱国兴在1983年《试论价值规律在世界市场的作用》一文中，介绍了马克思在19世纪50年代两部经济学手稿中对李嘉图坚持的观点“外贸不能增加一国价值量”所做的严厉批评，引起一场关于“外贸能否增加价值量”问题的讨论。朱国兴（1988）对此问题做出进一步的研究，将这个比较模糊的问题具体为四个问题[②]并逐个进行论证，认为应该正视流通（包括对外贸易）在国民经济中的作用。[③]王寿椿（1990）认为，对外贸易对国民经济的反作用主要表现在协调社会再生产的比例关系、促进国民经济发展，节约社会劳动、促进国民经济财富的增加，应当做好对外贸易工作以服务国民经济等。[④]

外贸体制改革初期，外贸体制改革的方向引起社会广泛讨论。王绍熙（1985）和王寿椿（1988）都曾论述过社会主义商品经济理论下新外贸体制的四个基本特征：外贸企业真正成为相对独立的商品生产者和商品经营者，统一性与灵活性相结合的外贸计划管理体制，自觉依据和运用价值规律的外贸体制，多部门、多层次、多种经济形式和经营方式的外贸体制。[⑤]朱国兴等（1995）明确指出了支撑传统外贸体制的四个理论基石，即外贸国家垄断制、外贸的计划性、统收统支的财务体制和社会主义国家外贸的职能。在如何推进外贸体制改革上，朱国兴等主张以市场为基本取向，具体的改革方向是企业自负盈亏、建立市场价格机制、政府运用经济杠杆对市场进行调控。[⑥]林桂军（2003）通过回顾我国外贸体制的演变，明确指出了我国旧外贸体制的基本特征、弊病和改革的目标，认为垄断、计划、“统付盈亏”的集中财务体制是旧外贸体制的三个基本特征；我国外贸体系中所出现的种种突出问题都可以归源于这三个特征。在此基础上，他认为我国外贸体制改革面临三大任务：一是打破外贸垄断，允许外贸企业进行竞争；二是取消外贸

---

① 王林生．试论社会主义对外贸易的地位和作用问题［J］．国际贸易，1982（2）：13－20+63．
袁文祺，戴伦彰，王林生．国际分工与我国对外经济关系［J］．中国社会科学，1980，（1）：3－20．

② （1）在等价交换的前提下，外贸能否使投入交换的商品的价位量发生变化？让渡的商品或是获得的商品，其价位量在交换前后会否发生变化？（2）一国生产要素的配置保持不变，在等价交换的前提下，一种商品在国内市场交换和在世界市场交换相比较，后者能否比前者获得更多的使用价值和价值？（3）一国生产要素配置和产出都既定不变，在国外交换比国内交换更为有利的众多出口商品中，一国通过调整内外销比例、优化出口商品结构、选择利益较大的商品出口，能否比优化前获得更多的使用价值、国民价值和国际价值？（4）一国根据自己的相对优势，改变生产要素的配置，通过对外商品交换，能否比改变配置前获得更多的使用价值、国民价值和国际价值？

③ 朱国兴．关于对外贸易基本职能的探讨［J］．国际贸易问题，1988（08）：2－5+20．

④ 王寿椿．论对外贸易与国民经济的关系［J］．对外经济贸易大学学报，1990（1）：12－15．

⑤ 王绍熙．试论当前外贸体制改革的理论基础及其主要特征［J］．国际贸易，1985（6）：29－30．
王寿椿．社会主义初级阶段对外贸易的两个理论问题［J］．国际贸易问题，1988（7）：2－5+45．

⑥ 朱国兴．中国对外经济贸易体制改革全书［M］．北京：对外经济贸易大学出版社，1995．

进出口计划，让市场成为配置资源的工具；三是取消“统付盈亏”的财务体制，让对外贸易自主经营，自负盈亏。[①]这三个目标的实现即为外贸体制改革基本完成。[②]

不可否认，我国外贸体制改革进入“计划调节和市场调节相结合”的时期后，我国外贸经营秩序仍然较为混乱。刘朝缙（1980[③]）、许煜（1984[④]）、秦宣仁（1985[⑤]）和李诗（1994[⑥]）认为，调动全国各部门和各地方的积极性是十分必要的，但必须在国家的统一领导和管理下进行改革，实行集中统一，主张积极稳妥地进行外贸体制改革。童书兴（1987[⑦]）探讨了外贸国家垄断问题，基于苏联外贸体制改革历史事实，认为垄断体制应当改革弊端，但不能从一个极端走向另一个极端，应该走“宏观控制住、微观搞活”的路子。面对当时存在的国际贸易逆差，徐世伟和王绍熙（1981）从中国对外贸易盈亏出发，质疑当时外贸管理体制中的不合理之处，认为中国对外贸易受到不合理的管理体制的制约，并呼吁外贸企业自负盈亏、建立经济责任制，引起社会的广泛讨论。[⑧]陆亚东（1987[⑨]）指出了当时外贸财务体制存在的主要问题——责权利长期分离，并提出分清层次、逐步脱钩、自负盈亏、实行利改税的改革外贸财务体制主要方向。对于改革开放初期中国外贸秩序为什么出现混乱，林桂军（1997）更加明确地指出了我国外贸放权过程中存在的问题，认为改革开放初期，我国外贸领域的放权主要是中央向地方政府和部委放权，其实质属于行政放权，缺少建立市场体制的配套改革。他认为只是简单的放权，没有相应的市场机制改革，外贸秩序出现混乱不可避免。他还指出，外贸体制改革不是权力在中央和地方之间相互转移，核心是应该向企业放权。[⑩]不可否认，这一观点直接切中了当时中国对外贸易发展滞后的“要害”。

20 世纪 80 年代，我国外贸体制改革证明，我国经济中存在两条主线：一是中央政府与地方政府之间的关系，之后是地方政府与企业之间的关系；二是中央政府与企业之间的关系。由于思想上的束缚，这一时期的改革主要是中央同地方之间外贸管理权的分配徘徊（王寿椿和李康华，1986[⑪]）。1984 年的外贸体制改革出现了一个新的转折；9 月，国务院批转了对外经济贸易部《关于外贸体制改革意见的报告》，核心是向企业放

① Lin Guijun and Ronald Schramm，China's Foreign Exchange Policies since 1979：a Review of Developments and an Assessment [J]. *China Economic Review*，2003（14）：4.

② 石广生将我国外贸体制改革目标与方向总结为四点：（1）政企分开，权利下放；（2）削弱计划，增加市场调节；（3）企业自负盈亏；（4）放开经营，公平竞争。（石广生.《中国对外经济贸易改革和发展史》[M]. 北京：人民出版社，2013.）

③ 刘朝缙. 外贸体制改革刍议 [J]. 国际贸易问题，1980，（1）：16，28－32.

④ 许煜. 试论对外贸易实行集中统一的必要性 [J]. 国际贸易，1984（4）：11－13.

⑤ 秦宣仁. 论我国新时期的外贸体制 [J]. 国际贸易，1985（4）：11－14.

⑥ 李诗. 社会主义市场经济条件下的对外贸易管理 [J]. 国际商务（对外经济贸易大学学报），1994（1）：52－55.

⑦ 童书兴. 外贸国家垄断制和外贸体制改革——与邱德民同志商榷 [J]. 国际贸易问题，1987（05）：15－19.

⑧ 徐世伟，王绍熙. 对外贸易盈亏问题探讨 [J]. 国际贸易问题，1981（4）：14－22.

⑨ 陆亚东. 改革现行外贸财务体制的探索 [J]. 国际贸易问题，1987（4）：28－32.

⑩ 林桂军. 人民币汇率问题研究——兼析现代西方汇率决定理论 [M]. 北京：对外经济贸易大学出版社，1997.

⑪ 王寿椿. 中国对外经济贸易的新发展[M]. 对外贸易教育出版社，1986.

权。但是1985年底，我国经济开始出现过热，这项改革也就随之中止。1988年，外贸体制开始实行外贸承包制。对于这项改革的优劣，国内曾进行过十分激烈的讨论。许煜和朱明侠（1988）论述了对外贸易承包经营责任制与两权分离的关系，认为两权分离是搞活全民所有制企业的必由之路，对外贸易实行两权分离也是必要的，而对外贸易承包经营责任制正是两权分离的有效途径，能够充分调动地方的积极性，使管理职能和经营机制发生转变。[①] 关淑润（1990）认为，外贸承包经营责任制是外贸体制改革总方向上的进步，但并不能作为最终目标；作为一种过渡的管理办法，仍然需要在增强企业活力这一外贸体改中心环节上下功夫。[②] 韩琪（1992）对比分析了承包制和股份制，认为承包制能减少经常性的行政干预，能够有限度地达到改革目标；但承包制会使旧体制因素在新形势下稳固化，难以成为适应新体制要求的企业改革的目标模式。[③] 朱国兴等（1995）认为，外贸承包制虽然缓解了我国体制中的一些问题，但同时造成了新的问题，特别是抬价抢购、低价竞争的问题没有得到解决。他们认为，外贸承包制只是我国外贸体制的一种过渡的形式。[④] 林桂军（2003）则认为，同1984年的外贸体制改革方案相比，外贸承包制不是一个市场取向的改革，改革的结果增加了地方政府对企业的干预，还鼓励了地方主义抬头。[⑤]

1990年，外贸承包制到期，新一轮的外贸体制改革应该如何进行？王绍熙（1990）肯定了外贸承包制实施以来取得的成就，同时指出，原有外贸承包制中多渠道的以行政管理部门为主体的切块承包制带来了一些不利后果，并提出坚持责权利统一、坚持政企分开等完善外贸承包经营体制的设想。[⑥] 华晓红（1991）进一步论述了旧体制的改革思路。她认为，根据“社会主义是有计划的商品经济”这一基本理论，我国的新型外贸体制应该是一种有条件的自主经营、自负盈亏的体制，而从“承包经营责任制”到“自主经营、自负盈亏”的过渡，仍然需要对旧体制进行改革：淡化行政干预，政企分开，鼓励行业承包；建立弹性计划体制，缩小指令性计划范围；调整汇率，取消补贴，转变留成外汇的功能；工贸结合，建立产销一致的外贸体制。随着外贸经营权的分散和“三资企业”的发展。[⑦] 孙维炎（1992）提出中国的大型经贸企业终将失去外贸专营垄断的体制特权，走上国际规范化经营的道路。因此，他提出“一转三化”的大型经贸企业深化体制改革的总体战略，即转换企业经营机制和实业化、国防化、集团化。[⑧] 田光涛等（1992）根据我国海外企业经营实践，认为企业筹融资自主权过小，严重阻碍了企业的国际化经营；

---

① 许煜，朱明侠．两权分离与对外贸易承包经营责任制［J］．国际贸易问题，1988（12）：24－27+8．

② 关淑润．增强企业活力是外贸体制改革的中心环节［J］．对外经济贸易大学学报，1990（3）：29－34．

③ 韩琪．两类“两权分离”典型形式的比较［J］．管理世界，1992（4）：208－209．

④ 朱国兴．中国对外经济贸易体制改革全书［M］．北京：对外经济贸易大学出版社，1995．

⑤ Lin Guijun and Ronald Schramm，China's Foreign Exchange Policies since 1979：a Review of Developments and an Assessment［J］，*China Economic Review*，2003（14）：4．

⑥ 王绍熙．关于完善外贸承包制问题的探讨［J］．国际商务：对外经济贸易大学学报，1990（1）：16－20．

⑦ 华晓红．谈过渡时期的外贸体制改革［J］．国际贸易，1991（3）：28－30．

⑧ 孙维炎．中国大型经贸企业深化体制改革的战略选择［J］．经济研究参考，1992（Z6）：2－9．

同时，在对外直接投资以及金融、财政等宏观经济方面提出了相应的政策建议，以促进我国海外直接投资事业的健康发展，为外贸经营权深化改革提供重要思路。[①] 童书兴和赵京霞（1995）则认为，出口创汇指标给企业造成了较大压力从而导致“低价”竞争，提出对国有和非国有企业进行股份制改革，推动外贸企业走集约化、事业化和国际化的道路。[②] 朱国兴等（1995）提出，为了确保企业自主经营，必须推行政企分开，而股份制则是保证政企分开的重要手段，使企业成为自我约束的实体。因此，提出我国的外贸体制改革应该从外贸承包制向股份制转变。[③] 针对出口承包企业面临的出口创汇目标和企业经营效率不能同时兼顾的问题，林桂军（1995）指出，外贸主管部门由于没有经营成本，因此，倾向于追求出口创汇最大化；而外贸企业则追求效益最大化。二者在实际中无法吻合，因此，承包制中的创汇指标势必会加强政府对企业经营的干预。这些贸大学者的研究显示，企业只有走上自负盈亏、自主经营的道路才是最优的选择。[④]

（二）对接国际规则，建设市场经济（1992—2001）

1992 年，党的十四大提出建立社会主义市场经济体制，推动中国向开放型经济发展，我国外贸体制改革方向开始调整至以“复关”（后为“入世”）为导向。1992 年邓小平南方谈话以后，我国经济体制改革的方向开始从“计划经济与市场经济相结合”向“社会主义市场经济”的方向转变，改革向更深层次发展。第一，在打破外贸垄断方面，开始逐渐放宽外贸经营权的审批。首先给予国有企业和外商投资企业外贸进出口经营权，1999 年，又允许民营企业从事进口贸易。外贸经营权的放宽，极大鼓励了外商投资企业和民营企业出口的积极性。到 2020 年，民营企业占我国进出口的比重达到 46.6%，外商投资企业占 38.7%。国有企业占 14.3%。民营外贸企业和外商投资企业成为推动我国成为世界第一货物贸易大国的最重要力量。第二，更多依靠法律和经济手段调控对外贸易。1994 年，《中华人民共和国对外贸易法》正式颁布，随后出台了一系列法律法规，建立了相对完善的外贸法律体系。在经济手段的调用上，实行有管理的人民币浮动汇率，实现人民币经常项目可兑换，降低进口税率，完善出口退税制度，用优惠信贷政策鼓励出口。第三，进行外贸企业经营体制改革。以推动外贸企业建立现代企业制度为重点，对国有外贸企业进行公司制、股份制改革，使其由国家计划的单纯执行者真正转变为国家宏观政策指导下的进出口商品经营者。

社会主义市场经济体制下的对外贸易发展战略应当如何制定？对于这个问题，贸大学者纷纷提出了自己的见解。王寿椿和储祥银（1983）提出在制定进口战略时，应提前做好以下几方面的准备工作：（1）研究我国国民经济总体发展战略以及各领域发展战略

① 田光涛，孙家恒，滕德祥，等. 关于我国外贸企业国际化经营的问题和建议［J］. 国际贸易，1992，（2）：14－16，64.

② 童书兴，赵京霞. 制约我国外贸体改深入发展的症结所在［J］. 国际贸易，1995，（2）：1－43，8－10.

③ 朱国兴. 中国对外经济贸易体制改革全书［M］. 北京：对外经济贸易大学出版社，1995.

④ 林桂军. 出口创汇指标与外贸企业的经营效益［J］. 国际贸易问题，1995，（7）：55－57.

和规划；（2）研究我国经济结构、产业结构、技术结构、产品结构等的变化及其趋势；（3）研究国际政治、经济、科技形势的特点和发展。① 在制定出口战略方面，王绍熙和叶彩文（1982）提出，首先要制定国民经济计划，保证经济建设顺利发展。其次要大力发展适销对路的出口商品生产，扩大出口贸易的物质基础。最后要积极改变出口结构，充分发挥我国矿产资源丰富的优势。② 为实现我国进出口战略的科学化制定，罗龙（1989a，1989b）针对开放度问题进行了深入研究，通过设计一套全新的综合指标、构建数学模型等方法为宏观决策提供科学依据。③

为建立高效的进出口管理体制，进出口配额和许可应该如何管理？是沿袭过去行政分配的方式，还是采用市场杠杆的手段？王绍熙（1989）认同价值规律、市场调节作用，同时，明确地指出发展有计划的商品经济并不意味着要淡化宏观管理。我国外贸管理措施未能跟上放权、分散、扩大外贸经营的步伐，造成外贸上对内对外的盲目竞争，使国家遭受重大损失。他认为，加强许可证配额管理、恢复重要商品的出口收购计划和进口调拨计划管理等强化外贸的宏观管理措施是必要的。④ 姚曾荫（1983）指出，价值规律在世界市场中的作用与在资本主义国家国内市场上的作用有所区别，因此，不能够全盘照搬西方国家的进出口管理体制。⑤ 随着外贸体制改革的深化和发展，同时，为了适应社会主义市场经济和国际规范的要求，我国进出口管理制度进一步规范和完善。宋沛（1996）提出对部分出口商品配额试行有偿招标办法，是我国外贸管理体制改革进程中带有突破性的步骤，是探索既适应社会主义市场经济要求，又符合国际贸易通行规则的科学的进出口管理制度的一项大胆尝试，对加快我国外贸体制改革有着重要的现实意义。⑥

长期以来，我国在出口退税制度上存在热烈的讨论，甚至出现了一些争论。对出口退税制度持批评态度的人，一般强调以下几点：一是这一体制为非中性，等同于出口补贴；二是出口退税经常出现拖欠，干扰了企业的经营；三是频繁调整出口退税率，使退税发挥了类似汇率的职能。在相当程度上，出口退税制度是为了取消出口补贴制度而设计的。20 世纪 80 年代初期，我国实行出口补贴制度，没有出口退税。然而，随着我国出口规模的不断扩大，政府财政负担日益沉重，出口补贴不可持续变得日益明显。在国际上，我国的出口补贴制度也面临极大的压力。因此，继续保持出口补贴制度已经不利于我国出口的增长。在 1985 年试行出口退税制度的基础上，1988 年，开始在全国推开。1991 年，我国正式取消出口补贴制度，出口退税成为抵消这一变化的手段。张汉林（1995）

---

① 王寿椿，储祥银．我国进口战略重点初探［J］．国际贸易，1983（12）：17－21+63．
② 王绍熙，叶彩文．论出口贸易的战略作用［J］．福建论坛，1982（6）：24－27．
③ 罗龙．当代经济发展中的开放度问题——国际比较与中国的选择［J］．对外经济贸易大学学报，1989（5）：27－35．罗龙．关于开放度的几个问题及中国的选择［J］．国际贸易，1989（9）：15－20+64+1
④ 王绍熙．十年外贸体制改革的评估［J］．国际贸易问题，1989（12）：2－7．
⑤ 姚曾荫．价值规律在世界市场上的作用［J］．世界经济，1983（3）：26－34．
⑥ 宋沛．浅议出口商品配额有偿招标［J］．国际贸易问题，1996（3）：53－56．

强调，出口退税是出口商品适用零税率的要求，是以国际惯例的形式避免增值税国际竞争而产生的。[①] 薛荣久（1999[②]）分析了1998年外贸负增长和1999年外贸面临的形势，认为我国出口退税政策在具体实施上限制了我国出口，提出在人民币不贬值的前提下，大力改进出口退税工作——征退一致、加快退税和不征不退，统一协调我国外贸与外资政策。孙玉琴（2005）指出，出口退税制度在国际上是一项非歧视性的税收制度，是中性的贸易政策工具，但我国出口退税制度视为出口贸易的鼓励政策，因而根据经贸环境频繁调整的出口退税政策，引发了企业大量的短期行为，对我国出口贸易健康稳定发展造成了不利影响；同时，我国在实践中也将出口退税政策作为产业政策使用，因而针对不同商品、不同经营方式的企业等规定了差别退税政策，这对所有地区同类产品和企业实行统一退税政策造成利益分配的较大差异。[③] 另外，出口退税中，中央与地方政府的财政分配关系也是一个影响出口退税政策效果的重要因素。[④] 出口退税共同承担将出口退税与地方政府利益挂钩，加大打击骗取出口退税犯罪力度，因此，在出口退税分担机制中，确定合理的承担比例至关重要。刘青等（2015）根据2004年增值税改革的外生冲击进行准自然实验，结果发现，增值税改革刺激了企业投资，而企业投资增加则会通过提高企业生产率的方式提高出口倾向和出口数量。[⑤] 该研究成果成功发表在国际经济学领域顶级期刊 *Journal of International Economics* 上。毛程连和林志威（2016）发现，地方政府尤其是出口大省的地方政府承担出口退税税负较大而面临财政压力时，会将财政压力转移至企业，导致从事出口的外贸企业承担了更高的税负，因此在政策实际运行中，出现地方政府对外贸出口的干预现象。[⑥]

改革开放以来，我国在关税调整、出口补贴、外汇制度等各个方面主动向国际规则靠拢。首先，在关税调整方面。王寿椿（1996）提出，“简化并削减关税”是我国建立以经济手段、法律手段为主的外贸间接调控体系的需要，其关键是形成一个完善的关税结构。[⑦] 其次，在出口补贴方面。1991年，我国取消出口补贴。王绍熙（1993）建议进一步缩小进出口计划管理的范围，只对少数影响国计民生的生产资料、生活资料做出指令性或指导性安排。[⑧] 杨荣珍（2003）梳理比对了我国外贸法和世界贸易组织（WTO）

---

① 张汉林．论出口退税［J］．国际贸易问题，1995（12）：20－26．

② 薛荣久．我国今年外贸面临的形势及应采取的对策［J］．国际商务（对外经济贸易大学学报），1999（2）：5－9．

③ 孙玉琴．我国出口退税政策与出口贸易发展的关系［J］．统计与决策，2005（13）：84－85．

④ 1985—1988年，中央外贸、工贸企业出口退税由中央财政负责，地方外贸、工贸企业由地方财政负担；1988—1991年，出口退税全部由中央财政负担；1991年后，地方政府负担地方外贸企业10%（1993年后提高至20%）的出口退税；1994年，出口退税全部由中央财政负担；2004年，以2003年出口退税实退指标为基数，对超基数部分的应退税额，由中央和地方按75:25的比例共同负担（2005年调整为92.5:7.5），累计的欠退税由中央财政负担。

⑤ Qing Liu，Yi Lu. Firm investment and exporting：Evidence from China's value-added tax reform［J］. *Journal of International Economics*，2015，97（2）.

⑥ 吉黎，毛程连，林志威．企业分担了地方政府的财政压力吗?——基于出口退税分担机制改革的经验研究［J］．科学决策，2016（11）：79－94．

⑦ 王寿椿．谈谈我国的进口体制改革［J］．国际贸易问题，1996，（8）：32－34．

⑧ 王绍熙．恢复关贸总协定地位对我国外贸的影响及对策［J］．国际经贸探索，1993（4）：1－9+88．

规则，建议利用 WTO 规则中的补贴例外规则，在我国外贸法的修改中适当增加合理补贴内容。① 最后，在外汇制度改革方面。1994 年 1 月 1 日，央行宣布汇率并轨，同时建立了全国统一银行间外汇交易市场，取消了企业外汇留成制度，改为结售汇制度，实现经常项目下人民币的有条件兑换。刘舒年（1994）指出，此次外汇体制改革将有利于各类企业的公平竞争，有利于改善外商投资企业投资条件，同时，推动国民待遇原则的进一步贯彻，推进外汇制度的国际化、规范化，有利于完善我国投资环境。② 许煜（1995）认为，汇制改革消除了双轨制带来的障碍，理顺了外贸经营和发展机制，且有利于扩大开放、发展同世界各国的经贸合作。③ 另外，陈宇杰和谭建业（1994）指出，乡镇企业外向型经济的发展，既促进了乡镇企业本身的发展，又使乡镇企业成为我国发展对外经济贸易与合作的一支重要力量，为我国广大农村与国际市场接轨创造了一定的经济条件，推动了我国社会主义市场经济的发展。④ 王玉清（1997）指出，应开展多边和双边知识产权国际合作，加速知识产权保护与国际惯例接轨。⑤

我国外向型经济发展战略在 20 世纪 80 年代开始萌动、酝酿，并以沿海地区经济发展战略的形式付诸实施，这标志着中国向世界开放的新时代（夏申，1998）。⑥ 20 世纪 80 年代中期，国内对外贸的态度日趋开放，对外贸易越来越具有国际贸易的特征，专业话语也在对外经济贸易大学校园中静悄悄地发生变化：过去的“对外贸易”系变成“国际贸易”系，使用“对外贸易”的频率越来越少，“国际贸易”成为更普遍接受的词汇。同期，中国的招商引资也进入一个新阶段。1987 年，对外经济贸易大学适时成立了跨国公司研究中心（RCMNEs），由孙维炎担任第一届中心主任，对外经济贸易大学成为国内最早致力于研究跨国公司并在国内外产生一定影响力的专门化研究机构之一，并曾经承担联合国贸发会议出版的《世界投资报告》中文版的翻译工作。20 世纪 90 年代初，邓小平南方谈话之后，我国引进外资的规模开始进入快速增长期。在对外经济贸易大学的校园里，研究的视角也在发生转变：从原来关注跨国公司转向关注外国直接投资，一些学者还成立了外国直接投资研究中心（CRCFDI），展开了相关领域的系统性研究。2001 年，卢进勇编著的《入世与中国利用外资和海外投资》⑦ 介绍了我国输入和输出直接投资的发展情况，分析了“入世”对我国利用外资和海外投资的影响，提出了逐步实现外资国民待遇、推进投资自由化、鼓励和吸引跨国公司来华投资等利用外资战略调整措施，以及积极实施“走出去”战略、加快国内企业海外投资步伐等海外直接投资主张。王颖等（2021）以美国制造业回归为背景，结合美国对华直接

① 杨荣珍. 对我国外贸法修改的若干建议［J］. 北京工商大学学报（社会科学版），2003（5）：77－81.

② 刘舒年. 汇率并轨对三资企业的影响及其外汇风险管理［J］. 对外经济贸易大学学报，1994，（4）：1－6.

③ 许煜. 中国对外经贸体制改革与国际经济的接轨［J］. 国际商务. 对外经济贸易大学学报，1995（6）：38－41.

④ 陈宇杰，谭建业. 乡镇企业要继续大力发展外向型经济［J］. 国际贸易问题，1994（6）：22－26+57.

⑤ 王玉清. 论中国知识产权保护及与国际惯例接轨［J］. 国际贸易问题，1997（2）：49－55.

⑥ 夏申. 论中国外向型经济发展的战略选择——兼评“国际大循环”战略构想［J］. 财贸经济，1988（9）：11－16.

⑦ 卢进勇. 入世与中国利用外资和海外投资［M］，北京：对外经济贸易大学出版社，2001.

投资的贸易效应，分析美国劳动密集型产业、资本密集型产业和技术密集型产业对中国直接投资与中美贸易失衡的关系。发现美国三类产业对中国直接投资与中美贸易失衡存在正向关系。[①]

（三）全面放开外贸经营权，深化外贸体制改革（2001—2012）

2001 年，中国成功“入世”代表着改革开放的巨大成功，中国进入全面融入全球化的新时期。为适应加入世贸组织新形势及建立和健全统一、开放、竞争、有序的现代市场体系，我国外贸体制改革持续深入。第一，全面开放对外贸易经营权，打破对外贸易经营权的行政垄断。2004 年修订的《中华人民共和国对外贸易法》允许自然人从事对外贸易经营活动，对外贸易经营权由审批制改为备案登记制，放开国内企业进入门槛，打破国有企业垄断地位，越来越多的民营企业进入外贸领域。第二，加强市场的资源配置功能，政府对经济的干预逐渐减少。扩大开放市场，汇率、商品价格和利率等制度逐步市场化，结构性调整出口退税率，根据世贸组织规则改革国内与贸易有关的法律制度，营造更公平的市场竞争环境。此阶段的经贸管理体制改革，成功应对了“入世”之后的各种挑战，中国产业和企业的国际竞争力不断提升，实现了对外贸易的跨越式发展和国民经济的快速稳定发展。按照林桂军（2003）提出的标准衡量，我国外贸体制改革需要完成的三大任务是打破外贸垄断、取消外贸计划、企业实现自负盈亏，外贸体制基本上脱胎换骨式地完成了从计划经济向社会主义市场经济的转轨。[②]

无论是在中国“复关”“入世”过程中还是在“入世”后，对外经济贸易大学始终建言献策，发挥着特殊和积极的作用。中国“复关”和“入世”谈判代表团中，佟广志、谷永江、石广生三任团长均出自对外经济贸易大学。在薛荣久等学者的积极倡导下，贸大于 1991 年成立了关贸总协定研究会。1995 年 1 月，关贸总协定研究会更名为世界贸易组织研究会。2000 年 1 月，在世界贸易组织研究会的基础上经改制，世界贸易组织研究中心正式成立，成为以科学研究和培养高级专门人才为主要职能的学校直属实体性研究机构。2002 年 7 月，经教育部批准，世界贸易组织研究中心更名为中国世界贸易组织研究院，是国内唯一以世界贸易组织为主题的教育部重点研究基地，张汉林、屠新泉先后担任研究院院长。张汉林（2011）、屠新泉（2007，2012，2019）[③]、杨荣珍（2003，

① 王颖，周金凯，田文泉．制造业回归趋势下美国对中国直接投资与两国贸易失衡研究［J］．亚太经济，2021（03）：96－105．

② Lin Guijun and Ronald Schramm，China's Foreign Exchange Policies since 1979：a Review of Developments and an Assessment［J］，*China Economic Review*，2003（14）：4．

③ 屠新泉．中国加入 WTO 以来的美国对华贸易政策［J］．世界经济研究，2007，165（11）：30 －36＋87．
屠新泉．新 GPA：政府采购市场国际化的新指针［J］．中国政府采购，2012，129（2）：13．
屠新泉．中美贸易摩擦与 WTO 改革：分进合击的美国对华贸易策略［J］．求索，2019，316（6）：46－54．

2011）[①]、周念利（2008[②]）、李杨（2011[③]）、李计广、刘斌、吕越、李思奇、杜映昕、李小帆等一批中青年教师潜心研究国际经贸规则，认真研判国际经贸形势；在国际论坛上，自觉维护国家利益，驳斥一些国家对中国不合理的质疑。为服务国家和北京对外开放战略需求，我校集全校之力于 2016 年、2017 年，分别成立北京对外开放研究院、国家对外开放研究院，现由校党委书记蒋庆哲担任理事长，校长夏文斌担任院长，副校长王强担任执行院长，王颖担任常务副院长。2017 年 9 月，经北京市委市政府批准，北京对外开放研究院入选首批首都高端智库建设试点单位。2019 年 12 月，国家（北京）对外开放研究院入选中国智库索引（CTTI）来源智库。2021 年 7 月，由 WTO 副总干事易小准提议，对外经济贸易大学中国世界贸易组织研究院发起成立全球经贸治理研究网络（NITIS），屠新泉担任首任秘书长。该研究网络旨在针对全球贸易和投资治理、中国对外开放等方面的重大现实问题，开展有针对性的学术研究和广泛的学术交流，对内为国家重大决策提供有力学术支撑，对外阐释中国的政策主张和成功经验，挖掘中国智慧、形成中国方案、发出中国声音。

“入世”以来，中国积极履行“入世”承诺，以开放促改革，在 WTO 规则框架下，大规模清理修改法律法规，逐步降低整体关税水平，营造更公平的市场竞争环境。一方面，中国为什么“入世”，“入世”以来中国取得了什么样的成就，这是“入世”前后国内社会尤为关心的问题。“入世”加强了开放与改革的互动，促进国内改革的深化。薛荣久（1999）从中国与世贸组织成员双边贸易现状、中国社会主义市场经济体制建设等多个方面阐释了“入世”的意义，认为“世贸组织对中国来说不是‘布满鲜花的陷阱’，而是中国与世贸组织成员共同竞技，合作发展经贸的俱乐部”。[④] 在“入世”十周年之际，贸大组织了众多长期从事世贸组织及相关问题研究的学者，从宏观、制度、产业等多个层面盘点总结中国“入世”十年来取得的成就以及面临的未来挑战，客观总结了中国“入世”以来的经验和教训（施建军，2011[⑤]）。赖平耀（2011）梳理了改革开放以来中国外向型经济的发展，总结了中国外向型经济发展面临的宏观经济失衡问题，认为 WTO 规则下市场化导向与中国转变经济增长方式的整体目标是一致的，构成了中国经济增长的主要动力。[⑥] 另一方面，中国是否履行了“入世”义务是国际社会的重点关注问题。薛荣久和杨凤鸣（2011）总结认为，中国货物贸易提前实现“入世”承诺、服务贸易开放承诺接近发达成员水平、知识产权和贸易规则建立完善，同

① 杨荣珍．从 WTO 案例看如何理解“国内税的国民待遇”［J］．税务研究，2003（11）：72 －74．
杨荣珍．中国参与 WTO 争端解决十年述评［J］．国际贸易，2011（12）：26－ 32．

② 周念利．RTAs 框架下的服务贸易自由化机制分析［J］．国际贸易，2008（8）：59－62．

③ 李杨，张汉林．发展中国家成员在多边贸易谈判中的博弈策略［J］．亚太经济，2011（4）：49－53．

④ 薛荣久．中国入世面面观［J］．经济与信息，1999（12）：6－7．

⑤ 施建军．中国融入世界：对外经济贸易大学纪念中国入世十年学术研究论文集［M］．北京：对外经济贸易大学出版社，2011．

⑥ 同上．

时，坚定维护世贸组织多边贸易体制，以实际行动认真、按期履行了“入世”义务。[①] 2008年，金融危机席卷全球，面对潜在的贸易保护主义势头，学术界对此进行了谴责和批判。薛荣久（2009）对经济全球化下贸易保护主义的特点及其危害进行了深入分析，呼吁学术界厘清贸易保护主义的产生和影响机制。[②]

（四）深化机制体制创新，构建开放型经济新体制（2012至今）

2012年后，全球经济格局出现前所未有的动荡。中国对外贸易发展步入新的阶段，改革由广度向深度转变，由贸易大国向贸易强国转变。建设互利共赢、安全高效的开放型经济以及设立自由贸易试验区，成为这一时期突出的特征。

实践证明，2008年全球金融危机对世界经济产生的影响是深远的。2009年，中国超越德国，成为世界第一大货物出口国；同年，中国制造业产量超过美国，成为世界第一制造业大国；2010年，中国超过日本，成为世界第二大经济体。2013年以后，我国逐渐成长为世界第一贸易大国。姜荣春（2015）对我国新时期构建开放型经济新体制的相关内容进行了详细梳理，总结了新时期构建开放型经济新体制的主要内容和重点领域：重点开放领域从产品市场转向要素市场，重点开放部门从制造业转向服务业，单边开放与相互开放齐头并进，主动与国际规则接轨和积极推动国际规则重构并重。这一成果荣获全国商务发展研究成果奖一等奖。[③]

全球金融危机后，全球价值链贸易的增长出现减慢的势头，美欧等西方发达国家希望趁机通过新的科技革命（如电子商务、3D打印和机器人等）吸引制造业回流。面对中国的崛起，西方发达国家则被收入差距拉大、右倾民粹主义、贸易保护主义所困扰。为了转嫁国内矛盾，美国政客把目标对准中国，遏制中国增长的企图日益明显。2018年，美国挑起了世界贸易史上规模最大的贸易摩擦，对我出口、技术输入、投资等实施大范围歧视性限制措施。2020年，全球价值链贸易增长减慢、中美大规模贸易战和新型冠状病毒的传播使全球经济处在巨大的不确定之中，人们对全球价值链转移的关注达到空前的高度。对外经济贸易大学在推动全球价值链理论与方法的传播上，发挥了积极的作用。2016年，在商务部领导张向晨和校领导赵忠秀的积极支持下，王直主办了“2016年全球价值链北京讲习班，汇聚了十余位全球价值链领域的国际顶尖专家，聚焦全球价值链研究的前沿问题进行交流。祝坤福等于2016年应WTO副总干事易小准先生邀请，出席2016全球价值链创新发展峰会。2013—2020年，全球价值链的研究达到高峰。随着逆全球化思潮的蔓延、新冠肺炎疫情的暴发，国内出现一些“外资撤离”的声音。卢进勇等（2020）分析了疫情背景下的外资企业产业链发展趋向，认为外资并没有出现明显的

---

① 薛荣久，杨凤鸣．总论：中国加入世贸组织十周年回顾与展望［A］．施建军．中国融入世界 对外经济贸易大学纪念中国入世十年学术研究论文集［M］．北京：对外经济贸易大学出版社，2011．

② 薛荣久．经济全球化下贸易保护主义的特点、危害与遏制［J］．国际贸易，2009，327（3）：28-31．

③ 姜荣春．新时期构建开放型经济新体制的理论宗旨、逻辑主线与主要内容［J］．国际贸易，2015（2）：10-16．

外迁倾向，并积极就此问题提交政策建议报告，获得中央领导人的重要批示。①

长期以来，制定国际经贸规则的话语权一直由发达国家控制。随着中国国家实力和国际经贸地位的提升，中国越来越多地参与到全球经济治理中。薛荣久（2011）建议中国在接受规则的基础上，要向参与和制定规则的方向迈进；加大参与度，推动多边贸易体系向更加公开、高效、公平的方向发展。与此同时，中国应肩负更多的职责，以互利共赢理念构筑与世界贸易组织的关系。② 张汉林（2011）则认为，中国作为世界贸易组织领导者的愿望尚不现实。美欧国家希望中国成为领导者，是为了引导中国在谈判中最初更大的让步，而我国尚处在履行“入世”承诺的阶段。另外，他还指出，要作为世界贸易组织的领导者，中国仍需加强自身能力的建设。③ 林桂军和汤碧（2012）同样认为，“入世”十年后，虽然世界贸易组织成员均期望中国在未来世界贸易组织改革上发挥更大的领导作用，但是时机尚不成熟，其关键原因是中国在国内一些深层次的改革上仍然处于滞后的状态。他们建议，当前中国的贡献应该主要体现在抑制全球贸易保护主义和利用进口规模的潜在优势，给 WTO 注入新的动力，同时，加快中国自身的改革开放。④ 随着中国国际地位的提升，洪俊杰（2016）认为，中国应主动提出国际经贸规则新议题，积极参与国际经贸规则续构，更好地构建人类命运共同体，实现共赢共享。这一报告受到中央领导的高度重视。⑤ 刘斌（2019）提出，中国应适时考虑加入 CPTPP（《全面与进步跨太平洋伙伴关系协定》）并提出五项措施。该建议第一时间通过新华社呈报中央办公厅，得到中央主要领导人的重要批示。⑥ 屠新泉（2020）提出，中国应进行全球经济治理的增量改革，不能将世界体系的稳定寄托在某一个国家身上，理应通过共商共建共享的全球治理实现世界的共同繁荣和发展。⑦ 2021 年，夏文斌、洪俊杰入选第三届商务部经贸政策咨询委员会，充分体现了对外经济贸易大学在服务贸易强国中发挥的重要作用，标志着学校服务党和国家工作大局进入一个新的阶段。

党的十八大以来，我国对外开放进入新阶段，以自由贸易试验区建设为引领，在投资准入负面清单、准入前国民待遇、服务业开放、金融业开放和进口贸易等方面的改革取得显著成就。一是在负面清单和准入前国民待遇方面，卢进勇和田云华（2014）高度认可上海自贸区实施的负面清单管理模式，探究了其法理依据，认为负面清单管理是一个历史性创举，清单的质量会在实践中不断调整完善。⑧ 王光和卢进勇（2016）分析了国

① 卢进勇．初步调查显示：疫情背景下当前外资企业产业链没有表现出明显外迁倾向［R］，2020．

② 薛荣久，杨凤鸣．总论：中国加入世贸组织十周年回顾与展望［A］．施建军．中国融入世界　对外经济贸易大学纪念中国入世十年学术研究论文集［M］．北京：对外经济贸易大学出版社，2011．

③ 张汉林．未来 WTO 改革与中国的作用［A］．施建军．中国融入世界　对外经济贸易大学纪念中国入世十年学术研究论文集［M］．北京：对外经济贸易大学出版社，2011．

④ 林桂军，汤碧．中国在 WTO 中的角色［A］．王洛林．加入 WTO 十年后的中国［M］．北京：中国发展出版社，2012．

⑤ 洪俊杰．我国应主动提出国际经贸规制新议题［R］，2016．

⑥ 刘斌．国际贸易规则变化及我应对之策［R］．2019．

⑦ 屠新泉．全球经济治理变革的首要问题是理念革新［J］．中国海关，2020（1）：94－95．

⑧ 卢进勇，田云华．负面清单管理模式的理论依据［N］．国际商报，2014－05－12（A07）．

际投资规则变化的新趋势，认为“准入前国民待遇+负面清单”的外资管理模式，对东道国的外资管理体制、产业政策、经济调控能力提出了更高的要求，以推进投资自由化向更高水平发展。[①] 二是在服务业开放方面，新冠疫情对全球产业链、贸易和投资都产生了极大的冲击，对我国开放型经济发展带来了严峻的挑战。李光辉和王芮（2020）提出，可以进一步扩大服务业开放力度，增强服务业开放系统性、整体性和协同性，放宽服务业外资市场准入限制，以适应消费结构的优化升级，从而在新冠疫情冲击下继续推动中国开放型经济发展。[②] 三是在金融业开放方面，李杨和程斌琪（2018）认为，应适时在国家层面进行金融科技合作，进一步扩大中国金融业开放力度。[③] 随着中国资本账户的开放，其将带来什么样的经济效果，中国的改革应如何选择？郭桂霞和彭艳（2016）通过分析国家、省际层面数据，给出了自己的答案。认为中国资本账户开放应选择有序、稳健的开放路径，并根据地区发展差异提出各地区不同发展路径，强化资本账户开放对经济增长的正效应。[④] 四是在进口贸易方面，陈昊和陈建伟（2020）研究认为，进口贸易会通过促进企业内生的生产效率提升企业国际竞争力。因此，建议通过开展进口博览会等交流平台，为企业寻找稳定的中间品进口伙伴提供政策支持，并从具体视角论述了进口的正向作用。[⑤] 另外，杨杭军（2019）等对国内交通基建和制度调整与外贸发展做出分析，并有针对性地提出相关政策建议，使国内交通在外贸发展中发挥更好的作用。[⑥]

二、我国对外贸易模式的演变

改革开放以来，我国主要贸易模式不断演变，一般货物贸易、加工贸易、服务贸易以及数字贸易等贸易模式相继登上对外贸易舞台，为我国的经济增长不断赋能。在我国主要贸易模式发生阶段性更替的过程中，作为以国际贸易为特色教学专业的高校，对外经济贸易大学培养出的学者针对不同阶段外贸模式的发展方向以及暴露出的问题纷纷提出自己的看法。以贸大校友——原对外贸易部部长石广生为代表，其在《中国对外经济贸易改革和发展史》的第三章至第五章，分三个阶段详细介绍了改革开放以来中国外贸体制改革与发展的历程，细致梳理了我国在不同时期主要贸易模式的变化。[⑦] 贸大学者提出的观点为我国贸易体制改革、贸易模式的转变提供了合理参考，其中，许多具有建

① 王光，卢进勇．国际投资规则新变化对我国企业“走出去”的影响及对策［J］．国际贸易，2016（12）：46－49.

② 李光辉，王芮．新冠疫情冲击下中国开放型经济发展思考［J］．国际贸易，2020（10）：43－50.

③ 李杨，程斌琪．“一带一路”倡议下的金融科技合作体系构建与金融外交升级［J］．清华大学学报（哲学社会科学版），2018，33（5）：113－125，197－198.

④ 郭桂霞，彭艳．我国资本账户开放的门槛效应研究［J］．金融研究，2016（3）：42－58.

⑤ 陈昊，李俊丽，陈建伟．中间品进口来源地结构与企业加成率：理论模型与经验证据［J］．国际贸易问题，2020（4）：35－50.

⑥ Hang Yuan，Kun Wang，Hangjun Yang，Cong Wang. The impact of rail dispatch system reform on import by rail—Empirical evidence from a natural experiment in China［J］. Transport Policy，2019，79.

⑦ 石广生．中国对外经济贸易改革和发展史［M］．北京：人民出版社，2013.

设性的观点也在有关外贸模式转变的政策制定过程中受到关注。

（一）一般货物贸易为改革开放初期我国主要的贸易模式

改革开放初期，我国的贸易模式主要为一般货物贸易。在这一阶段，储祥银和王寿椿（1981）提出，要充分发挥我国劳动力资源充裕以及成本低廉的优势，发展劳动密集型产业，形成劳动密集型产品的出口优势。该提法切合我国实际情况，顺应我国对外经贸发展方向。劳动力密集型产品也在改革开放不久之后，成为我国的主要出口产品。[①] 同时，改革开放初期，一个备受争议的问题就是我国是否应该基于李嘉图的比较贸易理论对贸易模式进行相应调整，即全力投入劳动密集型货物的出口贸易。针对这一问题，薛荣久（1982）对“比较利益学说”中所谓的“科学内核”进行了批判，并指出资本主义推崇“比较利益学说”的目的，是将其成本相对较低的商品千方百计打入别国市场，是以高唱“自由贸易”论调的方式来迷惑对方，为其廉价商品开道。[②] 王林生（1981）同样指出，“比较利益学说”割断了与劳动价值论的联系，并被用来为帝国主义国际分工的剥削进行实质辩护。[③] 薛荣久与王林生认为，如果我国仅致力于发展劳动密集型产品的出口，虽然能够在与经济发达国家的国际贸易中获利，但这种贸易结构极其不稳定，并且会使我国在贸易中处于不利地位。两位学者对“比较利益学说”的批判，在国内引起广泛反响，在国内学术界有较大的影响。林桂军等（2016，2019）[④]并未否定比较优势理论。针对比较优势可能使我国在国际分工中处于劣势地位问题，林桂军等指出，在实际中，我国实行的是一种二元政策模式，即出口实行“出口鼓励政策”和进口是实行“进口替代”政策。关于比较优势在中国的作用，林桂军等认为，传统比较优势理论的一个缺陷是假设资本和劳动力等生产要素不跨境流动，各国使用本国所具有的要素进行生产。但是，中国的出口是在全球化背景下成长起来的，资本、技术包括劳动力均可跨境流动，二要素的跨境流动会使一国的比较优势发生转变，缺少技术的发展中国家也可能转变成复杂技术的出口者。林桂军等并未过多关注我国劳动力方面的优势，而是认为，在全球价值链背景下，中国的比较优势处于接近最终市场部分的价值链的下游，或者说是在具有规模生产特征的生产环节上。在林桂军负责编辑的博鳌亚洲《亚洲经济一体化进程》年度报告中，他和合作者用多年的数据展示，亚洲（及世界）贸易量最大的 22 种中间品种，中国有约 18 种出口居第一位。总结林桂军等人的观点，在经济全球化条件下，中国巨大的潜在市场吸引了全球要素在中国的集聚，比较优势发生转换，出口能力大幅提升。林桂军等还指出，中国的一般贸易能够在较高保护的条件下实现稳定和快速的增长，应

---

① 储祥银，王寿椿．发展我国劳动密集型产品出口问题［J］．国际贸易问题，1981（4）：39－43．

② 薛荣久．李嘉图“比较成本说”不能指导我国对外贸易——与季崇威同志商榷［J］．经济科学，1982（2）：68－72．

③ 王林生．关于对李嘉图“比较成本说”的评价问题［J］．外贸教学与研究，1981（3）：6－7．

④ 林桂军．夯实外贸发展的产业基础　向全球价值链高端攀升［J］．国际贸易问题，2016（11）：3－11．

林桂军，崔鑫生．以全球价值链比较优势推动再开放——对改革开放 40 年外经贸重大里程碑事件的回顾与展望［J］．国际贸易问题，2019（1）：1－13．

该说是世界的一个奇迹。

改革开放以前和改革开放初期，我国贸易模式的特点实际上是管理贸易。管理贸易是指政府为了更好地“管理”本国经济以及国家间的经贸关系，而直接介入贸易领域。薛荣久（1996）在回顾我国改革开放以来管理贸易模式的发展时，肯定了管理贸易存在的必要性，并旗帜鲜明地指出，当时我国采用的管理贸易模式是认清国际管理贸易的大趋势后主动地融入，而不是被动地接受。① 这一提法受到从事管理贸易研究的学者的广泛认可。

改革开放初期，我国积极进行融入世界贸易体系的探索。1986 年，我国正式提出申请，恢复在关税及贸易总协定中的缔约方地位。薛荣久（1988）在讨论“复关”过程遇到问题的基础上，提出外贸体制改革的一些想法，并再次强调应该对贸易模式的固化问题加以重视。② 同时，新贸易保护主义浪潮兴起，世界经济衰退和各国货币比价严重失调。新贸易保护主义已危及国际贸易的正常发展，对此，薛荣久（1987）较具前瞻性地提出，要积极调整贸易模式以应对新贸易保护主义的影响。③ 此外，薛荣久（1986）指出，20 世纪 80 年代以来，国际贸易发展很不稳定，对外贸易额急剧下降。在此环境下，我国应采取以下对策：第一，出口市场要适当分散；第二，出口产品要适当分散；第三，辩证地认识配额的作用；第四，充分利用普遍优惠制；第五，在对外贸易谈判时，强调发展和扩大双边贸易；第六，摸清各国保护措施动向，及早制定对策；第七，积极参加“新一轮”谈判。④

随着改革开放红利逐渐显现，王林生（2000a，2000b）⑤ 作为国内较早一批关注高科技产品贸易的学者指出，我国在一般货物贸易阶段面临的主要问题是随着科技产品贸易的快速增长，劳动密集型产品的国际交换比率日趋不利，削弱了贸易对我国经济的拉动作用。因此，有必要加速贸易模式的转型。接下来的一段时间，我国在正确的外贸发展思想指导下，成功避开了“比较优势陷阱”，并沿着符合我国国情的路线发展成为世界第三大贸易国。林汉川（2016）指出，我国国际地位的提升，与产品出口到世界市场这一过程有着密不可分的联系。⑥ 林桂军和张玉芹（2007）的研究指出，我国在改革开放后，贸易条件逐年变差，但仍未发生贫困化增长。⑦ 尽管如此，贸易条件的恶化仍是我国外贸发展的隐患，对外经济贸易大学的学者同样对这一问题十分关注。薛荣久和杨凤鸣（2008）指出，尽管我国加入 WTO，成功融入世界贸易体系后

① 薛荣久. 国际管理贸易的兴起、影响与对策 [J]. 国际贸易问题，1996（2）：28－33.
② 薛荣久. 关税及贸易总协定与我国外贸体制改革 [J]. 国际贸易问题，1988（1）：16－21.
③ 薛荣久. 新贸易保护主义与我国对策 [J]. 国际贸易问题，1987（3）：1－9.
④ 薛荣久. 国际贸易环境与我国对策 [J]. 国际贸易问题，1986（03）：3－10.
⑤ 王林生. 经济全球化与中国的对外贸易（一）[J]. 国际贸易问题，2000a（10）：20－26.
王林生. 经济全球化与中国的对外贸易（二）[J]. 国际贸易问题，2000b（10）：20－23.
⑥ 林汉川，张思雪. 国家形象与中国产品走出去的资产累积 [J]. 吉林大学社会科学学报，2016，56（4）：5－15+188.
⑦ 林桂军，张玉芹. 我国贸易条件恶化与贫困化增长 [J]. 国际贸易问题，2007（1）：3－9.

经济地位崛起，但贸易的增长十分不平衡，货物贸易的地位仍然显著高于服务贸易。[①] 数据显示，我国在 2007 年成为第二大货物出口国和第三大货物进口国；我国的服务出口居世界第六位，服务进口居世界第五位。此外，郑宝银和喻春娇（2005）针对未来我国贸易模式的选择问题提出一系列建议，引起政府的高度重视。[②] 一般货物贸易的发展要兼顾生态环境保护，蓝庆新（2012）详细研究了中国工业绿色转型的战略并提出相关建议，同样获得政府高度重视，得到省部级别的批示。[③]

随着一般货物贸易在我国的快速发展，我国的产品出口变得更加灵活，出口产品竞争力得到提高，出口产品也能够随着国外市场需求的变动进行较快的转变（殷晓鹏等，2018）。[④] 此外，在出口产品的竞争力方面，林汉川（2017）针对中国产品海外形象进行了一系列研究，[⑤] 并荣获第八届高等学校科学研究优秀成果奖、北京市第十五届哲学社会科学优秀成果奖以及第二十届“安子介国际贸易研究奖”。

（二）抓住 20 世纪 80 年代国际生产制造环节大规模转移的历史机遇，我国的加工贸易得到飞速发展

改革开放后，我国凭借较低的劳动力成本这一优势迎来了加工贸易的迅速发展。加工贸易是以加工为特征的再出口业务，是通过不同方式进口原料、材料或零件，利用本国的生产能力和技术，加工成成品后再出口，从而获得以外汇体现的附加价值。王林生（1999）在对我国加工贸易的发展模式进行总结时指出，世界产业结构的调整为我国加工贸易的发展提供了绝佳机会。[⑥]

加工贸易在我国能够得到如此迅速的发展，首先应该追溯到 1979 年外贸体制改革提出的大力发展“三来一补”业务的决定；但更重要的是，1988 年 12 月国务院召开的沿海地区对外开放工作会议，提出了“大进大出、两头在外”的外向型经济发展战略，[⑦] 为我国在全球价值链参与度上追赶东盟、融入全球生产网络注入了空前的动力。“两头在外，大进大出”正式将加工贸易提高到国家战略层次，极大地推动了我国参与以工资差异为基础的全球垂直专业化的进程，使我国这个曾经贫穷落后的农业国，一举成为工业制成品出口大国，颠覆了传统的南方落后国家出口初级产品、北方发达国家出口工业制成品的传统南北贸易模式。

进入 20 世纪 90 年代，加工贸易逐渐取代一般贸易，成为我国外汇最重要的来源。

① 薛荣久，杨凤鸣．中国在 WTO 中地位变化、反应与对策［J］．国际经贸探索，2008（11）：4－9．
② 郑宝银，喻春娇．新型工业化发展模式下的贸易政策选择［J］．国际贸易问题，2005（2）：127－129．
③ 蓝庆新，韩晶．中国工业绿色转型战略研究［J］．经济体制改革，2012（1）：24－28．
④ 殷晓鹏，仪珊珊，王哲．中国多产品企业的出口产品转换行为研究［J］．南开经济研究，2018（3）：3－19．
⑤ 林汉川．提升中国产品海外形象研究［M］．北京：企业管理出版社，2017．
⑥ 王林生．雁行模式与东亚金融危机［J］．世界经济，1999（1）：4－8．
⑦ 国务院关于批转沿海地区对外开放工作会议纪要的通知［1989］．第 5 号国务院令．

关于加工贸易快速崛起的原因，薛荣久（2004，2009）[①]进行了分析与评述：改革开放以后，为有效利用国际国内两种资源，培育发展国际国内两个市场，对发达国家采用了灵活多样的贸易方式，主要有补偿贸易、来料加工、来样加工、来件装配和租赁贸易等。20 世纪 90 年代后，加工贸易成为重要的贸易方式，来图加工、来样加工、来料加工和来件装配均有较快发展。林桂军给加工贸易方式以极高的评价，认为“没有加工贸易，我国要取得今天的贸易大国的地位几乎是不可能的”（林桂军等，2016[②]）。对于加工贸易快速发展的成因，林桂军和崔鑫生（2019）归结于 1988 年中央提出的“两头在外，大进大出”的外向型经济战略。[③]

在加工贸易中，我国面临的一个问题是加工贸易的统计。薛荣久（1998）对此进行了较为深入的研究后指出，20 世纪 90 年代后，加工贸易的重要地位不断攀升，逐渐取代一般货物贸易而占据主导地位。在包括美国在内的一些发达国家，通常将产品的全部生产成本统计为来自产品制造最终环节完成国的进口额，因此，传统的贸易统计方法将高估来自中国的进口额，这一数据将会反映出扭曲的经贸关系。[④]这一观点引起广泛反响，后续也开始不断有学者针对这一问题开展相关研究。王直（2015）同样提出“全球价值链革命造成中间品贸易在国际贸易中的迅猛增长，使传统的贸易总量统计严重误导对世界贸易格局的理解”。[⑤]该成果发表在《中国社会科学》杂志上，并荣获第十九届孙冶方经济科学奖、第十九届“安子介国际贸易研究奖”一等奖、第八届高等学校科学研究优秀成果奖等重要奖项，为我国贸易统计的发展做出卓越贡献。

从加工贸易在我国出现的那一天起，就一直存在激烈的争论，学者们发表了大量学术文章论证这一模式的优劣。反对加工贸易的人，主要强调这一出口方式存在附加值低（尤其是高科技产品的附加值低）、技术低端、过度依赖低技能劳动力和自然资源、创新力不足、环境污染等多方面的问题。支持加工贸易的则多强调其对就业的贡献、缓解外汇短缺、技术和管理的外溢效应等。伴随着人们对全球价值链认识水平的提高，越来越多的人开始认识到加工贸易是我国企业嵌入全球价值链的关键途径，是中国成为全球国际化生产网络中最大的“工厂经济体”的主要动力。隆国强（2003）认为，加工贸易为我国工业化提供了一条新的路径，[⑥]他在另一篇文章（2009）中同样指出，开放使我国在低端制造领域赢得了全球竞争力。[⑦]林桂军等（2016）则侧重从我国整体政策结构视角看待加工贸易，

---

① 薛荣久．入世后货物贸易发展的新变化［J］．中国统计，2004（5）：32－33．
薛荣久．经济全球化下贸易保护主义的特点、危害与遏制［J］．国际贸易，2009，327（3）：28－31．

② 林桂军，任靓．加工出口下滑在动摇我国出口政策模式的基础［J］．国际贸易，2016（10）：4－13．

③ 林桂军，崔鑫生．以全球价值链比较优势推动再开放——对改革开放 40 年外经贸重大里程碑事件的回顾与展望［J］．国际贸易问题，2019（1）：1－13．

④ 薛荣久．加工贸易的发展与原产地统计问题［J］．中国外资，1998（9）：22－24．

⑤ 王直，魏尚进，祝坤福．总贸易核算法：官方贸易统计与全球价值链的度量［J］．中国社会科学，2015（9）：108－127，205－206．

⑥ 隆国强，等．加工贸易：工业化的新道路［M］．北京：中国发展出版社，2003．

⑦ 隆国强．扩大对外开放，促进自主创新［J］．国际贸易，2009（4）：24－28．

认为我国对国内产业所实施的保护政策对扩大出口具有负面的抑制作用。[①] 在这一体制下，我国要想成为出口大国，在理论上讲，几乎是不可能的。为了扩大出口，必须矫正进口政策所造成的扭曲。在我国所采用的所有矫正进口扭曲的政策（如人民币内部结算价、重点出口基地、出口补贴、市场调剂汇率、外汇自主平衡等）中，对扩大出口最有效的就是加工贸易。加工贸易对进口的中间品、原材料（包括相关设备）实行免税，最终品直接面向国际市场而不进入国内市场，既绕开了我国现行体制导致的低效率对出口的制约，也避免了对国内市场的冲击，使出口导向和进口替代得以平行发展。

到目前为止，加工贸易仍然是我国对外贸易中的重要贸易模式，但同时，加工贸易也存在其局限性。王林生（1999）较早便对加工贸易的局限性做出研判，警示要充分看到过度依赖加工贸易的危险性，并提出只有加快产业结构的调整和升级，才是提高国际竞争力的根本途径，也才能为抵御金融风暴树立起有力的屏障。[②] 杨立强（2011）认为，中国的特殊国情决定了中国不可能像韩国和中国台湾等国家和地区那样，纯粹走代工的发展模式，但在经济全球化的形势下，也不可能完全自主成长。因此，“代工”推动下的自主成长模式，就成为中国制造业产业成长策略的主要着眼点。[③] 此外，加工贸易会使我国工业体系对上游产品的进口依赖过强。庄芮（2005）指出，如果国际供应链由于某种原因中断，我国包括钢铁在内的各产业安全就将受到严重威胁。如果国际市场价格上涨，我国也不得不支付大量外汇以保证供应，下游产业将不可避免地面临成本上升、利润下降等问题。[④] 针对亚洲区域乃至全世界范围内资源竞争不断升温的问题，樊瑛和樊慧（2010）认为，中国应持有的基本战略是：一方面积极参与新的多边贸易规则的制定以争取话语权，同时，认真遵守和维护多边贸易规则；另一方面，中国贸易政策和其他国内政策的制定，都要围绕中国国家利益进行。[⑤]

加工贸易提升产业结构和在全球分工价值链中的地位，是一个较普遍的共识。黄晓玲（2007）对我国发展加工贸易与产业技术升级进行了探析，通过对比分析我国高成长出口商品及其产业内贸易指数与国际生产体系生产、贸易的发展趋势，揭示了我国最具活力的工业品生产、贸易与国际生产体系的发展趋势存在紧密联系，提出我国应借助国际生产体系提升本国技术发展能力，实现融入国际生产体系与加速推进工业化进程的统一。[⑥] 汤碧和陈莉莉（2012）等人分析了中国加工贸易政策变化的取向，探讨了近年来中国加工贸易的变化趋势，并在此基础上，提出当前中国加工贸易转型升级存在的问题和对策。[⑦] 杨震宁等（2014）基于具体案例对加工贸易企业的转型升级进行了

① 林桂军，任靓．加工出口下滑在动摇我国出口政策模式的基础［J］．国际贸易，2016（10）：4－13.
② 王林生．雁行模式与东亚金融危机［J］．世界经济，1999（1）：4－8.
③ 杨立强．中国制造业的代工发展模式：国际比较与发展路径［J］．经济问题探索，2011（10）：1－5.
④ 庄芮．我国重要原材料进口现状及对经济安全的影响［J］．国际经贸探索，2005（4）：13－16.
⑤ 樊瑛，樊慧．自然资源贸易：中国应对之道［J］．国际贸易，2010（5）：40－44.
⑥ 黄晓玲．发展加工贸易与产业技术升级探析［J］．国际商务（对外经济贸易大学学报），2007（1）：5－9.
⑦ 汤碧，陈莉莉．全球价值链视角下的中国加工贸易转型升级研究［J］．国际经贸探索，2012（10）：44－55.

路径分析，其成果荣获 2011 年全国商务发展研究成果奖。[①] 余心玎等（2016）则鲜明地提出，全面取消中间品进口关税有助于推动一国在全球价值链中的融入并提升其贸易竞争力。[②]

（三）服务贸易于 20 世纪 90 年代兴起，我国开始加速推动以服务贸易市场开放为重点的二次开放

我国的服务贸易自改革开放后也得到飞速发展，并且成为继一般贸易和加工贸易后，发展速度最快的贸易模式。20 世纪 90 年代，对外经济贸易大学的学者就开始重点关注我国服务贸易领域，并在商业服务贸易、邮电服务贸易、建筑服务贸易、销售服务贸易、教育服务贸易、环境服务贸易、金融服务贸易、交通运输服务贸易等领域提出不同政策建议。张建平（2016[③]）和霍建国（2017[④]）综合分析了金砖国家在贸易模式转型上遇到的问题以及合作发展的可能性，并指出我国服务贸易的发展有着较强的竞争优势。林桂军和任靓（2016a）通过 Hoekman 频度测量法分析了金砖国家服务业的部门开放度，结果表明，俄罗斯和中国的承诺开放度明显高于印度、南非和巴西等其他金砖国家。[⑤] 然而，印度在事实开放度上呈现较宽松的特征，南非对服务业的开放深度较大。就我国自身的开放情况看，对国民待遇的开放度要高于市场准入。在此基础上，建议我国同其他金砖四国在生产性服务上积极开展合作。

针对中国服务业对外开放的问题，薛荣久和张汉林（1997）倡导将发展服务出口摆在重要战略高度。[⑥] 薛荣久（1999）指出，我国服务贸易出口的主要项目为旅游、银行和货运。其中，旅游业具有得天独厚的绝对优势，应予以大力发展。[⑦] 杨长春和方玺（2014）的研究便聚焦于我国旅游服务贸易的发展，从中国国际航空旅客运输和入境旅游贸易之间的关系入手进行计量分析，最终发现二者存在长期稳定的关系。从长期看，国际航空旅客运输促进了入境旅游服务贸易的增长。从短期看，国际航空客运的外生冲击对入境旅游服务贸易具有显著影响。[⑧] 与此同时，林桂军和任靓（2014）测算了主要国家的教育服务贸易竞争力，发现我国教育服务贸易竞争力水平弱于其他主要国家，并针对这一问题为我国教育服务贸易的发展战略提出改进建议。[⑨] 针对服务贸易开放可能带来的负面

---

① 杨震宁，范黎波，李东红．是“腾笼换鸟”还是做“隐形冠军”——加工贸易企业转型升级路径多案例研究［J］．经济管理，2014（11）：68－80．

② 余心玎，杨军，王苒，王直．全球价值链背景下中间品贸易政策的选择［J］．世界经济研究，2016（12）：47－59+133．

③ 张建平，王实，倪晨阳．经济转型期金砖国家的机遇与挑战［J］．现代管理科学，2016（4）：24－26．

④ 霍建国，庞超然．金砖国家经贸合作的前景及对策［J］．国际贸易，2017（9）：38－43．

⑤ 任靓，林桂军．金砖国家服务业开放研究［J］．亚太经济，2016（4）：85－89．

⑥ 薛荣久，张汉林．论中国服务业对外开放［J］．国际贸易问题，1997（2）：39－43．

⑦ 薛荣久．我国今年外贸面临的形势及应采取的对策［J］．国际商务（对外经济贸易大学学报），1999（2）：5－9．

⑧ 杨长春，方玺．基于 VAR 模型的国际航空客运运输与旅游服务贸易关系的实证分析［J］．国际商务（对外经济贸易大学学报），2014（6）：49－58．

⑨ 林桂军，任靓．开放型经济视角下我国教育服务贸易发展战略研究［J］．国际贸易，2014（10）：46－50．

冲击，吴卫星（2015）总结了中国国际金融学术年会上专家们的意见，指出金融服务业开放带来的风险应该首先得到一定程度的重视。① 面对美国要求中国开放服务业的压力，林桂军等（2016）认为，我国应从美国试图扭转贸易不平衡和拓展跨国公司价值链两个方面加以应对，具体的策略包括：（1）坚持自主开放为基础、互惠开放为动力的原则，根据国内经济发展的需要进行开放，不依赖谈判解决所有开放的问题；（2）以建设世界制造业中心为目标，重点开放生产性服务业；（3）优势部门坚持要价，建筑，电信以及计算机和信息服务是我国优势领域，建议（中美）贸易谈判中采取进攻策略；（4）要以提高生产率为目标，明确开放的顺序。② 他特别强调，应优先开放生产性服务业，以增强我国制造业的比较优势。

我国在加入 WTO 后，服务贸易出口维持着骄人的增长速度（陈志鸿，2007）。③ 随着世界贸易组织的管辖范围从货物贸易逐渐延伸到服务贸易，孙维炎和张汉林（1997）率先分析了我国在服务贸易领域实施国民待遇的必要性，并对实施国民待遇的经济后果进行了详细梳理。④ 薛荣久（2002）在总结加入 WTO 后的中国贸易模式特点时指出，我国服务贸易所占比例提高，促进了我国贸易地位的提升。⑤ 杨荣珍（2007）指出，中国作为 WTO 中的发展中大国，其服务业开放水平较其他发展中国家要更高，在大多数服务部门或分部门中，其开放力度也更大。⑥ 根据现有 WTO 框架下的开放承诺，服务业进一步对外开放仍有很大潜力。樊瑛（2012）以中国"入世"服务业开放承诺为研究基准，从中国"入世"十年服务业开放的时间维度、空间维度、结构维度和模式维度等四个维度入手，分析中国服务业开放的绩效与特征，并针对未来中国服务业开放面临的挑战给出重要的政策建议：（1）鼓励中国服务贸易中，四种模式均衡发展；（2）货物与服务贸易协同发展；（3）同时鼓励中国服务业外国直接投资（FDI）流入和流出；（4）扩大现代服务业开放领域，鼓励中国服务业企业承接高端国际服务外包；（5）协调服务业开放和国内规制；（6）积极参与区域服务贸易合作。⑦

贸大学者关于我国服务贸易竞争力也进行了许多相关研究。杨荣珍（2006）计算了我国在服务贸易领域的多个竞争力指标，包括显示比较优势（RCA）、贸易竞争优势（TCI）和服务贸易市场占有率（MS）等，并依据数据做出研判，认为我国在服务贸易领域的竞争力明显优于其他发展中国家。⑧ 林桂军等（2016）对 8 个中美服务业部门的竞争力进行了比较，结果说明，美国在 6 个部门对中国具有竞争优势，分别是运输、旅游、保险、金融、

---

① 吴卫星，崔凡，范言慧，蒋涛．再平衡格局下的全球经济与金融——"中国国际金融学会学术年会"会议综述［J］．国际金融研究，2015（1）：93－96．

② 任靓，林桂军，赵绍全．如何应对美国推动服务贸易自由化的挑战［J］．国际贸易，2016（6）：63－66．

③ 陈志鸿．WTO 对中国居民福利的影响［J］，国际贸易问题，2007（2）：128．

④ 孙维炎，张汉林．论世界贸易组织国民待遇原则［J］．世界经济，1997（9）：27－31．

⑤ 薛荣久．中国加入 WTO 后的形势分析与对策［J］．中国机关后勤，2002（5）：33－34．

⑥ 杨荣珍．中印服务业市场开放比较［J］．世界贸易组织动态与研究，2007（2）：21－28．

⑦ 樊瑛．中国服务业开放度研究［J］．国际贸易，2012（10）：10－17．

⑧ 杨荣珍．中印服务贸易竞争力比较［J］．经济前沿，2006（12）：7－10．

电信和知识产权等。其中，金融、知识产权、电信和旅游 4 个部门对中国的竞争优势明显。中国具有优势的部门是建筑、计算机和信息服务两个部门，电信部门拥有持续的顺差。①

针对我国服务业发展过程中遇到的问题，范黎波和刘瀚龙（2016）指出，中国的服务业企业在“走出去”过程中，被长期锁定于全球价值链低端环节，陷入“贫困性”增长和“逐底式”发展的困境。同时，范黎波详细分析了印度企业的成功管理实践，认为印度服务业的成功发展可以为我国服务业企业发展带来新的思路与方向，值得我国企业探讨、学习和借鉴。② 唐宜红和林发勤（2009）通过对中国服务贸易的对外依存度以及出口竞争力等指标进行深入分析，提出我国仍存在整体贸易结构不合理、服务贸易发展滞后以及服务贸易竞争力不强等问题；并指出，加快发展服务贸易不仅能够改善贸易结构，还能够促进货物贸易增长向集约型发展。③ 林桂军和王飞等（2021）认为，在对外开放的过程中，应该采取制造业和服务业协同开放的策略。④

贸大学者在服务贸易研究领域取得诸多成就，受到学界的广泛认可，如张汉林（1997）所著的《经贸竞争新领域：〈服务贸易总协定〉与国际服务贸易》荣获第六届“安子介国际贸易研究奖”。⑤ 石静霞（2003）对服务贸易领域的紧急保障措施进行了深度探析，⑥ 其成果也荣获第十二届“安子介国际贸易研究奖”。姜荣春和刘绍坚（2010）对中国服务外包的发展做出研判，⑦ 该研究成果获得 2011 年全国商务发展研究成果奖。周念利（2013⑧）根据其在服务贸易领域的研究成果，完成了《区域服务贸易自由化分析与评估》一书，对区域服务贸易自由化发展现状进行了概述，并指出“南北型”区域服务贸易迅速发展，已经超越“南南型”和“北北型”。该研究成果荣获 2014/2015 年度全国商务发展研究成果奖。同时，周念利（2014）研究发现，中国服务业对制造业企业的生产效率提高有着正向的促进作用。⑨ 该成果荣获北京市第十四届哲学社会科学优秀成果奖。在服务贸易不断发展的同时，制造业服务化现象随之出现，并在一段时间内成为学界关注的热点。刘斌等（2016）在国内较早开展了制造业服务化与国际生产分工相关性的研究，发现制造业服务化是影响一国价值链升级的重要原因，从而为全球价值链升级影响因素的研究提供了一个新的视角。⑩ 这篇文章截至 2021 年的引用量高达 460 余次。紧接着，刘斌和赵晓斐（2020）将服务贸易壁垒嵌入模型之中，认为随着服务贸易的兴

① 任靓，林桂军，赵绍全．如何应对美国推动服务贸易自由化的挑战 [J]．国际贸易，2016（6）：63－66.

② 范黎波，刘瀚龙．印度服务经济的启示：寻找中国服务业的新思路与方向 [J]．清华管理评论，2016（Z2）：90－97.

③ 唐宜红，林发勤．服务贸易对中国外贸增长方式转变的作用分析 [J]．世界经济研究，2009（3）：3－8+15+87.

④ 林桂军，王飞，任靓，裴建锁．全球价值链下中国对美国出口结构变迁与服务化趋势．交流论文（未发表），2021

⑤ 张汉林．经贸竞争新领域：《服务贸易总协定》与国际服务贸易 [M]．北京：中国经济出版社，1997.

⑥ 石静霞．服务贸易领域的紧急保障措施探析 [J]．法学家，2003（5）：150－160.

⑦ 姜荣春，刘绍坚．后危机时代中国服务外包产业发展的机遇、挑战及路径选择 [J]．国际贸易，2010（7）：35－42.

⑧ 周念利．区域服务贸易自由化分析与评估 [M]．北京：对外经济贸易大学出版社，2013.

⑨ 周念利．中国服务业改革对制造业微观生产效率的影响测度及异质性考察——基于服务中间投入的视角 [J]．金融研究，2014（9）：84－98.

⑩ 刘斌，魏倩，吕越，祝坤福．制造业服务化与价值链升级 [J]．经济研究，2016，51（3）：151－162.

起，制造业服务化和服务贸易壁垒的交互作用是导致经济逆全球化的一个潜在原因。也就是说，全球价值链分工的放缓不仅是由于贸易保护主义的兴起，全球性贸易结构的变迁也是其中一个重要原因。[①] 王永贵等（2015）开创性地开发出服务外包中企业创新能力的多维测量模型。借助知识转移理论，创新性地运用“动机、机会、能力”（MOA）框架，从服务承包方和发包方两个不同视角探讨并论证了承包方创新能力的提升机制；并且通过 174 份来自承包方的服务项目经理和战略经理的配对问卷，探讨了所提出的模型框架。[②] 该研究成果荣获北京市第十四届哲学社会科学优秀成果奖。

针对 2019 年发生的中美贸易摩擦，薛熠等（2020）研究了其对服务贸易的影响，通过分析得出结论，因服务业企业经营更加灵活，因此，在中美贸易冲突中受到的冲击较小。[③] 针对我国在服务贸易高速增长阶段面临的问题，林桂军（2015）指出，虽然一些部门会由于开放而受到冲击，但开放的整体利益一定大于其带来的弊端，中国的服务业增长还有很大的空间。[④] 屠新泉（2001）同样也表示过，尽管在市场作用下，服务业吸引了大量资源，获得了巨大发展，但是与货物出口相比，服务贸易出口的比重仍然偏低，与服务业在国民经济中的地位不相适应。[⑤] 此外，屠新泉还指出，在我国的服务贸易领域存在出口结构不合理以及管制程度较高等问题，受到媒体的关注。在中美贸易摩擦期间，贸大学者是登上中央电视台次数最多的国内高校之一。林桂军、洪俊杰、赵忠秀、崔凡、桑百川、屠新泉等国内知名学者，多次接受中央电视台《新闻联播》《焦点访谈》等栏目的采访，理性分析了美国发动贸易摩擦的原因，表达了中国坚持对外开放的决心。[⑥]

（四）数字时代来临，数字贸易成为新时代的典型特征

目前，数字贸易是增长速度最快的新型贸易模式，也是众多发达国家以及发展中国家的重点关注领域，未来极有可能成为世界贸易的主要模式。近年来，传统贸易增长停

① 刘斌，赵晓斐．制造业投入服务化、服务贸易壁垒与全球价值链分工［J］．经济研究，2020（7）：159－174．

② 王永贵，马双，杨宏恩．服务外包中创新能力的测量、提升与绩效影响研究——基于发包与承包双方知识转移视角的分析［J］．管理世界，2015（6）：85－98．

③ 薛熠，金枫，李经纬．中美贸易关系的演进、影响与我国企业的应对［J］．宏观质量研究，2020（1）：1－18．

④ 林桂军．自贸区服务业开放的定位和顺序［J］．中国社会科学报，2015（4）：4．

⑤ 屠新泉．我国实行服务贸易出口零税率的政策探讨［J］．国际商务（对外经济贸易大学学报），2001（5）：23－27．

⑥ 林桂军，中国有足够底气和能力应对贸易战［EB/OL］．http://tv.cctv.com/2018/07/06/VIDE0BBT3q9iNfsXcnMYMrtu180706.shtml，2018－07－06．

洪俊杰，如何看待中美第二轮关税施压［EB/OL］．http://tv.cctv.com/2018/09/19/VIDEytXkuINQN3WP5ifhR4Hn180919.shtml，2018－09－19．

赵忠秀．打造更加开放的贸易格局 反对贸易保护主义［EB/OL］．https://www.cgtn.com/channel/en.do，2018－04－09．

崔凡．美国公布征税产品建议清单影响恶劣［EB/OL］．http://tv.cctv.com/2018/04/05/VIDE3EU5ofFLQAfX6rChSzpN180405.shtml?fromvsogou=1，2018－04－05．

桑百川．美国“践踏”世界贸易组织规则本身就意味着是妨碍经济全球化［EB/OL］．http://tv.cctv.com/2018/04/09/VIDERFqULP5H6kR9zD4oBZCF180409.shtml，2018－04－09．

屠新泉．中国是多边贸易体制的捍卫者和贡献者［EB/OL］．http://tv.cctv.com/2018/04/11/VIDEx3gqdnKhXCEV0QXlp84x180411.shtml，2018－04－11．

滞甚至下降，但全球数字贸易发展迅猛，逐渐成为推动经济增长的新动能。李计广和桑百川（2012）向政府提出下一阶段我国对外开放的政策建议，其中涉及数字领域开放的内容。该建议刊登在国家社科基金《成果要报》。[①]

此外，作为国内较早一批在数字贸易领域开展研究的学者，贸大学者对数字贸易发展及经济后果展开了较为全面的研究。他们认为，数字贸易快速发展的原因有两个方面：一方面，基于信息通信技术的数字贸易克服了传统贸易交易周期长的缺陷，显著提高了贸易效率，降低了贸易过程中的时间风险；另一方面，数字贸易打破了传统贸易严格意义上的空间属性，大幅度弱化了地理距离对贸易的限制，降低了贸易成本。数字贸易的时空属性大幅度提升了全球贸易便利化程度，拓展了传统贸易的交易区域，扩大了消费群体的来源，进而开辟了传统贸易难以触及的发展空间（蓝庆新，2020）。[②] 数字贸易的发展与普及极大降低了国际贸易的准入门槛，极大地加强了不同市场的关联程度（Jing，2014），[③] 这一变化标志着“普惠贸易”时代的到来。在数字贸易时代来临之际，王稼琼（2018）指出，传统外贸竞争优势正在逐步丧失，我国亟待提升外贸竞争新优势。[④] 吕越和陈泳昌（2021）同样指出，互联网的发展能够通过缓解融资约束、推动产业升级以及改善居民就业三种途径，促进我国的价值链融入。[⑤]

关于数字贸易阶段我国所面临的问题，周念利等（2017）作为国内较早一批研究数字贸易问题的学者，提出数字贸易治理规则的文本设计与操作执行是一个重点问题。[⑥] 针对这一问题，戴长征（2018）指出，在信息科技不断发展的今天，国家的治理能力也有必要同步提升。[⑦] 周念利（2016）指出，中美两国作为全球数字贸易发展的最大利益攸关者，在构建全球数字贸易规制体系中，应该是一种合作竞争关系。[⑧] 由于我国与其他国家存在产业比较优势与主要规则诉求的差异，现有规则难以满足我国数字贸易的诉求。同时，周念利（2018）提出，作为全球数字经济体量最大的国家之一，中国应该有底气，也必须在跨境电商领域提出符合中国利益诉求的关键规则。这是从战略层面更主动应对来自他国挑战的重要体现。[⑨] 唐宜红和张鹏杨（2020）指出，在后疫情时代，数字智能等领域将成为区域性贸易保护的高发区，贸易保护或将成为常态。中国应以正确的“危机观”审视新型贸易保护，也应该积极转变治理模式，参与国际贸易规则的重构。[⑩]

---

① 李计广，桑百川．关于下一阶段我国对外开放的政策建议，中宣部国家社会科学基金《成果要报》，2012．

② 蓝庆新．数字经济是推动世界经济发展的重要动力［J］．人民论坛·学术前沿，2020b（8）：80－85．

③ Keith Head，Ran Jing，Deborah L. Swenson. From Beijing to Bentonville：Do multinational retailers link markets? *Journal of Development Economics*，2014（110）：79－92．

④ 王稼琼．深刻理解新时代开放型经济建设的核心要义［J］．国际贸易问题，2018（2）：6－10．

⑤ 吕越，陈泳昌．互联网发展与全球价值链嵌入［J］．江南大学学报（人文社会科学版），2021（1）：79－91．

⑥ 周念利，陈寰琦，黄建伟．全球数字贸易规制体系构建的中美博弈分析［J］．亚太经济，2017（4）：37－45，173－174．

⑦ 戴长征．增强国家能力视角下的区域对外开放［J］．国家治理，2018（20）：14－19．

⑧ 周念利．数字贸易规则制定中的中美分歧及应对［R］，2016．

⑨ 周念利．积极推广数字贸易规则的“中式模板”［N］．新华日报，2018－05－02（007）．

⑩ 唐宜红，张鹏杨．后疫情时代全球贸易保护主义发展趋势及中国应对策略［J］．国际贸易，2020（11）：4－10．

关于数字贸易的未来发展方向以及如何发展，贸大学者也进行了较为充分的研判。冯辉（2021）强调了外资对我国数字贸易发展的重要作用，并指出应构建国际化、法制化和便利化的营商环境。[①]伊万·沙拉法诺夫和白树强（2018）在分析世界数字产品贸易现状及主要壁垒的基础上，利用 WTO 及其他国际协议的相关规定，初步构建了数字产品贸易政策及基本合作机制，并对其可行性进行了简要分析。最终得出结论，以 TISA 诸边协议为主，构建初步的合作模式并将其逐步纳入 WTO 管辖权的可行性最强。[②]李杨和高媛（2020）提出，可以通过培育数字化体系能力、强化各行业对数字化进程的共识、培育龙头企业搭建工业互联网平台、积极参与国际制造业数字化合作等举措，推动我国制造业数字化发展，进而提升我国制造业的竞争力。[③]

三、经济功能区

经济功能区的发展建设是中国渐进式对外开放的生动实践。改革开放以来，我国为促进外向型经济发展，开辟出以建立经济功能区为核心的中国特色经济发展道路。各类经济功能区自建立以来，充分发挥了辐射带动和示范作用，为我国建设开放型经济体和经济社会发展改革创新做出了重要贡献，并且随着我国内外环境和发展任务的需要而不断演化。

我国经济功能区总体经历了三个发展阶段：第一阶段为 1979—1990 年，以建立 4 个经济特区和在 14 个沿海城市设立经济技术开发区为标志，我国经济功能区开始进入探索发展时期。第二阶段为 1991—2013 年，以保税区建设为核心并逐渐发展，形成包括保税区、出口加工区、保税物流园区、跨境工业区、保税港区和综合保税区等在内的多层次且全方位开放的海关特殊监管区建设格局，我国经济功能区进入纵深推进时期。第三阶段为 2013 年至今，以中国（上海）自由贸易试验区的建立为标志，党的十九大后开始了探索建设自由贸易港的征程，我国经济功能区进入提质增优时期。

（一）经济功能区开始初步探索和建立

1978—1990 年，是我国对外开放的起步阶段，我国经济功能区在探索中开发建立，设立的类型主要分为经济特区和经济技术开发区。

经济特区是一个国家在其国境内划出一定的区域作为关境以外的特别区域，实行特殊的经济政策和特殊的经济管理制度，以鼓励外国资本和其他来源的资本投资办厂、兴

① 冯辉，靳岩岩．完善以规则为基础的国际化法治化便利化营商环境——以建立“一带一路”国际投资仲裁机制为例［J］．中国特色社会主义研究，2021（2）：19－27．

② 伊万·沙拉法诺夫，白树强．WTO 视角下数字产品贸易合作机制研究——基于数字贸易发展现状及壁垒研究[J]．国际贸易问题，2018（2）：149－163．

③ 李杨，高媛．加快推动我国制造业数字化发展［J］．中国经贸导刊，2020（13）：64－65．

办工商企业和其他事业。外国资本在税收、关税和租赁等方面享受优惠待遇（郗藩封，1990）[①]。经济特区是中国在改革开放之初最早建立的特殊经济功能区。李诗（1987）认为，兴办经济特区，是我国实行对外开放政策的一个重大试验。在经济特区腾飞中，对外贸易起着特别重要的作用。[②] 李康华（1981）是较早就经济特区问题发声的贸大学者。他认为，经济特区是利用国外资金、技术和管理经验来发展中国社会主义经济的一种补充形式。在当时趋于保守的环境下，他勇于发声，提出设置经济特区将对我国较快地发展出口贸易、增加外汇收入、扩大劳动就业、引进先进技术、学习管理经验和促进地方经济等方面起到一定的积极作用。[③] 他的发声为中央政策助力，提高了经济特区设立在民众心中的接受度。李红（1992）通过建立多部门模型来分析中国经济特区的影响，论证了经济特区的建立可以改善我国的国民收入。[④] 桑百川（1993）认为，经济特区的设立和发展不仅促进了特区经济的持续、高速发展，显著提高了人民生活水平，还发挥了“窗口”作用，成为全国经济体制改革的试验区，推动了中国外向型经济的发展和建立全方位对外开放格局的进程。[⑤] 王绍熙（1994）提出，中国经济要与世界经济接轨，需要实施多层次、滚动式，逐步向广度和深度发展的战略；而实践证明，经济特区是我国对外开放的第一个层次。[⑥] 乔荣贞和曦中（1994）指出，中国对外开放设立经济特区吸引了日本对华的大量投资，中国成为当时“世界经济发展的新中心”。[⑦] 金燕（2006）强调了设立经济特区的经济辐射带动作用。她指出，国家设立经济特区后，刺激了境内外机构和私人到特区投资，从而促进特区的收入和就业增长。而这些经济特区的发展经过市场的自动调节作用，辐射带动了周边城市和地区的经济，扩大了经济特区的“半径”。[⑧] 华晓红（2012）认为，20 世纪 80 年代港澳台地区开始新一轮产业升级，劳动密集型轻纺产业向中国内地华南沿海地区的经济特区等地转移，在当地形成加工制造业基地，开启了中国内地加工贸易的辉煌时期。[⑨]

经济技术开发区最早于 1984 年在 14 个沿海开放城市建立。之后，随着改革开放的推进和深化以及不同时期经济建设和社会发展战略的需要，建设地也从沿海向沿江、沿边和内陆省会城市/区域中心城市拓展。杨兆（1986）认为，经济技术开发区的建设不可操之过急而导致混淆长短期目标，其成长可以划分为诞生期、成长期、成熟期和停滞

---

① 郗藩封．略论经济特区［J］．国际商务：对外经济贸易大学学报，1990（2）：35－38．

② 李诗．经济特区外贸管理初探［J］．国际贸易问题，1987（4）：4－8．

③ 王寿椿，李康华．略论我国经济特区的作用问题［J］．国际贸易问题，1981（1）：42－46．

④ 李红．中国经济特区的福利效应［J］．国际贸易问题，1992（10）：69－72．

⑤ 桑百川．设立和发展经济特区是邓小平改革开放思想的重要内容［A］．对外经济贸易大学英语学院．'93 对外经济贸易大学学术报告会论文集［C］．北京：对外经济贸易大学英语学院，1993：6．

⑥ 王绍熙．论中国经济与世界经济接轨——学习邓小平同志对外开放战略思想的一些认识［J］．国际贸易问题，1994（5）：2－8．

⑦ 乔荣贞，曦中．日本对华投资特点及动向［J］．国际贸易问题，1994（7）：32－35．

⑧ 金燕．体制转换中的京冀经济协调发展——基于中国区域经济发展经验的分析［J］．管理现代化，2006（6）：46－48．

⑨ 华晓红，郑学党．港澳台——中国对外开放的独特优势［J］．经济学家，2012（7）：20－27．

期四个阶段。在各个不同时期，应结合国内外环境，制订不同目标。[①] 夏友富（2000）指出，发展对外经济贸易是经济技术开发区经济活动的重要内容，开发区利用外资、对外贸易和引进技术的状况反映着其对外经济的辐射能力，是中国利用外资和对外贸易发展的中心。[②] 邓慧慧等人（2018）考察了 2004—2014 年间地方政府热衷推动经济技术开发区建设的原因，发现策略性竞争因素是其主要的行为动机，指出应从政绩考核体制、财税体制和地方债务管理体制等方面采取有效的改革措施，严格控制地方政府过度建设开发区的盲目竞争行为。[③]

蒋德恩（1996）指出，在改革开放初期设立的 4 个特区以及随后确定的 14 个沿海经济技术开发区满足了“资本趋利性”这一特性，因此，经济特区和沿海经济技术开发区是我国合理利用外资的重要渠道和方式。[④] 贾保华（2002）认为，通过建立经济特区和经济技术开发区，中国改革开放初期的目标，即对内所有制的改革及社会主义市场经济体制的建立、对外扩大国际贸易并融入世界经济体系已经基本上实现，随之而来的是中国进入“后改革开放”时期。这一时期，中国对外开放的主要特征发生转变。贾保华认为，中国所面临的问题变成了“如何将经济特区和经济技术开发区的经济成果惠及全国”，并指出为实现这个目标应注意改变的政策措施方向。[⑤] 张玮（2002）认为，中国对外开放设立的经济特区和经济技术开发区为中国企业“走出去”搭建了中间平台，有助于帮助中国企业积累经验。[⑥] 唐宜红（2003）认为，我们应正确处理对外开放和维护国家经济安全的关系。一方面要坚定不移地实行对外开放的国策；另一方面，在关键部门与领域积极采取独立自主的政策，保证国家的根本利益不受危害和威胁，并增强经济安全意识，学会合理利用 WTO 规则来维护国家经济安全。[⑦] 包歌（2019）在总结日本对外产业转移的历程时指出，1990—2008 年是大规模对华产业转移阶段，主要也是转移到中国初步开放的经济特区和经济技术开发区。[⑧]

（二）经济功能区进一步向纵深推进发展

经过改革开放初期对功能区的初步探索，我国经济功能区在 1991—2013 年间纵深推进发展。这一阶段着重发展建立了海关特殊监管区，涵盖出口加工区、保税区、保税物流园区、跨境工业区、保税港区和综合保税区等六种主要模式。

赵秉瑛（1996）较早明确提出，我国的保税区是借鉴国际上通行的做法并结合我国

① 杨兆．经济技术开发区问题初探［J］．探索，1986（2）：23－25+27．

② 夏友富．明确定位——国家级开发区投资与可持续发展［J］．国际贸易，2000（6）：4－8．

③ 邓慧慧，赵家羚，虞义华．地方政府建设开发区：左顾右盼的选择？［J］．财经研究，2018，44（3）：139－153．

④ 蒋德恩．论合理制用外资［J］．国际贸易问题，1996（12）：9－15．

⑤ 贾保华．中国经济进入“后改革开放”时期［J］．安徽决策咨询，2002（11）：26－27．

⑥ 张玮．中国企业的“走出去”战略［J］．国际商务（对外经济贸易大学学报），2002（5）：11－15．

⑦ 唐宜红．对外开放和维护国家经济安全［J］．思想理论教育导刊，2003（10）：57－61．

⑧ 包歌．日本产业转移镜鉴［J］．中国外汇，2019（22）：41－43．

国情而实行的新型经济开放区域；同时指出，保税区运行三年来在管理效率、管理法规和管理技术等层面涌现出的问题，并提出相应的对策措施。[①] 林康（2000）在保税区建设初期，将世界已有自由贸易区和我国保税区的功能和作用做了对比，便于我国对保税区进行科学的定性定位。对比发现，我国保税区具有独特的政策优势，尽管也具备许多世界自由贸易区的特点和功能，但仍存在一定差异。他认为，为了更好地建设和发展保税区，应在今后的建设中注重对标国际惯例和标准。[②] 李玫（2007）指出，我国保税区和出口加工区从产生至今，被笼统地称为按国际惯例运作且办事最迅速的"关外境内"区域，其法律地位始终没有得到解决和确定，严重影响了实行"境内关外"经营模式区域的健康发展和与国际惯例的真正接轨。通过分析，他认为，我国设立的保税区和出口加工区都不是国务院批准建立的实行"境内关外"特殊监管模式的姐告边境贸易区模式，也不是真正意义上的 WTO 所描述的特殊经济区含义的"境内关外"经营模式。因此，他建议从国家层面制定一部较为宏观的《"境内关外"特殊经济区管理法》，明确"境内关外"的法律地位，从设立"境内关外"特殊经济区的地方层面上，依照该管理法制定和完善充分保护区内商业主体经济利益优惠、体现区内良好法律秩序的《管理规定》。[③] 蔡春林（2019）分析了中国保税区规模的影响因素。他认为，区域的对外开放水平与人力资本水平对保税区贸易规模呈现正向关系；由于投资存在"替代效应"，区域的投资水平与保税区贸易规模呈现负向关系。同时，产业结构、投资水平与保税区出口规模呈现负向关系，开放水平与保税区出口规模呈现正向关系；人力资本水平与进口规模呈现正向关系。因此，中国应当坚持对外开放战略，提高区域劳动要素质量，强化保税区政策的区域差异性，提高中国保税区贸易发展的规模和质量，发展更高层次的开放型经济。[④]

李海莲（2010）主要探讨了海关特殊监管区存在的税收问题，认为相关职能部门应统一保税监管区域的入区退税政策与内销征（补）税政策，明确区内企业获得增值税专用发票的合理途径，改革与完善区内物流企业的税收政策以及采取出口退税等政策，促进保税监管区域的良性发展。[⑤] 张玉芹（2012）针对中国海关特殊监管区域的发展现状和功能定位，研制了一套科学合理的海关特殊监管区域评价指标体系，并对上海、深圳和苏州等地主要海关特殊监管区域进行调研，进一步完善了该海关特殊监管区域的评价指标体系，对保证海关特殊监管区域健康有序发展、节约土地资源和管理资源、切实提高经济效益、有效降低海关监管风险、科学全面反映特殊监管区域的发展成果等方面具有重大意义，为政府相关部门对海关特殊监管区域加强公共管理提供了重要的参考依据。[⑥] 余心玎

① 赵秉瑛．试论我国的保税区［J］．国际商务．对外经济贸易大学学报，1996（4）：13－16.

② 林康，尤崧涛，陈琼秀．论世界自由贸易区与我国保税区的功能和作用［J］．国际贸易问题，2000（3）：34－38.

③ 李玫．论"境内关外边境贸易区"的法律地位——以云南姐告边境贸易区为例［J］．暨南学报（哲学社会科学版），2007（2）：82－85.

④ 蔡春林．中国保税区贸易空间效应的影响因素分析［J］．国际经贸探索，2019，35（2）：54－66.

⑤ 李海莲．促进中国保税监管区域发展的税收政策研究［J］．中央财经大学学报，2010（6）：23－26.

⑥ 张玉芹．海关特殊监管区域评价指标体系的构建［J］．港口经济，2012（7）：36－39.

等（2016）认为，部分或全面取消中间品进口关税，有助于推动一国在全球价值链中的融入并提升其贸易竞争力。而中国设立的包括保税区、出口加工区和保税物流园区等在内的海关特殊监管区正是这一作用的体现。[①] 翟东堂等（2018）从贸易便利化角度切入，总结出我国保税物流监管存在法律法规不完善、监管体制和机制不佳、自由贸易试验区监管创新制度目标推进实效低于预期等问题，并建议从健全保税物流监管法律体系、优化调整保税物流监管运行机制和推动自由贸易试验区保税物流监管创新制度改革等方面进行改善。[②]

（三）经济新常态下，经济功能区建设推陈出新

中国经济进入新常态后，我国经济功能区建设渐入佳境，自由贸易试验区和自由贸易港建设，成为当下中国经济功能区建设的新高地和深入激发对外经济活力的主要着力点。

自由贸易试验区是经济功能区演化历程上具有高度创新性的新型功能区。林桂军、何茵和邓世专等（2011）探讨中国在全球新区域主义潮流下应明确自贸区战略的目标，自由贸易试验区是重要的试点步骤和实验基地。[③] 李计广和桑百川在 2012 年上报了对下一阶段中国对外开放途径与建议的研究成果，并指出加大力度推行对外开放仍是必要之举，开放的内涵应该做到横向扩展与纵向深化。该研究报告得到中央领导同志的批示，这对于我国经济功能区建设具有先导性意义。[④] 在中国（上海）自由贸易试验区建立伊始，张汉林（2013）较早提出自由贸易试验区的功能定位应超越过去经济功能区的视野和范畴，立足于解决过去改革开放所存在的深层次矛盾和问题，并在战略布局和未来发展中紧密与我国当前内外发展任务相结合。[⑤] 屠新泉（2013）认为，上海自贸区是一次颇具开创意义的政策试验，其在名义上以自由贸易和对外开放为重点，但真正的核心为市场经济和体制改革。一旦实施资本项目、汇率和利率等领域的突破性变革，必将产生显著的外溢效应和带动效应，并对全国性的体制改革形成强烈的倒逼机制。[⑥] 孙玉琴（2019）在新中国成立 70 周年之际，从外贸规模、经营主体结构、贸易方式、商品结构与市场结构等方面重点探讨了中国对外贸易的发展成就，高度认可、赞扬了自贸试验区的挂牌成立，是中国进一步扩大开放、促进经济改革全面推进的重要举措；并从经济增长、产业结构调整、就业促进、国际金融风险防范等多角度，总结了中国对外贸易发展的历史经验。在此基础上，她剖析了当前中国正面临的世界政治多极化、经济全球化、科技进步、新型国际生产体系、消费革命和社会文化变迁的大背景，提出加快区域经济一体化进程、

---

① 余心玎，杨军，王苒，王直．全球价值链背景下中间品贸易政策的选择［J］．世界经济研究，2016（12）：47－59+133．

② 翟东堂，王译，胡恩佳．海关保税物流监管若干问题探究［J］．石家庄学院学报，2018，20（5）：73－84．

③ 林桂军，何茵，邓世专．顺应新区域主义潮流　明确自贸区战略目标［J］．中国经贸，2011（4）：28－29．

④ 李计广，桑百川．关于下一阶段我国对外开放的政策建议［R］．2012．

⑤ 张汉林，盖新哲．自由贸易区来龙去脉、功能定位与或然战略［J］．改革，2013（9）：98－105．

⑥ 屠新泉．上海自贸区肩负更高国家使命［N］．上海证券报，2013－09－06（A01）．

进一步提高贸易自由化程度，充分利用多种渠道应对与有关国家的贸易摩擦，积极维护多边贸易体制的稳定性等建议。[①]

庄芮和太平（2014）的主要关注点在于上海自由贸易试验区作为“负面清单”和“准入前国民待遇”的试验田，其区内外资管理制度存在负面清单过长、表述模糊和新兴产业缺失等问题，外资管理的安全审查、金融管理措施和信用管理仍较为薄弱，需要突破难题。[②] 林桂军（2015）根据上海（中国）自由贸易试验区的经验，认为要借助自由贸易试验区这个平台，推动我国服务业开放向着更广、更深的方向发展。他认为在此过程中，服务业的开放顺序应该考虑以下几个因素：一是先开放壁垒高的部门；二是要考虑壁垒的经济效应，即壁垒是成本型的还是租金型的，成本型的壁垒应该率先消除；三是要考虑壁垒是由外商承担还是内商承担，或是内外商都要承担；四是受壁垒影响的部门的规模；五是存在壁垒的部门与其他产业的联系。林桂军基于上述因素提出了不同于上海自由贸易试验区服务业开放实践的顺序建议，希望能为未来其他自由贸易试验区的服务业开放提供建议。[③] 李玉梅和张琦（2015）指出，中国上海自由贸易试验区正在探索投资管理体制与服务业市场准入负面清单方面的先试先行，这有助于对中美谈判形成借鉴，进而稳步推进中美双边投资协定谈判的有序进行。[④] 卢进勇和杨国亮（2017）针对我国的自贸试验区展开研究，并提出加强试验区的试点功能，对国际经贸新规则进一步勇敢尝试。该研究成果得到中央领导同志的高度重视。[⑤] 武雅斌（2019）也认为，中国在加快国内改革、提高开放水平的过程中，应充分发挥已经设立的上海、广东、天津、福建等自由贸易试验区的“先试先行”和“复制推广”功能，把它们作为中国服务高水平开放和高标准规则的压力测试平台，为后续谈判提供坚实的支持。[⑥]

赵忠秀（2017）探讨了自由贸易试验区的文化产业发展战略，认为应抓住自贸试验区建设带来的机遇，深化改革，完善政策与服务，促进世界级的文化产品消费中心与创造中心在我国形成。[⑦] 林桂军（2018）还关注了自由贸易试验区从沿海向内陆拓展这一情况，建议内陆自由贸易试验区不宜采取沿海“自由港”模式，而应配套内陆物流港建设以降低运输成本，最终促使内陆地区建立不依赖运输成本的比较优势。[⑧] 蔡春林和陈雨（2020）面对当前国内各地自由贸易试验区相继成立且位置相邻的情况，指出广东自由

① 孙玉琴，曲韵，王微微，舒莉．中国对外贸易发展历程、成就与经验［J］．国际贸易，2019（9）：4－14．

② 太平，姜舰，庄芮．中国（上海）自由贸易试验区外资管理制度变革问题与突破［J］．国际贸易，2014（8）：51－53．

③ 林桂军．从上海看自贸（试验）区服务业开放的定位和顺序［J］．深圳大学学报（人文社会科学版），2015，32（6）：43－44．

④ 李玉梅，张琦．中国签署双边投资协定的引资效应——基于1994—2013年面板数据的实证分析［J］．亚太经济，2015（4）：132－137．

⑤ 卢进勇，杨国亮．自贸试验区对国际经贸新规则进一步试验的主要内容和对策建议［R］．2017．

⑥ 陈靓，武雅斌．全球价值链下服务贸易规则的新发展——美墨加协定（USMCA）的视角［J］．国际贸易，2019（2）：87－96．

⑦ 赵忠秀，罗宁．促进我国自由贸易试验区文化产业发展战略思考［J］．国际贸易，2017（5）：56－59．

⑧ 林桂军．以内陆物流港建设为中心，加快内陆自由贸易试验区建设［J］．国际商务研究，2018，39（2）：5－17．

贸易试验区和海南自由贸易试验区的地理临近且产业互补，因此，两地应实施错位发展战略，以防止区域间产业恶性竞争。同时，促进各自区域经济转型升级，构建协调有序的总体发展格局。他还提出，广东和海南的自由贸易试验区应该协调发展规划，同时，海南自由贸易试验区应借鉴广东自由贸易试验区在基础设施建设以及体制机制建设方面的经验，发展具有海南比较优势的产业和建设自贸区联席会议，推动实现两地的错位发展与深度合作。[①]

自由贸易港是当今全球开放层次最高、容纳层级最多、设立要求最为严格的经济功能区之一，是新形势下我国全面深化改革、扩大对外开放的重要战略部署，对于有效促进我国对外自由贸易发展以及加快构建开放型经济新格局意义重大。崔凡（2018）认为，建设自由贸易港是强化以中国为核心的区域价值链的重要举措。我国需要根据自身的经济发展战略探索自由贸易港的建设，因此，自由贸易港的战略性功能定位不应该仅仅局限于航运中心和海关特殊监管区，而应该朝着全球价值链和区域价值链的核心节点发展。[②] 桑百川（2018）在梳理世界自由贸易港的发展模式与经验后，指出我国在建设自由贸易港时，应主要把握市场经济体制、资源高效配置和法治建设的发展方向，按照由易到难的顺序分步推进自由贸易港建设，明确目标，避免竞争一哄而上。[③] 蓝庆新（2019）认为，自由贸易港的建设为我国优化开放模式指明了“新方向”，为我国参与全球价值链高端分工创造了新优势，为我国特色社会主义制度的完善提供了“新支点”，为我国国家战略的强化迎来了新契机。[④] 刘斌等（2019）详细分析了中国各类经济功能区的发展历程、主要困境和国际主要自由贸易港的先进经验，并从以下几方面提出发展中国特色自由贸易港的政策建议：首先，加快发展服务业，推进港口产业联动；其次，完善“二线”监管制度，加快探索离岸税制安排；最后，将自由贸易港建设与中国自由贸易区战略和“一带一路”倡议有效对接。[⑤] 林桂军和李青（2020）认为，在中国提出双循环的大背景下，要进一步挖掘自由贸易试验区和自由贸易港的重要作用，为中国实现国内国外双循环助力。[⑥] 李光辉（2020）在中央电视台《焦点访谈》中，以“海南自贸港——开放新高地”为题，解读了《海南自由贸易港建设总体方案》的具体内容。他认为，未来海南自由贸易港将成为引领我国新时代对外开放的鲜明旗帜和重要开放门户，更将推动形成高水平开放的新格局，在支持经济全球化和构建人类命运共同体中发挥重大作用。[⑦]

---

① 蔡春林，陈雨．广东自贸区与海南自贸区错位发展的路径选择［J］．国际商务研究，2020，41（2）：89－97．

② 崔凡，李淼，吴嵩博．论中国自由贸易港的战略意义与功能定位［J］．国际贸易，2018（4）：13－15．

③ 桑百川，邓寅．探索建设自由贸易港：模式与方向［J］．国际贸易，2018（3）：4－8．

④ 蓝庆新，韩萌．我国自由贸易港创新机制研究［J］．当代经济管理，2019，41（8）：44－48．

⑤ 裴长洪，刘斌，李越．中国特色自由贸易港发展模式探索［J］．国际商务（对外经济贸易大学学报），2019（1）：1－10．

⑥ 林桂军，李青，韩永辉．构建“双循环”新格局的挑战和对策研究［N］．国际商报，2020－09－14（004）．

⑦ 李光辉．海南自贸港 开放新高地［EB/OL］．http://news.uibe.edu.cn/info/1371/42464.htm.2020－06－01.2020－05－17．

四、贸易便利化

WTO《贸易便利化协定》是WTO成立以来签署的第一个多边贸易协定，也是我国“入世”以后所参与的一次大规模的多边贸易谈判。按照WTO定义，贸易便利化是指国际贸易程序的简化与协调，其内容主要包括海关制度及规则的透明度、海关程序的简化与税费减免以及货物自由过境的制度安排等。经济合作与发展组织（OECD）对贸易便利化的表述是：国际货物从卖方流动到买方并向另一方支付所需要的程序及相关信息流动的简化和标准化。贸易便利化最大的益处是可以降低全球贸易的交易成本，对于促进全球价值链的发展具有特殊意义。刘斌等（2019）认为，贸易便利化不仅是当前国际贸易最大的发展机遇，也是重塑全球生产网络的重要途径。① 宋加强和王强（2014）也认为，贸易便利化发展有助于我国对外贸易领域的发展壮大。②

在研究贸易便利化对我国经济发展的影响方面，贸大学者做出了可喜的贡献。杨军等（2015③）和李思奇（2018④）都认为，贸易便利化不仅可促进中国经济增长、社会福利提高，也可带动邻国贸易条件的改善。李玉梅和李长军（2016）准确研判中国与TTIP（Trans－Atlantic Trade and Investment Partnership，《跨大西洋贸易与投资伙伴协定》）主要成员之间贸易便利化水平的差异，把握TTIP催生的国际贸易便利化新趋势，以应对全球贸易规则变迁的挑战。研究发现，虽然中国的贸易便利化水平整体上升，但与TTIP发达成员的差距依然较大，在口岸效率、海关环境、规制环境和电子商务发展等方面低于平均水平，并针对以上问题提出相应措施及建议。⑤ 崔鑫生等（2019）从贸易创造和贸易转移的视角，实证研究了贸易便利化对中国各省份国际贸易和省际贸易的影响及其作用机理。研究表明，在控制关税等因素的情况下，贸易便利化水平的提升能够大幅提高我国各省份的对外贸易额。此外，虽然贸易便利化带来的贸易转移效应会在短期内抑制省际贸易，但是它能够通过国际贸易促进省际贸易，从而提高国内经济相互融合的水平。⑥

服务于“一带一路”倡议，学者们针对战略实施过程中的贸易便利化做了大量研究。李思奇（2018）认为，自共同建设“一带一路”以来，中国与中亚的贸易有了长足发展，

① 刘斌，王乃嘉，李川川．贸易便利化与价值链参与——基于世界投入产出数据库的分析［J］．财经研究，2019，45（10）：73－85．

② 宋加强，王强．现代服务贸易国际竞争力影响因素研究［J］．国际贸易问题，2014（2）：96－104．

③ 杨军，黄洁，洪俊杰，董婉璐．贸易便利化对中国经济影响分析［J］．国际贸易问题，2015（9）：156－166．

④ 李思奇．“一带一路”背景下中国与中亚五国贸易便利化的经贸效应研究［J］．东北亚论坛，2018，27（4）：112－126+128．

⑤ 李玉梅，李长军．中国及TTIP国家贸易便利化水平测评［J］．北京工商大学学报，2016，31（2）：53－60．

⑥ 崔鑫生，郭龙飞，李芳．贸易便利化能否通过贸易创造促进省际贸易——来自中国贸易便利化调研的证据［J］．财贸经济，2019，40（4）：100－115．

但各种非关税壁垒仍然制约着双边贸易的畅通进行，贸易便利化有很大的提升空间。[①] 洪俊杰和刘辉（2015）通过研究中国与中亚地区的货物贸易往来发现，现阶段，中亚五国对中国的关税壁垒较高、贸易手续纷繁复杂、通关和检疫等方面的效率较低，对货物与人员流动形成了较大阻碍。因此，他们提出，中国应在制度层面与中亚五国积极展开合作，加强与中亚五国在海关、检验检疫以及边境贸易管理等领域的互助合作，建立统一的货物与资质评定标准，并以此为基础，进一步消除关税与非关税壁垒，推进区域内贸易便利化进程。[②]

在服务贸易便利化方面，庄芮等（2016）提出了改进措施：首先，海关应与国际接轨，在出入境管理系统和报税系统的下拉菜单中增加服务贸易行业编码，按照技术服务、旅游服务、运输服务、咨询服务、金融服务和文化服务等大类划分行业，并进一步在这些大类下细分行业；其次，质检部门应该在坚持原则的前提下，增加服务贸易质检工作的灵活性，简化服务贸易质检程序，特别是简化服务贸易原材料和样品的检验程序；最后，税务部门应积极探索新的服务贸易税收管理模式，充分考虑服务产业和服务贸易自身的特征，服务贸易的计税原则要与实践相结合。[③] 姚新超（2013）对WTO 框架下服务贸易自由化的困境及复边服务贸易自由化谈判引发的争议进行了深入分析，并以此为基础研判中国服务贸易的开放趋势。[④] 林桂军（2015）特别强调成本型壁垒对服务业提高生产率的抑制作用，认为这一问题在多边、区域和双边贸易谈判中是难以得到解决的，必须依靠主权国家自主进行改革。[⑤] 王晓东和胡瑞娟（2006）通过计算我国及世界主要国家的运输服务贸易描述性统计指标、贸易竞争力指数（NTB）及显性比较优势指数（RCA），对我国运输服务贸易的现状进行了动态分析。研究表明：中国运输服务业的国际竞争力处于劣势，亟待加强；国内运输产业的效率和企业的市场竞争力有待提高；从动态角度看，2000 年以来，中国交通运输服务贸易竞争力出现小幅上升的可喜势头。[⑥]

贸易便利化对我国进出口贸易具有明显的促进作用。在进口方面，崔鑫生等（2020）研究发现，贸易便利化水平对我国农产品、工业品和中间品进口贸易的影响非常显著，贸易伙伴国的贸易便利化有利于促进中国进口。[⑦] 在出口方面，张晓静、李梁（2015[⑧]）

① 李思奇．“一带一路”背景下中国与中亚五国贸易便利化的经贸效应研究［J］．东北亚论坛，2018，27（4）：112－126+128．

② 洪俊杰，刘辉．丝绸之路经济带视野下与中亚地区贸易往来的中国策［J］．改革，2015（11）：34－42．

③ 庄芮，姜舰，蔡彤娟，张晓静．我国服务贸易出口促进政策效果调查与分析［J］．国际贸易，2016（11）：65－68．

④ 姚新超．服务贸易自由化的争议与中国的发展趋势［J］．国际经济合作，2013（5）：29－35．

⑤ 林桂军．从上海看自贸（试验）区服务业开放的定位和顺序［J］．深圳大学学报，2015，32（6）：43－44．

⑥ 王晓东，胡瑞娟．我国运输服务贸易竞争力分析［J］．国际贸易问题，2006（12）：58－62．

⑦ 崔鑫生，李芳．贸易便利化对中国进口的影响——基于贸易引力模型的实证分析［J］．经济问题，2020（7）：123－129．

⑧ 张晓静，李梁．“一带一路”与中国出口贸易：基于贸易便利化视角［J］．亚太经济，2015（3）：21－27．

和聂骁远（2020[①]）等通过实证分析得出，“一带一路”共建国家的贸易便利化水平对中国的出口贸易影响显著，而且其影响程度远大于关税减免。刘昭洁等（2018）认为，提高我国及其贸易伙伴的贸易便利化水平会提升我国的出口贸易量，我国不仅应当积极参与各项贸易便利化协定的制定，以此提升我国整体的治理水平，还应当大力推动主要贸易伙伴加入该协议，并开始着力推动区域性贸易便利化协定的可行性研究。[②]

此外，贸易便利化措施是推动价值链分工体系向纵深发展的重要动力。刘斌等（2018）认为，贸易便利化措施是深化价值链分工的重要手段，有助于构建内需主导的对外开放新模式。贸易便利化促进了返回增加值的提高，这种促进效应主要是由服务产品价格下降引致的。贸易便利化的影响效应与制造业投入的服务化密切相关，并对中等服务投入密集度中间品的返回增加值具有更大的正向促进效应。[③]此外，刘斌等（2019）认为，从价值链的区域参与和全球参与的视角来看，贸易便利化不仅提高了全球价值链的参与程度，而且可以有效防止全球价值链的“区域碎片化”。[④]吕越和李美玉（2020）的研究表明，贸易便利化水平的提高会显著促进各国在全球价值链嵌入度的提升；贸易便利化会通过提高对外开放度和扩大国内市场规模来促进一国参与全球价值链分工。[⑤]

在投资便利化方面，为了提升我国吸引 FDI 的竞争力，继续释放 FDI 促进改革与发展的功能，需要弥补短板、强化优势，不断完善外商投资环境，改善 FDI 预期，以扩大开放及积极吸收 FDI 反制美国的贸易投资保护主义。李玉梅和桑百川（2018）对中国外商投资企业环境进行评估并提出了相应的改善路径。在中美贸易争端不断升级的背景下，提升“一带一路”共建国家的投资便利化水平，对我国拓展新的贸易空间和投资市场具有重要意义。[⑥]朱明侠和左思明（2019）基于基础设施水平、法制环境、金融与电子商务以及劳动力市场等四个指标构建了“一带一路”沿线 48 个国家的投资便利化水平指标体系，通过对沿线国家投资便利化的比较分析，提出未来应在基础设施互联互通、深化金融与货币合作、推动自贸区建设、提高通关便利化程度和协调贸易投资规则等方面采取措施，以进一步提升“一带一路”共建国家的投资便利化程度。[⑦]

随着科学技术和经济全球化的发展，跨境电商发展迅速，对贸易便利化提出了新的要求。早在 1992 年，严思忆就提出，建立现代化的高科技通信网络是发展对外贸易的客观需要。[⑧]张家瑾（2001）指出，我国电子商务处于较为困难的成长阶段，现行物流体

① 聂骁远.“一带一路”背景下中国发展出口贸易路径研究：基于贸易便利化视角[J]. 商场现代化，2020(14)：61－63.

② 刘昭洁，蓝庆新，崔鑫生. 贸易便利化对中国出口贸易的影响［J］. 现代经济探讨，2018（5）：54－61.

③ 刘斌，王乃嘉，屠新泉. 贸易便利化是否提高了出口中的返回增加值［J］. 世界经济，2018，41（8）：103－128.

④ 刘斌，王乃嘉，李川川. 贸易便利化与价值链参与——基于世界投入产出数据库的分析［J］. 财经研究，2019，45（10）：73－85.

⑤ 吕越，李美玉. 贸易便利化与全球价值链嵌入［J］. 北京工商大学学报，2020，35（5）：46－57.

⑥ 李玉梅，桑百川. 中国外商投资企业营商环境评估与改善路径［J］. 国际经济评论，2018（5）：49－60+5.

⑦ 朱明侠，左思明. 提升“一带一路”沿线国家投资便利化水平应对贸易保护主义研究［J］. 理论探讨，2019（1）：103－108.

⑧ 严思忆. 运用电子数据交换（EDI）发展我国对外经济贸易［J］. 国际贸易问题，1992（12）：67－69.

系在很大程度上制约电子商务的发展。为此，她提出解决物流瓶颈的几点措施建议：一是建立适应电子商务发展的物流中心，实现物流配送体系的社会化和产业化；二是加强硬件和软件建设，实现物流配送体系的现代化；三是制订完整高效的物流配送方案。[①] 屠新泉和蒋捷媛（2018）认为，跨境电商的出现影响并改变了现行的国际贸易体系。因此，我国政府和相关监管部门必须顺应变化，加快自身《贸易便利化协定》的实施，提升贸易便利化水平，在跨境电商国际规则的制定上掌握主动权。在具体措施方面，可以通过推动《贸易便利化协定》的扩围谈判，积极参与全球贸易规则的讨论；推动建立跨境电商贸易便利化指数，用定量方法评估各国跨境电商贸易便利化水平。[②]

五、对外贸易增长

从新中国成立初期的初始创建到改革开放后的重大变革，再到新时期的深化改革，我国对外贸易体制走过了 70 多年的漫长发展历程。随着贸易体制不断变革，我国的对外贸易不断增长壮大，实现了由小到大的跨越，为我国的对外开放、经济社会的发展做出了重要的贡献。

（一）我国对外贸易增长迅速，贸易发展取得辉煌成就

1949 年中华人民共和国成立后，中国坚持独立自主、自力更生，逐步开展对外经济贸易交流。但受到当时国际政治环境和国内计划经济体制以及“一边倒”政策等因素的制约，与西方国家的经贸关系恶化（孙玉琴，2012[③]），对外贸易发展相对缓慢。尽管如此，作为新兴国家，中国出口贸易增长速度仍然明显快于世界出口增长平均速度。1950—1956 年间，我国出口贸易增长速度高出世界出口贸易增速约 10 个百分点。相应的，我国出口贸易在世界的地位也不断提升，我国出口占世界出口总额的比重由 1950 年的 0.91%上升到 1956 年的 1.58%。

在 1958—1978 年这 20 年中，中国尝试进行“独立自主式”开放下的外贸发展。随着新中国政权的不断巩固及经济的恢复发展，国内外形势也悄然发生变化。这一时期，在对外经济关系上，中国开始从以前主要面向苏东国家转为面向西方国家，同时，扩大与第三世界国家的经贸交往。此时，中国与其他国家的贸易额占世界贸易额的比重仍然较低。截至 1978 年，中国货物进出口总额只有 206 亿美元，在世界货物贸易中排名第 32 位，所占比重不足 1%。2010 年，中国货物进出口总额达到 29 740 亿美元，比 1978 年增长了 143 倍，年均增长 16.8%。其中，出口总额 15 778 亿美元，年均增长 17.2%；

① 张家瑾. 制约我国电子商务发展的物流瓶颈及对策［J］. 国际贸易问题，2001（8）：34－38.

② 屠新泉，蒋捷媛. 深化《贸易便利化协定》，突破跨境电商规则困境［J］. 国际贸易，2018（2）：23－27.

③ 孙玉琴. 建国初期我国对西方在华企业的政策演变及其效应［J］. 国际商务（对外经济贸易大学学报），2012（6）：5－12.

进口总额 13 962 亿美元，年均增长 16.4%。

1978 年改革开放政策的实行，是中国实现对外贸易跨越式增长的重要历史契机。随着全国工作的着重点转移到社会主义现代化建设上来，对内改革和对外开放成为我国的基本国策。自此，中国在对外贸易领域奉行“利用两种资源、打开两个市场”的理念，源源不断地获得开放发展的红利。中国于 2001 年成功加入世界贸易组织，是改革开放的阶段性成果之一。自此之后，中国进一步推行行政管理体制的改革、市场开放的扩大以及涉外经济法律体系的调整适应。“入世”以来，我国对外贸易发展突飞猛进。张汉林（2006）在回顾中国“入世”五周年时指出，“入世”以来我国对外贸易发展迅速：货物贸易、服务贸易迅猛增长，外汇储备稳居世界第一位。[①] 屠新泉（2011）所著的《入世十年：中国和世界的收获都很大》，详细论述了中国“入世”以来取得的成就以及对世界经济增长的贡献。[②] 桑百川（2018[③]）带领对外经济贸易大学国际经济研究院课题组所著的《对外开放四十年：回顾与展望》一书中，介绍了我国的对外贸易在改革开放后的迅猛发展历程，并对发展原因进行了多方面的分析。该成果荣获 2019 年全国商务发展研究成果奖。

（二）对外贸易增长的原因

中国对外贸易的迅速发展是多方面因素共同作用的结果。其中，正确的开放性贸易政策，对对外贸易增长起到直接的促进作用。政策的制定离不开科学的研判，对外经济贸易大学的学者及时总结我国外贸发展的不同阶段、不同领域的经验和教训，积极为我国对外贸易的稳定健康发展建言献策。

第一，积极融入国际分工体系。改革开放以来，我国逐渐参与到国际分工体系中去。在对外开放初期，我国的外贸企业存在诸多问题亟待整顿。孙玉宗（1990）针对这些问题逐一提出可行的整顿方案，加快了我国外贸体系与国际接轨的步伐。[④] 同时，由于信息技术革命和各国市场日趋开放，国家间贸易日趋繁荣，郑宝银和王伟利（1998）提出，国际贸易是一国工业发展的必要条件，有助于刺激和推动国民经济的增长；国际贸易具有节约社会劳动、增加国民收入的作用；国际贸易可以调节一国经济内部生产和消费的供求关系，使社会再生产过程中的各种比例协调起来，从而改善城乡居民的消费结构，提高消费水平。[⑤]

第二，积极参与多边贸易体系。薛荣久（1997[⑥]）所著的《世贸组织与中国大经贸发展》荣获第六届“安子介国际贸易研究奖”二等奖。该书探讨和分析了加入世贸组织

① 张汉林．中国入世五周年：回顾与展望［J］．对外经贸事务，2006（12）：3－9．

② 屠新泉．入世十年：中国和世界的收获都很大［R］．2011．

③ 对外经济贸易大学国际经济研究院课题组．对外开放四十年：回顾与展望［M］，北京：人民日报出版社，2018．

④ 孙玉宗．关于整顿对外贸易秩序的几个问题［J］．管理世界，1990（5）：208－209．

⑤ 郑宝银，王伟利．指导我国对外经济贸易的理论基础［J］．国际商务，1998（4）：1－9．

⑥ 薛荣久．世贸组织与中国大经贸发展［M］．北京：对外经济贸易大学出版社，1997．

给中国经贸事业带来的机遇和挑战，并提出中国应该在国民待遇、知识产权保护等方面积极为“入世”做准备。章昌裕（2012）回顾了中国“入世”十年取得的辉煌成就，并基于“2016 猜想”，提出应加快市场经济制度建设步伐，全面参与以资本为引领的国际经济合作，以实现我国由数字大国向实力强国转变。[①] 屠新泉（2019[②]）所著的《改革开放 40 周年：中国与多边贸易体制的关系变迁》，分阶段阐述了改革开放以来中国与多边贸易体制的关系变迁，在我国外贸体制改革的重要时点进行了详细分析，并对今后与多边贸易体系“相处”做出科学研判。该成果荣获第二十一届“安子介国际贸易研究奖”。

第三，积极改善区域贸易关系。2013 年“一带一路”倡议提出以来，我国的区域贸易得到进一步发展。中国对外开放从沿海起步，由东向西依次推进。由于地理位置的限制，中西部地区的开放长期滞后。党的十九大报告指出，要优化区域开放布局，加大西部开放力度。在此背景下，李小帆和蒋灵多（2020）深入探讨“一带一路”建设对中国的区域效应，发现“一带一路”显著促进了中西部开放，进而增加了中国总出口、实际 GDP 和社会福利，并缩小了区域间的实际收入差距。[③] 丁锋、姚新超（2018）指出，“一带一路”有助于加强我国与沿线国家经贸合作，提升我国货物出口竞争力。[④] 庄芮等（2019）认为，“一带一路”沿线市场广阔，各国与中国发展贸易的需求强烈，中国未来应大力推动“一带一路”市场调研，积极与沿线国家有重点、分步骤地开展双边贸易，结合“一带一路”建设推进贸易畅通，拓展进口市场。[⑤] 其他国家的区域贸易关系也会对我国对外贸易产生影响。以《跨太平洋伙伴关系协定》（TPP）为例，白树强等（2015）对我国和 TPP 成员的纺织服装出口竞争力进行了对比研究。结果表明，TPP 成功实施后，我国纺织服装产业的出口竞争力弱化，乃至低于部分东南亚发展中国家。白树强指出，我国应密切关注 TPP 谈判进展、加强对外区域合作、提高出口标准以应对其他国家所签署的多边贸易协定对我国出口竞争力的影响。[⑥]

第四，正确应对单边主义和保护主义。随着经济形式不断变化，单边主义、保护主义盛行，世贸组织遭遇诸多严峻挑战。屠新泉等（2019）对世贸组织改革的原因进行深入研究，并针对各方最关切且最具争议的焦点问题——争端解决机制、特殊与差别待遇以及规则制定问题进行探讨。[⑦] 在世贸组织改革方面，产业补贴规则作为 WTO 改革的核心议题之一，受到美欧日加等 WTO 成员的重点关注。美欧日先后发布七份三方声明，明确提出改革产业补贴规则的主张；欧盟和加拿大也在其 WTO 改革讨论文件中，强调

---

① 章昌裕．中国入世十年成就回顾与前景展望［J］．对外经贸，2012（1）：9－12．

② 屠新泉．改革开放 40 周年：中国与多边贸易体制的关系变迁［M］，北京：人民出版社，2019．

③ 李小帆，蒋灵多．“一带一路”建设、中西部开放与地区经济发展［J］．世界经济，2020，43（10）：3－27．

④ 丁锋，姚新超．中国与“一带一路”沿线主要纺织品服装出口国的竞争力比较分析［J］．国际经济合作，2018（4）：51－56．

⑤ 庄芮，杨超，常远．中国进口贸易 70 年变迁与未来发展路径思考［J］．国际贸易，2019（4）：34－45．

⑥ 白树强，郭明英，邢珺．TPP 对我国纺织服装出口竞争力的潜在影响分析［J］．当代经济管理，2015（8）：35－39．

⑦ 屠新泉，石晓婧．世贸组织改革：必要而艰巨的任务［J］．当代世界，2019（8）：30－36．

产业补贴规则的必要性。产业补贴规则的改革对我国也具有重要的现实意义。基于上述现实背景，李思奇和屠新泉（2020）回顾了 WTO 产业补贴规则的谈判历史，剖析了当前WTO改革进程中，美欧日加中等主要成员对产业补贴规则的争论焦点，并展望了WTO产业补贴规则的谈判前景。[①] 该研究成果发表在国际经济学顶级期刊 *Journal of World Trade* 之上。

第五，注重维持国家政治关系稳定。国家间政治关系的稳定有利于我国对外贸易的持续稳定增长。杜映昕和余心玎等（2017）基于中外关系指数及海关月度贸易数据，分析国家间政治关系对我国行业进口的影响。研究证实，中国以经济建设为中心，与其他国家的政治关系服务于我国对外开放与经贸发展的政策。文章除了充分考虑针对已有研究提出的中国的特殊性、考察国有企业在其中所起的作用外，还构建了战略性行业大类以及行业上游度指标，对那些对国家安全具有不同重要意义的行业进行细致分析，加强国家间政治关系对贸易影响的行业异质理解。[②] 杜映欣等（2017）基于中国及其主要贸易伙伴国的经验数据，对双边贸易和政治关系进行了实证分析，认为政治关系会对双边贸易关系产生短期的显著影响。[③] 该研究成果成功发表于国际经济学顶级期刊 *Journal of International Economics*。

第六，努力营造良好的外商投资环境。良好的外商投资环境也有利于我国对外贸易的快速发展。桑百川（2019）指出，改革开放以来，我国积极利用外资，持续改善营商环境，为改革与发展注入了强劲动力。尽管我国一直努力改善外资营商环境，但仍有较大改进余地，尚需持续发力完善市场化、法制化、国际化的外资营商环境。[④] 于俊年（1997）从可行性研究分析外商投资的成绩与绩效，并为判断外商投资项目是否可取提供依据，为我国外贸事业的长足发展做出贡献。[⑤] 庄芮等（2011）所著的《中国外资流入与外贸发展关系研究》一书荣获“全国商务发展研究成果奖”优秀奖。该报告深入分析了我国外贸发展与外资引入之间的关系，对我国外贸事业的稳定发展具有指导意义。[⑥]

第七，注重对贸易领域人才的培养。在新中国成立之初，百业待兴，对外经济贸易大学背负起时代使命，率先对我国外贸发展领域进行探索和研究。1954 年，马乃庶在我校开设了“对外贸易市场行情”“苏联与中国对外贸易原理”等课程，主编了《马恩列斯论国际贸易》《对外贸易基础知识》等外贸领域著作，为我校外贸专业建设做出卓越贡献。1975 年 1 月，黎孝先与冯大同、王林生、叶彩文四人共同倡议并创办了《国际贸

① Siqi Li，Xinquan Tu．Reforming WTO Subsidy Rules：Past Experiences and Prospects［J］．*Journal of World Trade*，2020（6）：853－888．

② 杜映昕，郭美新，余心玎．国家间政治关系对行业贸易的影响：基于在中国的经验研究［J］．经济学报，2017，4（1）：13－40．

③ Yingxin Du，Jiandong Ju，Carlos D，Ramirez．，Xi Yao．Bilateral trade and shocks in political relations：Evidence from China and some of its major trading partners，1990–2013［J］．*Journal of International Economics*，2017（108）：211－225．

④ 桑百川．改善外资营商环境再发力的方向［J］．开放导报，2019（6）．

⑤ 于俊年．合理利用外商投资的重要措施［J］．国际商务，1997（4）：28－29．

⑥ 庄芮，杨立强．中国外资流入与外贸发展关系研究［M］．北京：对外经济贸易大学出版社，2011．

易问题》刊物。作为我国对外贸易部门率先创办的学术性刊物，《国际贸易问题》经历了 30 多年的风风雨雨，如今已经发展为由教育部主管、对外经济贸易大学主办的贸易经济类和世界经济类核心期刊，见证了一批又一批致力于我国对外经贸事业建设的贸大学子的成长。改革开放后，在外贸体制改革、建立经济特区、积极利用外资、加入世界贸易组织等重大历史进程中，贸大为学子们提供了大量的科研交流平台和经贸实践经验，为中国政府及宏观决策部门提供了高水平的智力服务，为中国对外开放事业培养了大批优秀人才。

（三）我国的对外贸易增长体现出可持续性、包容性的特点

我国十分注重对外贸易的可持续性发展与包容性发展。在对外贸易的可持续性发展方面，赵苏（1996）详细分析了环境贸易壁垒的成因并提出我国的应对之策，建议通过积极参与相关国际环保组织和贸易组织的活动与谈判，扩大我国在国际环保立法和贸易立法等方面的影响。① 赵苏（1997）认为，我们应从发达国家实行的绿色贸易保护中得到某些启示，尽早做好充分的思想和物质准备。提出推广“清洁生产”工艺和技术，开发绿色产品，发展环保产业；不断完善国内的环保法制和对外经济贸易的环境管理体制；积极参与国际环境组织和贸易组织的活动与谈判，扩大我国在一些国际环保立法与贸易立法方面的影响等措施。② 夏友富 2000 年所著《发展对外贸易和环境策略研究》荣获北京市科学进步奖。该报告通过大量材料和数据介绍了发展贸易和保护环境两者之间相互矛盾和制约但又相互协调和促进的关系，对中国贸易和环境两大领域的政策法规进行了分析和研究，对国际贸易和环境方面的规定和协议、“绿色壁垒”以及外资引入等问题进行了深层次的论述，提出协调贸易和环境政策的基本原则和总体政策，并提出了一些创新性的决策建议。该报告提出的环保产业贸易自由化的建议，得到国家环境保护总局的高度认可。③

在对外贸易的包容性发展方面，桑百川和邓慧慧（2011）指出，“包容性增长”体现了世界均衡发展、共同发展、共建共享的内涵，并且包容性增长是广大社会公众更好地分享改革开放与发展成果的选择。④ 杨国亮（2012）指出，经贸关系的改善是一场非零和博弈，倡导包容性增长不仅有利于解决现实社会中的矛盾和问题，而且有利于促进改革发展事业，实现经济发展与社会发展、人的发展相协调。⑤ 吕越等（2018）指出，在探索广泛适用且具有包容性的区域原产地规则过程中，中国可以借鉴北美、东盟、日本原产地规则的优点，充分利用亚太地区既有的丰厚政策资源。⑥ 李志永（2019）强调，党的十

① 赵苏. 试析环境贸易壁垒的成因及我国的对策［J］. 国际贸易问题，1996（12）：28－31+27.

② 赵苏. 绿色贸易壁垒的成因分析及启示［J］. 世界经济与政治，1997（3）：34－37.

③ 夏友富. 发展对外贸易和环境策略研究［R］. 2000.

④ 桑百川，邓慧慧. 包容性增长：国际国内复杂形势下的新命题［J］. 中国市场，2011（11）：4－5.

⑤ 杨国亮. 包容性增长——新时期改革发展的新动力［J］. 西北师大学报（社会科学版），2012，49（4）：104－108.

⑥ 吕越，金泷蒙，沈铭辉. 包容性区域一体化协定的模式探究——基于亚太地区 FTA 原产地规则比较［J］. 国际经贸探索，2018，34（2）：83－98.

八大以来，在习近平外交思想的指导下，中国始终坚持结合中国智慧，提出合作共赢的中国方案，对“和平与发展”时代主题的持续坚持、对人类命运共同体意识的持续强调、对共同发展的持续追求和对新型伙伴关系的持续塑造，共同保障了“合作共赢”的中国路径最终能够跳出“修昔底德陷阱”，促进中国的和平发展。①

（四）对于我国未来对外贸易增长的研判

在外贸走势研判方面，对外经济贸易大学的学者积极建言献策。就如何提高对外贸易的经济效益这一问题，舒玉敏（1996）认为，未来需要重视的问题是如何实现“以质取胜”，并提出走“科技兴贸”的道路。②贾怀勤（2014）针对外媒关于中国2013年贸易总值“超美”的四点质疑进行评论，从国际货物贸易统计规范和数据实证两方面论证“超美”毋庸置疑。③此外，贾怀勤等（2017）较早地将全球价值链概念融入经济统计测度，提出了经济新常态下增加国外需求的建议。④章添香（2015）深刻剖析了当前我国外贸走势并对未来外贸事业的发展提出建议，其撰写的研究报告《对当前我国外贸形势的看法与建议》得到中央领导同志的高度重视。⑤林桂军、王飞、洪俊杰、余心玎和裴建锁（2016）深入研究了我国走向贸易强国的路径选择，并提出切实可行的政策建议，其撰写的研究报告《迈向贸易强国的战略路径研究》亦得到中央领导同志的高度重视。⑥

① 李志永．以合作共赢跳出“修昔底德陷阱”——习近平外交思想的理论创新［J］．兰州学刊，2019（9）：5－16．

② 舒玉敏．如何促进我国对外贸易的继续增长［J］．国际贸易问题，1996（6）：19－22．

③ 贾怀勤．从统计规则辨析中国2013年货物贸易总值是否超美——兼论中国建设贸易强国［J］．国际贸易，2014（2）：10－15．

④ 吴珍倩，贾怀勤，杨贵中．拉动经济的第三匹马：经济学视角与统计学视角［J］．国际经济评论，2017（2）：105－114+7．

⑤ 章添香．对当前我国外贸形势的看法与建议［R］．2015．

⑥ 林桂军，王飞，洪俊杰，余心玎，裴建锁．迈向贸易强国的的战略路径研究［R］．2016．

第三章

引进外资问题研究[①]

利用外资，是改革开放的重要内容，也是我国加速实现工业化与现代化的有效手段之一。40 多年来，我国引进外资取得了巨大成就，吸引外商直接投资规模从 1978 年的近乎为零，增长到 2020 年的 1443 亿美元，成为吸收外商直接投资全球第二大国。这一切，与我国根据自身经济条件，渐进式开放外商投资地理空间和产业范围，不断优化外资管理体制，推动投资方式持续创新息息相关。外资与本土经济相互融合共生的发展过程中，我国积累了利用外资成败两方面的大量经验。本章分阶段回顾 40 多年来外资的特征、我国市场开放的战略，以及外资进入中国后如何解决国内资源不足、储蓄和外汇“双缺口”，同时，作为技术和资本的载体，推进国内企业技术进步和经济结构升级，促进对外开放不断深入、市场制度不断完善的过程。当然，在此过程中，外资也带来一定的风险和结构问题。贸大学者在改革开放过程中，始终把握时代主线，全程参与并探讨我国利用外资的发展实践与成效，分析、解决存在的主要问题并总结利用外资实践中积累的经验，对我国在新时代更加合理高效地利用外资、进一步深化改革开放，做出了重要的理论和实践贡献。

一、改革开放以来利用外资的演进历程和阶段特征

改革开放以来，中国引进外资的发展历程可以划分为三个阶段：引进外商直接投资的探索与规模导向阶段、全方位吸收外资与效率导向阶段和当前的开放型经济新体制构建与高质量发展阶段。[②]

---

① 本章由胡钟中编写。

② 利用外资的阶段年份划分主要参考刘建丽. 新中国利用外资 70 年：历程、效应与主要经验 [J]. 管理世界，2019（11）.

（一）1978—1991年：引进外商直接投资的探索与规模导向阶段

1. 历史背景

1978 年改革开放开始，国家鼓励私有经济的发展，“以公有制为主体，多种所有制经济共同发展”的经济制度逐步形成。改革开放打破了原有的思想桎梏，承认社会主义也可以有市场经济，允许非公有制经济成分以经济主体的方式存在。至此，中国完成了从封闭的计划经济体系到对外开放的社会主义市场经济体系这一里程碑式的转变。在这一前提下，中国的对外开放和引进外资具备了可能性和制度合法性。

明确开放的方针后，我国政策目标开始面向外资和技术的引进。改革开放初期，我国经济建设面临资金短缺和技术落后等问题，需要引进外国的资金和技术来扶植国内产业的发展。因此，我国不断推进对外开放，积极引进外资，并鼓励企业出口创汇。一方面我国技术基础薄弱，需要引进国外的技术设备并进行技术学习；另一方面，我国需要外汇储备，也需要外汇来保障原材料与零部件的进口不会受到限制。

中国引进外资也是以优惠的生产要素组合来吸引外资的进入，从而实现技术学习和外汇积累的双重目标。在此期间，我国制定了引进外资的政策，代表性的文件包括《中华人民共和国中外合资经营企业法》（1979）、《中华人民共和国外资企业法》（1986）和《中华人民共和国中外合作经营企业法》（1988）等。国务院于 1986 年颁布了《关于鼓励外商投资的规定》，在税收、土地使用和信用等方面对先进技术企业和出口企业给予政策优惠。同时，在税收方面，我国也给予生产性企业“两免三减”的优惠性待遇。至此，我国鼓励外资进入的政策框架开始逐步形成，吸引外商投资的制度环境逐渐明朗。

我国吸引外资成功与我国巨大的市场潜力、劳动力素质和制造业基础有着密切的关系。除此之外，能够抓住国际上的机遇和实施优惠的外资政策也曾经发挥了十分积极的作用。林桂军和崔鑫生（2019）详细记录了我国紧抓国际机遇的过程。20 世纪 70 年代末，新加坡由于劳动力成本的上升，生产能力开始向周边的东南亚国家转移。此时，正遇我国开始改革开放，建立经济特区。[①] 80 年代中期，全球跨国公司大举进军亚洲。1984 年，我国向外资开放 14 个东南沿海城市和海南岛；年底，又决定开放长江三角洲、珠江三角洲、辽东半岛和山东半岛。从 80 年代中开始，全球价值链的发展进入“黄金”时期，我国及时提出了“两头在外、大进大出”的外向型经济发展战略，加快了我国参与全球价值链的进程。”到 90 年代，全球价值链在东盟已经基本发展成熟，我国则仍然落在后面。1992 年，邓小平同志南方谈话进一步激励了外资的进入和全球价值链在中国的发展。1993 年，中国就成为世界第二大外资输入国。21 世纪初，中国成长为全球价值链的一个中心。

总结该时期的经验，宋沛（1990）提出，要注重外资的规模和结构，避免带来债务

① 林桂军，崔鑫生. 以全球价值链比较优势推动再开放——对改革开放 40 年外经贸重大里程碑事件的回顾与展望[J]. 国际贸易问题，2019（1）：1－13.

和产业结构畸形发展问题。① 对外经济贸易大学“利用外资”课题组（1985）提出，要调整国内投资环境与利用外资能力相适应并利用外资促外贸发展。② 王林生（1992）回顾这一阶段，肯定了政府导向政策带来外资的增长、不同地域和产业的发展，同时，为发展社会主义市场经济创造了思想和社会前提。展望未来，他认为需要处理好外资和国企的竞争关系以及引导外资向内陆进一步发展。③ 而在通过外资引进技术方面，沈晓明（1985）提出，应当注重国内的吸收和创新能力，充分考虑近期和远期目标、行业和区域等因素的差异，引进先进和适用性技术。④

2. 主要阶段特征

（1）对外开放初期，我国需要积极利用外资缩短国内外的经济技术差距。由于我国地区经济发展不平衡，地理条件差距较大，全国全面同步开放并不现实，只能由点到面、由东到西、由南到北逐步展开。我国的经济区域被划分为东部地区（沿海地区）、中部地区和西部地区。其中，东部地区（沿海地区）又被划分为经济特区、沿海开放城市和沿海经济开放区三个对外开放层次。改革开放初期，国家就确定了“重点开放沿海地区，逐步向内地开放”的经济发展战略，先发展东部地区，进而带动中部和西部地区发展，最终促进全国对外经济的振兴。王绍熙（1988）对我国的对外开放进程进行了全面阐述与总结，指出对外开放是按照经济特区→沿海开放城市→沿海经济开放区→内地逐步推进的。至此，形成了我国多层次和全方位的对外开放格局。⑤

实践证明，选择沿海地区作为我国对外开发的切入点，实施多层次的对外开放发展战略是成功的。王绍熙通过研究沿海地区的经济发展战略，认为沿海地区正面临发展机遇，发达国家的劳动密集型产业正向劳动成本低的地方转移。而我国沿海地区具有劳动力成本低、基础设施完善、交通便利等优势，对外资的吸引力较强，但是也出现了沿海地区与内地争原料、争市场的尖锐矛盾，沿海地区日益开放发展，而中西部地区的发展却受到抑制。王绍熙由此提出沿海地区发展的重要内涵，即沿海加工业要坚持“两头在外，大进大出”以解决与内地的矛盾。同时，沿海地区要充分发挥其劳动力优势，积极发展劳动密集型产业，注重吸引外资，发展“三资企业”等。王绍熙进一步指出，长期来看，沿海地区要发展外向型经济，建立出口导向型经济模式，参与到国际市场竞争中，以此推动企业的技术与结构革新，帮助我国走向更高层次的经济模式。

西部地区的对外开放也是必然之举，沿边开放体现了我国对外开放的广度与深度。李诗（1991）通过研究认为，我国西部地区的开放具有重要的战略意义，可以开发西部

① 宋沛．略论我国合理有效地利用外资：国际经验教训的启迪［J］．国际贸易问题，1990（9）：38－41．

② 中国国际贸易学会、对外经济贸易大学“利用外资”课题组．中国社会主义初级阶段利用外资问题探讨［J］．财贸经济，1988（5）：54－59．

③ 王林生．我国利用外国直接投资的发展及其问题［J］．国际贸易，1992（11）：15－18+29．

④ 沈晓明．关于技术引进战略的一点看法——兼谈引进技术的先进性与适用性［J］．国际贸易问题，1985（2）：18－21．

⑤ 王绍熙．关于沿海地区经济发展战略的几个问题［J］．国际贸易问题，1988（8）：6－11+28．

的产业资源，拓宽我国的对外贸易渠道，使国民经济总体上得以稳定发展。[①] 李诗认为，西部地区的对外开放本身就是对我国沿海地区对外发展的调整与补充，西部可以借鉴东部地区的成功经验，重点利用自身沿边的优势向西开放，大力发展多边贸易，从而在自身的发展过程中缩小与东部沿海地区的巨大差距。但是，李诗也提出西部地区的对外开放战略规划不能与东部地区相同，要多层次且多渠道地阶段性发展对外贸易，逐步增加对外商的吸引力。

（2）党的十二大强调“要尽可能地多利用一些可以利用的外国资金进行建设”，由此，我国进入利用国际资本来促进经济建设的新时期。根据开放初期我国的客观情况，学者们对于引进外资的程度以及大量引进外资是否会影响外汇平衡等问题提出了自己的看法。叶彩文和王绍熙（1983）提出，我国的经济与技术较为落后，此阶段应当积极利用外资，较大规模地进口适用技术设备，进口规模不必受限于出口规模，可以保持适当的贸易逆差。[②] 若经常项目出现逆差，可以借国外资金弥补，因此，外汇平衡依旧可以保持，进口也不必受限于外汇平衡。我国可以更多地获取并利用国外资源，充分享受对外贸易的红利，实现更高的经济发展。但他们也指出，利用外资不能盲目冒进，要根据客观情况引进外资，使外资规模适用于当前我国的吸收能力，避免造成浪费、形成过高的负债水平；也不能为了简单地追求外汇平衡、保持贸易顺差而放弃对外资的有效利用。沈根荣（1986）在《全国首届对外经贸发展问题青年研讨会纪要》中提道：“若要从根本上解决外汇平衡问题，还需大力发展出口，实现外汇收入，并进行外汇体制改革，开放外汇市场。”[③]

（3）由于这一阶段“双缺口”问题的存在，如何迅速吸引外资成为重要研究问题。早期，我国以税收优惠作为主要措施。王卫峰（2001）在回顾税收优惠政策的利弊时，总结其优点是决策灵活并能迅速改变外资投资地点选择，因此，早期取得了一定成果。但其缺点是存在偏向性，例如主要鼓励出口导向型的外资。[④] 此外，此类超国民待遇的优惠政策不符合后期加入 WTO 的公平竞争精神。在如何通过其他优惠要素组合吸引外资上，夏申和张扬（1993）很早就提出，应当有针对性地创造条件去影响跨国公司的投资决策。他们总结，可以通过扩大市场、技术优势互补以及提高熟练技工供给诱导跨国公司深入我国市场腹地，实现质量和数量发展。[⑤]

（4）“三资企业”的涌现带来诸多困难与挑战。郑宝银和韩琪（1991）讨论了其中的生产资料供应双重渠道和价格的双轨制问题。[⑥]“三资企业”所需的生产资料基本未被

---

① 李诗．试析我国西部地区的对外开放［J］．国际贸易问题，1991（5）：14－18．

② 叶彩文，王绍熙．试论贸易平衡与利用外资问题［J］．国际贸易问题，1983（6）：6－11．

③ 沈根荣，李振忠，谢岷，张景智，李效怀．全国首届对外经贸发展问题青年研讨会纪要［J］．国际贸易问题，1986（1）：42－45．

④ 王卫峰．税收优惠政策的实施现状和未来趋势［J］．国际贸易问题，2001（9）．

⑤ 夏申，张阳．跨国公司的投资决策机制与发展中国家的吸引外资策略［J］．世界经济，1993，（1）：30－36．

⑥ 郑宝银，韩琪．外商投资企业管理中的问题及对策措施［J］．国际贸易问题，1991（2）：10－15．

国家计划部门纳入计划内，企业只能寻求计划外渠道。而计划内与计划外的要素价格有数倍的差距，企业的生产成本负担过重。针对这一问题，他们提出，要坚持计划调节与市场调节相结合，相关部门应利用其职能来缓解企业获取物资价格过高的问题。可以将外资企业所需的生产资料纳入计划内，若不被列入计划内，则可以由相关部门将生产资料切出“货真价实的一块”，以满足企业的物资需求。

（5）对外开放后，我国引进外资的规模不断增加，经济发展模式发生巨大变革。法律作为上层建筑也应随着经济的变革不断进行调整与完善。随着外商投资法颁布，引进外资已经初具规模。杨荣珍（1993）全面总结了该阶段我国外商投资法律的制定和实施情况以及存在的问题。① 我国在制定外商投资法的时候，考虑到了国内法与国际条约两个方面。此时，我国已经形成较为完备的国内法体系。由于国内法律要与国外法律接轨，我国与其他国家签订了投资贸易保护协定、避免双重征税和防止偷税漏税的协定。然而，改革开放初期，我国的外商投资发展迅速，短时间内制定的法律难免会有不足之处，如法规间互相矛盾、外资投向引导不明确和缺乏透明度等问题。对此，杨荣珍提出，法律的制定应考虑到国内第三产业结构的失衡，注重引导外资流向，保证各层级颁布法规的一致性等。

（二）1992—2011 年：全方位吸引外资与效率导向阶段

1. 历史背景

经过改革开放十多年的发展，外商对中国经营环境的信心大幅增加，FDI 占外资总额的比重快速提升，对外开放的地域和领域进一步扩大。1992 年初，邓小平南方谈话提出，“社会主义也可以有市场”，针对“姓资姓社”问题的争论，提出“三个有利于”的判断标准，强调要保持政策稳定性，破除了阻碍市场经济发展的思想桎梏。国内对引进外资的争论和疑虑逐渐平息，外商投资中国的信心也空前坚定。

在这一阶段，我国实施了一系列政策，以“进一步扩大对外开放，更多更好地利用国外资金、资源、技术和管理经验”，强调“对外开放的地域要扩大，形成多层次、多渠道和全方位的对外开放格局”，“利用外资的领域要拓宽”。1992 年，我国开放特惠政策推广到沿海及内陆尝试。1999 年颁布的《外商收购国有企业的暂行规定》，明确外商可以参与并购国有企业。2001 年底，中国正式加入 WTO，扩大了外资引进领域，增加了政策透明度。在这一过程中，随着“双缺口”的逐渐消失，我国增强了对外资向特定行业的有意引导，以利于引进技术，促进产业升级。同时，资本账户下允许外资并购以及 1994 年《外商投资企业和外国企业所得税法》给予外资优惠等措施，推动了制度框架的建立，给外资提供了更大的发展空间。

这段时间中，引进外资仍然存在经济结构上的问题，如中西部引进外资比例较低，

① 杨荣珍．完善我国外商投资的法律环境［J］．对外经济贸易大学学报，1993（5）：19－23+53．

服务业开放程度不足，外资出口带动作用集中在加工出口而非直接出口。这些问题都影响着外资利用的质量与效益。

2. 主要阶段特征

（1）随着外资的引入数量开始增加，如何目的性地引导外资流入、促进本国经济的发展成为学界重要关注的研究课题。林桂军和任靓（2016）在事后总结我国引进外资的政策时指出，长期以来，我国引进外资的政策附属于我国的出口政策和进口政策。出口政策要求扩大出口、增加外汇收入，我国在引进外资上也强调引进能够出口创汇的外资。我国进口政策的目标是进口国内所需的机器设备和原材料，实现国家的现代化。为了配合这一目标，在引进外资上，我国则强调引进能够带来先进技术的，有时还强调替代进口的能力并要求外资在国内采购原材料物资。[①] 王素贞（1992）通过对韩国、新加坡、中国香港及中国台湾的研究发现，这几个国家和地区都通过制订合理的政策控制外资流向，将外资主要投向制造业领域，并将外商投资的重点放在吸收经验和技术以及加强对相关人才的培养上。[②] 根据这些经验，王素贞提出，中国应该结合国家产业相关政策，对外资流向进行诱导，保证外资能够促进产业发展目标的实现。同时，外资和外贸相结合，需加强教育投入，重点培养高素质人才等。林桂军等（2009）发现，20 世纪 90 年代中期以来，我国以外汇储备形式外流的资金与引进的外资在数量上几乎相等，因此，断言我国引进外资已经不是为了弥补资金的短缺，而是为了学习先进的技术和管理经验。[③] 褚祥银（1994）主要关注了特区和所有制形式，提出了外资引入的几点建议。[④] 褚祥银（1996）还认为，有限的外资对地区经济的恢复与发展、产业结构的调整与升级，尤其是对这一地区从计划经济向市场经济的转轨产生了重要影响。[⑤] 马春光（1996）认为，国内企业可以通过学习跨国公司全球化的模式提高竞争力。[⑥] 童书兴（1997[⑦]，1998[⑧]）认为，我国应该引入劳动密集型技术设备，这更符合我国的现实状况，而且相对更具优势。针对一些企业与外商所签订的合约不完善，影响技术引进的情况，童书兴建议，我们在利用国外资金时，应该重点关注技术引入，且在合约中应该掌握多数股权，来保障自身的话语权。桑百川（2003）针对跨国公司在中国本土化的特征，提出中国企业应该融入全球产业链，加强自身技术开放能力，更好地分享国际经济利益。而政府应该完善跨国公司投资和支援制造业内移政策体系，推进中国成

---

① 林桂军，任靓．加工出口下滑在动摇我国出口政策模式的基础［J］．国际贸易，2016（10）：4-13.

② 王素贞．利用外资、引进技术的经验及其启示［A］．对外经济贸易大学英语学院．'92 对外经济贸易大学学术报告会论文集［C］．对外经济贸易大学英语学院：对外经济贸易大学英语学院，1992：7.

③ Guijun L I N，Schramm R M．A Decade of Flow of Funds in China （1995-2005）［C］/ Conference on WTO，China and the Asian Economies Ⅳ：Economic Integration and Economic Development June．2006：24-25.

④ 储祥银．中国利用外商直接投资的观察与思考［J］．财贸经济，1994（3）：52-55.

⑤ 跨国公司直接投资与经济转轨［J］ 储祥银．国际贸易．1996（10）.

⑥ 马春光．跨国公司全球化对我国企业国际化的启示（上）［J］．国际贸易问题，1996（11）：6-11.

⑦ 童书兴．论引进技术与我国利用外资问题［J］．国际贸易问题，1997（7）：13-16.

⑧ 童书兴．加工贸易与产业结构调整相结合——一种最佳选择［J］国际贸易问题．1998 （12）.

为全球制造中心。[①]

针对早期存在的中西部引进外资不平衡的问题，薛荣久（1997）提出要思想解放，制定政策扶持改善投资环境，加速人才培养。[②] 黄晓玲（2003）提出，外资的促进作用很大程度上取决于引进外资的类型和东道国国内条件配合程度。中西部应该引进有基础的传统产业相关外资或者是能帮助实现中西部跨越式发展的高新技术产业外资。[③] 张为付和武齐（2005）证实，FDI 规模的扩大促进了对外贸易规模的增加、出口产品竞争力的提升和出口商品结构的改善。[④] 在区域发展不平衡方面，他们提出各地区应该利用区域禀赋，东部以高新技术产品制造业和服务业 FDI 为主，中西部以加工贸易为主，合理利用外资。针对服务业有效利用外资问题，洪俊杰等（2007）通过研究物流外资在中国选址发现，市场大小、集聚效应以及高质量劳动力是吸引外资的重要因素。[⑤] 孙玉琴（2005）回顾了 1979—2000 年期间外资来源结构，总结出外资仍主要集中于劳动密集型产业并以加工贸易为主。虽然进入 20 世纪 90 年代后期，外资加快了我国技术水平提高和产业结构调整，但对贸易和就业贡献度较低。[⑥] 在总结内陆地区引进外资不十分成功的教训时，林桂军（2018）认为，与我国的沿海地区相比，内陆地区有两个先天的不足：一是周边缺少大市场，二是运输成本成为内陆地区发展的突出障碍。[⑦] 内陆地区引进外资要充分认识到其价值链比较优势不同于沿海地区，沿海地区的价值链比较优势在依赖规模进行竞争的产品上，内陆地区的失误在于试图复制沿海的生产的规模。他建议，准确地认识本地区产业的比较优势，是决定内陆地区能否成功的另一关键因素。因此，内陆地区应优先开放服务业，鼓励不依赖运输成本的产业和生产阶段引进外资。

（2）针对我国当时外资市场开放较晚、政策法规不够完善的特点，贸大学者们分析了我国外资方面的法律框架并给出了指导建议。杨荣珍（1994）系统梳理了相关法律体系，指出当前法律存在诸如缺乏对外资的引导、相关法律透明度不足、税收制度不够完善、外资企业的组织形式单一等问题。[⑧] 杨荣珍针对这些问题，提出自己的解决建议，如尽快制订引导外资投向的法律法规、增加相关法律的透明度和系统性、对内外企业实施统一税制、完善税收制度建设、加强反避税制度建设以及通过股份制试点丰富我国外资企业组织形式等。何晓兵、李毅和王普光（1994）从理论和实务两个角度详细分析了我国关税方面的政策法规。[⑨] 张汉林和徐静珍（1996）梳理《多边投资协议》并提出服务贸

① 桑百川. 跨国公司本土化与中国的选择［J］. 中国经济评论，2003，3（3）：70－73+57.

② 薛荣久. 对我国中西部地区利用外资状况的初步分析与建议［J］. 国际贸易问题，1997（8）：12－16.

③ 黄晓玲. 我国中西部区位优势与吸收外国直接投资类型定位［J］. 国际贸易问题，2003（1）：32－37.

④ 张为付，武齐. 外国直接投资与我国对外贸易的实证研究［J］. 国际贸易问题，2005（12）：80－90.

⑤ Hong，Junjie & CHIN，Anthony T. H.（2007）. Modeling the location choices of foreign investments in Chinese logistics industry. *China Economic Review*，18（4）：425－437.

⑥ 孙玉琴. 我国 FDI 来源结构演进及其效应［J］. 商业时代，2005（33）：59－60.

⑦ 林桂军. 以内陆物流港建设为中心，加快内陆自由贸易试验区建设［J］. 国际商务研究，2018，39（2）：5－17.

⑧ 杨荣珍. 中国投资环境分析［J］. 机电国际市场，1994（3）：11－13.

⑨ 何晓兵，李毅，王普光. 关税理论政策与实务［M］. 北京：对外经济贸易大学出版社，1999.

易条款可能会成为将来中国加入 WTO 的阻力。[①] 卢进勇（1997）讨论了 TRIMs（《与贸易相关的投资措施协定》）的提出背景和内容，以及应如何根据该协议调整我国外商投资相关的法律法规。[②] 卢进勇认为，我国有关外资的法律法规在土地成分、要求、贸易平衡要求和国内销售要求等方面存在一定问题，因此，提出对没有约束力的法律法规进行修改完善、加强地方政策与中央政策的匹配程度、加强对外资执法力度的监管、正确处理国产化和国际化产业之间的关系和采用梯度开放的政策等建议。王林生（2000）讨论了 20 世纪 90 年代世界其他国家的并购高潮，呼吁对反垄断法进行深入研究。[③] 桑百川（2000）全面地探讨了改革开放后，外商投资在我国的发展以及对我国国内经济制度的影响，既谈到了外商直接投资的益处和必然性，又不隐藏其潜在的问题和暴露出的弊端。[④] 崔凡（2006）就当时呼声较高的外资直接管理体制改革提出建议。他认为，中国的外商投资管理体制，应从以优惠措施与准入限制相结合为特征的旧模式，向以竞争政策与技术性行业监管措施相结合为特征的新模式转变。[⑤] 崔凡（2007）认为，当横向外资进入中国后，会逐渐建立市场垄断。因此，将防范重点放在外资建立环节是舍本求末。[⑥]

（3）随着国际环境的改变，我国外商投资环境也在发生变化。桑百川（1997）分析了国际投资环境的变化对我国的影响及我国应对的方法。[⑦] 他认为，周边国家调整引入外资的政策和法规，与我国产生竞争关系。为积极、合理、有效地利用外资，使外商投资保持较快增长，继续成为推动我国经济发展的重要动力，应当采取一些应对措施，包括改善对外商的管理政策，对其进行优待；把关注的地区和产业政策相结合，保证外资流向和政策相符合；采用多种政策引入外资；提高人员素质，保证外资的引入质量及利用效率；实施健全的财政货币政策，促进本国经济的发展等。卢进勇和冯涌（2006）则较早地介绍了国际投资便利化的概念，探讨了其切实成本和收益。[⑧] 而这也成为我国未来一项重要改革的方向。唐宜红和林发勤（2009）发现，随着这一时期国内环境的不断改善，国家双边距离对外资的负面作用不断下降。[⑨]

（4）加入 WTO 对中国在外商投资方面有很大的影响，就长远来说，是利大于弊的，但各方面的战略需进行一定的调整。对外经济贸易大学国际贸易问题研究所课题组（2001）从外资超国民待遇和优惠政策的减少等方面提出建议，认为相关的优惠政策及

① 张汉林，徐静珍．论国际直接投资与《多边投资协议》[J]．国际贸易问题，1996（12）：16－22.

② 卢进勇．从《与贸易有关的投资措施协议》到《多边投资协议》[J]．世界经济，1997（10）：32－37.

③ 王林生．跨国并购与中国外资政策 [J]．世界经济，2000（7）：3－7.

④ 桑百川．外商直接投资下的经济制度变迁 [M]．北京：对外经济贸易大学出版社，2000.

⑤ 崔凡．现代国际直接投资理论与我国外资管理体制转型 [J]．经济理论与经济管理，2006（12）：21－25.

⑥ 崔凡．利用横向外资提高外资质量 [J]．国际贸易，2007（1）：45－47.

⑦ 桑百川．周边国家调整引资政策对我国的影响 [J]．国际贸易问题，1997（9）：20－25.

⑧ 卢进勇，冯涌．国际直接投资便利化的动因、形式与效益分析 [J]．国际贸易，2006（9）：51－54.

⑨ 唐宜红，林发勤．距离对中国双边直接投资的影响及其动态变化[J]．数量经济技术经济研究，2009，26（4）：70－79.

行业规定要结合实际情况进行制定。[①] 卢进勇（2001）提出，“入世”后，中国将履行世贸组织投资方面的协议，对外资逐步实行国民待遇，加快服务业的对外开放，推进投资自由化的进程，鼓励和吸引跨国公司来华投资，利用外资战略也将根据情况的变化进行新的调整。[②] 王林生（2002）探讨了“入世”后外资对服务业、农业和制造业带来的结构性影响，认为外资对我国技术进步的影响并不会因为“入世”而自发地放大，而需要通过“以竞争促创新”的渠道而实现。[③] 张为付和武齐（2004）针对此背景，结合中国利用外资的过程并研究经济政策的特点，提出减少内外资之间冲突的相应对策。[④]

总结这一段时间的得失，大部分观点认为，外资造成了大量竞争冲击，缺乏竞争力的中国企业在技术水平、营销能力等方面存在劣势。对外经济贸易大学国际贸易问题研究所课题组（2001）认为，外商只需要策略性地转移落后技术到我国国内就可以实现市场份额增长和利润最大化。但应对方法不是将其拒之门外，而是通过给予国民待遇、加快国企和制度改革来应对。郭飞（2006）认为，外商直接投资是把双刃剑。[⑤] 一方面，它促进了经济持续快速增长和财政收入增加，优化了产业结构和出口贸易结构，提升了技术水平并改善了就业状况，推动了市场经济改革；另一方面，它明显削弱了我国内资企业的自主创新能力，对我国民族经济形成强烈冲击，并对我国经济安全和基本经济制度形成较大威胁。对此，他提出我国应大力实施以自主创新为基点的科技发展战略，积极、合理、安全、有效地利用外商直接投资，加快培育和发展具有国际竞争力的中国跨国公司，努力构建“引进来”与“走出去”有机结合的双向开放格局。

（三）2012 年以来：开放型经济新体制构建与高质量发展阶段

随着中国经济步入“新常态”，“调结构、转动能、促升级”成为新的关键词。2012 年，FDI 流量自 2009 年起首次出现下降；之后，GDP 和 FDI 流量的增速较之前都有所下降。在这一阶段，中国的经济增长由要素驱动转向创新驱动，意味着中国引进外资的对象，也要相应地由资本意义上的外商转向创新要素组合和产业链完善意义上的外商；中国引进外资，由规模和短期效率导向转向创新促进导向。在制度设计上，为了与开放型经济新体制相适应，这个阶段，我国实行了“准入前国民待遇+负面清单”制度，有序扩大服务业对外开放；同时，自贸区试点打造改革开放升级版，倒逼政府管理体制改革提速。

在此阶段，传统的加工贸易外资比例下降，高科技产业和服务业成为吸收外资的新领域；外商直接投资中，并购方式比重明显上升；西部地区例用外资快速增长；金融领域对外开放提速，间接利用外资获得快速发展。

---

① 对外经济贸易大学国际贸易问题研究所课题组．中国加入世贸组织后利用外资所面临的问题及其对策［J］．经济前沿，2001（4）：4－12．

② 卢进勇．入世与中国利用外资和海外投资［M］．北京：对外经济贸易大学出版社，2001．

③ 王林生．入世与中国的外资利用——以竞争力为中心的一种观点［J］．南开经济研究，2002（1）：23－27．

④ 张为付，武齐．中国利用外商直接投资的特征及发展趋势［J］．国际贸易问题，2004（9）：68－72．

⑤ 郭飞．外商直接投资对中国经济的双重影响与对策［J］．马克思主义研究，2006（5）：42－48．

二、利用外资的发展成效

在相当长的时间内，外资企业一直作为短缺资金和技术的供给者、更高效率的生产组织者、更高水平的企业制度载体和市场体系参与者以及高质量的就业岗位提供者而存在。理论上而言，中国引进外资既存在正面的补缺效应、增长效应和带动效应，也存在负面的财富流失、结构失衡和挤出效应。利用外资的历程表明，对外开放和引进外资是中国实现快速工业化和经济赶超的必要条件，外商直接投资对中国的经济发展和市场制度建设起到了积极的促进作用。

（一）补缺与启动效应/调整结构

改革开放后，外资对我国的经济发展主要起到两方面的作用，一是助力我国形成完整的工业体系，二是弥补了经济建设中的“双缺口”，起到经济增长“启动机”的作用。加工型外资和内需型外资构成中国吸收外资的两个主要组成部分，不同时期各有侧重。然而近年来，由于要素成本上升、优惠政策变动以及思想认识转变等原因，大量加工型外资撤离，加剧了实体经济困境。桑百川和张彩云（2018）提出，中国需要两条腿走路，既要提升加工型外资吸引力，又要释放经济结构升级和消费市场扩大的市场机会，吸引内需型外商投资。[①] 卢进勇、宋琳和李小永（2017）对新形势下的外资缺口理论进行了扩展。[②] 利用外资的传统理论主要指发展经济学中的“缺口”理论（或称“短缺”理论）。“缺口”理论以促进国家经济发展为出发点，认为发展中国家在发展经济过程中存在诸多缺口。“缺口”理论包括“双缺口”理论、“三缺口”理论和“四缺口”理论，分别对应储蓄缺口、外汇缺口、技能和管理缺口以及税收缺口。自 2015 年以来，随着我国外汇储备长居世界第一、成为资本净输出国，卢进勇等认为，应该从引进优质生产要素、增加就业、嵌入全球价值链、促进制度和技术创新以及相互投资等五方面重新认识利用外资理论。在行业结构上，葛赢（2008）发现，外资导致国内产业聚集增加。其中，外向型和外商投资产业的集聚度高于其他产业。[③] 在出口结构上，相比较于 FDI，中国劳动力素质、产业结构和金融市场等区位优势的改善，是优化出口商品结构的关键性因素。同样，徐进亮和郑振儒（2010）讨论了进口、外资和产出水平三者之间的关系，发现外资对产出的拉动作用小于进口。据此，他们提出重新审视外资增加外汇储备是否有利，应当重视进口，并在此基础上独创性地提出我国应修改进口完税价格的建议。[④]

---

① 桑百川，张彩云．重构利用外资的“双驱”格局［J］．中国外资，2018（5）：52－54.

② 卢进勇，宋琳，李小永．新形势下我国利用外资理论创新研究［J］．国际贸易，2017（11）：4－9+13.

③ Ge，Y．（2009）．Globalization and industry agglomeration in China．*World Development*，37（3），550－559.

④ 徐进亮，郑振儒．进口与 FDI 对我国国内产出水平影响的实证分析［J］．统计与决策，2011，（2）：122－124.

（二）拉动增长效应

改革开放初期，我国资金和商品严重短缺。因此，外资对经济增长的直接拉动作用，即外资对于经济增长的边际效用非常高。罗余才和严俊（2001）对20世纪90年代国际直接投资对中国经济增长的实证研究分析表明，FDI每增加1%，GDP将增加约0.4%，说明FDI流入对中国GDP增长的影响是正面的。[①] 黄晓玲（2001）通过理论分析和实证考察发现，外资可以通过进口替代和先进技术帮助中国加工产业及新兴产业的发展。[②] FDI拉动增长的研究一般是从企业绩效方面进行的，传导机制也比较成熟。李德刚和苑德宇（2017）首次将外资增长下的缺口效应扩大到城市基础设施方面，发现外资能弥补城市基础设施建设面临的财力短缺和效率低下等困境。[③] 苑德宇、李德刚和杨志勇（2017）进一步研究了其传导机制，发现FDI进入对城市基础设施绩效产生了显著的"增进效应"。[④] 这不仅显著表现于"资金效应"方面，还表现在"技术效应"方面，且技术效应随年份的推移呈逐渐扩大态势，具有"累积式"滞后特征，即FDI进入所带来的先进技术或管理经验，需经历一定时期才能对城市基础设施绩效的提升起促进作用。这项研究为中国在新型城镇化进程中，充分、有效地利用外资提供了政策启示。

另一方面，从贸易促进效应来看，外资对中国出口的带动作用非常显著。无论是早期的出口加工还是后期的供应链体系，这一作用都非常显著。研究发现，全行业利用外资以及利用外资的来源地，对企业的全要素生产率起首要作用，对企业能否出口起次要作用。赵晓梅（2013）从企业全要素生产率角度研究了外资的拉动作用，发现对于ITC（计算机）行业，外资对企业全要素生产率的拉动高于内资。[⑤] 刘志成和刘斌（2014）则从外资出口溢出渠道角度分析了贸易促进效应，[⑥] 发现外资企业出口对本国内资企业在出口边际、行业及外资强度上都具有明显的信息溢出效应。王琰和蒋先玲（2011）提出，金融发展程度是制约外资溢出效应的重要约束。[⑦] 荆然（2014）发表在*Journal of Development Economics*的论文则讨论了跨国零售企业如何鼓励投资目的国所在地区的出口。该论文同时检验了网络效应和对上游企业的溢出效应。论文发现，跨国零售企业的存在有利于所在地区的出口，但是这个促进作用，更多是通过提高零售企业所在地区的综合出口能力，从而促进当地向海外各个国家或地区的出口。该论文被*JIE*、*JEP*等

---

① 严俊，罗余才．国际直接投资区域发展趋势的实证分析［J］．当代财经，2001（4）：76－78.

② 黄晓玲．外国直接投资与对外贸易的相互关系及其对工业化演进的影响——理论分析与对中国的实证考察［J］．财贸经济，2001（9）：60－65.

③ 李德刚，苑德宇．FDI进入、技术溢出与城市基础设施绩效改进［J］．国际贸易问题，2017（1）：127－138.

④ 苑德宇，李德刚，杨志勇．外商直接投资进入是否增进了中国城市基础设施绩效［J］．世界经济，2017，40（8）：143－166.

⑤ 赵晓梅．出口、利用外资与企业全要素生产率关系研究［J］．贵州财经学院学报，2013（1）：95－103.

⑥ 刘志成，刘斌．外资进入与出口溢出——基于企业异质性角度的分析［J］．山西财经大学学报，2014，36（3）：1－10.

⑦ 王琰，蒋先玲．金融发展制约FDI溢出效应的实证分析［J］．国际贸易问题，2011（5）：138－148.

国际上的著名期刊多次引用。①

（三）竞争效应

引进外资增加市场竞争主体，使竞争愈发激烈。近 20 年的事实证明，开放市场和引进外资总体上提升了中国企业的竞争能力，中国在家电、通信设备、通信电子等领域，已经通过开放竞争培育出世界级的先进制造企业。外资的竞争效应主要从以下两个渠道发生作用：一是刺激内资企业提升技术水平和商业化经营能力；二是直接提升产业的市场集中度，迫使内资企业通过兼并重组提升企业规模实力，加速产业组织结构优化，提升产业的规模经济水平和产业运行效率。

在探寻内外资企业竞争效应的互动机制上，贸大学者从不同角度提供证据表明，所有制影响了竞争机制的传导。张杰、翟福昕和周晓艳（2015）首次从市场补贴对内外资企业竞争效应的角度进行研究，发现所有政府补贴都抑制了企业出口质量的提升，而作用渠道体现在国有企业上。对于非国有企业，外资竞争对企业出口产品质量造成的是促进效应。② 周念利（2014）首次从“服务中间投入”视角出发，对中国几个典型的垄断性服务部门（铁路、航空、电信和金融）的改革对制造业企业劳动生产率的影响及其异质性展开经验研究。③ 结果显示，外资下游行业多受利于上游劳动生产率的提升，内资多受利于金融行业的红利。周念利提出，内资制造业企业有必要提升技术水平和加强产业转型升级，以便更多地从上游垄断改革中获利。刘灿雷、康茂楠和邱立成（2018）发现内资企业在应对外资竞争的过程中，扩大企业生产规模、提升企业管理效率、提升劳动和资本产出率对其利润率的提升会产生显著的正向作用。④

在外资通过影响资源配置提高市场竞争程度方面，蒋灵多、陆毅和陈勇兵（2018）发现，外资管制放松政策显著降低了行业僵尸企业占比，该政策效应通过提高僵尸企业复活率而非退出率得以实现。⑤ 外资管制放松政策还提高了行业全要素生产率与创新能力。因此，他们提出应加快推进外资自由化进程，发挥外资竞争效应。康茂楠、刘灿雷和王永进（2020）发现，同市场竞争与资源配置效率的理论预期相悖，外资进入带来的市场竞争未能改善中国企业间的资源配置效率，反而具有显著的负面作用。⑥ 国有企业的

① Head，K.，Jing，R.，& Swenson，D.L.（2014）.From Beijing to Bentonville：Do multinational retailers link markets？[J]. *Journal of Development Economics*，110：79－92.

② 张杰，翟福昕，周晓艳. 政府补贴、市场竞争与出口产品质量［J］. 数量经济技术经济研究，2015，32（4）：71－87.

③ 周念利. 中国服务业改革对制造业微观生产效率的影响测度及异质性考察——基于服务中间投入的视角［J］. 金融研究，2014（9）：84－98.

④ 刘灿雷，康茂楠，邱立成. 外资进入与内资企业利润率：来自中国制造业企业的证据［J］. 世界经济，2018，41（11）：98－120.

⑤ 蒋灵多，陆毅，陈勇兵. 市场机制是否有利于僵尸企业处置：以外资管制放松为例［J］. 世界经济，2018，41（9）：121－145.

⑥ 康茂楠，刘灿雷，王永进. 识别外资进入的资源配置效应——来自中国 2002 年外资管制政策调整的经验证据［J］. 南开经济研究，2020（6）：101－121.

自身优势扭曲了外资进入的传导机制，不利于发挥外资进入对资源配置的积极作用。因此，他们提出要更好地利用外商直接投资，发挥其资源配置效率在经济增长中的推动作用，关键在于营造所有企业平等的市场竞争环境。

此外，包歌和陈晓阳（2018）发现，竞争效应在外商发布投资消息之时就会开始，并激发现有企业提高生产率，进行产品升级。这一点与之前文献研究中所揭示的“竞争效应只有在外商投资实际发生时才会开始”有所区别。[①]

（四）外资创新促进效应

科技进步和创新是加快转变经济发展方式的重要方式，其中，外资在促进创新方面也起到重要作用。赵忠秀等（2007）通过首先研究行业数据发现，外资对国内的创新是通过技术扩散而非技术转让。[②]赵忠秀等（2010）接着发现外资对行业生产率的促进作用有直接和间接两种渠道。直接渠道在劳动密集型行业较显著，间接溢出效应在资本密集型行业较显著。[③]汤碧（2012）总结出外资主要通过以下几种方式促进我国自主创新：一是技术溢出效应，例如合资或者上下游的溢出；二是竞争效应，促使本土企业增加研发投入，提高创新水平；三是产业集群效应，在区域或行业间形成带动；四是人力资源效应，体现为研发和管理人员的流动；五是研发国际化效应，例如更高的研发投入或者在中国设置研发中心。[④]贸大学者在不同渠道上均有贡献。其中，前四种可以体现为外资不同形式的技术溢出和带动作用促进中国产业结构升级，最后则是外资企业通过更为密集的创新投入促进增长动能转换。

在溢出效应方面，外资企业整体上促进了内资企业生产率的增长，但程度仍取决于内资与外资的相对关系。邵海燕、卢进勇和杨杰（2015）发现，外资较少的行业，内资研发投入更能促进生产率增长。[⑤]刘灿雷等（2017）发现，外资的促进效应依赖于企业与前沿技术水平的差距，对与行业前沿技术水平更接近的企业表现为显著的积极效应，而对与行业前沿技术距离较远的企业则表现出显著的负面效应。[⑥]唐宜红、俞峰和李兵（2019）研究发现，FDI 通过行业间后向关联对中国企业产生显著的创新溢出效应，显著地促进了技术含量相对较高的发明专利和实用新型专利的提高，而行业内和行业间前向关联的

---

① Bao, C. G., & Chen, M. X. (2018). Foreign rivals are coming to town: Responding to the threat of foreign multinational entry. *American Economic Journal: Applied Economics*, 10（4），120－157.

② Zhang, K. H., & Zhao, Z. (2007). Multinational corporations and technology transfers in developing countries: Evidence from China. *Journal of Economia Internazionale/International Economics*, 60（2），249－264.

③ Zhao, Z., & Zhang, K. H. (2010). FDI and industrial productivity in China: Evidence from panel data in 2001–06. *Review of Development Economics*, 14（3），656－665.

④ 汤碧．利用外资对我国自主创新的影响与对策［J］．宏观经济管理，2012（7）：67－68.

⑤ 邵海燕，卢进勇，杨杰．外商直接投资是否提高了内资企业的生产率——基于高技术产业的实证检验［J］．国际商务（对外经济贸易大学学报），2015（4）：36－44+160.

⑥ 邱立成，康茂楠，刘灿雷．外资进入、技术距离与企业研发创新［J］．国际贸易问题，2017（9）：142－148，152－153.

创新溢出效应不显著。[①]李瑜等（2014）认为，外资的溢出效应会受到国内企业模仿壁垒的影响，只有当外资是低出口比例、低无形资产的时候，国内企业才能更好地模仿。[②] 刘宇飞、王煦莹和刘晓峰（2019）从制造业碳排放的角度发现，只有内资企业全要素生产率水平高时，才能获得技术溢出，降低单位碳排放。[③] 刘青等（2020）发现合资企业会带来正向溢出效应，而外商独资企业会带来负面的竞争效应。[④] 刘斌、刘颖和曹鸿宇（2021）发现，外商独资在初期进入时，对国内企业的创新具有抑制效应，溢出效应只有随着进入时间延长才会产生并慢慢加大。[⑤] 对于金融行业，溢出效应同样存在。何小伟和谢远涛（2012）最早检测出外资寿险公司进入能够对我国的寿险市场产生“溢出效应”，促进中资寿险公司技术效率和全要素生产率的提高。[⑥] 吴德军（2015）通过研究发现，外资持股可以通过降低信息不对称而减少 A 股上市公司的股票崩盘风险。[⑦] 张锦等（2011）研究合资企业形式，发现合资企业在创新上合作但在产品上竞争时，自由贸易协议反而会降低合作研发水平。[⑧]

关于 FDI 垂直技术溢出方面和并购整合方面，张超等（2013）发现，外资通过上下游直接联系对国内企业的溢出效应非常明显。[⑨] 许晓娟和智冬晓（2013）基于企业数据发现，本土企业通过垂直产业关联获得技术溢出的表现并不理想。[⑩] 与本土企业相比，外资企业是垂直技术溢出的获益者，这可能是外资企业更倾向于选择外资企业作为上下游合作伙伴而引起的。私营企业和非创新性企业受到 FDI 垂直产业关联的负面影响，而国有企业通过制度保护/创新性企业通过吸收能力的提升避免了这种负面效应。刘青、吕若思和邱东晓（2017）发现，外资并购产生的技术溢出在收购方与被收购方技术水平差距较大时比较明显。[⑪] 王一等（2013）通过研究风力发动机行业发现，内资收购外资时，只有在距离技术前沿差距不大时，追赶效应才显著。[⑫]

---

① 唐宜红，俞峰，李兵．外商直接投资对中国企业创新的影响——基于中国工业企业数据与企业专利数据的实证检验［J］．武汉大学学报（哲学社会科学版），2019（1）：104－120．

② Zhang，Y. A.，Li，Y.，& Li，H.（2014）. FDI spillovers over time in an emerging market：The roles of entry tenure and barriers to imitation. *Academy of Management Journal*，57（3）：698－722.

③ 刘宇飞，王煦莹，刘晓峰．FDI 技术溢出效应对我国制造业碳排放异质性影响研究［J］．科学决策，2019（4）：23－40．

④ Liu，Q.，Lu，R.，& Yang，C.（2020）. International joint ventures and technology diffusion：Evidence from China. *The World Economy*，43（1）：146－169.

⑤ 刘斌，刘颖，曹鸿宇．外资进入与中国企业创新：促进还是抑制［J］．山西财经大学学报，2021，43（3）：14－27．

⑥ 何小伟，谢远涛．外资保险进入中国的“溢出效应”研究：来自寿险市场的证据［J］．经济科学，2012（4）：117－128．

⑦ 吴德军．外资持股对上市公司股价崩盘风险的影响研究［J］．国际商务（对外经济贸易大学学报），2015（3）：55－65．

⑦ Zu，L.，Dong，B.，Zhao，X.，& Zhang，J.（2011）. International R&D Networks. *Review of International Economics*，19（2），325－340.

⑨ Lin，F.，Zhang，C.，& Wang，L.（2013）. Vertical spillover effects of multinationals on Chinese domestic firms via supplier–customer relationships. *China & World Economy*，21（6）：37－57.

⑩ 许晓娟，智冬晓．中国本土企业获得 FDI 垂直技术溢出了吗？——基于 1999—2006 年中国制造业企业的实证研究［J］．中国软科学，2013（8）：43－54．

⑪ Liu，Q.，Lu，R.，& Qiu，L. D.（2017）. Foreign Acquisitions and Target Firms' Performance in China. *The World Economy*，40（1）：2－20.

⑫ Qiu，Y.，Ortolano，L.，& Wang，Y. D.（2013）. Factors influencing the technology upgrading and catch-up of Chinese wind turbine manufacturers：Technology acquisition mechanisms and government policies. *Energy Policy*，55：305－316.

何茵等（2012）讨论了另外一种技术溢出形式——反向溢出及其动态关系。[①] 通过模型，他们分析了一种新的可能性，即一个产品被新兴经济体引入并加以模仿，然后通过本地创新加以改善。经过改善的新产品又被发达国家的公司学习，并以此为基础进行进一步的创新。这是第一个研究南方创新和逆向知识溢出的一般均衡模型。在模型中，低知识产权保护水平（IPP）会增加南方的模仿，并减少发展中国家的内向外国直接投资。而当允许南方向外国直接投资学习并发展本国产品时，在一定程度上可以扩展南方产品的种类，通过竞争效应增加外国直接投资。最后，伴随着重大的反向溢出，北方的创新可能会增强并产生更快的增长。

在外资研发投入提高技术水平方面，文献发现外资企业在进入中国时多采取合资模式，但当企业适应东道国市场环境后，独资或者外资身份可以帮助企业进一步提高生产率。刘斌和傅欣璐（2019）发现，独资企业研发对生产率的促进作用更显著，这一关系在经济落后地区和加入 WTO 之后更强。[②] 洪俊杰、杨超和王聪（2019）发现，跨国公司在子公司取得外资企业身份后，会通过资本追加进一步提高生产率，同时，提高其无形资产规模、研发和员工投入和资本密集度并降低企业融资约束。[③] 吕若思等（2017）发现，外资并购能显著提高目标企业的全要素生产率等经营绩效。[④]

（五）就业促进和收入不平等效应

2006 年 12 月 11 日，我国加入 WTO 的过渡期结束，我国服务业全面开放，尤其是零售、金融和交通运输等行业全面开放，吸引了大量外资进入中国。2008 年，我国人均 GDP 突破 3000 美元大关，步入服务业高速发展阶段。2010 年，我国制造业增加值全面超过美国，成为世界第一制造业大国。中国制造业规模的不断扩张，带动了生产性服务业市场的扩容。自 2010 年服务业利用外资占比首次超过制造业以来，服务业已经成为中国吸引外资的主导领域。从总量上看，服务业利用外资占全部外资的比重，从 2005 年的不足 1/3 增长到 2010 年的接近 1/2，之后一路攀升，2017 年已达 67.9%。

服务业的开放创造了就业机会，扩大了就业规模。王春艳、程健和代玉簪（2017）通过跨国研究证实，服务业进口贸易和实际利用外资对就业有显著的正向促进作用，并且该正向作用并未受到 2008—2009 年金融危机的影响。[⑤] 据此，他们提出需要大力发展服务业和服务贸易，扩大外资引进并合理利用外资。通过研究不同区域和要素密集度，

---

① He，Y.，& Maskus，K. E.（2012）. Southern innovation and reverse knowledge spillovers：a dynamic FDI model. *International Economic Review*，53（1）：279 – 302.

② 刘斌，傅欣璐. 外商独资是否会提高企业生产率［J］. 财贸研究，2019，30（5）：25 – 37.

③ 洪俊杰，杨超，王聪. 跨国公司资本追加的生产率效应——基于匹配和双重差分的实证研究［J］. 国际贸易问题，2019（1）：119 – 131.

④ 吕若思，刘青，黄灿，胡海燕，卢进勇. 外资在华并购是否改善目标企业经营绩效?——基于企业层面的实证研究［J］. 金融研究，2017（11）：112 – 127.

⑤ 王春艳，程健，代玉簪. 服务业进口贸易和 FDI 对就业的影响效应研究——世界 30 国的实证检验［J］. 技术经济与管理研究，2017（4）：24 – 28.

李杨等（2015[①]，2017[②]）发现，服务业FDI对就业的促进作用存在异质性。总体而言，中国服务业FDI对就业具有显著的促进作用。但从区域划分来看，相对于内陆地区，沿海地区服务业FDI对就业反而具有一定的抑制作用；相对于北方地区，南方地区服务业FDI对就业的促进效应较弱。就服务进口而言，可贸易度高的服务、资本密集型和知识密集型服务进口影响显著为正，可贸易度低的服务、劳动密集型服务进口影响显著为负。在资本密集型和劳动密集型行业，服务业外商直接投资同样对就业会产生负的作用。因此，李杨等学者建议应分部门、分地区有序扩大服务业开放水平；同时，制定相应的配套政策，保证就业的稳定和增长。吕越等（2019）发现，融入全球价值链能提高工资水平，尤其是对外资主导的行业或者资本密集型行业。[③]

关于外商直接投资对收入分配的影响效果，学界存在一定分歧，普遍的看法是外资企业具有较高的利润水平和工资水平。改革开放之后相当长的时期内，中国民营企业还处于成长期，大型跨国公司更成熟的管理制度和企业文化，保障了其在员工福利和工作环境方面比大多数民营企业更胜一筹，在就业质量方面发挥了市场竞争中的标杆效应。例如葛赢（2006）早期便通过实证分析研究发现，外资显著提高了中国城市真实收入，并且城市间引进外资量的差异是造成其收入不平等的重要因素。[④] 韩琪和欧阳立华（2006）则从理论上阐述了外资的区域和产业分布是造成中国收入差距的原因。[⑤] 刘青等（2015）发现，外资并购后的国内企业工资水平更高，但之后没有显著增长。[⑥] 陈志鸿等（2011）观察到外资企业工资溢价的情况，并率先指出外资的存在很大程度上阻碍了国内企业工资的增长，使企业间工资水平差距不断加大，增加了工资不平等的情况。[⑦] 于峰和卢进勇（2014）通过选取1995—2010年中国省际面板数据，证实外商直接投资扩大了中国居民收入差距。[⑧] 究其原因，他们认为外资企业采取“两头在外”和技术封锁的经营战略，低技术层次的内资企业难以融入外资企业的产业链，收入分配制度改革遇阻，造成内外资企业薪酬制度的差异。对此，他们提出，中国应提高外资企业的在华根植性，鼓励外资公司转让关键技术，适当限制过高收入，完善社会保障制度，实行财政转移支付制度，大力推进教育培训事业和国内外交流合作，健全知识产权制度等。李清如、蒋

---

① 李杨，张鹏举，黄宁. 中国服务业开放对服务就业的影响研究［J］. 中国人口科学，2015（6）：80－90+128.

② 李杨，蔡卓哲，邱亮亮. 中国服务业FDI对就业影响的区域差异——基于25个省市数据的实证研究［J］. 人口与经济，2017（1）：85－94.

③ Lu，Y.，Lu，Y.，Xie，R.，& Yu，X.（2019）. Does global value chain engagement improve firms' wages：Evidence from China. *The World Economy*，42（10）：3065－3085.

④ Ge，Y.（2006）. The effect of foreign direct investment on the urban wage in China：an empirical examination. *Urban Studies*，43（9）：1439－1450.

⑤ 韩琪，欧阳立华. FDI分布对中国收入差距影响研究［J］. 国际经济合作，2006（6）：25－28.

⑥ Liu，Q.，Lu，R.，& Zhang，C.（2015）. The labor market effect of foreign acquisitions：Evidence from Chinese manufacturing firms. *China Economic Review*，32：110－120.

⑦ Chen，Z.，Ge，Y.，& Lai，H.（2011）. Foreign direct investment and wage inequality：Evidence from China. *World Development*，39（8）：1322－1332.

⑧ 于峰，卢进勇. 外商直接投资对中国省域内收入分配的影响研究［J］. 浙江工商大学学报，2014（3）：90－96.

业恒和董鹂馥（2014）利用 1998—2007 年中国制造业企业数据，检验了贸易自由化对 71 个制造业的行业内工资不平等的影响。[①] 研究发现，外资开放度的提高对收入分配均衡有着不利影响，贸易自由化的作用机制在于其提高了企业生存门槛，降低了行业内生产率差异，进而反映为行业内工资差距的减小。该研究指出，贸易自由化对我国解决收入分配不平等问题具有重要意义。王若兰和刘灿雷（2019）以“入世”的外资管制政策放松为识别工具，讨论了工资不平等的渠道。研究发现，外资进入的市场竞争机制一方面通过提升行业内高分位点的工资水平，另一方面通过降低行业内低分位点的工资水平扩大了企业间的工资不平等。[②] 刘青和邱东晓（2014）通过模型，解释收入差距来源可能是南北国际贸易分工中，南北之间外资雇用的主要是低技能劳工。[③]

（六）制度催化与管理示范效应

随着改革开放和外资的不断进入，中国对与市场经济制度相适应的法律需求也不断提高。早在 1978 年，德国大众与上海市政府的接触便直接推动了 1979 年《中外合资经营企业法》的诞生。大众集团还促成了中国专利保护体系的建立。基于双方的合作，德国专利局对中国专利保护体系的建立给予了大力支持。1982 年出台的《中华人民共和国商标法》和 1984 年颁布的《中华人民共和国专利法》，作为市场经济体系的基本法律，都得益于外资进入后的需求牵引。此后，为了扩大国际经济合作和技术交流及满足“入世”的要求，我国又进一步颁布和修改了与外资相关的三部法律，即中外合资企业经营法、外资企业法和中外合作经营企业法。2019 年，《中华人民共和国外商投资法》通过并取代了上述三部法律，加上投资负面清单的管理办法，体现了我国追求高水平对外开放、积极促进外商投资、保护外商投资合法权益、融入全球投资规则的决心。

关于负面清单，崔凡（2013[④]）和桑百川（2014[⑤]）讨论了 2013 年 7 月中美战略与经济对话及后续投资协议中，关于外商投资“准入前国民待遇+负面清单”的深远意义，指出这一改变是高水平投资自由化的基础，需要抓紧研究。田云华、杨挺和李宗皓（2015[⑥]）以及邹赫和程健（2015[⑦]）则进一步研究了上海自贸区首次使用“负面清单”管理外商对华投资所遇到的困难和挑战，并提出了研究方向。王聪和林桂军（2017）认

① 李清如，蒋业恒，董鹂馥．贸易自由化对行业内工资不平等的影响——来自中国制造业的证据［J］．财贸经济，2014（2）：85－95．

② 王若兰，刘灿雷．市场竞争、利润分享与企业间工资不平等——来自外资管制政策调整的证据［J］．中国工业经济，2019（11）：42－59．

③ Liu，Q.，& Qiu，L. D.（2014）. Labor training and foreign direct investment［J］. *Review of International Economics*，22（1）：151－166．

④ 崔凡．中国高水平投资自由化谈判模式的确定及其深远影响［J］．国际贸易，2013（8）：44－48．

⑤ 桑百川．新一轮全球投资规则变迁的应对策略——以中美投资协定谈判为视角［J］．人民论坛·学术前沿，2014（2）：82－89．

⑥ 田云华，杨挺，李宗皓．外商投资“负面清单”管理模式研究综述［J］．国际经济合作，2015（4）：73－80．

⑦ 邹赫，程健．负面清单与上海自由贸易试验区外资管理模式探索［J］．现代管理科学，2015（4）：48－50．

为，“负面清单”扩展到服务业，为其发展提供了重要机会，有助于改善我国的外贸结构。[①]李淼和邓兴华（2018）从实证角度，通过引力模型证实了负面清单对于品牌国际化有着显著的正向影响，而准入前国民待遇和准入前最惠国待遇都对品牌国际化没有显著影响，印证了在异质性企业理论下，高水平企业以市场开放作为核心决策，较少受到投资成本影响的相关假说。[②]

另一些学者则从外商投资法和国内外投资贸易规则规制合作的角度，讨论了更加开放和完善外资法律的必要性。石静霞（2015）指出，投资贸易新规则正在双边、区域和诸边谈判中形成。[③]在实体内容上，新一代规则范围扩大且标准提高，反映了发达国家在全球价值链生产上的新需求。中国在全球经贸治理中，应当从被动应对的规则执行者逐步成长为主动参与的规则引领者，积极参与新规则的构建，推动全球贸易投资自由化进程。结合国际经验和国内需求，中国参与规则构建并逐渐发挥引领作用的重要前提有两方面：对内，通过实施自贸区战略、统一内外资法律等关键措施进一步深化改革；对外，积极参与多边与双边、区域和诸边谈判，重视服务贸易和投资规则并密切关注新议题，实现国内法治与国际规则间的良性互动。崔凡和蔡开明（2019[④]）、丁丁（2019[⑤]）、黄勇和叶威（2017[⑥]）以及屠新泉和曹鸿宇（2019[⑦]）分别对外商投资法、并购安全审核和中欧投资协议等法律法规进行分析并与发达国家进行比较，提出法律转变可能造成的冲突和需要进一步调整完善的建议。钊阳和桑百川（2019）也从国际经贸规则形式变化中，阐述了中国吸收外资制度环境的影响，提出对标高标准国际经贸规则、优化外资营商环境的对策建议。[⑧]

此外，为了适应并与国际新规则接轨，我国也推出自由贸易试验区作为中国推动国内经济改革的“试验田”。赵东麒和桑百川（2015）回顾和总结了中国开放环境以及国际投资规则的变迁趋势，提出自由贸易试验区的功能定位，并探讨深化外资管理体制改革问题。[⑨]邓慧慧、赵家羚和赵晓坤（2020）研究了自贸区的产业升级效应，发现外资技术在区内存在溢出效应，但随区位条件、资源禀赋和利用外资的不同呈现出差异性。他们提出，自贸区的发展要结合自身发展定位，以扩大开放和创新驱动释放制度红利，充

① 王聪，林桂军．中国服务贸易强国之路研究——理论内涵、现实问题及政策建议［J］．国际贸易，2017（8）：49－54.

② 李淼，邓兴华．高标准国际投资规则能否推动品牌国际化——基于投资协定异质性的实证研究［J］．国际经济合作，2018（4）：20－29.

③ 石静霞．国际贸易投资规则的再构建及中国的因应［J］．中国社会科学，2015（9）：128－145+206.

④ 崔凡，蔡开明．《中华人民共和国外商投资法》初探［J］．上海对外经贸大学学报，2019，26（3）：14－24.

⑤ 丁丁．从双轨到并轨：外商投资企业的法律适用之变［J］．法律适用，2019（14）：56－65.

⑥ 黄勇，叶威．论外资并购安全审查标准的建立［J］．河北法学，2017，35（11）：22－31.

⑦ 屠新泉，曹鸿宇．中欧 BIT 谈判投资自由化问题研究［J］．国际贸易，2019（9）：48－54.

⑧ 钊阳，桑百川．对标高标准国际经贸规则优化外商投资制度环境［J］．国际贸易，2019（10）：19－26.

⑨ 赵东麒，桑百川．中国自由贸易试验区功能定位与投资规则构建［J］．亚太经济，2015（4）：128－131.

分发挥外资的技术溢出效应，为推动地区产业升级和高质量发展提供支撑。[①]

三、中国利用外资存在的问题

回顾中国40余年的对外开放历程，我国对于利用外资与经济发展关系的认识处于不断深化的动态过程之中。总体来说是防止“右”，但主要是防止“左”。桑百川和钊阳（2019）总结了利用外资历史上的一些早期讨论，主要包括以下10个方面：（1）如何看待对外开放与外商投资；（2）要不要发展经济特区并利用外资；（3）利用外资是“爱国”还是“卖国”；（4）外商投资会不会冲击“民族经济”、威胁国家安全；（5）在不利的国际环境下，要不要继续对外开放利用外资；（6）要不要遵循国际惯例；（7）“姓资”还是“姓社”；（8）“姓中”还是“姓外”；（9）“双缺口”消失后还要不要积极利用外资；（10）国际上出现逆全球化倾向，还要不要扩大利用外资。[②]他们认为，沿着中央自上而下推动与特殊区域大胆探索相结合的开放道路，顺应生产力发展要求，遵循国际经济惯例，全面参与经济全球化进程，大胆吸收利用外资，拓展全球资源配置空间，以开放促改革和发展，是创造中国经济奇迹的奥秘之一。而近些年，随着对外资作用理解的不断加深，只有少数问题仍停留在是否利用上，多数问题则聚焦在如何利用外资以及具体风险防范上。

（一）经济新常态下，是否仍需利用外资

近期以来，有些人对“构建完整的内需体系”和“以国内大循环为主体”的理解存在片面之处，他们忽视了“构建国内国际双循环相互促进的新发展格局，培育新形势下我国参与国际合作和竞争新优势”的重要要求，甚至认为外贸外资对经济社会的贡献已经不重要。崔凡（2020）研究指出，中国在世界主要经济体中的开放程度仍然是偏低的，离经济合作发展组织国家的平均开放水平仍然有一段距离。[③]2020年，《中华人民共和国外商投资法》的实施，在各方面要求给予外商投资企业以国民待遇，力争实现“大门开了小门也要开，准入也要准营”。这是使得双循环相互促进的有利举措。外商投资企业包含外国投资的中国企业，它们是链接双循环的纽带，是推动双循环相互促进的重要力量。在研究经济新常态下“引进外资”与“对外投资”两大战略关系互动时，洪俊杰、林建勇和王星宇（2016）认为，引进外资有可能通过竞争效应、争夺高技术人才和推高我国劳动力市场价格等渠道削弱我国对外投资的竞争力。同时，“对外投资”

---

① 邓慧慧，赵家羚，赵晓坤．自由贸易试验区助推产业升级的效果评估——基于产业技术复杂度视角［J］．国际商务（对外经济贸易大学学报），2020（5）：35-48．

② 桑百川，钊阳．中国利用外资的历史经验与前景展望［J］．经济问题，2019（3）：1-7．

③ 崔凡．“双循环”格局推动开放进入新阶段［J］．中国外资，2020（21）：18-19．

有可能起到负面作用并提出协调“引进外资”与“对外投资”两大战略相关建议。[①] 陈建勋等（2020）在一个动态框架下研究了“引进外资”和“对外投资”之间的关系，认为通过当地经济发展、贸易开放程度和腐败水平等中介效应，可以促使外资进入后迅速融入价值链发挥作用。[②]

（二）利用外资仍存在结构问题

改革开放40多年来，我国利用外资取得了一定成果，但是在利用外资的实践中，也存在不容忽视的问题。如何高水平地利用外资为我国开放型经济体制服务，值得研究。

引进外资仍然存在经济结构上的问题。当前，我国仍存在区域发展不平衡，中西部引进外资比例较低，服务业开放程度不足，外资出口带动作用集中在加工出口而非直接出口，融入全球价值链后外资促使中国制造业在融入过程中向全球价值链下游移动等问题，进而影响外资利用的质量与效益。

张宇馨（2012）通过研究制造业外资与服务业外资区位决策的影响因素，发现二者存在相互追逐的关系，制造业外资较为关注经济发展规模大和劳动力成本低的地区，而服务业外资较为关注服务业发展水平高和人均收入水平高的地区。[③] 王聪和林桂军（2017）指出，在通过完善负面清单制度增强国内服务业竞争力的同时，也要厘清负面清单建设与贸易调整援助措施之间的界限。[④] 林桂军（2016）在研究产业基础存在的问题时，认为由于我国体制的扭曲，外资企业在一般贸易出口上未发挥出优势，其出口优势主要反映在加工贸易上，加工贸易的“飞地效应”明显。[⑤] 洪俊杰（2009）发现，外资选址时，会考虑企业劳动强度、工资水平、本地通信设施等因素。[⑥] 罗伟和吕越（2019）发现，外资凭借与跨国公司全球价值链网络的天然联系，强化了中国融入全球价值链的深度和复杂度，也因高加工贸易倾向促使中国制造业在融入过程中向全球价值链下游移动。[⑦] 从时间趋势看，外资对贸易增加值规模的贡献趋于下滑，对贸易增加值结构的影响与中国经济发展新阶段脱节。他们认为，进一步积极利用外资，既需要在先进制造业和现代服务业部门开拓新的引资增长点，也应重视打造承接高端价值环节转移的有利环境。

---

① 洪俊杰，林建勇，王星宇．新常态下“引进外资”与“对外投资”两大战略关系再思考与协调研究［J］．国际贸易，2016（3）：22－26+39．

② Chen，J.，Zhan，W.，Tong，Z.，& Kumar，V.（2020）．The effect of inward FDI on outward FDI over time in China：A contingent and dynamic perspective［J］．*International Business Review*，29（5）．No.101734．

③ 张宇馨．制造业FDI与服务业FDI区位决策的互动影响——基于我国省际面板数据的实证分析［J］．山西财经大学学报，2012，34（2）：46－55．

④ 王聪，林桂军．中国服务贸易强国之路研究——理论内涵、现实问题及政策建议［J］．国际贸易，2017（8）：49－54．

⑤ 林桂军．夯实外贸发展的产业基础向全球价值链高端攀升［J］．国际贸易问题，2016（11）：3－11．

⑥ Hong，J.（2009）．Firm heterogeneity and location choices：Evidence from foreign manufacturing investments in China［J］．*Urban Studies*，46（10）：2143－2157．

⑦ 罗伟，吕越．外商直接投资对中国参与全球价值链分工的影响［J］．世界经济，2019，42（5）：49－73．

（三）风险防范问题

利用外资虽然推动我国经济高质量发展，但会带来外商投资风险。在此问题上，贸大学者主要关注外资撤离、避税和与金融市场相关的安全审查等问题。

1. 外资撤离

近些年来，随着外商投资增速放缓，我国对外资质量和水平的要求提高，加上经贸政治摩擦等因素，外资撤离和产业链转移成为主要风险因素。王珏和韩会师（2012）很早就注意到在加入世贸组织后期，流入我国FDI的波动性逐渐增大，与国外在我国证券投资波动逐步趋同。因此，提出要谨防资本项目开放后，外资撤离的风险。[①]针对2010年后，服务业实际利用外资比重超过制造业、制造业比例持续下降的问题，赵东麒和桑百川（2015）提出，要优化外资产业和空间布局、延长价值链、挖掘国内市场优势以减缓下滑速度。[②]李玉梅、刘雪娇和杨立卓（2016）很早就利用东部沿海地区10个城市外商投资企业的调研数据，实证分析了外商投资企业撤资的动因和影响机理。[③]他们发现，2013—2014年间的撤资中，成本寻求型和政策寻求型外商是撤资的主体，市场寻求型外企撤资主要是行业内实力雄厚竞争者增多导致。因此，应加快推进产业升级，提升价值链水平；同时，配合"一带一路"新政策引导外商投资向中西部地区有序转移。洪俊杰、杨志浩和芈斐斐（2020[④]）以及李玉梅、王园园和胡可可（2020[⑤]）研究中美关系导致回流发现，产业链外移和外资回流重点集中在高端制造业领域，如电气机械和器材及金属制品等行业。杨超和林建勇（2019）认为，外资撤离通过降低企业无形资产规模、研发支出、培训支出和财务流动性影响使企业经营绩效恶化，在华外资企业的所有权优势依赖于跨国公司的股权持有。[⑥]卢进勇、张航和李小永（2019）分析了中美贸易摩擦对我国利用外资规模、产业结构、来源国和外资政策等的影响，并提出相应对策建议。[⑦]

2. 外资避税

我国通过税收优惠吸引外资同样带来了诸多问题。改革开放初期，国内外资匮乏，法律法规不健全，外商对投资中国的风险尤为担忧。为此，我国首先颁布了《中华人民共和国外商投资企业和外国企业所得税法》，以降低外资实际税负。加入WTO之后，内外资企业适用两套税法，不符合WTO国民待遇原则。内外资税率差异直接导致不公平

① 王珏，韩会师．FDI是稳定的外资来源吗?——基于FDI净流入额波动性的视角［J］．国际贸易问题，2012（10）：132－139.

② 赵东麒，桑百川．中国自由贸易试验区功能定位与投资规则构建［J］．亚太经济，2015（4）：128－131.

③ 李玉梅，刘雪娇，杨立卓．外商投资企业撤资：动因与影响机理——基于东部沿海10个城市问卷调查的实证分析［J］．管理世界，2016（4）：37－51.

④ 洪俊杰，杨志浩，芈斐斐．外资流动趋向及其对中国产业链外移的影响［J］．亚太经济，2020（6）：90－99+149.

⑤ 李玉梅，王园园，胡可可．外商投资撤资回流的趋向与对策［J］．国际贸易，2020（6）：63－71.

⑥ 杨超，林建勇．外资撤离会降低企业绩效吗?［J］．中南财经政法大学学报，2019（2）：128－137.

⑦ 卢进勇，张航，李小永．中美贸易摩擦对我国利用外资的影响及对策分析［J］．国际贸易，2019（1）：28－38.

竞争，影响了内资企业的发展。因此，2008 年《中华人民共和国外商投资企业和外国企业所得税法》和《中华人民共和国企业所得税暂行条例》合并成一部所得税法，即《中华人民共和国企业所得税法》，用以消除不平等。在这一背景下，准确把握在华外资企业逃避税的规模是对外企逃避税问题进行研究和治理的基础。夏有富和张杰（1993）最早通过定量模型，估计出三资企业通过转移定价、虚报利润造成我国重大经济损失。他们估算出，仅 1990 年一年，转移定价造成的潜在损失金额便达 27 亿—61 亿美元。① 刘元元（2008）提出，应通过国际协调、技术进步以及完善《关联企业间业务往来预约定价实施规则（试行）》法律的形式加强监管。② 杨海燕和庄序莹（2014）从地上经济和地下经济两个角度对中国外资企业逃避税规模进行宏观测算，总结出逃避税规模的区域特征、逃避税总额及“两税合并”政策对外企所得税额逃避的影响等，为中国税务部门制定反避税决策提供了数据支撑和建议。“两税合并”政策推出后，因为外资采取转移定价和国内地方政府恶性竞争等原因，外资避税问题反而加重。③ 庄序莹和姚新超（2014）测算出，2008 年因为外资避税带来的年税收损失可达 1726 亿元。因此，呼吁相关部门及时调整转让定价的政策，加强对在华投资跨国企业转让定价的监管。④ 毛程连和吉黎（2014）同样发现，实际税率的提高，刺激了外资企业的逃避税行为。他们发现，盈利越多的外资企业逃避税越多，规模越大的外资企业逃避税越少。外商独资企业比其他形式的外资企业逃避税现象更严重，西部地区的外资企业逃避税更多。这说明，实际税率的提高，刺激了外资企业的逃避税行为。⑤ 毛程连和侯敬雯（2012）研究了占我国涉外税收比重高达 75%的流转税，发现外资流转税总体流失情况好于全国平均水平，增值税流失情况好于营业税。但随着外资经济总量的扩大，政府应重视外资的财政收入贡献度，加强对外资流转税流失的管理。⑥

3. 外商投资安全审查制度亟待细化和落地

外商投资安全审查是成熟市场经济体的通用制度安排。当前，大部分国家均有直接投资审查框架以保护国内战略性产业。2011 年，国务院颁布的《国务院办公厅关于建立外国投资者并购境内企业安全审查制度的通知》奠定了我国外资并购国家安全审查制度的基础。2019 年《中华人民共和国外商投资法》对外商投资促进、保护和管理做出了原则性规定。目前，我国的制度体系对外资进入前，国家安全审查的实施主体和操作规程缺乏具体规定，之前的相关规定对外资的约束力也有限，若制度落实不到位，

① 夏友富，张杰．三资企业转移定价定量分析：1990 年其高进低出给我国造成损失的研究［J］．管理世界，1993（1）：107－115.

② 刘元元．国际反避税政策对我国涉外税务管理的影响与借鉴［J］．管理现代化，2008（3）：19－21.

③ 杨海燕，庄序莹．在华外资企业逃避税规模及特征——基于地上经济和地下经济的宏观数据［J］．财贸经济，2014（10）：41－49.

④ 庄序莹，姚新超．在华外资企业逃避税的驱动因素、规模与治理策略［J］．国际贸易，2014（11）：49－54.

⑤ 毛程连，吉黎．税率对外资企业逃避税行为影响的研究［J］．世界经济，2014，37（6）：73－89.

⑥ 毛程连，侯敬雯．在华外资经济流转税税收流失规模的比较研究——基于税收收入能力法的测算［J］．江苏大学学报（社会科学版），2012，14（2）：80－88.

将为经济安全埋下隐患。因此，有必要从产业和并购方式的角度对外资安全审查进一步细化。同时，也需要避免因为国家安全例外而影响正常的国际贸易投资流动。桑百川（2007）通过研究装备制造业外资并购，提出应该对经济命脉、支柱和高新技术产业外资并购加以限制。同时，需完善外资并购的审查机制，建立反垄断法律体系。[①] 杨水清（2016）研究中国加入 WTO 之后的宏观审慎政策，发现外国直接投资流入很少接受严格管理，而非外国直接投资和经常账户则被大量冲销，造成商业银行外汇占款过多，影响市场流动性。[②] 丁丁和潘方方（2012）早期就对外资并购国家安全审查制度的审查对象和考量因素进行了研究。[③] 瞿栋（2012[④]）及张新民、黄晓蓓和郑建明（2012[⑤]）聚焦外资并购，从产业发展和安全的角度进行了分析。此外，王欢和汤谷良（2012）通过研究国企借道外资进行管理层收购，研究了国有股权改制中监管制度的缺失，建议通过创新性的制度改进予以屏蔽。[⑥] 林桂军和 Tatiana（2021）认为，滥用 WTO 国家安全例外条款在世界正在成为一种趋势，毫无疑问，对全球贸易和投资的影响是负面的。建议 WTO 在国家安全问题上，进一步澄清在何种情况下，一国有权借助国家安全条款，加强监督和透明度。建议我国就这一问题主动和美国方面沟通；要求 WTO 成员将国家安全例外措施作为最后的选择。[⑦]

四、新时代高水平利用外资的对策

近年来，我国经济虽然面临国际发展环境变动的严峻挑战，但总体发展形势稳中向好，外商投资环境持续改善。如何在全球跨境投资持续下滑的背景下，继续保持外资增长，利用外资促进我国经济高质量发展，贸大学者在以下几个方面提出了自己的见解。

（一）更新完善外资统计数据和方法

统计方法的提升有助于我国加深对引进外资规模和效益的认识。许晓娟和刘立新（2018）指出，随着我国引进外资历时的延长，加上股份估值、汇率和分类变化等非交易因素的影响，外商直接投资的存量和流量累计值差异逐步加大。据此，建议引入存量

---

① 桑百川．外资并购的分歧与评价［J］．国际贸易，2007（7）：52－56．

② Yang，S．（2016）．Capital flows，sterilization，and macro－prudential policy in china．*Emerging Markets Finance and Trade*，52（8），1797－1812．

③ 丁丁，潘方方．对我国的外资并购国家安全审查制度的分析及建议［J］．当代法学，2012，26（3）：131－138．

④ 瞿栋．外资并购对我国产业安全的影响及对策［J］．新经济导刊，2012（8）：80－85．

⑤ 张新民，黄晓蓓，郑建明．外资并购与我国产业安全：综述及研究展望［J］．国际贸易问题，2012（4）：163－176．

⑥ 王欢，汤谷良．“借道”MBO：路径创新还是制度缺失?——基于双汇 MBO 的探索性案例研究［J］．管理世界，2012（4）：125－137+188．

⑦ 林桂军，Tatiana Prazeres．国家安全问题对国际贸易政策的影响及改革方向［J］．国际贸易问题，2021（1）：1－15．

调查改进我国外商直接投资统计。一方面可与《中国国际投资头寸表》编制的直接投资负债形成互补；另一方面，依托存量调查可采用方向原则，提供按境外投资者和实际控制人分别统计的中国双边内向直接投资存量，丰富我国的统计资料。[①] 周琢和祝坤福（2020）研究了外资企业出口属权要素增加值和属地要素增加值的差异。[②] 通过对 2000—2013 年外资加工企业的测算，中国属权要素出口增加值占属地出口增加值的平均比重为 65.85%，两者之间的平均背离程度为 34.15%。研究认为，属地出口增加值已经不能充分反映外资企业出口中的本国要素收益，区分属权和属地要素出口增加值有助于学术界厘清外国要素流入所形成的要素收益分配效应，也可以为一国政府的对外贸易谈判提供科学依据。

（二）通过提升营商环境、外资管理制度方式高水平利用外资

首先，改善营商环境是高质量发展的重要机制和前提保障。蓝庆新和赵永超（2019）讨论了营商环境和高质量发展的关系，认为吸引外资高质量发展的重要机制是坚持对外开放、有效政策推动和营商环境优化。[③] 桑百川和张彩云（2018）认为，要保障外商直接投资与“五大发展理念”相契合，使其成为推动国民经济高质量发展的动力，就需要进一步优化营商环境，扩大市场准入，完善投资区域导向政策，深化供给侧改革，构建外资企业环境责任体系，引导外资企业行为，构建外商直接投资推动高质量发展的政策体制保障体系。[④]

针对如何改善和提高国内营商环境，钊阳和桑百川（2019[⑤]）及桑百川（2019[⑥]）认为，应该致力于对标先进国际经贸规则，持续促进外商投资自由化和便利化。外商投资将在结构调整中提升质量和水平，更好地服务于推动经济高质量发展。李玉梅和桑百川（2018）针对近些年中国营商环境不断优化及外资结构性调整的现象，通过计算不同 FDI 潜力类型的变化来理解服务业外资比重上升而制造业比重下降、高端制造业和生产型服务业逐渐替换劳动密集型加工贸易的改变，并提出改善外资营商环境的着力点。[⑦] 刘宏、刘玉伟和陈宇旺（2020）考察了营商环境在外商投资提升产品质量中起到的中介作用，发现营商环境越好，FDI 对企业出口产品质量的提升效果越好，而外资企业和高生产率企业更容易在这一渠道中获益。[⑧]

其次，制度水平的高低同样会影响外资的引进和推动作用。在地区层面，郑建明和刘琳（2015）发现，地区市场化程度的提高以及治理环境的改善使外商更倾向于采取独

① 许晓娟，刘立新．引入存量调查改进外商直接投资统计的思路［J］．统计研究，2018，35（1）：4－12．

② 周琢，祝坤福．外资企业的要素属权结构与出口增加值的收益归属［J］．中国工业经济，2020（1）：118－135．

③ 蓝庆新，赵永超．从“引资”、“择资”到“导资”——我国吸引外资高质量发展回顾与思考［J］．理论学刊，2019（5）：64－71．

④ 桑百川，张彩云．利用外商直接投资推动中国经济高质量发展［J］．新视野，2018（4）：83－88．

⑤ 钊阳，桑百川．对标高标准国际经贸规则优化外商投资制度环境［J］．国际贸易，2019（10）：19－26．

⑥ 桑百川．外商直接投资动机与中国营商环境变迁［J］．国际经济评论，2019（5）：34－43+5．

⑦ 李玉梅，桑百川．中国外商投资企业营商环境评估与改善路径［J］．国际经济评论，2018（5）：49－60+5．

⑧ 刘宏，刘玉伟，陈宇旺．外商直接投资、营商环境与出口产品质量升级［J］．当代财经，2020（11）：100－112．

资的方式进入。[①] 黄晓玲和王丽芳（2017）发现，制度质量的完善和外资的进入对高技术产业创新提升具有显著的正向作用。[②] 在国家间投资协定层面，高水平的双边协议也会促进外资的进入。杨挺和卢进勇（2011）发现，签署双向投资促进合作谅解备忘录能促进双向 FDI 的流动。[③] 邓慧慧（2012）发现，母国和东道国的 GDP、开放度以及区域一体化规模的增加都会增加东道国 FDI 流入规模，东道国与投资国签订自由贸易协定（FTA）也有利于本国吸引 FDI。[④] 但周边国家的经济总量增加和开放度的提高会挤压本国 FDI，周边国家通过 FTA 形成的区域一体化范围越大，对本国吸纳 FDI 的负面影响越大。东亚地区 FDI 存在空间正相关性，中国吸引外资并没有挤占周边其他国家和地区吸引外资的空间，而是促进了在该地区的互补性投资。李玉梅和张琦（2015）发现，我国与他国签订双边投资协定对我国吸引 FDI 具有正向影响。[⑤] 蓝庆新和刘昭洁（2017）认为，"一带一路"倡议可以通过改善我国投资环境，改变原来制约外资发展水平的问题，为吸引外资创造更加良好的环境，促进中国外商投资发展到更高水平。[⑥]

最后，降低制度政策的不确定性也有助于外资利用的效率与质量。外资利用对地区经济发展具有重要的促进作用，但受制于地方政府及其主政官员的任期交叠。刘琳和郑建明（2017）发现，地方官员变更会引起辖区内政治不确定程度增加，显著降低当年的外资专用性投资规模。[⑦] 雷光勇、刘茉和王文忠（2017）研究发现，与未更替年相比，主政官员更替当年所导致的不确定性使辖区外资利用水平显著降低；与独资型相比，合资型和合作型外资利用水平更显著地受到主政官员更替所致不确定性的负向影响。[⑧] 基于主政官员更替特征衡量不确定性程度的研究发现，主政官员更替所致的不确定性程度越大，外资利用水平越低。此类研究为引进外资投资提供了新的视角，丰富了官员变更的相关文献。

（三）全面分析全球价值链渠道的影响，协调利用外资的布局

随着全球化的不断深入，外资凭借与跨国公司全球价值链网络的天然联系，强化了中国融入全球价值链的深度和复杂程度，产生了异质性的影响。在此背景下，如何高水

① 郑建明，刘琳．治理环境、技术水平与外商独资化［J］．国际贸易问题，2015（1）：156－165．

② 黄晓玲，王丽芳．外资企业进入、制度质量与高技术产业创新——基于企业层面微观数据的实证分析［J］．经济与管理评论，2017，33（5）：95－102．

③ 杨挺，卢进勇．投资促进在 FDI 中的作用——基于中国的实证研究［J］．国际贸易问题，2011（1）：110－117．

④ 邓慧慧．论中国 FDI 流入对周边国家和地区吸纳 FDI 的影响［J］．中南财经政法大学学报，2012（5）：68－74．

⑤ 李玉梅，张琦．中国签署双边投资协定的引资效应——基于 1994－2013 年面板数据的实证分析［J］．亚太经济，2015（4）：132－137．

⑥ 蓝庆新，刘昭洁．"一带一路"倡议对我国吸引外资的影响与促进措施［J］．青海社会科学，2017（2）：53－58．

⑦ 刘琳，郑建明．地方官员变更与外资专用性投资——基于中国省际面板数据的实证研究［J］．国际贸易问题，2017（7）：108－118．

⑧ 雷光勇，刘茉，王文忠．主政官员更替、不确定性与外资利用［J］．经济与管理研究，2017，38（3）：24－35．

平地利用外资，实现我国产品附加值的提升、产品的多样化、价值链攀升，以及提高企业市场竞争力、降低区域发展不平衡等都是值得关注的问题。

国内企业通过参与全球价值链分工，可以提高出口国内附加值。吕越和尉亚宁（2020）研究发现，企业贸易网络中心度整体呈上升趋势，且显著促进了其出口国内附加值率。[①] 企业贸易网络可以通过影响行业集中度、中间品投入及外资进入程度三种渠道提升其出口国内附加值；同时，非国有、东部地区及劳动密集型企业的贸易网络对出口国内附加值率的影响更大。李磊、刘斌和王小霞（2017[②]），吕越、高媛和田展源（2018[③]），罗伟和吕越（2019[④]）的研究都表明，外资自身凭借与跨国公司全球价值链网络的天然联系，强化了中国融入全球价值链的深度和复杂度，且可以通过溢出效应或缓解价值链环节的融资约束等方式，提高内资企业全球价值链的参与程度。

但嵌入全球价值链同样会产生一些负面抑制效应。吕越、陈帅和盛斌（2018）发现，嵌入全球价值链对企业研发创新行为具有显著的抑制作用，对外资企业、加工贸易企业以及高技术企业的作用尤其明显。[⑤] 其抑制作用主要是通过技术外溢的过度依赖、技术吸收能力以及发达国家的“俘获效应”等三个角度，导致中国企业嵌入价值链没有产生预期的技术升级效应。此外，吕越和邓利静（2020）发现，企业嵌入全球价值链将会显著降低产品多样性。[⑥] 由市场竞争引致的挤出效应以及吸收能力不足可能是导致这一效应的内在机制。区域和所有制异质性的研究表明，我国企业需要不断提高市场竞争力和吸收能力、积极主动融入全球价值链分工、优化引资质量和结构，以便更深度地参与国际经贸规则的全球治理。

（四）认识外资在其他方面起到的作用

除了以上方面，外资还在降低金融风险、与地方决策过程以及环保方面起到一定作用。李勇等（2018）认为，更高比例的境外机构所有权，通过降低全球股票流动性共因的方式降低金融风险。[⑦] 刘青和邱东晓（2014）说明了国内金融开放如何降低外资利润率而导致外资流入下降。[⑧] 最后，在吸引外资的其他政策方面，邓慧慧等（2017）认为，财政分权可以提高当地政府的自主性、增加引进外资流量，但更低的环保标准有助于

① 吕越，尉亚宁．全球价值链下的企业贸易网络和出口国内附加值［J］．世界经济，2020，43（12）：50－75．

② 李磊，刘斌，王小霞．外资溢出效应与中国全球价值链参与［J］．世界经济研究，2017（4）：43－58+135．

③ 吕越，高媛，田展源．全球价值链嵌入可以缓解企业的融资约束吗？［J］．产业经济研究，2018（1）：1－14+38．

④ 罗伟，吕越．外商直接投资对中国参与全球价值链分工的影响［J］．世界经济，2019，42（5）：49－73．

⑤ 吕越，陈帅，盛斌．嵌入全球价值链会导致中国制造的“低端锁定”吗？［J］．管理世界，2018，34（8）：11－29．

⑥ 吕越，邓利静．全球价值链下的中国企业“产品锁定”破局——基于产品多样性视角的经验证据［J］．管理世界，2020，36（8）：83－98．

⑦ Deng，Baijun，Zhongfei Li，and Yong Li．Foreign institutional ownership and liquidity commonality around the world．*Journal of Corporate Finance* 51，2018：20－49．

⑧ Liu，Q．，& Qiu，L．D．（2014）．Implications of Financial Development of the South for Trade and Foreign Direct Investment from the North．*Review of Development Economics*，18（2）：272－285．

吸引更多外资。[①]马捷（2017）讨论了由于游说集团政府可能会引进更多的外资，但因为过度补贴和资源配置的原因，外资量可能不是最优的。[②]在环保方面，夏友富（1994）在首届“中国对外开放与环境保护”研讨会上提出，要学习“三资企业”的环保处理方法，协调对外开放与环境保护这两个基本国策。[③]龚炯等（2012）研究了外资是否会注重提高东道国环保标准，[④]发现当东道国市场过大时，外资影响力有限，导致外资并不会主动去注重环保。因此，呼吁东道国制定更高的环保标准。

① Wang，J.，Wei，W.，Deng，H.，& Yu，Y.（2017）. Will fiscal decentralization influence FDI inflows? A spatial study of Chinese cities. *Emerging Markets Finance and Trade*，53（9）：1988－2000.

② Ma，J.（2017）. Double－edged incentive competition for foreign direct investment. *International Tax and Public Finance*，24（2）：282－312.

③ 夏友富. 中国的对外开放与环境保护［J］. 对外经济贸易大学学报，1994（3）：1－11.

④ Dong，B.，Gong，J.，& Zhao，X.（2012）. FDI and environmental regulation：pollution haven or a race to the top?. *Journal of Regulatory Economics*，41（2）：216－237.

第四章

对外投资与“一带一路”研究[①]

改革开放以来，中国的对外投资活动从无到有、从小到大迅速发展起来，尤其是2000年国家出台的“走出去”战略和 2013 年国家主席习近平提出的“一带一路”倡议，为中国对外投资和“一带一路”建设提供了强劲推动力。近 40 年来，围绕对外投资和“一带一路”建设，贸大学者在理论探究、政策制定与评估、企业管理与策略等领域展开了大量的研究工作，为国家对外开放做出了应有的贡献。

一、20 世纪 80—90 年代的对外投资研究与探索

从 1978 年改革开放到 2000 年前后的约 20 年里，中国对外直接投资大致经历了以下三个阶段。

初期探索阶段（1978—1985 年）：政策上逐渐放松对企业海外投资的限制，一些从事进出口业务的外贸公司和具有涉外经验的企业开始在国外开设海外代表处或海外贸易公司。截至 1985 年 12 月，中国在 34 个国家和地区开办了 144 个非贸易性的合资经营企业（包括独资企业），对外直接投资额达到 1.38 亿美元。[②] 重要里程碑事件包括 1979 年 8 月国务院提出“要出国办企业”，从而首次确立了推动对外直接投资的政策导向；原对外经济贸易合作部也于 1981 年颁布《关于在国外开设合营企业的暂行规定》及《关于在国外开设非贸易性企业的暂行规定》并部分下放审批权限，1984 年又制定了《中国对外投资开办非贸易性企业的暂行审批程序和管理办法》，从此奠定了中国对外直接投资的政策体系和管理制度的基础。

加快发展阶段（1986—1992 年）：1985 年 7 月，原对外经济贸易合作部正式颁布了《关于在国外开设非贸易性合资经营企业的审批程序和管理办法》，“只要是经济实体，

① 本章由杨立强编写。

② 谢岷．试论对外直接投资在我国国民经济中的地位和作用［J］．国际贸易问题，1987，（3）：10－15．

有资金来源，具有一定的技术水平和业务专长，有合作对象人，均可申请到国外开设合资经营企业”。由于政策进一步放松，中国对外直接投资迎来第一次发展高潮。1985—1991 年期间，中国共批准在海外投资兴办的非贸易性企业 859 家，平均每年兴办 128 家，协议投资总额达到 29.44 亿美元。这一阶段，无论是对外直接投资的参与主体，还是投资领域、投资国别和行业分布，均有了长足的发展。截至 1992 年底，中国海外企业已覆盖全球 120 多个国家和地区，海外非贸易性企业达到 1 360 家，海外贸易性企业达到 2 600 多家，中方投资总额达到 40 多亿美元，涌现出首都钢铁公司、中国化工进出口总公司、中国国际信托投资公司等一批跨国经营企业。

调整发展阶段（1993—2000 年）：为避免经济过热，1993 年，中国开始实施宏观调控，实行严格的外汇管理和海外投资项目审批措施。1997 年，亚洲金融危机进一步导致对外直接投资审批更为严格，中国对外直接投资发展进入调整阶段。这一时期，中央提出要充分利用国内和国外两个市场，要将“引进来”和“走出去”有机结合起来，鼓励有比较优势的企业开展境外加工贸易活动，使得境外加工贸易活动引发的海外投资成为中国对外直接投资的新亮点。

综上所述，对于中国对外投资来说，整个 20 世纪 80—90 年代是一个探索和突破的时代，也是一个变动调整的时代，更是一个酝酿勃发的时代。恰恰是改革开放“前 20 年”的对外投资政策实践，为 2000 年前后“走出去”战略的正式形成奠定了必不可少的基础。而大大超前发展的对外投资活动和政策调整，亟待经济学者提供理论指导和决策参考。这也就为对外经济贸易大学从事对外经贸领域研究的学者提供了广阔的舞台。

为了推动对外投资和跨国公司的研究，1987 年，对外经济贸易大学正式成立了“跨国公司研究中心”，孙维炎校长兼中心主任在成立大会暨首届研讨会上作了主题报告。该主题报告在回顾跨国公司研究发展历程的基础上，提出了研究中心的研究、教育和提供咨询服务的三大发展方向。在研究方面，孙维炎校长明确提出“我们研究跨国公司的理论与实践，目的非常明确，即为发展中国的国际企业与跨国公司服务，为改革与开放服务”，并特别提出了研究中心的主要研究方向：跨国公司理论、跨国公司与东道国/母国政府的关系、国际企业活动类型、跨国公司管理比较研究、跨国公司战略规划与经营策略研究、国际会计与财务管理研究等。[①] 跨国公司研究中心首席顾问姚曾荫在会上探讨了跨国公司在世界经济中的地位和作用，提出“要组织中国的跨国公司来进一步加入世界市场上的竞争”。[②] 1991 年，研究中心与国内有关单位共同发起组织了“中国企业国际化经营”研讨会，明确提出“发展有中国特点的跨国公司”的主张，葛亮和卢进勇（1991）从发展跨国经营的必要性和迫切性、可能性、模式和战略、应注意的问题及政策建议等

① 孙维炎. 研究理论探索实践促进中国企业的国际化——在跨国公司研究中心成立暨首届研讨会上的主题报告[J]. 国际贸易问题，1988，(3)：3-8.

② 姚曾荫. 联系实际，突出重点，深入研究跨国公司——跨国公司研究中心成立暨首届研讨会上的发言 [J]. 国际贸易问题，1988 (3)：9-12.

方面，对这次研讨会的主要观点进行了综述；[①] 1992 年，组织了“外贸企业集团化、国际化、实业化”研讨会；1993 年，召开了“北京’93 跨国公司与中国国际研讨会”；[②] 1994 年，召开了“北京’94 跨国公司与世界经济一体化国际研讨会”[③] 并出版了会议文集。[④] 另外，联合国跨国公司中心（后改为联合国贸易和发展会议跨国公司项目）从 1991 年开始编写和出版世界投资年度报告。《1992 年世界投资报告》经联合国出版局授权，由对外经济贸易大学跨国公司研究中心翻译、对外贸易教育出版社出版。[⑤] 储祥银（1994）介绍了《1993 年世界投资报告》的主要观点和内容。[⑥] 除此之外，1997 年，学校还正式成立了 FDI 研究中心（外国直接投资研究中心），致力于国际直接投资领域的学术研究。2009 年，FDI 研究中心被评为校级重点研究基地。

归纳起来，这一时期贸大学者主要围绕以下几个问题展开研究工作。

第一，中国发展对外投资的可能性和潜在优势。早在 1986 年，身为对外经济贸易大学研究生的谢岷就基于邓宁的国际生产折衷理论提出了中国发展对外投资的相对优势问题。谢岷指出：“再用‘垄断净优势’论和‘市场饱和、资本过剩’论作为解释发展中国家和社会主义国家进行对外直接投资的决定因素，显然是不适宜的。因为这容易造成一种误解：似乎缺乏建设资金、外汇及先进技术的国家就没有条件发展对外投资。”谢岷特别强调：按照国际生产折衷理论，中国不仅已具有发展对外投资的潜在优势，而且还具有较好的相对优势，“完全有可能大力发展对外直接投资”。这些相对优势包括利用适用技术和剩余技术进行对外投资的巨大潜力，在某些高技术领域的领先优势，在科技人才/劳动密集型企业的管理经验、出口推销能力、统一调配上的优势等。[⑦]

第二，中国发展对外投资的必要性和意义。谢岷（1987）较为全面地总结概括了对外直接投资在中国国民经济中的地位和作用，特别提出了对外投资在开放型经济中的地位，即“开放型经济的性质和特点要求我们的对外经贸活动既要‘请进来’，又要‘走出去’，而发展对外直接投资正是‘走出去’利用国外资源、开拓国际市场的重要手段”。该文不仅较早地明确提出“走出去”提法和“请进来”与“走出去”相结合的开放总思路，还较为全面地总结概括了对外投资对国民经济的六大促进作用：促进出口贸易发展，

① 葛亮，卢进勇．发展有中国特色的跨国公司：中国企业跨国经营政策研讨会综述［N］，人民日报，1991-12-06（005）.

② 对外经济贸易大学跨国公司研究中心．跨国公司与中国：北京’93 跨国公司与中国国际研讨会文集［M］．北京：对外贸易教育出版社，1994.

③ 孙维炎．’94 北京“跨国公司与世界经济一体化”国际研讨会开幕式致辞［J］．国际贸易问题，1994，（11）：2-3.

④ 储祥银．跨国公司与中国——北京’94 跨国公司与世界经济一体化国际研讨会文集［M］．北京：对外经济贸易大学出版社，1995.

⑤ 联合国跨国公司中心，储祥银等，主译．1992 年世界投资报告——跨国公司：经济增长的引擎［M］．北京：对外贸易教育出版社，1993.

⑥ 储祥银．当代跨国公司发展的新态势——《1993 年世界投资报告——跨国公司与一体化国际生产》介评［J］．世界经济，1994，（12）：71-74.

⑦ 谢岷．国际生产折衷理论与我国发展对外投资的相对优势［J］．世界经济，1986，（10）：55-59.

增加外汇收入；开发利用国外自然资源；促进技术引进，推动研究与开发国际化；有助于改善国际收支，促进利用外资发展；发挥“窗口”作用，促进贸易、金融、保险和航运等事业发展；促进南南合作，提高对外援助的经济效益等。[①] 夏申（1988）基于“国际大循环”战略构想探讨了中国外向型经济发展的若干战略选择，其中，特别指出对外直接投资的重要意义。该文指出，“一些前列的发展中国家……逐渐能够把握多种国际经济活动方式的依存关联和转换替代，并开展了一系列较为复杂的国际活动，包括涉及组合性生产要素转移的对外直接投资，建立集出口贸易、对外投资、技术转让诸功能于一身的新兴跨国公司”，认为“拓展对外经济贸易应以跨国公司为主要经营实体，走多元化综合经营的道路”，“使海外企业成为国内循环楔入国际循环的接口、通道，成为具有反馈功能，抗衡外部冲击，能够保持国内循环始终位于良性循环轨道的缓冲器和控制器”。应该说，该文的许多观点即使放在强调“国际国内双循环”的今天，仍有借鉴意义。[②] 孙维炎（1992）指出，经过 10 余年的实践与理论探索，关于中国对外直接投资和企业跨国公司已经形成如下共识：（1）社会主义国家创办跨国经营企业完全符合商品经济发展到较高阶段的一般运行规律，是生产社会化发展到生产国际化的必然产物；（2）社会主义跨国公司不仅与一般意义上的跨国公司有共性，而且更重要的是独具个性；（3）适量、适地、适时地进行对外直接投资不但无妨国内经济发展，反而有助于将国民收入流转纳入内外双向循环的良性轨道；（4）中国发展海外直接投资是突破国内资源禀赋约束，在境外主动利用外资的一种全新方式，是生产要素寻求最佳配置区位和最优组合比例的内在要求……，是 20 世纪 90 年代乃至下个世纪跻身国际经济舞台，自觉参与高层次的区域内、产业内、公司内国际分工的战略之举。该文就先行主体、进入战略、部门战略、区位战略、技术战略等，全面给出了中国企业对外直接投资的战略选择。[③]

第三，中国对外投资的主要动机和类型。谢岷（1987）考察了 1960 年以来发展中国家和地区对外直接投资的发展状况，提出了当时国际直接投资的三个新特点：发展中国家和地区跨国企业的兴起；发展中国家和地区企业对国外市场的服务形态，开始由“贸易形态”逐步向“生产形态”转变；发展中国家和地区生产国际化的程度在提高。该文还总结归纳了发展中国家和地区企业对外直接投资的主要动机类型，如自然资源型投资、出口导向型投资、防御性竞争投资、风险分散性投资、“研究开发”型投资以及充分利用现有生产技术和推销相对陈旧的生产设备动机等，而且特别强调发展中国家和地区企业对外投资的最终目的仍然应是利润原则。[④] 夏申（1989）在讨论归纳区位选择理论的基础上，提出了“上游投资之谜”，即发展中国家和地区反过来向发达工业国家和地区进行“上游投资”，而不是通常的“下游投资”。夏申在文中给出了自己的解释：一方

① 谢岷．试论对外直接投资在我国国民经济中的地位和作用［J］．国际贸易问题，1987，（3）：10-15．
② 夏申．论中国外向型经济发展的战略选择——兼评“国际大循环”战略构想［J］．财贸经济，1988，（9）：11-16．
③ 孙维炎．中国企业跨国经营的发展战略［J］．管理世界，1992，（1）：47-54．
④ 谢岷．论发展中国家和地区企业的生产国际化［J］．世界经济，1987，（10）：34-39．

面“上游投资”的动机不再是单纯的眼前利润，而是为了获得一流技术或潜在市场；另一方面，发达国家和地区具有的区位优势对发展中国家和地区具有较强吸引力。作者在论文末尾指出：“‘上游投资’的勃兴预示着发展中国家和地区的对外直接投资正在向高级化、大型化方向发展”。[①] 卢进勇（1994）较为全面地探讨了土地要素的特殊国际移动的含义、形式、经济动机及制约因素，提出了土地要素特殊移动带来的土地入股、土地合作开发等特殊形式的对外投资，较早地关注了涉及土地要素的国际农业投资、境外园区开发等对外投资活动。[②] 该文获得1994年第三届“安子介国际贸易研究奖”三等奖。

第四，中国对外投资发展现状与特点。对外经济贸易大学跨国公司研究中心（1991）根据自行组织的两次调查，[③] 归纳总结了中国海外直接投资的整体特征，即发展速度快，平均规模小（海外生产性企业平均投资额约为287万美元，不过驻港企业呈大型化、集团化发展趋向），投资行业多但以自然资源开发为主，投资区域广但以港澳地区为主，投资方式以合资为主（合作伙伴以华侨为多），占有少数股权且实行有限责任制，进入方式以新建企业为主、收购当地企业为辅。[④] 田光涛等（1992）概括总结了中国外贸企业国际化经营面临的六大问题并给出了相应的政策建议。[⑤]

第五，中国发展对外投资的战略方向。夏申（1988）提出，以投资带动贸易的出口新战略值得中国借鉴，认为“现代国际竞争要求对外直接投资与对外贸易结合起来，以维护和拓展出口市场”。[⑥] 而这一新战略构想，实际上与后来20世纪90年代末推行的境外加工贸易差不多，可以看作境外加工贸易政策的早期构想。夏申（1989）总结归纳了当时国际资本流动的十大特点，提出应该将对外直接投资上升到战略地位，认为“应努力争取在下世纪20、30年代形成3到5家世界著名的中国跨国公司，使公司内贸易届时达到我国整个对外贸易的40%～50%”。[⑦] 王林生（1992）较为全面地探讨了中国企业跨国经营的性质、战略重点和竞争优势的获得途径等。[⑧] 付强（1992）在分析和比较日本综合商社优点的基础上，提出了中国企业对外投资的综合商社模式，并将其作为中国特色的企业国际化之路的一种选择。[⑨] 马春光（1992）将当时从事跨国经营的中国大型企业分为三类：第一类是具有较强国际经营能力的外贸专业总公司，第二类是具有相当技术实力和经营能力的产业型企业，第三类是具有雄厚资金实力的金融性、服务性企业等。

---

① 夏申．发展中国家对外直接投资的区位选择［J］．国际贸易问题，1989，（Z1）：2－5．

② 卢进勇．试论土地要素的特殊国际移动［J］．世界经济，1994，（4）：24－28．

③ 调查报告由林康、夏友富执笔，参与调查报告讨论定稿的人员包括孙维炎、藤德祥、葛亮、张金龙、夏申、罗龙、卢进勇等，最终审校为丁衡祁。

④ 对外经济贸易大学跨国公司研究中心．中国大型企业海外直接投资调查报告［J］．对外经济贸易人学学报，1991，（6）：8－15．

⑤ 田光涛，孙家恒，滕德祥，李敬伟．关于我国外贸企业国际化经营的问题和建议［J］．国际贸易，1992，（2）：14－16．

⑥ 夏申．要重视探讨我国的海外直接投资战略［J］．国际贸易，1988，（7）：18．

⑦ 夏申．当代国际资本流动新格局与中国的对策［J］．国际贸易问题，1989，（2）：45－49．

⑧ 王林生．我国企业的跨国经营问题［J］．对外经济贸易大学学报，1992（3）：1－7．

⑨ 付强．借鉴日本综合商社模式走有中国特色的企业国际化之路［J］．国际贸易问题，1992，（10）：56－60．

马春光认为，以上“第一类外贸企业总公司和第三类金融性、服务性的大型企业，要向实业化、集团化和国际化发展，可以借鉴日本、韩国的模式”，第二类大型工业企业进行跨国经营可以考虑采取开展国际贸易、参与有价证券投资、对外直接投资等方式。马春光明确指出，中国大型工业企业跨国经营应注意按照国际惯例管理海外企业，注意培养跨国经营专门人才。① 夏友富和沈晨阳（1992）分析了中国企业集团综合化经营的主要原因，指出综合化经营不是当时中国企业集团的经营方向，强调专业化和多功能化才是中国企业集团的发展方向。不过，该成果也指出，中国企业集团专业化发展到一定水平后，可以参与一些综合化经营。② 林康（1998）认为，当代跨国公司已形成庞大的“企业帝国”，而巨型跨国公司已经出现“恐龙效应”，企业规模并非越大越好。考虑到亚洲金融危机的教训，林康认为大型企业与中小型企业最好能够实现优势互补，在培育少数大型企业集团的同时，应当鼓励和扶持中小型企业成为国民经济的重要战略目标。③

第六，跟踪西方国家对外投资理论新动向。夏申（1989）较为全面地考察了具有代表性的发展中国家和地区对外直接投资的理论模式、决定因素研究、投资动机分析、独特竞争优势等，并就发展中国家和地区对外直接投资理论进行了评价。④ 王林生（1990）概述了西方国际直接投资和跨国公司的主要理论，重点介绍了邓宁的国际生产折衷理论对于服务业跨国化的解释，并对西方跨国公司理论的演变和新动向作了评价。⑤ 孙维炎等（1992）较为全面地梳理和分析了跨国公司的发展趋势、经营战略、海外企业人事管理、海外企业财务管理等问题。⑥ 林康（1993）讨论了西方跨国公司经营战略的四大转变，包括经营战略上由单一经营向“多角化”经营转变，管理战略上由规模化向个性化和小批量生产转变，技术战略上强化研发和技术转让战略，产品由品质控制向品质管理转变等。⑦ 谢岷（1987）对邓宁的国际生产折衷理论进行了述评。⑧ 卢进勇（1996）则评述了西方对外直接投资理论的主要流派。⑨ 罗龙和赵京霞（1991）指出，跨国公司将成为国际经济活动的主体。⑩

第七，提出对外投资相关政策建议。夏申（1988）对中国海外投资和海外企业的性质进行了理论探讨，分析了中国发展对外直接投资的必要性和可能性，提出了几个具有前瞻性的政策建议：设立对外投资委员会等专门管理机构，负责中国对外直接投资活动的战略规划、方针政策、协调审批、指导服务等工作；中国银行对企业海外投资项目提

① 马春光．试论我国大型工业企业国际化经营［J］．国际贸易问题，1992，（9）：44－48．
② 夏友富，沈晨阳．论我国企业集团化跨国化过程中的综合化经营问题［J］．国际贸易，1992（7）：20－24．
③ 林康．跨国经营：大企业与中小企业［J］．国际贸易问题，1998，（8）：19－23．
④ 夏申．发展中国家对外直接投资的理论演进及其评价［J］．世界经济，1989，（9）：29－36．
⑤ 王林生．当代西方跨国公司理论的演变及其新动向［J］．经济学家，1990，（5）：94－103．
⑥ 孙维炎，徐子健，余恕莲.企业跨国经营的战略与管理［J］．管理世界，1992（5）：96－107．
⑦ 林康．借鉴西方跨国公司经验发展中国企业跨国经营［J］．国际贸易问题，1993，（3）：9－14．
⑧ 谢岷．国际生产折衷理论述评［J］．国际贸易问题，1987，（5）：33－37．
⑨ 卢进勇．对外直接投资理论的主要流派［J］．经济导刊，1996，（3）：60－63．
⑩ 罗龙，赵京霞．跨国公司将成为国际经济活动的主体［J］．国际贸易，1991，（5）：23－25．

供长期优惠贷款和必要的担保；对通过对外直接投资而带动出口的机器设备、原材料和中间产品免征出口税并实行出口退税等；呼吁尽早制定"对外直接投资法"，积极商签双边投资保护协定等。[①] 章昌裕和夏申（1988）概括分析了 20 世纪 80 年代末世界经济格局的演变趋势，特别指出"跨国公司目前已经成为从事现代国际经济合作的主力军"。在此基础上，该成果认为，"社会主义商品经济的国际化、高级化和多样化，就是中国对外经济合作的目标模式，是我国对外开放战略选择的基本内容"，并提出几个关键性要点：应制定对外经济贸易的整体发展战略；应以跨国公司为主要经营实体，走多元化综合经营之路；应按行业组建对应有关国际机构的管理体制；应在政策和法律上，全面支持开展对外经济合作等。[②] 任维和罗龙（1988）梳理了跨国公司常见的融资策略，针对中国企业对外投资实践提出一些较为超前的设想。如建议中国企业"争取在东道国和欧洲金融市场融资，仅靠有限的企业留存收益是不足以进行跨国经营的"；又如，建议在不影响中国企业控制权的情况下，与东道国当地企业合作，利用当地银行等。[③] 门明（1996）考察了韩国对外直接投资政策并讨论了其对中国对外直接投资的启示。[④]

第八，对外投资模式及海外企业管理问题。孙宁（1987）较早地考察了跨国公司财务管理中的外汇换算问题并指出，了解西方外汇会计不仅对中国利用外资有积极作用，而且对于中国开拓国外投资市场、进行对外直接投资同样有借鉴意义。[⑤] 余恕莲（1992）也就海外投资的会计反映和合并报表中的外币折算等问题进行了讨论。[⑥] 刘强和夏申（1990）探讨了跨国公司的国际资产配置战略，包括战略性业务单位（SBU）的划分与调整、国际资产配置战略的评估指标和方法、投资组合矩阵模型、对外直接投资与资产配置的区位策略等。[⑦] 卢进勇（1994）探讨了海外投资合作伙伴的资信调查问题。[⑧] 姜弢和卢进勇（1995）较早关注了中国海外企业的国有资产管理问题，归纳总结了海外企业国有资产管理中存在的四大问题：国家出资以私人名义注册，经营管理不合当地法律规定，财务上搞两本账，缺乏对海外企业的严格监控等，并相应地提出解决海外企业国有资产流失问题的途径，如严格国内法律规范、遵守当地法律规定、注意国际化经营人才的培养、加强企业集团对海外子公司的监控、尽量避免以私人名义在海外注册公司、运用依托机制管理海外企业资产等。[⑨] 孙维炎（1994）集合了对外经济贸易大学近百名中青年专家学者，集体编撰了《中国企业跨国经营百科全书》，首次以百科全书的形式全面、系

---

① 夏申．中国发展海外直接投资的理论思考［J］．国际贸易问题，1988，（3）：15－18．

② 章昌裕，夏申．演变中的国际经济格局：我国对外经济合作的战略选择［J］．国际贸易问题，1988（5）：2－7．

③ 任维，罗龙．跨国企业的融资策略问题［J］．对外经济贸易大学学报，1988（4）：35－40．

④ 门明．韩国对外直接投资政策及其对我国的启示［J］．投资理论与实践，1996，（1）：36－37．

⑤ 孙宁．跨国公司财务管理的一个重要问题——谈谈外汇换算的会计处理［J］．国际贸易问题，1987，（3）：56－60．

⑥ 余恕莲．海外投资的会计反映和合并报表中的外币折算问题［J］．财会通讯，1992，（8）：26－27．

⑦ 刘强，夏申．试析跨国公司的国际资产配置战略［J］．国际贸易问题，1990，（6）：36－40．

⑧ 卢进勇．海外投资合作伙伴的资信调查［J］．对外经济贸易大学学报，1994，（4）：21－25．

⑨ 姜弢，卢进勇．加强中国海外企业国有资产的管理［J］．管理世界，1995，（3）：173－177．

统地阐述了中国企业跨国经营的理论、战略、实务、法律、组织机构等方方面面。[①] 孙家恒和王和英（1991）考察和介绍了中国企业国际承包和劳务合作的相关问题。[②] 徐子健（1992）从思想观念、在职人员培训、驻外人员选派、外国人才利用、高校人才培养等方面，探讨了中国企业跨国经营人才的培育问题。[③]

除此之外，还有一些学者探讨了国外投资环境问题，[④] 简要讨论了中粮集团、山东诸城外贸集团、江苏春兰集团、青岛海尔集团公司等中国企业跨国经营案例，[⑤] 考察了跨国银行的发展情况，[⑥] 等等。

二、2000 年以来对外投资与“走出去”战略研究

自 2000 年开始，国家正式将“走出去”上升到国家战略高度。2001 年，“走出去”战略和对外投资正式写入《国民经济和社会发展第十个五年计划纲要》；同年，中国加入世界贸易组织，中国对外直接投资进入了新一轮高速发展期。

自 2002 年中国公布对外直接投资统计数据以来，中国企业的对外直接投资金额年均增速达到 39.8%。根据《2013 年度中国对外直接投资统计公报》，截至 2013 年底，中国 1.53 万家境内投资者共在全球 184 个国家和地区设立了 2.54 万家境外企业，对外直接投资存量达到 6 604.8 亿美元，年末境外企业资产总额近 3 万亿美元，境外企业员工总数 196.7 万人，其中外方员工达到 96.7 万人。从全球视野来看，2013 年，中国对外直接投资流量位列全球第三位，仅次于美国和日本；占发展中经济体对外直接投资流量总额的比重超过 1/5，达到 23.75%，已经成为最大的发展中资本输出国，占同期世界对外直接投资流量总额的 7.64%。实际上，经过 2002 年以来短短十几年的发展，中国对外直接投资流量占发展中经济体和占世界的比重都呈快速增长趋势：前者由 2002 年仅占发展中经济体的 5.64%，一跃扩大为 23.75%；后者则由仅占世界流量总额的 0.48%，扩大为 7.64%。

2016 年底，中国政府针对非理性对外投资采取了阶段性管控手段。2017 年，国务院发布《关于进一步引导和规范境外投资方向的指导意见》，市场主体对外投资更趋成熟和理性。根据商务部、国家外汇管理局统计，2020 年，中国对外直接投资流量达到 1 329.4 亿美元。其中，对外非金融类直接投资 1 101.5 亿美元。截至 2019 年底，中国已有超过 2.75 万家境内投资者在全球 188 个国家和地区设立了对外直接投资企业 4.4 万家，年末境外企业资产总额达到 7.2 万亿美元。

① 孙维炎．中国企业跨国经营百科全书［M］．北京：北京大学出版社，1994．

② 孙家恒，王和英.国际承包与劳务合作［M］．北京：经济日报出版社，1991．

③ 徐子健．我国跨国经营人才的开发策略［J］．国际贸易问题，1992（1）：35 - 37．

④ 李华，夏申．试析日本的投资法律环境［J］．亚太经济，1992，（5）：25－29．

⑤ 章昌裕．中国企业跨国经营回眸［J］．管理现代化，1997，（4）：19－22．

⑥ 赵京霞．世界金融变革中的跨国银行［J］．国际贸易问题，1999，（9）：37－43．

综上所述，“走出去”战略的提出与落实以及高速发展的中国对外投资，为对外投资和“走出去”战略学术研究提供了难得的时代机遇。这一时期，贸大学者的相关研究工作除了密切关注“入世”因素对海外投资的影响，还逐渐形成较为全面系统的跨国经营理论、战略、模式分析框架。30 多年的中国对外投资实践，也为研究中国对外投资活动的决定因素及其影响效应评估提供了可能，并开始成为新的热点话题。

2008 年，对外经济贸易大学成立中国企业国际化经营研究中心，相继出版了《北京企业国际化经营研究报告 2005》①（获得第十三届“安子介国际贸易研究奖”优秀著作三等奖）、《中国企业国际化经营年度研究报告 2010》②（获得 2012 年北京市第十二届哲学社会科学优秀成果奖二等奖）、《中国企业国际化发展报告 2012》③等。自 2013 年起，中心每年出版《中国企业海外发展报告》系列年度报告。2012 年，由对外经济贸易大学牵头成立了中国企业“走出去”协同创新中心。

这一时期，贸大学者主要围绕以下几个问题展开研究。

（一）对外开放与“走出去”战略研究

王林生和范黎波（2003）较为全面系统地梳理了跨国经营的理论，总结了中国企业跨国经营的主要战略选择。其研究成果分为理论和战略两部分。理论部分除了回顾基于贸易的跨国经营理论（如贸易结构优化理论、产品生命周期理论、边际产业理论和国家竞争优势理论等）和对外直接投资的跨国经营理论（如特定优势理论、内部化理论和国际生产折衷理论）外，还从子公司特定优势理论的角度解释了跨国公司在观念上和战略上做出大幅度调整的理论依据。研究认为，正是子公司的特定优势及其战略地位才使得跨国公司在如下方面做出了调整：（1）各地区子公司的战略角色强调一定程度的差异性而非同质性，职能强调分工协调性而非集中性；（2）各地区子公司在战略上不再仅仅承担跨国公司决策的执行，而是越来越被认为是跨国公司经营思想、市场信息、专门技能和知识资本的重要来源；（3）一些跨国公司海外子公司的治理权迅速扩大。④该成果获 2003 年第五届全国外经贸研究成果奖论著二等奖。张新民和张建平（2003）梳理和分析了跨国经营的相关理论与企业国际化战略。⑤卢进勇等（2002）紧密结合国际服务贸易的最新发展动态以及中国服务业发展的实际状况，对服务贸易进行了较深入的研究，在以下几个方面进行了一些新的探索：第一，从服务贸易有别于货物贸易的特性出发，概括总结出四种服务贸易理论。第二，对与服务贸易发展密切相关的对外直接投资问题、跨国公司问题、中国利用外资问题和中国海外投资问题分别进行了研究，提出当代服务贸

① 林汉川，张新民，储祥银．北京企业国际化经营研究报告 2005［M］．北京：同心出版社，2005．
② 林汉川，张新民．中国企业国际化经营年度报告 2010［M］．北京：中国商务出版社，2010．
③ 张新民，林汉川．中国企业国际化发展报告 2012［M］．北京：对外经济贸易大学出版社，2012．
④ 王林生，范黎波．跨国经营理论与战略［M］．北京：对外经济贸易大学出版社，2003．
⑤ 张新民，张建平．跨国经营理论与战略分析．（2003 年）［M］．北京：对外经济贸易大学出版社，2003．

易的发展越来越依赖于对外直接投资和跨国公司的观点。第三，对“入世”后中国主要服务行业将会受到的影响，尤其是对利用外资方面的影响进行了透彻的分析。第四，深入探讨了中国对外服务贸易的发展战略和措施。[①] 卢进勇（2012）全面系统地论述了“走出去”战略、中国对外投资和中国跨国公司崛起等问题；同时，也探讨了中国跨国公司发展的理论、战略与模式等，认为无论是“走出去”战略还是跨国公司崛起，对未来30年中国经济的可持续发展都意义重大，是中国由经济大国走向经济强国的必由之路。[②] 该研究成果获得2012/2013年度全国商务发展研究成果奖著作二等奖。裴长洪和樊瑛（2010）认为“国家特定优势”是解释中国企业对外直接投资的基本理论依据。国家特定优势包括：“利用两种资源，开拓两个市场”的国家经济发展战略导向，对企业对外直接投资的影响；中国企业对外直接投资，在服务和服从于国家经济发展全局和宏观调控的目标下，兼顾和结合企业微观经济利益的市场行为以及国有企业在对外直接投资中的重要作用。该研究成果强调：中国企业正在和即将形成的微观竞争优势，需要国家的引导、服务和组织才能转化为企业对外直接投资的综合竞争优势。中国企业对外直接投资实践中，中国政府采取有力的政策体系引导并建设完善的服务体系，比其他国家更加必要。这是形成国家特定优势，加速企业特定优势形成的基本条件，也是中国企业“走出去”的理论依据和政策选择。[③] 张之梅和卢进勇（2011）运用面板数据对中国产业对外投资与反映产业竞争力的主要指标进行回归分析，验证了中国产业对外投资与产业竞争力之间的关系。实证结果表明，中国产业对外投资与产业竞争力呈正相关关系，产业竞争力越高的产业对外直接投资越多。因此，中国具有一定竞争力的产业仍是对外直接投资的主要产业，提高产业竞争力是促进中国对外投资的重要手段。该研究有助于对中国对外投资的产业选择及促进等对外投资发展政策的制定。[④]

洪俊杰等（2016）提出经济新常态下，需要对“引进外资”与“对外投资”两大战略关系进行再思考与协调，提出如下政策建议：国家统一规划，明确部门职责，实现同一审批，统筹协调“引进外资”与“对外投资”相关政策；平衡东西联动，统筹地方、中央，形成全方面开放新格局等。[⑤] 洪俊杰（2018）对经济新常态下，中国企业对外投资的理论创新和配套政策展开具体分析，并对政策深化的相关内容、政策推进的时间部署和空间安排进行了深入探讨。洪俊杰进一步指出，中国经济经历30多年的快速增长，已告别高速增长而进入中高速增长的“新”发展阶段。随着企业“走出去”步伐的不断加快，中国双向投资趋于平衡，加之第三地融资再投资，中国双向投资也已进入投资输

① 卢进勇，虞和军，朱晞颜．国际服务贸易与跨国公司［M］．北京：对外经济贸易大学出版社，2002.

② 卢进勇．“走出去”战略与中国跨国公司崛起——迈向经济强国的必由之路［M］．北京：首都经贸大学出版社，2012.

③ 裴长洪，樊瑛．中国企业对外直接投资的国家特定优势［J］．中国工业经济，2010，（7）：45－54.

④ 张之梅，卢进勇．中国对外直接投资与产业竞争力关系的实证研究［J］．山东经济，2011，（4）：29－32.

⑤ 洪俊杰，林建勇，王星宇．新常态下“引进外资”与“对外投资”两大战略关系再思考与协调研究［J］．国际贸易，2016，（3）：22－26.

出超过投资输入的新阶段。[①]

王光和卢进勇（2016）分析了国际投资规则新变化对中国企业“走出去”的影响，指出国有企业“走出去”的压力将增大，高标准的“环境标准”“劳工权利”“知识产权保护”管制对中国企业“走出去”提出了更严格的要求，可持续发展观是中国企业顺利“走出去”的保障，投资争端解决机制新变化为中国企业解决海外争端提供了新的途径。[②] 郭凌威等（2018）回顾和总结了 40 年来中国对外直接投资的发展历程、对中国和世界经济发展的影响以及中国对外直接投资管理体系的演变过程，提出了中国对外直接投资未来发展的思路和方向，包括进一步推进“走出去”战略发展、扩大并深化与“一带一路”沿线国家的合作，提高国际影响力，加快推进中国技术、标准、服务和品牌“走出去”，履行大国责任，并积极应对数字经济发展等。[③] 杨立强和卢进勇（2018）则全面系统地提出了中国对外直接投资和企业“走出去”未来发展方向和目标，并在此基础上，分别从练好内功、平等竞合、中国元素、合作发展、政策支持等五个方面深入探讨中国对外直接投资和企业“走出去”未来发展的主要思路。[④]

针对非理性对外投资，桑百川（2016）指出，在经济下行压力增大、传统制造业大而不强、工业化进程远未结束、中等收入陷阱尚待破解、全球价值链面临重构的环境下，中国对外直接投资出现了高速增长。这意味着可能伴生系列宏观经济风险：进一步加剧经济下行，诱发产业空心化，脱离全球制造业生产体系，冲击工业化进程，制约人民币国际化脚步。为防范与化解风险，亟须实行质量立国战略。延缓制造业和贸易订单外移，巩固世界制造中心地位并培育出口竞争新优势，逐步从出口大国转向出口强国，从制造业大国转向制造业强国。处理好政府与市场的关系，调整“走出去”战略，构建中国企业主导的全球价值链。[⑤] 林桂军（2016b）认为，本土企业主导的全球价值链地位低是一个突出的问题。在结构上，大企业多，缺少隐形冠军企业。未来，应该依托中国经济规模的优势，打造以中国企业为中心的全球价值链，使中国成为全球经济的总部中心，这是中国建成贸易强国最重要的标志。[⑥]

陈建勋和翟春晓（2015）重新思考传统投资发展周期理论的假设前提，尝试检验新兴市场国家投资发展周期的独特性。该研究运用 13 个新兴市场国家 1993—2012 年的数据，检验结果发现，新兴市场国家在整体上处于投资发展周期的前三阶段。但在发展态势上，随着经济发展水平的提高，新兴市场国家对外投资和吸引外资都呈现出先下降、后上升的 U 形态势，而净对外投资额则表现出先上升、后下降的倒 U 形态势；在发展阶段上，这些国家在投资发展周期的前三阶段，其对外投资都超前于经济发展水平，这与

① 洪俊杰．新常态下中国企业对外投资的理论创新和政策研究［M］．北京：科学出版社，2018．

② 王光，卢进勇．国际投资规则新变化对我国企业“走出去”的影响及对策［J］．国际贸易，2016，（12）：46－49．

③ 郭凌威，卢进勇，郭思文．改革开放四十年中国对外直接投资回顾与展望［J］．亚太经济，2018，（4）：111－121．

④ 杨立强，卢进勇．中国企业“走出去”未来发展方向与思路［J］．国际贸易，2018，（7）：46－51．

⑤ 桑百川．防范对外直接投资高速增长的宏观经济风险［J］．国际经济评论，2016，（4）：67－76．

⑥ 林桂军．夯实外贸发展的产业基础，向全球价值链高端攀升［J］．国际贸易问题，2016（11）：3－11．

传统投资发展周期理论所揭示的并不相同。[①] 陈建勋和赵正一（2016）进一步针对现有文献中存在的投资发展周期理论普适性和适用性的理论分歧，尝试从其中介传导机制的角度来融合不一致的研究结论。该研究从外汇储备的视角补充和丰富了投资发展周期的理论机制，并且运用 136 个国家 1985—2014 年的跨国面板数据，采用系统 GMM 动态面板分析方法，检验了该理论在发达国家和发展中国家的适用性。该研究发现：投资发展路径之所以呈现 S 形曲线，并非传统上所理解的国家经济发展水平与净对外直接投资之间存在直接的曲线关系，而是通过外汇储备的中介传导作用呈现出一种间接的曲线效应。通过分类比较后发现，投资发展周期理论在发达国家样本中得到实证支持，但是在发展中国家样本中没有得到支持。[②]

汪洋等（2014）在理论上界定了对外投资过程中价值侵蚀的概念，将其与中国企业对外直接投资过程中存在的问题结合起来，不仅创造性地解释了中国企业对外直接投资过程中，海外研发、子公司管理、东道国文化水平、企业自有特定资源和海外并购中存在的价值侵蚀问题，而且强调了中国企业国际化进程中价值创造的重要性，并对此提出若干建议。[③]

（二）对外投资促进政策体系问题

刘舒年和杨佳明（2004）指出，融资与保障是实现“走出去”战略的重要一环，而中国落实“走出去”战略面临的三大障碍包括：出口信贷体系提供的融资与保险产品单一，支持力度不够；进出口企业单纯依靠间接融资，融资渠道单一；与发展中国家和地区开展业务，缺少短缺资源与外汇资金的调剂机构等。因此，必须进一步完善我国的出口信贷体系，降低进出口企业进入资本市场的门槛，创建短缺资源与外汇资金的调剂机构。[④] 黄晓玲（2003）比较分析了对外投资促进措施的国际模式，提出了中国对外投资促进体系的构建措施。[⑤] 韩琪（2005）则指出，随着利用外资规模的迅速扩大，中国出现了资本流出缺口问题。长期来看，中国资本流出的巨大缺口对中国经济仍然存在不利影响，需要加大对外投资促进的力度，进一步推进“走出去”战略，逐步缩小这一缺口。[⑥] 还有不少学者分别从金融支持[⑦]、对外投资促进与服务体系建设[⑧]、监管与服务政策体系[⑨]、

① 陈建勋，翟春晓．投资发展周期：新兴市场国家的检验与拓展［J］．财贸经济，2015，（2）：87－96．

② 陈建勋，赵正一．投资发展周期理论具有普适性吗？——机制解析与实证检验［J］．浙江社会科学，2016，（10）：25－37．

③ 汪洋，严军，马春光．中国企业对外直接投资过程中的价值侵蚀问题研究［J］．财政研究，2014，（7）：41－44．

④ 刘舒年，杨佳明．“引进来”与“走出去”相结合的战略及其融资问题［J］．国际商务（对外经济贸易大学学报），2004，（6）：37－40．

⑤ 黄晓玲．对外投资促进措施：国际模式评介与中国体系的构建［J］．国际经济合作，2003，（12）：19－22．

⑥ 韩琪．缩小“资本流出缺口”与扩大对外直接投资［J］．国际经济合作，2005，（2）：4－8．

⑦ 黄人杰．政策性金融对我国企业跨国经营的金融支持研究［J］．国际经贸探索，2007，（4）：66－70．

⑧ 卢进勇，闫实强．中国对外投资促进与服务体系建设的演进、成绩和前景展望［J］．国际贸易，2012，（1）：18－22．

⑨ 周煊．中国境外投资监管与服务政策体系的特点及完善［J］．当代财经，2006，（2）：99－102．

政策体系思考[①]等不同角度展开讨论。

沈四宝和伏军（2006）就构建中国境外投资促进立法提出若干建议，指出跨国投资促进与保护的主要方式包括政府单边保护措施、双边保护协定、多边投资担保公约等方式。中国对外投资促进立法应当以“促进投资”为核心原则；内容上应包括建立对外投资保险制度、提高外汇便利、增加税收优惠、提供政策性融资、简化审批程序、设立对外投资促进服务机构等内容。[②]张新民（2011）系统全面地探讨了“走出去”战略下，中国企业信用评价的相关法律制度问题。[③]另外一些学者还就境外间接上市立法[④]、国有企业境外直接投资法律监管[⑤]等问题展开了相关研究。

关利欣（2012）总结概括了新加坡海外工业园区的建设经验，指出与新加坡海外工业园区相比，中国境外经贸合作区建设的基础条件较为薄弱，缺乏对外投资的总体战略布局；政府在园区建设中发挥的作用相对被动，对外投资产业竞争优势不足，园区区位选择不平衡性凸显。因此，该研究认为，中国可以借鉴新加坡海外工业园区建设的成功经验，加强园区的产业配套服务，找准对外投资的优势产业定位，通过区域经济合作手段为企业“走出去”铺平道路，结合中国实际情况进行产业转移与升级，从而在新时期更好地建设中国境外经贸合作区。[⑥]

在行业“走出去”研究方面，杨长春等（2016）通过对中国物流业对外直接投资和对外服务贸易的深入研究，分析了中国物流业目前“走出去”的现状及存在的问题。针对目前物流业“走出去”发展速度迟缓，“走出去”区域、主体和行业分布不平衡，贸易逆差大，国际竞争力弱等问题，结合中国国内经济新常态、以“一带一路”建设为核心的全面“走出去”战略以及国际政治经济错综复杂的格局，提出中国物流业“走出去”，要充分挖掘航运业务蓝海区域，加强与其他产业深度战略合作，构建商流、资金流、物流、信息流综合一体化平台，实现以港口为依托的多层次国际化战略。[⑦]吴承忠（2019）则在剖析广播影视行业对外投资重要性的基础上，利用商务部有关统计数据，分析了中国广播影视行业对外投资演变规律，构建了基于逐步回归方法的广播影视对外投资区位选择影响因素回归模型，从中发现了广播影视对外投资区位选择的影响因素。研究表明，中国广播影视对外投资项目空间分布差异趋向分散和均衡。目的国投资总量、电影生产数量和文化产业 GDP 占比，对目的国广播影视投资数量起到了显著的正向作用。[⑧]

---

① 张洁颖，周煊．“走出去”战略背景下中国对外直接投资政策体系的思考［J］．国际贸易，2007，（4）：27－30．

② 沈四宝，伏军．构建我国境外投资促进立法的若干思考［J］．法学家，2006，（4）：121－127．

③ 张新民．“走出去”战略下中国企业信用评价的相关法律制度研究［M］．北京：对外经济贸易大学出版社，2011．

④ 伏军，韩杰．我国境外间接上市立法的发展、影响及其评价［J］．法律适用，2008，（3）：86－88．

⑤ 沈四宝，郑杭斌．构建我国国有企业境外直接投资法律监管的若干思考［J］．西部法学评论，2009，（2）：41－48．

⑥ 关利欣．中新境外工业园区比较及启示［J］．国际经济合作，2012，（1）：57－62．

⑦ 杨长春，王文娟，宋琳．中国物流业“走出去”现状及未来路径分析［J］．国际经济合作，2016，（6）：52－57．

⑧ 吴承忠．中国广播影视行业对外投资区位选择与影响因素研究［J］．南京社会科学，2019，（9）：145－150．

（三）跨国购并相关问题

桑百川（2001）提出跨国购并有可能使中国面临四个不利局面：竞争加剧，对利用外资造成冲击，对反垄断法和管理制度提出挑战，导致对管理权的争夺和文化冲突。然而，中国企业参与跨国购并也有积极影响：有助于国有资产重组，有利于产业结构调整，推动企业创新，补充国内资金不足，提升人力资源水平等。综合考虑两方面因素，研究认为，中国应该积极参与跨国购并。① 李自杰等（2010）通过对2005—2009年对外经济贸易大学跨国并购研究中心"跨国并购与绩效评估数据库"中的海外并购案例深入分析，结合联合国贸易与发展会议和商务部的相关数据，探讨了中国企业在金融危机下海外并购的主要特征与趋势，指出了并购中存在的相关问题，就如何在金融危机形势下促进中国企业海外并购进程提出了相应的对策与建议。② 卢进勇和李秀娥（2012）基于Thomson Reuters并购数据考察了中国企业跨境并购历程、特点、问题及对策。③ 孔淑红和徐莺燕（2002）则探讨了医药行业跨国并购的利弊。④ 杨立强等（2017）以日本20世纪80年代末海外并购为例，剖析了其主要动因和突出特点，总结了海外并购策略和方式不当、行业选择不当、海外并购市场单一、短期内过快扩张、日本政府政策失当等五大教训，并据此提出了对中国企业的启示。⑤ 另外，不少学者还从不同角度讨论了中国企业海外并购的策略与模式，如周煊（2005⑥）、朱允卫和曹淑艳（2005⑦）、付子墨和林汉川（2012⑧）等。

刘青等（2017）利用二阶段引力模型，克服传统文献中的样本选择问题，在统一框架下，系统研究了中国海外并购的广延边际（区位选择）和集约边际（投资规模）决策。结果表明，中国海外并购表现出市场寻求和矿产金属资源寻求特征；中国经济发展到新阶段后，海外并购表现出战略资产寻求动机；在区位选择决策中，对东道国政治、经济风险欠缺考虑，甚至在投资规模上表现出明显的风险追逐特征而重视交易成本，倾向于进入腐败程度较低的国家。双边投资协定对中国海外并购的区位选择和投资规模在总体上并无显著影响。总体而言，中国海外并购符合主流文献总结的基本模式，其特征符合我国经济发展所处阶段的特定需求。⑨

跨国并购策略选择往往影响着企业对外投资的效益。贾镜渝和赵忠秀（2015）重点

① 桑百川．中国要不要参与跨国购并［J］．开放导报，2001，（Z1）：23－24．

② 李自杰，李毅，曹保林．金融危机下中国企业海外并购的特征、问题及对策研究——基于对外经济贸易大学跨国并购数据库中国企业海外并购的实证分析［J］．经济问题探索，2010，（4）：152－157．

③ 卢进勇，李秀娥．中国企业跨境并购历程、特点、问题及对策研究——基于Thomson Reuters并购数据［J］．国际贸易，2012，（12）：40－44．

④ 孔淑红，徐莺燕．医药行业跨国并购的利弊［J］．国际商务（对外经济贸易大学学报），2002，（2）：17－20．

⑤ 杨立强，卢进勇，程晓青．日本20世纪80年代末海外并购经验与教训分析［J］．国际贸易，2017，（4）：57－61．

⑥ 周煊．中国企业海外并购的动因、特点及挑战［J］．改革，2005，（9）：92－96．

⑦ 朱允卫，曹淑艳．我国民营企业海外并购的特点及发展对策［J］．国际贸易问题，2005，（8）：78－83．

⑧ 付子墨，林汉川．我国机床制造企业海外并购的关键因素研究［J］．国际贸易问题，2012，（1）：155－163．

⑨ 刘青，陶攀，洪俊杰．中国海外并购的动因研究——基于广延边际与集约边际的视角［J］．经济研究，2017，（1）：28－43．

分析了中国企业跨国并购后如何进行有效的知识转移的问题，结合具体案例建立了中国企业跨国并购知识转移过程的理论分析框架。结果发现，企业资源优势互补是创造性资产寻求型跨国并购成功的前提；正向知识转移与逆向知识转移的相互结合是提升动态技术能力的关键；对于想要通过跨国并购提升技术能力的中国企业，尤其要重视逆向知识转移。[①] 武天兰和范黎波（2020）基于资源基础观和制度理论，以中国上市企业 2017 年末之前宣告的跨国并购交易为研究样本，分析了资源相关性和制度差异对并购公告日至交易决议日持续时间的影响，同时，探讨了专业顾问和并购市场寻求动机的调节作用。研究结果表明，资源相关性与交易持续时间之间呈 U 形关系；正式制度差异和非正式制度差异，均对并购交易持续时间产生显著负向影响；并购专业顾问的参与，增强了非正式制度差异对交易持续时间的负向影响；并购市场寻求动机，减弱了资源相关性对交易持续时间的负向影响。[②] 李自杰等（2018）基于资源基础理论与组织冗余相关研究，从战略形成的角度出发，探究已吸收的冗余和可利用的冗余对中国企业海外并进型战略的影响机制。研究发现，已吸收的冗余和可利用的冗余越高，企业海外并进型战略平衡度越低。同时，CEO 海外经验有助于企业有效利用组织资源推进海外并进型战略，且正向调节已吸收的冗余与企业海外并进型战略的关系。[③]

（四）营商环境分析和宏观风险识别

洪俊杰（2016）推出了中国企业全球营商环境指数，为中国企业对外直接投资区位选择和营商环境评估提供了又一个决策参考工具。[④] 王稳等（2017）从国家风险管理效率的视角，采用 Worst DEA 方法对包括政治风险（含战争和内乱、国有化和征收、汇兑限制等）和主权信用风险在内的国家风险进行评估，形成一个新的国家风险分析框架，并使用该方法对 2016 年全球 192 个主权国家的国家风险进行评级。[⑤] 杨立强和卢进勇等（2016）全面分析了中国企业海外投资面临的境外投资环境的主要特点和风险。[⑥] 王丽丽（2018）基于中国工业企业对外直接投资的微观数据，实证检验了中国对外直接投资企业进入东道国市场的风险偏好与规避问题。研究发现，整体上，中国企业对外直接投资会选择风险相对较低的市场，表现出明显的风险规避特征。东道国经济和金融风险显著降低了中国企业对外直接投资的可能性，但政治风险对中国企业对外直接投的影响并不显著。私营企业对外直接投资对东道国的国家风险反应较为敏感，而国有企业对东道国

① 贾镜渝，赵忠秀．创造性资产寻求型中国企业跨国并购知识转移与动态技术能力提升——以南京汽车为例［J］．现代管理科学，2015，（4）：9－11.

② 武天兰，范黎波．中国上市企业跨国并购交易持续时间研究：资源与制度视角［J］．中国软科学，2020，（2）：120－128.

③ 李自杰，高璆崚，肖明明，张敏．组织冗余与中国企业海外并进型战略——基于中国上市公司的实证研究［J］．亚太经济，2018，（6）：103－111.

④ 洪俊杰．中国企业全球营商环境指数报告（2015）［M］．北京：中国商务出版社，2016.

⑤ 王稳，张阳，石腾超，赵婧．国家风险分析框架重塑与评级研究［J］．国际金融研究，2017，（10）：34－43.

⑥ 杨立强，卢进勇，等．境外投资环境报告（2015－2016）［M］．北京：中国社会科学出版社，2016.

国家风险的反应并不明显。[①]

（五）国际投资协调问题

卢进勇（2001a）明确指出，"'入世'后中国企业所获得的权利和机遇主要体现在国外，……企业只有'走出去'，才能更好地享受应享有的权利，才能获得新的发展机遇"。[②] 卢进勇（2001b）较为全面地探讨了实施"走出去"战略与"入世"之间的密切关系，指出"入世"进一步强化了中国企业"走出去"的必要性，也为中国企业"走出去"提供了有利的国际环境和条件。[③] 卢进勇（2001c）又进一步全面系统地论述了"入世"与中国海外投资的紧密关系，指出实施"走出去"战略是适应经济全球化发展的必然要求，是合理配置资源和更好地利用国外资源的要求，有利于经济结构调整和产业结构优化，可以突破国外以反倾销等形式出现的贸易保护主义，有利于提高中国的国际地位，是中国跨国公司的发展需要。而"入世"后国内经营环境的变化和市场竞争的加剧，迫使企业必须走向国际市场，而国际市场经营环境的变化也为中国企业"走出去"提供了良好的条件。[④] 该成果获得 2002 年第十三届中国图书奖。卢进勇（2000）还较早地关注了中国民营企业海外投资问题，探讨了"入世"对民营企业经营环境的影响，并指出"入世"后海外投资将是民营企业的新机遇，民营企业应成为海外投资的主体之一。该成果还进一步讨论了海外投资对培育民营企业国际竞争力的促进作用，并就为民营企业海外投资提供政策支持提出了相应的政策建议。[⑤] 周英（2003）也就民营企业实施"走出去"战略进行了探讨。[⑥]

卢进勇等（2007）从经济和法律两个角度对国际投资条约与协定的最新发展变化进行了系统阐述，主要内容包括：国际直接投资的发展状况与趋势；国际投资协定最新发展动向；国际投资自由化，公平待遇和争端解决法律问题探讨；双边投资协定与国际直接投资协调；区域投资协定与国际直接投资协调；WTO《与贸易有关的投资措施协议》等协议研究；有关国际投资保护的多边公约；多边投资协定的必要性与前景分析；中国近年来修订的双边投资保护协定评析等。该研究从理论高度概括了国际投资条约与协定发展出现的一些新的重要变化：一是在投资保护内容基础上，增加了投资促进与投资自由化；二是在多边投资协定进展缓慢的情况下，双边与区域性投资协定发展迅速；三是大部分 FTA 都包含投资方面的条款与规则；四是越来越多的国家开始重新谈判或修订投资协定，以取代原来的协定；五是新一代协定中，投资条款日趋严谨，详尽地界定了某些标准条款的含义。在分析总结了国际投资协定五个方面重要变化后，卢进勇等还对国

① 王丽丽．中国对外直接投资是风险规避还是风险偏好［J］．金融经济学研究，2018，（6）：117－126．

② 卢进勇．抓住机遇"走出去"［N］．人民日报，2001－12－14 日（007）．

③ 卢进勇．入世与中国企业的"走出去"战略［J］．国际贸易问题，2001，（6）：1－5．

④ 卢进勇．入世与中国利用外资和海外投资［M］．北京：对外经济贸易大学出版社，2001．

⑤ 卢进勇．入世与中国民营企业的海外投资［J］．国际经济合作，2000，（12）：10－12．

⑥ 周英．民营企业实施"走出去"对外开放战略的思考［J］．国际商务（对外经济贸易大学学报），2003，（2）：36－39．

际投资自由化、便利化和规范化之间的辩证关系，各类投资协定的最新发展特征、主要原则的变化，国际投资公平待遇与争端解决等主要条款内容的理解，双边、区域与多边投资协定的进展和作用，中国的创新实践等问题进行了深入的探讨。对上述理论问题的全面阐述，既有利于我们从整体上把握国际投资协定的现状、特点和发展趋势，把握相关理论的来龙去脉和国际投资规则的主要内容，也对中国今后对外谈判、签订投资协定和自由贸易区协定具有直接的参考借鉴价值。[①] 该成果获得 2009 年教育部高等学校科学研究优秀成果奖著作三等奖以及 2009 年全国商务发展研究成果奖论著三等奖。卢进勇（2016）研究了 WTO 规则与中国企业正在实施的“走出去”战略的关系，分析了 WTO 规则中与“走出去”战略相关的条款以及这些条款以何种方式发挥影响，探讨了中国企业应如何遵守和适应这些规定，提出了中国政府应采取的政策措施。[②] 该成果获得 2017 年全国商务发展研究成果奖著作一等奖。

（六）中国跨国公司的构建与培育

卢进勇（2006）就中国跨国公司发展的现状、阶段、特点和面临的机遇与挑战进行了深入的探讨，并提出加快中国跨国公司发展的几点政策措施建议：政府有关部门应制订培育中国跨国公司发展的战略与规划并制定相应的管理和扶持政策，在扶持大企业“走出去”的同时，也要兼顾中小型企业；企业要制订和实施自主知识产权和国际品牌战略，加快提升中国企业的国际竞争力尤其是核心竞争力，进一步健全对外投资的管理和扶持体制。[③] 温丽琴和卢进勇（2012）从国际生产网络角度重新审视中国跨国公司的打造，指出中国跨国公司在国际生产网络中一直处于被动地位，要想做大做强就必须构建自己主导的国际生产经营网络。该研究在界定国际生产经营网络内涵的基础上，分析了中国跨国公司的国际生产经营网络现状，并结合海尔、华为、上汽和中石油等集团公司构建自主国际生产经营网络的案例分析，从技术标准国际化、创新、品牌等方面提出了相应的政策建议。[④] 除此之外，一些学者还从自主知识产权构建[⑤]、创立品牌[⑥]等角度探讨了中国跨国公司的培育和打造。

卢进勇等（2015）全面系统论述了构建中国跨国公司主导的跨境产业链的一系列问题，包括作用和条件，重点行业、优先地区和主要途径，政策措施建议等。该成果建议制定跨境产业链建设扶持政策；协调好各方力量，避免境外恶性竞争；加快各类境外园区建设；加快培育世界一流跨国公司和国际知名品牌；推动中国标准、技术与服务“走出去”；企业要认真研究东道国的投资环境，关注东道国制订的产业发展战略或工业化

---

① 卢进勇，余劲松，齐春生．国际投资条约与协定新论［M］．北京：人民出版社，2007.

② 刘辉群，卢进勇．国际投资规则的演变与中国企业“走出去”战略［M］．厦门：厦门大学出版社，2016.

③ 卢进勇．从无到有——关于加快发展中国跨国公司的几个问题［J］．国际贸易，2006，(2)：4–7.

④ 温丽琴，卢进勇．中国跨国公司构建自主国际生产经营网络研究［J］．亚太经济，2012，(6)：59–64.

⑤ 卢进勇，张之梅．自主知识产权与企业“走出去”战略［J］．国际经济合作，2007，(2)：26–30.

⑥ 傅慧芬．论我国企业创建全球名牌之旅［J］．国际贸易，2007，(11)：10–14.

规划等规定。[①] 卢进勇等（2016）运用社会网络分析法（SNA），通过度数中心度、中介中心度和特征向量中心度三种标准化的中心度测算方法，分析了中国在全球生产网络中的角色变迁。借助中国 35 个行业上游度和价值链长度测度及其与美国对比分析来明确中国 35 个行业在全球生产网络中的位置。结论表明，构建中国跨国公司主导全球生产网络是必要的。[②] 陈建勋和刘黎（2013）从网络关联和组织演化两个方面，通过案例分析的研究方法，对欧美跨国公司的成长经验进行归纳和理论梳理。研究表明，在网络关联方面，欧美跨国公司的成长表现为网络广度的不断扩展与深度的不断加强，并且作为网络中心的母国或母公司，在加强网络深度时更侧重于对发达区域的投资；在组织演化方面，欧洲和美国的跨国公司的组织模式选择存在差异性。在此基础上，结合中国跨国公司的成长与发展现状，从网络关联程度与组织模式选择两个方面，提出中国跨国公司成长的相关策略。[③] 卢进勇等（2016）的专著作为国内首部专门从历史角度研究跨国公司的专著，从不同侧面展现了几百年来，特别是近 150 年来跨国公司发展和崛起的过程。将中外跨国公司的发展史、企业史、政策史和思想史等四个维度的研究有机融为一体，填补了当前国内中外跨国公司研究领域有关发展历史部分研究的空白点。[④] 该成果获得 2019 年北京市第十五届哲学社会科学优秀成果奖著作一等奖，2020 年第八届高等学校科学研究优秀成果奖著作三等奖。

中国产品海外形象塑造和国际品牌打造，属于培养中国跨国公司和企业国际化策略中的重要组成部分。林汉川和张思雪（2016）指出，品牌资产与产品的国家形象有显著的正相关关系；消费者对产品的感知价值在国家形象和品牌资产的关系中起到中介效应的作用；消费者爱国心直接调节了国家形象与品牌资产之间的关系，同时，正向调节了国家形象与感知价值、感知价值与品牌资产的关系。进一步研究表明，消费者爱国心水平越高，国家形象和感知价值对品牌资产的影响越重要。[⑤] 胡海晨等（2017）考察了中国高铁品牌的国际化发展模式，指出“中国高铁”成为世界知名品牌，标志着中国高端制造业正逐渐成长。通过创新形成的高铁自主技术体系，对高铁品牌国际化可产生持续的竞争优势和法律支撑效用；通过国内本土的大规模应用产生的积极示范效用，提升了高铁品牌国际化过程中的美誉度和知名度；通过开展国家营销，增加了中国高铁的广告和信用背书效用。[⑥] 张思雪和林汉川（2017）通过对全球 108 个国家的 6 701 个海外消费者的问卷调查，创建了涵盖主要传导要素的多重中介模型，探索提升中国产品海外形象的

① 卢进勇，陈静，王光．加快构建中国跨国公司主导的跨境产业链［J］．国际贸易，2015，（4）：4－10．

② 卢进勇，杨杰，郭凌威．中国在全球生产网络中的角色变迁研究［J］．国际贸易问题，2016，（7）：3－14．

③ 陈建勋，刘黎．基于网络关联与组织演化双重视角的中国跨国公司成长策略研究——来自欧美发达国家的经验借鉴与启示［J］．财贸研究，2013，（1）：55－61．

④ 卢进勇，杨国亮，杨立强．中外跨国公司发展史［M］．北京：对外经济贸易大学出版社，2016．

⑤ 林汉川，张思雪．国家形象与中国产品走出去的资产累积［J］．吉林大学社会科学学报，2016，（4）：5－15．

⑥ 胡海晨，林汉川，张思雪．三重效用叠加的中国高铁品牌国际化发展模式及启示［J］．北京交通大学学报（社会科学版），2017，（2）：34－40．

传导机制。研究发现，在全球范围内，创新、产品的感知品质与感知的企业社会责任，是中国产品提升海外形象的关键环节和主要优化路径；研究结论显示，传统的产品“价廉多销”的海外形象战略思路需要拓展，市场创新、技术创新与优良品质在提升中国产品海外形象方面，同时起着至关重要的核心作用；与此同时，企业国际社会责任是经济新常态下提升中国产品海外形象战略设计中必须加入的新的关键要素。[①]

（七）中国对外投资决定因素研究

阎大颖等（2009）结合中国经济转型时期的制度环境，对传统的国际折衷理论加以拓展，归纳出在中国经济转型的制度环境下，与企业对外直接投资决策密切相关的一系列特殊的制度因素，并在此基础上建立中国企业对外直接投资决策的理论分析框架。基于 2006—2007 年中国企业对外直接投资的微观数据，该研究对中国企业对外直接投资决策进行了多因素回归分析。实证结果表明，政府政策扶持、海外关系资源及自身融资能力，对企业对外直接投资的动机和能力有重要影响。分类型研究进一步表明，上述三种制度因素对贸易型、生产型、资源型和研发型对外直接投资的影响程度各有不同。[②]洪俊杰等（2009）类似地将传统的国际生产折衷框架与制度分析相结合，探讨中国企业对外投资的决定因素。该文提出如下假说：中国企业的国有控股比例越高、东道国华人越多，中国企业的海外投资规模也就越大。为此，该研究使用了商务部 2006—2007 年约 7.3 万个样本的中国非金融企业对外直接投资微观数据，回归结果支持了以上假说，即政府支持、融资能力、华人比例等制度变量均对中国企业对外直接投资存在显著影响。[③]洪俊杰等（2012）结合中国企业“走出去”的实际，从资源论、产业组织论、制度论等角度进行了理论探索和实证经验总结，发现现阶段中国“走出去”的企业并没有明显的资源优势；产业环境对中国企业国际化存在重要影响，能部分解释中国企业的“走出去”行为；制度因素是影响中国企业“走出去”的关键因素。[④]洪俊杰等（2012a）结合制度理论、产业组织、资源视角等，探讨了新兴市场国家企业对外直接投资的驱动因素。基于中国微观数据，该研究实证结果表明：政府支持和母国产业结构在解释对外直接投资上起着关键作用，而技术与推销资源变得不那么重要。该成果的理论贡献是提供证据表明中国企业的对外投资主要是由其不同的制度和产业环境驱动的。[⑤]洪俊杰等（2012b）试图给出政府影响新兴市场国家企业国际化的机制。该研究认为，政府对企业国际扩张的

---

① 张思雪，林汉川. 新常态下创新与社会责任对中国产品海外形象的影响研究——基于全球 108 个国家海外消费者的问卷调查［J］. 中国软科学，2017，（2）：102－112.

② 阎大颖，洪俊杰，任兵. 中国企业对外直接投资的决定因素：基于制度视角的经验分析［J］. 南开管理评论，2009，（6）：135－142.

③ Yan，D.，J. Hong and B. Ren. Determinants of outward foreign direct investment by Chinese enterprises［J］. *Nankai Business Review*，2009，1（3）：237－253.

④ 洪俊杰，黄薇，张蕙，陶攀. 中国企业“走出去”的理论解读［J］. 国际经济评论，2012，（4）：121－134.

⑤ Wang，C.，J. Hong，M. Kafouros and A. Boateng. What drives outward FDI of Chinese firms? Testing the explanatory power of three theoretical frameworks［J］. *International Business Review*，2012，21（3）：425－438.

影响与政府控股比例有紧密关系，政府干扰可能影响企业海外投资的规模、区位选择、投资类型等。具体影响大小，取决于企业自身的资源和能力以及将政府相关优势内部化的能力。[①] 该成果获得2014年第十八届“安子介国际贸易研究奖”一等奖。林桂军（2016a）认为，中国对外直接投资有明显的政府主导的特征，对外投资政策在相当程度上是我国贸易政策的一个组成部分。对外投资政策中，要求对外投资企业带动中国的出口，实际上是服务于贸易政策中出口创汇的目标；要求企业满足国民经济发展的需要，是要企业根据国内的需要展开对外投资。当国内发展需要能源和资源时，国家就鼓励这类企业对外投资；当国民经济要转型和升级时，国家则鼓励海外并购高科技企业。[②]

除了制度因素外，国际化经验、企业学习能力同样也给中国企业对外投资带来影响。李自杰等（2010）就重点探讨了国际化经验、学习能力与抵御风险能力等因素对中国企业对外直接投资的影响，并强调经验在对外直接投资中的重要性以及对中国企业的特殊意义。该成果基于中国电子信息产业上市公司数据，运用Cox模型对提出的假设加以验证。实证研究发现，逐步国际化理论可以部分解释中国企业的国际化进程。高管团队的海外背景、企业学习能力以及企业风险承受能力，也会对我国企业的对外直接投资倾向产生影响。[③]

文化距离同样会对中国对外投资区位选择带来影响。綦建红等（2012）探讨了文化距离对中国对外直接投资区位选择的影响。该研究首先采用四种方法对文化距离进行了全面测度，然后基于2003—2010年中国对40个东道国及地区对外直接投资的面板数据，利用PCSE模型进行了实证检验。结果表明，文化距离对对外直接投资区位选择的影响不是简单的正负向关系，可能存在门槛效应。对此，该研究进一步采用Hansen非线性门槛模型检验，得出了二者之间的U形关系。[④]

融资约束是中国对外直接投资常见的影响因素。吕越和盛斌（2015）构建了可用于分析融资约束与企业国际化的理论模型，发现融资能力较强的企业可以实现出口，融资能力最强的企业则可以对外直接投资。这一发现对出口依赖度较高且金融市场发育尚不完全的中国具有重要的现实意义：通过进一步减少企业面临的融资约束和金融市场摩擦，帮助最有竞争力和效率最高的企业实现国际化经营，从而实现提升中国企业国际竞争力和贸易增长方式转型的战略目标。[⑤] 洪俊杰和张宸妍（2020）从微观企业视角研究融资约束和金融财税政策如何影响对外直接投资，在梳理政策脉络、阐明理论机制的基础

① Wang，C.，J. Hong，M. Kafouros and M. Wright. Exploring the role of government involvement in outward FDI from emerging economies［J］. *Journal of International Business Studies*，2012，43（7）：655－676.

② 林桂军，任靓. 加工出口下滑在动摇我国出口政策模式的基础［J］. 国际贸易，2016，（10）：4－13.

③ 李自杰，李毅，陈达. 国际化经验与走向全球化——基于中国电子信息技术产业上市公司的实证研究［J］. 中国软科学，2010，（8）：126－137.

④ 綦建红，李丽，杨丽. 中国OFDI的区位选择：基于文化距离的门槛效应与检验［J］. 国际贸易问题，2012，（12）：137－147.

⑤ 吕越，盛斌. 融资约束是制造业企业出口和OFDI的原因吗？——来自中国微观层面的经验证据［J］. 世界经济研究，2015，（9）：13－21.

上，匹配中国工业企业数据库和商务部境外投资企业名录，构建 logit 模型进行实证研究。研究发现，融资约束对中国企业对外直接投资具有显著影响，融资能力越强的企业越倾向进行对外直接投资。[①] 郭桂霞等（2016）建立了信息经济学理论模型，分析了企业拥有关于项目风险的私有信息时，能够实现企业期望利润的均衡债务水平以及社会福利的社会最优债务水平的最大化，并以此探讨企业过度债务依赖行为的微观机理。研究发现，项目风险越大或东道国风险越大，或者税率较高，都会导致企业过度债务依赖现象越严重。该研究有助于针对“走出去”企业的过度“杠杆化”现象，为中国金融支持“一带一路”企业对外投资的政策体系提出建议。[②]

双边投资协定（BIT）对投资可能产生促进作用同样引起了学者们的关注。杨宏恩等（2016）在构建中国双边投资协定指数的基础上，利用 2003—2013 年中国对 109 个国家的直接投资数据，运用动态面板 GMM 估计法，从双边投资协定异质性的视角检验了双边投资协定对中国对外直接投资的影响。结果表明，双边投资协定对中国对外直接投资的影响有着显著的国别差异；双边投资协定对中国对发达国家和地区投资的影响不显著，对中国对发展中国家和地区的投资有着显著的积极影响；双边投资协定与发达国家和地区的制度环境的关系不显著，与发展中国家和地区的制度环境是显著的替代关系。[③] 王丽丽和范志勇（2017）基于企业层面的微观数据，就双边投资协定对中国直接投资企业进入“一带一路”沿线国家的影响进行分析。结果发现，双边投资协定的签订和实施显著提高了中国企业向“一带一路”沿线国家进行直接投资的可能性。[④]

洪俊杰和张宸妍（2020）在异质性企业模型框架下，研究了政府政策影响企业对外直接投资的微观机制和福利效应，系统梳理并测算了对外投资相关的产业政策，利用 2004—2013 年中国工业企业数据库数据和商务部境外投资企业名录，就产业政策如何影响对外直接投资的生产率临界值和平均值进行经验研究，并通过数值模拟考察产业政策的福利影响。研究结果表明，产业政策支持降低了对外直接投资临界生产率和平均生产率；不同类别的产业政策的影响存在明显差异；在政府预算中性的假设下，适度的政策支持能够提高社会福利。[⑤]

除此之外，还有一些因素影响着中国对外投资活动。闫雪琴和孙晓杰（2016）以 2001—2013 年中国海外并购企业为样本，研究了中国企业政治关联对其跨国并购绩效的影响。结果发现，并购方政治关联度与其跨国并购绩效的关系会受到政府干预度的影响，

---

① 洪俊杰，张宸妍．融资约束、金融财税政策和中国企业对外直接投资［J］．国际经贸探索，2020，（1）：53－70．

② 郭桂霞，赵岳，巫和懋．我国“走出去”企业的最优融资模式选择——基于信息经济学的视角［J］．金融研究，2016，（8）：111－126．

③ 杨宏恩，孟庆强，王晶，李浩．双边投资协定对中国对外直接投资的影响：基于投资协定异质性的视角［J］．管理世界，2016，（4）：24－36．

④ 王丽丽，范志勇．双边投资协定与“一带一路”沿线国家的市场进入——来自对外直接投资的微观证据［J］．浙江学刊，2017，（6）：148－156．

⑤ 洪俊杰，张宸妍．产业政策影响对外直接投资的微观机制和福利效应［J］．世界经济，2020，（11）：28－51．

即当并购方政治关联度一定时，政府干预度越高，其跨国并购绩效越低。[①] 陈昊和李凯杰（2018）基于投资发展路径（IDP）理论，运用中国省际面板数据检验吸引外资对对外投资的影响。实证研究结果表明，中国实际利用外资规模的提高，显著促进了非金融类对外投资流量和存量的增长；通过中介效应与安慰剂检验发现，吸引外资会促进对外投资的实现机制，是实际利用外资规模增大会促进政府扩大对当地的固定资产投资，从而优化本土企业的生存发展环境，进而有效提升对外投资能力。[②] 吕越和邓利静（2019）实证研究了母国金融发展如何促进本土企业对外直接投资及其内在影响机制。研究发现，中资银行在海外开设的分支机构越多，越有利于中国企业对外直接投资。[③] 庄序莹等（2020）将东道国税收环境概括为总体税负、税制合理性、税收管理效率与税收透明度四个维度，基于 2012—2017 年沪深 A 股 170 家上市公司对外直接投资数据，实证研究了中国对外直接投资区位选择与东道国税收环境的相关性。研究发现，中国企业倾向于在总体税负低、税收效率高且签订税收协定的东道国进行对外直接投资，但对东道国税收透明度的敏感程度不高。[④] 另外，高宇（2012）使用 2005—2009 年中国对非洲 51 个国家直接投资的数据，基于面板数据的 tobit 模型验证了中国对非洲直接投资的市场寻求型原因、自然资源寻求型原因。[⑤] 高宇（2010）则探讨了中国企业对避税港直接投资的主要动因。[⑥]

（八）中国对外投资的影响效应评估

宋志红、范黎波等（2010）以 1990—2007 年中国对外直接投资流量数据和专利授权数作为研究变量，考察了对外直接投资对中国技术创新能力的影响。研究结果表明，对外直接投资流量与专利授权数存在长期稳定的均衡关系，但对外直接投资流量对专利授权数的贡献在短期内不明显，即中国企业实施“走出去”战略长期来看能够提升中国的技术创新能力。[⑦] 贾怀勤（2009）从综合贸易统计视角研究了“走出去”对出口的促进作用。这里的综合贸易统计指的是扩延的对外贸易口径统计，在商品范畴上将单纯的货物贸易扩展到货物贸易和服务贸易，在交易形态上由跨境贸易延伸到直接投资企业在东道国和第三国的销售。[⑧] 杨震宁和贾怀勤（2010）则利用中国对外投资综合增长率和出口总

① 闫雪琴，孙晓杰．企业政治关联与跨国并购绩效——基于中国并购方数据［J］．经济与管理研究，2016，（1）：119－127．

② 陈昊，李凯杰．吸引外资真的促进了对外投资吗——基于中国省际面板数据的再检验［J］．财贸研究，2018，（8）：31－38．

③ 吕越，邓利静．金融如何更好地服务实体企业对外直接投资？——基于中资银行“走出去”的影响与机制分析［J］．国际金融研究，2019，（10）：53－63．

④ 庄序莹，唐煌，林海波．东道国税收环境与中国企业对外直接投资区位选择［J］．财政研究，2020，（5）：103－116．

⑤ 高宇．中国企业投资非洲：市场和资源导向——基于面板数据的 Tobit 分析［J］．国际经贸探索，2012，（5）：82－93．

⑥ 高宇．中国企业对避税港的直接投资动因分析［J］．国际经济合作，2010，（8）：43－46．

⑦ 宋志红，范黎波，李冬梅，李常洪．“走出去”战略能提升中国的技术创新能力吗？［J］．中国科技论坛，2010，（11）：30－34．

⑧ 贾怀勤．以全新视角评估“走出去”对中国出口的促进作用［J］．国际贸易，2009，（9）：17－19．

额增量的时间序列数据，考察了“走出去”战略实施对中国贸易扩张的作用。研究发现，中国对外直接投资促进了出口的发展，与出口的增长之间呈现互补关系。该研究从理论分析与实证分析两个角度都得出了中国对外直接投资促进出口贸易的发展的结论。[①] 张伟如等（2012）参照联合国贸易与发展会议开发的对外直接投资绩效指数，引入了中国各省份的对外直接投资绩效指数，并且结合 2003—2009 年的非平衡面板数据，探讨了省级对外直接投资绩效对经济增长的影响。研究发现，从全国来看，省级的对外直接投资绩效与经济增长率之间存在显著的正向关系；但对于中西部地区省份来说，两者之间呈现弱负相关。[②] 李向科等（2004）从金融市场角度讨论了合格境内投资者（QDII）制度对市场的影响。[③]

汪洋等（2014）选取中国 1995—2012 年对 20 个发达国家和地区的对外直接投资数据，检验对发达国家和地区的投资与自主创新能力，运用计量模型进行实证研究。结果显示，中国企业对发达国家和地区的投资与自主创新能力之间存在紧密和稳定的正向关系，即对发达国家和地区的直接投资对中国的自主创新能力有提升作用。此外，研究与开发投入对于企业创新有明显的正向效应，而科技活动人员数量对发明专利授权量存在负向影响。[④] 吴剑峰等（2016）以知识基础观为理论基础，探讨新兴市场企业在国际化过程中的技术创新问题，研究企业国际化水平、研发管理与创新绩效的关系。该研究通过对 1 349 家制造业企业的实证分析发现：（1）企业的国际化水平与技术创新绩效呈现正相关关系；（2）企业的研发管理对上述关系会发挥正向调节作用——只有在企业注重研发投入和知识产权管理时，国际化经营才能促进企业的技术创新绩效。因此，中国企业在国际化过程中，应注重自身研发管理能力的提高，保证足够的研发投入，加强知识产权管理。[⑤] 吕越等（2018）使用 2004—2014 年的中国对外直接投资数据，分析了中国对外直接投资对 48 个“一带一路”沿线国家贸易的集约边际和扩展边际的影响。该研究发现，中国的对外直接投资带来的是贸易创造而不是贸易替代；从出口复杂度来看，中国对外直接投资显著促进了中低技术含量的出口；但对出口产品类别数目的扩展未找到有力证据。以上发现表明，中国对外直接投资的贸易创造效应主要来自贸易的集约边际增加而不是扩展边际。[⑥]

---

① 杨震宁，贾怀勤．我国“走出去”战略的实施与贸易扩张：互补还是替代？［J］．当代经济科学，2010，（4）：36－45．

② 张伟如，韩斌，胡冰．中国对外直接投资绩效与经济增长——基于省级面板数据的实证分析［J］．经济问题，2012，（11）：54－56．

③ 李向科，江勇祥，吴卫星．QDII 制度的市场影响［J］．中国金融，2004，（14）：48－50．

④ 汪洋，严军，马春光．中国企业对发达国家投资与自主创新能力的实证研究［J］．国际商务（对外经济贸易大学学报），2014，（5）：74－81．

⑤ 吴剑峰，乔璐，杨震宁．新兴市场企业的国际化水平、研发管理与技术创新绩效的关系研究［J］．国际商务（对外经济贸易大学学报），2016，（4）：140－151．

⑥ Lu，Yue，Yunlong Lu，Ka Zeng and Yadong Li. China's Outward Foreign Direct Investment and the Margins of Trade: Empirical Evidence from One Belt，One Road Countries［J］. *China: An International Journal*，2018，16（1）：129－151.

（九）对外投资模式、企业管理与案例研究

卢进勇和闫实强（2005）总结归纳了以下几种中国企业海外投资常见模式：建立海外营销渠道投资模式（如三九集团、中粮集团、中化集团等），境外加工贸易投资模式（如华源集团、江苏春兰集团等），海外创立自主品牌投资模式（如海尔集团），海外并购品牌投资模式（如TCL集团收购施耐德），海外品牌输出投资模式（如同仁堂），海外资产并购模式（如万向集团收购美国舍勒），海外股权并购模式（如京东方收购冠捷），国家战略主导投资模式（如中海油），海外研发投资模式（如华为公司）等九大模式。[①] 傅慧芬（2004）讨论了中国企业渗透海外市场的方式和竞争战略问题，为中国企业进军海外市场提供了战略指导。[②] 李自杰等（2014）指出，对外直接投资是持续动态的过程，经验会影响企业初次对外直接投资进入模式的选择，并且这种影响会在企业持续对外直接投资过程中发生变化。该研究以中国A股证券市场制造业上市公司的对外直接投资为研究对象，运用多分类logistic回归分析模型，进行了相关的实证研究，并对研究假设进行了验证。[③]

施建军和范黎波（2012）指出，后金融危机时代的国际经济和政治形势逐渐复杂化，全球经济复苏乏力，中国企业在国际化经营中所面临的宏观风险和微观风险不断增加。企业国际化经营是一种战略机遇，中国企业在国际化经营中需要重新评估已有的经验和传统，要基于企业的发展战略和逻辑，提升自身的技术和管理能力，才能赢得全球竞争。[④] 周煊（2012）提出，国有企业境外资产的监管能力，本质上是境外子公司的内部控制能力问题。内部控制整体框架理论能够为中国国有企业境外监管提供一个系统分析工具。控制环境要素方面，要提升国有企业公司治理水平并完善境外高管的选聘、培训和激励机制；风险评估要素方面，要构建清晰的跨国经营战略控制风险，并构建多元化董事会结构，提升风险识别和评估能力；控制活动要素方面，要强调业务控制与财务控制并重，构建境外高管的权力制衡机制；信息与沟通要素方面，要利用计算机网络技术实现全方位监控，实现境内外信息传递的及时性、准确性与完整性；监督要素方面，要通过内部审计强化内控制度执行，通过外部审计实现内控制度评价及优化，通过政府审计强化境外国有资产管理。[⑤] 周煊等（2012）则就境外国有资产流失风险及防范进一步展开了分析。[⑥]

杨震宁等（2010）选取典型的中国企业进行跨案例研究，挖掘中国企业研发国际化

---

① 卢进勇，闫实强．中国企业海外投资模式比较分析［J］．国际经济合作，2005，（3）：24－29．

② 傅慧芬．进军海外市场——中国企业渗透海外市场的方式和竞争战略研究［J］．企业管理，2004，（2）：40－42．

③ 李自杰，刘畅，李刚．新兴国家企业持续对外直接投资的经验驱动［J］．管理科学学报，2014，（7）：35－49．

④ 施建军，范黎波．中国企业国际化经营的风险识别与防范［J］．人民论坛·学术前沿，2012，（13）：68－73．

⑤ 周煊．中国国有企业境外资产监管问题研究——基于内部控制整体框架的视角［J］．中国工业经济，2012，（1）：131－140．

⑥ 周煊，汪洋，王分棉．中国境外国有资产流失风险及防范策略［J］．财贸经济，2012，（5）：98－105．

过程的动因、结构特点和发展趋势，总结了中国企业研发国际化的经验并分析存在的问题，提出了鼓励高技术企业进行研发国际化的政策性建议。[①] 该成果获2011年全国商务发展研究成果奖二等奖。

（十）企业社会责任履行与对非投资

近年来，海外投资企业的企业社会责任问题及相应的风险防控成为研究热点。李丽（2015）以社会责任国际标准ISO 26000作为参考标准，以密松水电站项目停建事件为案例，研究了国外社会责任相关要求对中国企业“走出去”的实际影响，探讨了中国的应对之策。研究表明，与ISO 26000相对照，中国企业在社会责任方面还存在较大差距，特别是在认识社会责任和利益相关方参与方面存在不足，这也导致了相关风险的产生。该研究建议，中国可以借鉴ISO 26000的先进思想，通过意识提升和制度建设，促进中国企业“走出去”的顺利发展。[②] 于鹏和李丽（2016）通过引入社会责任国际标准ISO 26000中关于利益相关方参与的条款和内容，分析利益相关方参与对防范中国企业海外直接投资社会责任风险的重要作用，并对中国企业“走出去”进行有效的利益相关方识别和利益相关方参与提出了针对性的对策建议。[③] 祝继高等（2019）将“一带一路”倡议下的中央企业社会责任分为战略性和反应性两类，整合多个视角构建了“一带一路”倡议下中央企业履行社会责任的理论框架，进一步厘清了内外部因素对战略性和反应性社会责任的作用机制。[④] 该研究获得2020年北京市第十六届哲学社会科学优秀成果奖论文二等奖。

Braeutigam 和 Zhang（2013）考察了中国农业企业对非洲投资的战略和动机的演变过程以及几个著名的投资案例，认为中国企业的土地购并非常有限，其投资主要集中于供给非洲消费的生产环节，驳斥了在最近的非洲土地并购潮中，中国政府发挥巨大作用的观点。[⑤] 王思语和孟庆强（2016）利用计数模型，实证分析了中国对非洲直接投资的动机及决定因素。结果显示，国有企业对非洲投资的直接动机是寻求市场，非国有企业在非洲投资的目的是寻求市场和寻求效率，因而非洲东道国的自然资源因素对中国企业在非洲的投资活动没有显著影响。[⑥]

---

① 杨震宁，李东红，王以华．中国企业研发国际化：动因、结构和趋势［J］．南开管理评论，2010，（4）：44－55．

② 李丽．以ISO 26000促进中国企业“走出去”的思路与建议——基于密松水电站项目的思考［J］．国际商务（对外经济贸易大学学报），2015，（1）：96－103．

③ 于鹏，李丽．中国企业海外直接投资：社会责任风险管理与利益相关方参与［J］．国际经济合作，2016，（7）：49—53．

④ 祝继高，王谊，汤谷良．“一带一路”倡议下中央企业履行社会责任研究——基于战略性社会责任和反应性社会责任的视角［J］．中国工业经济，2019，（9）：174－192．

⑤ Braeutigam，Deborah and Haisen Zhang．Green Dreams：Myth and Reality in China's Agricultural Investment in Africa［J］．*Third World Quarterly*，2013，34（9）：1676－1696．

⑥ 王思语，孟庆强．中国对非洲直接投资的影响因素研究——基于计数模型的实证检验［J］．金融理论与实践，2016，（5）：57－64．

三、2013年以来“一带一路”倡议相关研究

2013年9月和10月，习近平主席提出“一带一路”倡议，即中国将同各国一道，加快推进“新丝绸之路经济带”和“21世纪海上丝绸之路”建设，更加深入地参与区域合作进程，推动亚洲发展和安全相互促进、相得益彰。“一带一路”倡议与“互联互通”相辅相成，前者是“亚洲腾飞的两只翅膀”，后者则是“两只翅膀的血脉经络”。“一带一路”倡议的提出和逐步推进，为中国企业对外直接投资带来了前所未有的机遇。根据商务部、国家外汇管理局统计，2020年，中国对外直接投资流量达到1 329.4亿美元。其中，对外非金融类直接投资1 101.5亿美元。当年，中国企业对“一带一路”沿线58个国家非金融类直接投资177.9亿美元，同比增长18.3%，占同期总额的16.2%。

这一时期，贸大学者主要围绕以下几个问题展开研究。

（一）“一带一路”倡议理论相关研究

就“一带一路”倡议的理论基础，桑百川（2016）指出，“一带一路”建设的一个重要意义是有助于克服世界市场失灵。第一，有助于缓解世界市场垄断问题。亚洲基础设施投资银行（亚投行）、丝路基金等的建立和发展，有助于打破国际市场金融垄断。中国企业“走出去”，将先进的生产技术输送给广大发展中国家，有助于打破世界市场技术垄断。第二，有助于完善世界市场机制。“一带一路”建设强调经贸规则的互联互通，倡导以开放、包容的态度考虑各国的主张和诉求，有利于完善世界市场机制、降低交易成本、提高世界市场效率、拉动相关国家经济增长。第三，有助于增加国际公共产品供给。[①] 郑伟和桑百川（2017）进一步回应世界上对“一带一路”倡议存在的一些不解和误解，指出马克思主义的世界市场失灵理论构成了“一带一路”倡议的理论基础。[②] 蓝庆新和赵永超（2020）针对国际上以“债务陷阱论”为代表的质疑，根据数据完整可得性和地理标准，在沿线64个国家中，选择42个“一带一路”沿线国家归入处理组，将65个非沿线国家归入控制组，采用双重差分模型（DID）验证“债务陷阱论”是否成立。结果表明，“一带一路”倡议在显著增加中国对沿线国家基础设施投资规模的同时，并没有导致沿线国家的债务水平显著上升，反而具有一定的降债效应。可以说，“债务陷阱论”的核心观点并不成立。[③]

① 桑百川.“一带一路”建设助力克服世界市场失灵［J］.求是，2016，(19).

② 郑伟，桑百川.“一带一路”倡议的理论基础探析——基于世界市场失灵的视角［J］.东北亚论坛，2017，(2)：94－105.

③ 蓝庆新，赵永超.“一带一路”倡议导致沿线国家落入债务陷阱了吗？［J］.西南民族大学学报（人文社科版），2020，(8)：106－115.

（二）“一带一路”与对外开放

裴长洪和于燕（2015）对“一带一路”倡议的深刻内涵进行探讨梳理，并从对外开放大思路、大棋局、金融支持、政策建议视角对其进行详细解析。对于“一带一路”建设的金融支持，该研究从金融市场、国内外金融机构、货币及金融监管等方面进行了分析和探讨，进而从深化经贸合作、加强国际投资合作、推进企业交流、密切海外华侨华人华商的联系、强化国际合作力度、加强国际战略协调等方面提出了推进“一带一路”建设的政策建议。[①] 蓝庆新（2017）强调民营企业是中国经济发展不可或缺的力量，民营企业的国际化代表了中国开放经济的发展水平，应从赋予平等地位、完善风险评估预警体系、建立政策性风险补偿机制、加快“一带一路”中介服务体系的建设、提升民企国际化素质和能力等方面采取措施，大力推进民营企业参与“一带一路”建设。[②] 蓝庆新和黄婧涵（2020）选取经济总量、产业发展、经济可持续发展、资源禀赋、环境压力和环境响应指标，尝试构建绿色“一带一路”指标评价体系，运用因子分析法对“一带一路”沿线 42 个国家的绿色发展水平进行评价和比较分析。结果表明，“一带一路”沿线的东亚、东欧等国家绿色发展水平较高，而中南半岛、南亚、西亚北非和原独联体等国家的绿色发展水平较低且存在严重的区域差异，需要采取有效措施推进绿色“一带一路”建设，提高“一带一路”沿线各国绿色发展水平。[③] “一带一路”建设同样也促进了中西部开放。李小帆和蒋灵多（2020）采用简约式估计方法，利用双重和三重差分法证实，“一带一路”倡议提出后，中西部关口在中国对外贸易中的作用逐渐增强，尤其体现在与“一带一路”沿线国家的贸易上。该研究进一步采用结构式估计方法，构建允许国内外贸易和劳动者迁移的空间经济模型。反事实研究表明，由于相对降低中西部地区的外贸成本，“一带一路”建设大幅促进了中西部开放，进而使中国总出口、实际 GDP 和社会福利分别增加了 3.397%、0.397%和 0.142%，并且中西部地区的收入改善更加明显，东、中、西部地区之间收入差距缩小。[④]

针对“一带一路”倡议是否产生了投资促进效应的问题，吕越等（2019）采用目前可获得数据中，较详实和准确的 2005—2016 年全球企业绿地投资数据库的数据，运用双重差分法对其进行了全方位的评析。主要结论是：首先，“一带一路”倡议实施显著促进了中国企业对外绿地投资的增长，“一带一路”沿线国家的投资项目数增长幅度达 32%左右，且一系列有效性和稳健性检验均表明这一促进效应显著存在。其次，“一带一路”倡议对中国企业绿地投资的积极促进效应通过“五通”实现，即设施联通、政策沟通、资金融通、贸易畅通和民心相通。最后，通过异质性分析发现，在地理上，“一带

---

① 裴长洪，于燕．“一带一路”建设与我国扩大开放［J］．国际经贸探索，2015，（10）：4－17．

② 蓝庆新．应大力推进民营企业参与“一带一路”建设［J］．人民论坛·学术前沿，2017，（9）：61－66．

③ 蓝庆新，黄婧涵．“一带一路”沿线国家绿色发展水平评价研究［J］．财经问题研究，2020，（4）：121－128．

④ 李小帆，蒋灵多．“一带一路”建设、中西部开放与地区经济发展［J］．世界经济，2020，（10）：3－27．

一路”倡议更显著地促进“海上丝绸之路”沿线国家和与中国邻近“一带一路”国家的投资增长，且对高政治风险经济体的投资不存在显著的促进效应。从投资动态来看，现阶段“一带一路”倡议的投资促进效应主要表现为集约边际的扩张，即主要带动已有投资基础或投资项目经济体的投资增长。此外，从三重差分估计的结果来看，在行业上，“一带一路”倡议的对外投资促进效应主要集中在能源、交通和通信等基础设施相关领域；在投资来源上，“一带一路”倡议尚未对重点省份产生显著的投资促进效应。①

“一带一路”沿线国家的贸易网络因素也日渐受到学术界关注。吕越和尉亚宁（2020）采用1970—2018年WITS数据库中的双边贸易数据，测度了150个国家（地区）的贸易网络指标，以分析贸易网络地位对其对外直接投资的影响效应。主要发现是，只有小部分国家（地区）存在较为广泛的贸易联系，全球贸易网络的中心相对集中，但随着国际分工的深入发展，全球贸易网络越来越呈现出“多中心”的现象；一国（地区）在贸易网络中地位的提升会显著促进其OFDI流量增加；贸易网络地位对对外直接投资的促进作用在发达国家中更显著，同时，金融危机后比危机前的促进作用更明显；贸易网络地位通过提升本国的金融发展水平，互联网发展水平以及全球价值链地位促进其对外直接投资的影响。因此，通过提升中国的贸易网络地位，培育国际经济合作和竞争新优势，可以促进中国向资本输出的投资大国转型。② 唐晓彬和崔茂生（2020）结合时态指数随机图模型（TERGM）与可分离的时态指数随机图模型（STERGM），使用动态网络分析方法对“一带一路”沿线国家货物贸易网络结构动态变化及其影响机制进行研究。研究发现，“一带一路”沿线国家货物贸易网络拓扑结构具有一定的异质性，贸易网络中存在“富人俱乐部”现象，这一现象与网络中存在的等级效应有关，且这种等级效应有逐渐增强的趋势；经济发展水平是影响贸易关系形成和维持的重要因素，高经济发展水平国家间具有更强的贸易倾向，但在“一带一路”倡议提出后，这种倾向有所减弱，低经济发展水平国家间发展贸易关系的概率有所提升。该成果拓展了“一带一路”沿线国家货物贸易网络结构动态变化的相关研究，并为中国深入推进“一带一路”建设，消除“一带一路”沿线国家间的潜在贸易摩擦提供了启示。③ 龚炯和李银珠（2021）基于2007—2018年中国与“一带一路”沿线国家多边贸易数据，使用社会网络分析法探究中国与“一带一路”沿线国家贸易网络结构及其动态变化。研究发现，中国与“一带一路”沿线国家贸易联系非常紧密，贸易网络中越来越多的经济体之间产生新的贸易联系，网络结构具有较强的稳健性；贸易网络呈现核心－半边缘－边缘的结构特征，经济发展水平相对较高的国家位于网络中心，起到关键的联通与桥梁作用；中国在该网络中的地位不断攀升，

① 吕越，陆毅，吴嵩博，王勇．“一带一路”倡议的对外投资促进效应——基于2005—2016年中国企业绿地投资的双重差分检验［J］．经济研究，2019，（9）：187－202．

② 吕越，尉亚宁．贸易网络地位与对外直接投资——基于1970～2018年跨国面板数据的经验证据［J］．中南财经政法大学学报，2020，（5）：113－124．

③ 唐晓彬，崔茂生．“一带一路”货物贸易网络结构动态变化及其影响机制［J］．财经研究，2020，（7）：138－153．

以中国为核心的世界贸易格局逐渐形成。[①]

（三）“一带一路”倡议主要合作内容研究

金融发展和合作对于推动“一带一路”对外投资有着重要意义。吕越等（2019）采用四个不同的金融发展指标，实证研究了金融发展对中国对“一带一路”沿线国家绿地投资的影响。结果发现，中国金融发展水平越高的地区，对于金融发展水平高的“一带一路”沿线国家的投资促进效应更强，即金融发展的投资促进效应存在叠加效应，且对陆上丝绸之路沿线国家的促进效应更为突出。[②]李杨和程斌琪（2018）指出，金融作为“一带一路”倡议实施过程中资金融通的重要桥梁，支撑着各国经济的持续发展，而金融外交作为整体外交的重要一环，保障着开放战略的不断深化和有效执行。作为金融外交的重要内容之一，金融合作是中国推动“一带一路”建设的重要手段，是中国深度参与国际金融体制改革和建设的重要工具。[③]魏天磊（2017）提出了“一带一路”背景下的“10+3”财金合作框架，包含系统性金融风险救助及预警机制合作、区域货币合作、亚洲债券市场合作、税收协调战略合作、经济政策协调五个合作领域。在这五个领域的合作中，需要适当扩大区域外汇储备库的货币互换资金规模，提高与国际货币基金组织（IMF）贷款脱钩的贷款比例，发挥东盟与中日韩宏观经济研究办公室（AMRO）的作用以加强地区金融体系的稳定。逐步推进货币一体化并加强区域汇率合作，减少对外部货币的依赖。尽快构建认证模式的亚洲区域性信用评级制度，促进亚洲债券市场的发展。建立税收合作平台，逐步实现区域内税收标准的协调。在做好上述四点的同时，亚投行要发挥积极作用，各成员需要在经济政策方面进一步加强沟通，借助“一带一路”的地区建设实现各国经济的协同发展。[④]张丽平和蓝庆新（2016）认为，互联互通是以资本运作为支柱，以基础设施顺畅、高效联通为基础和根本，以商品、服务、信息、人力和资金流动为主要内容的多层次/多领域的体系。为充分发挥资本运作的支柱作用，“一带一路”沿线经济体不但要集中运营好区内自由的资金，还应利用好外部资金，在资本运作层面实现更大范围的互利共赢。[⑤]

能源合作和国际产能合作已成为中国推进“一带一路”倡议的重要内容和突破口。林建勇和蓝庆新（2017）首先分析了中国和中亚国家油气资源供需状况、能源合作的现状，紧接着分析了“一带一路”倡议下，中国与中亚地区能源合作面临的诸如中国油气

① 龚炯，李银珠．中国与“一带一路”沿线国家贸易网络解析［J］．经济与管理评论，2021，（2）：27－37．

② 吕越，娄承蓉，吕云龙，王勇．金融发展与“一带一路”沿线国家绿地投资——基于母国和目标市场特征的异质性分析［J］．世界经济文汇，2019，（2）：37－55．

③ 李杨，程斌琪．“一带一路”倡议下的金融科技合作体系构建与金融外交升级［J］．清华大学学报（哲学社会科学版），2018，（5）：113－125．

④ 魏天磊．“一带一路”背景下“10+3”财金合作机制的发展方向研究［J］．中国人口·资源与环境，2017，（S1）：311－314．

⑤ 张丽平，蓝庆新．以资本运作推动“一带一路”的互联互通建设［J］．南开学报（哲学社会科学版），2016，（1）：71－76．

企业国际竞争力较弱等挑战，最后就“一带一路”倡议下如何深化中国与中亚地区能源合作，提出了加强中国油气企业国际竞争力等对策建议。[①] 王志民（2017）指出，国际产能合作是“一带一路”倡议的重要实现形式。中国与哈萨克斯坦产能合作是“一带一路”倡议与“光明之路”战略对接的基本内容，堪称国际产能合作的典范，是发挥各自比较优势的互利共赢之举，其早期收获颇丰，合作前景广阔。中哈产能合作的新理念和新形式为“一带一路”沿线国家和地区的产能合作提供了新思路和新样板，已经引发“一带一路”沿线多国国际产能合作的溢出效应，正在推动国际产能合作由“双边合作”发展到“双边合作”和“多边合作”相结合的更高层次和更广领域。[②]

文化合作也是“一带一路”的重要组成部分。陈胤默等（2017）从母国文化助推视角考察了孔子学院对中国企业在“一带一路”沿线国家直接投资的影响。研究发现，孔子学院对中国企业到“一带一路”沿线国家的直接投资具有促进作用；孔子学院有利于促进中华文化的传播与交流，降低中国与东道国文化距离的负面影响；孔子学院对中国企业在与中国签订双边投资协定的“一带一路”国家的直接投资的促进作用更为显著。进一步研究发现，孔子学院还通过影响留学生来华学习，进一步促进了中国企业对“一带一路”沿线国家的直接投资。[③] 傅雨飞（2018）指出，文化包容机制的价值结构主要由核心价值及其外延出的政治价值、经济价值和社会价值等组成。其构建的政治价值在于通过文化的兼容性促进沿线各国的政策沟通，社会价值在于增进合作者的信任感于无形之中，经济价值在于实现文化模式托管系统和经济系统的分化与整合，促进沿线国家生产力的发展。构建文化包容机制的阻力分布包括共同文化认知的匮乏、西方多元文化模式的干扰、国际政治基础结构中的亚结构等依然强势、沿线国家文化产业基础薄弱等。[④]

（四）“一带一路”相关国别研究

在国别研究方面，洪俊杰和刘辉（2015）考察了中国与中亚五国的双边经贸合作后指出，虽然中国与中亚五国双边贸易额逐年攀升，但仍然存在一些不容忽视的问题，包括贸易结构单一、贸易格局失衡、贸易互补性不强、基础设施落后、贸易便利化水平低等，这阻碍了双边贸易额的进一步提升。该研究提出，未来双方应当深化贸易合作，充分发掘贸易潜力，从制度层面加强合作，助力贸易畅通，并以此为基础，增强地区间的

① 林建勇，蓝庆新．“一带一路”战略下中国与中亚国家能源合作面临的挑战与对策［J］．中国人口·资源与环境，2017，（S1）：203－206．

② 王志民．“一带一路”背景下中哈产能合作及其溢出效应［J］．东北亚论坛，2017，（1）：41－52．

③ 陈胤默，孙乾坤，张晓瑜．孔子学院促进中国企业对外直接投资吗？——基于“一带一路”沿线国家面板数据的分析［J］．国际贸易问题，2017，（8）：84－95．

④ 傅雨飞．“一带一路”的文化包容机制：价值结构、阻力分布与路径优化——基于结构功能主义方法的分析框架［J］．江海学刊，2018，（4）：72－77．

相互信任，为建设丝绸之路经济带来夯实基础。①

唐晓彬等（2020）首次采用“VHSD－EM”模型将时间因素纳入对“一带一路”沿线国家投资风险的测度，弥补了对“一带一路”沿线国家投资风险动态测度方法研究的不足。该研究测算了2014—2017年“一带一路”沿线国家的投资风险指数，并综合运用概率分析模型、变异系数等方法考察了投资风险的变化特征。研究发现，“一带一路”沿线国家之间、区域内部以及区域之间的风险水平均存在较大差异。②祝继高等（2020）结合信息不对称理论，采用中国A股上市公司2014—2017年在“一带一路”沿线国家设立关联公司的数据进行实证分析，探讨在推动“一带一路”建设高质量发展的背景下，东道国信息透明度对企业对外直接投资区位选择的影响。研究发现，东道国信息透明度与中国企业对“一带一路”沿线国家的直接投资决策显著正相关，这意味着东道国较高的信息披露水平可以减少企业海外投资的不确定性，降低经营成本，促进企业对外直接投资。③葛赢等（2020）认为，“一带一路”倡议能够促进高效的资源配置、深入的区域合作和全球价值链的扩展。“一带一路”面临的主要挑战是区域机制的巨大差异以及沿线国家的政治不稳定性。该研究探讨了区域机制与参与全球价值链之间的联系。首先，指出“一带一路”沿线国家相比非沿线国家具有更差的机制和更低的价值链参与度。其次，发现无论是沿线国家还是非沿线国家，机制在参与价值链方面扮演着重要角色。在对机制较为敏感的国家，提升规则质量、政治稳定性、政府效率和依法行政能够明显促进价值链参与水平。最后，基于世行企业调查数据的企业分析表明，更好的当地机制能够鼓励企业参与价值链。④

“一带一路”建设使中国企业和政府直接面对复杂的外部环境和地缘政治挑战。加深对外部环境的了解是基本的出发点。杨言洪（2015）系统地介绍了近60个“一带一路”沿线国家的基本国情、政治、经济和人文环境，包括对节点城市和港口的介绍。⑤李计广等（2016）通过建立随机前沿模型，分析中国对“一带一路”沿线国家的对外直接投资情况，从指标系数和各个国家的效率两个方面做出分析。结果表明，中国对“一带一路”沿线国家的整体投资效率水平和平均值都比较可观，潜力得到较好实现。但仍缺少高投资效率国家，说明“一带一路”沿线国家仍然具有巨大的投资潜力。⑥赵东麒和桑百川（2016）利用UN comtrade数据库2007—2014年的统计数据，将“一带一路”沿

① 洪俊杰，刘辉．丝绸之路经济带视野下与中亚地区贸易往来的中国策略［J］．改革，2015，（11）：34－42．

② 唐晓彬，王亚男，张岩．“一带一路”沿线国家投资风险测度研究［J］．数量经济技术经济研究，2020，（8）：140－158．

③ 祝继高，梁晓琴，王春飞．信息透明度如何影响“一带一路”倡议下中国企业对外直接投资区位选择［J］．国际商务（对外经济贸易大学学报），2020，（6）：46－61．

④ Ge，Ying，David Dollar and Xinding Yu．Institutions and Participation in Global Value Chains：Evidence from Belt and Road Initiative［J］．*China Economic Review*，2020（61）．

⑤ 杨言洪．“一带一路”黄皮书2014［M］．银川：宁夏人民出版社，2015．

⑥ 李计广，钊锐，张彩云．我国对“一带一路”国家投资潜力分析——基于随机前沿模型［J］．亚太经济，2016，（4）：96－103．

线 65 个国家分为 7 个区域，通过比较优势分析和竞争优势分析，对中国与“一带一路”沿线国家 10 个部门的国际竞争力现状以及变化趋势进行了实证研究。结果表明，制造业是推动中国产业国际竞争力的主要动力，是中国与“一带一路”沿线国家产能合作的切入点；东亚、东南亚、南亚、中欧和东欧地区在一些初级产品部门具有各自的国际竞争力优势，是中国与其合作的主要方向；西亚和原独联体地区在资源密集型产品部门具有极强的国际竞争力，这是确保中国能源供应稳定、保障中国经济安全的关键所在。①

① 赵东麒，桑百川.“一带一路”倡议下的国际产能合作——基于产业国际竞争力的实证分析［J］. 国际贸易问题，2016，（10）：3－14.

第五章

全球价值链问题研究①

从 20 世纪 80 年代中期到 2008 年全球金融危机之前，以发达国家跨国公司主导、发展中国家和转型新兴经济体积极参与的全球价值链分工体系成为经济全球化的典型特征。2008 年金融危机爆发，全球经济陷入增长乏力困境，导致不少国家倒退回保护主义的阵营，逆全球化的势头迭起，“慢全球化”（slowbalisation）正在成为常态。自 2010 年以来，跨境投资增长停滞，全球贸易增长放缓，传统的依托于全球价值链分工的产业链出现转移甚至萎缩的趋势。新冠肺炎疫情与中美经贸摩擦这两个因素的互相交织，更进一步催化了新一轮全球贸易保护主义背景下的价值链重构。全球价值链是革命性的，它不仅代表了当前最先进的生产模式，生产要素的跨境流动还改变了发展中国家的比较优势，使世界南北贸易格局发生了根本的变化。在 1979 年以来的对外开放进程中，我国政府审时度势，依国际潮流而动，在世界经济出现重要转折的时候都做出了正确的决策，② 使我国逐渐成长为亚洲全球价值链的中心。贸大学者引领潮流、勤奋耕耘，从早期的加工贸易到全球价值链核算、中国参与全球价值链的态势，再到全球价值链的决定因素、全球价值链的影响及打造由中国企业引领的全球价值链等，在上述多个方面均做出了有价值的贡献。

一、加工贸易问题、全球价值链核算以及中国参与 GVC 情况的研究

我国是以加工贸易逐渐嵌入全球价值链过程中去的，但是，最初人们并未将加工贸易与垂直专业化或全球价值链联系起来。1979 年 8 月，国务院批准的原外贸部的第一个外贸体制改革文件《关于大力发展对外贸易增加外汇收入若干问题的规定》，也只是提

① 本章由吕越编写。
② 见“第三章一，（一）”及林桂军和崔鑫生（2019）。

及对“以进养出”的物资[①] 实行优惠税制，没有上升到战略的高度。加工贸易自在我国出现以来，一直存在不同的争论。林桂军等（2016，2019）则倾向从我国贸易体制的整体来看待加工贸易的作用，认为加工贸易在相当程度上矫正了我国进口体制对出口的压抑作用。他们还将加工贸易与我国企业参与全球价值链联系起来，认为 1988 年提出的“两头在外、大进大出”的沿海外向型经济发展战略，对于我国企业参与全球价值链起到关键性的推动作用。因此，他们得出一个判断是，没有加工贸易，中国就不可能获得世界第一贸易大国的地位。[②]

也有一些学者针对加工贸易的影响效应展开了讨论。贾怀勤（2009）提出，应重视加工贸易从货物转移到服务项下的核算问题及其引起的对中国贸易平衡的影响。分析后发现，影响虽然不小，但不会颠覆货物贸易平衡格局。唐宜红和林发勤（2009）的研究指出，中国货物贸易出口以加工贸易为主，加工贸易占到货物出口贸易的 55%左右，不利于国内的技术创新。[③] 李海莲（2008）认为，我国加工贸易税收政策存在对国产料件与进口料件实施双重税收标准、对加工贸易高附加值环节的扶持不足等问题，并指出我国的税收政策应通过加强与产业政策的配合、促进国产料件竞争力的提升等途径来实现加工贸易转型升级。[④] 武齐和陈万华（2012）研究发现，中国和加拿大机电产品以产业内贸易为主，并且加工贸易在中国的发展、中国实际利用的 FDI 以及中加两国人均收入水平对中加机电产品产业内贸易具有正效应。[⑤] 邓慧慧（2012）研究发现，国内市场规模对制造业加工贸易、一般贸易均具有积极作用，并且资本、技术密集型行业呈现“放大”的本地市场效应。[⑥] 孙玉琴等（2013）考察了 60 余年来中国加工贸易的发展历程，发现加工贸易的发展始终与我国对外开放水平和工业化进程密切相关。[⑦]

林桂军和邓世专（2011）分析了亚洲各国中间品贸易的相互依存程度，以此来判断其在生产上的相互联系。成果全文没有使用“全球价值链”一词，只是使用“亚洲工厂”“全球生产网络”和垂直专业化等专业术语。[⑧] 由林桂军教授领衔的《博鳌亚洲论坛亚洲

---

① 最初，我国称加工过贸易为“以进养出”业务，后来成“三来一补”，即来料加工、来样加工、来件装配和补偿贸易。（石广生．中国对外贸易改革和发展史［M］．北京：人民出版社，2013.）当前，我国对加工贸易出口的统计包括来料加工装配贸易出口、进料加工贸易出口以及出料加工贸易出口。{林桂军，任靓．加工出口下滑在动摇我国出口政策模式的基础［J］．国际贸易，2016（10）.}

② 林桂军，任靓．加工出口下滑在动摇我国出口政策模式的基础［J］．国际贸易，2016（10）：4－13．

林桂军，崔鑫生．以全球价值链比较优势推动再开放——对改革开放 40 年外经贸重大里程碑事件的回顾与展望［J］．国际贸易问题，2019（1）：1－13．

③ 唐宜红，林发勤．服务贸易对中国外贸增长方式转变的作用分析［J］．世界经济研究，2009（3）：3－8＋15＋87．

贾怀勤．国际收支贸易调项对中国贸易平衡的影响程度［J］．统计研究，2009，26（3）：24－29．

④ 李海莲．转变我国加工贸易增长方式的税收政策选择［J］．税务研究，2008（11）：28－32．

⑤ 武齐，陈万华．中加机电产品产业内贸易影响因素实证研究［J］．国际贸易问题，2012（2）：65－71．

⑥ 邓慧慧．我国工业制成品出口的本地市场效应研究——基于 1996－2009 年分行业的面板数据［J］．国际贸易问题，2012（7）：12－19．

⑦ 孙玉琴，孙倩，王辉．我国加工贸易的历史考察［J］．国际贸易问题，2013（4）：167－176．

⑧ 林桂军，邓世专．亚洲工厂及关联度分析［J］．世界经济与政治，2011（11）：124－136，159－160．

经济一体化进程》从 2014 年起，开始跟踪亚洲全球价值链参与国的相互依存关系、产品的竞争力、发展趋势的变化情况，所得出的一些结论对于决策有重要的参考价值。例如，中国是亚洲全球价值链的中心；世界贸易额排名前 22 位的中间品中，有 18 种中国居世界第一；RCEP（《区域全面经济伙伴协定》）包括了亚洲全球价值链最重要的经济体；亚洲全球价值链的竞争优势主要集中在电子、电信和纺织领域，欧盟的优势则主要体现在机器制造、汽车和造纸等领域。

随着国际贸易的不断发展和全球价值链研究的深入，越来越多的学者开始关注全球价值链核算问题，并对全球价值链影响因素和经济效应进行研究。其中，核算方法的构建是进一步分析全球价值链各方面问题的基础，对外经济贸易大学的学者分别从行业国家和企业层面测算了中国参与全球价值链分工的情况，对全球价值链核算方法的发展做出了贡献。

目前，应用最多并得到国际广泛认可的贸易增加值核算方法，是由对外经贸大学全球价值链研究院教授和海外创始院长王直等主导研究的贸易增加值核算体系。其中，Koopman、Powers 以及 Wang（2016[①]）建立的五分法和 Koopman、Wang 以及 Wei（2014[②]）建立的九分法基于国家间投入产出表，将一国总出口分解为国内增加值、国外增加值、最终产品出口、中间产品出口等价值构成。而 Wang、Wei 以及 Zhu（2013）的方法（简称 WWZ 方法）拓展了之前的分解核算框架，可以在部门、双边、双边/部门层面分解总出口，并提出前向生产联系和后向生产联系的概念并加以区分。[③] 在 WWZ 方法之前，增加值核算方法都是基于 Loentief（1936）投入产出分析的基本思想，用里昂惕夫逆矩阵 B 和直接增加值系数矩阵 V 的矩阵相乘，可以追溯产品生产各个阶段的价值来源和出口价值的最终归属。[④] WWZ 方法超越了对里昂惕夫逆矩阵 B 和直接增加值系数矩阵 V 的直接应用，通过引入一国国内里昂惕夫逆矩阵（L），首先对中间产品出口进行增加值分解，从而实现分水平出口流量的增加值分解。

从 2011 年起，国内相关部门开始关注我国对外贸易中的增加值含量，并推动全球价值链与贸易增加值研究工作，组织研究组专门攻关，努力探讨以贸易增加值统计弥补传统贸易统计体系缺陷的途径。中国商务部副部长、世界贸易组织副总干事张向晨，为推动相关研究做出了积极的贡献。张向晨和徐清军（2013）介绍了当时国际上已形成的 OECD 和世贸组织的全球投入产出数据库等五大数据库，并总结梳理了关于增加值核算

---

① KOOPMAN R，POWERS W，WANG Z，et al. Give credit where credit is due：tracing value added in global production chains［J］. *Social Science Electronic Publishing*，2016，11（6）：1－38.

② KOOPMAN R，WANG Z，WEI S J. Tracing value－added and double counting in gross exports［J］. *American Economic Review*，2014，104（2）：459－494.

③ WANG Z，WEI S J，ZHU K. Quantifying international production sharing at the bilateral and sector levels［R］. New York：NBER Working Paper，2013.

④ LEONTIEF W W. Quantitative input and output relations in the economic systems of the United States［J］. *Review of Economics and Statistics*，1936，18（3）：105－125.

的研究，发现中国学者将加工贸易从国内生产中分离出来，提出一套测算中国出口增加值的方法论，建立了适合研究中国的非竞争型投入产出模型。并基于增加值核算的结果，通过数据分析了中国增加值测算结果、中国对主要贸易伙伴的出口增加值情况、中国从主要贸易伙伴的进口给各国带来的增加值，发现以增加值计的中美贸易顺差、中欧贸易顺差、中印贸易顺差、中韩贸易逆差均大幅下降，而中日贸易逆差则有所扩大。此外，中国进口对贸易伙伴的就业具有拉动作用。研究成果强调了可以利用历史数据探寻转型升级的规律，为新一轮开放找准着力点，同时，利用该方法和有关数据深入研究中国经济实现转型升级的路径。① 此外，张向晨（2014）提出，经济全球化催生了基于全球价值链的新型国际分工体系的建立和发展。而在新形势下，我国需要深入研究全球价值链，提升参与水平和国际竞争力，促进中国经济的转型升级。全球价值链的形成和发展促进了经济全球化深化发展，包括跨国公司趋向离岸生产、服务活动逐步国际化、提供了认识参与经济全球化活动的新视角以及传统国际贸易统计缺陷逐步显现。而贸易增加值统计为分析国际贸易提供了新方法。基于全球价值链与贸易增加值研究，张向晨提出了对中国发展的启示，一是实施再开放战略，二是向全球价值链中高端延伸，三是增强国际规则制定的话语权和影响力。②

在此基础上，大量的学者开始从行业国家以及企业层面进一步对增加值核算进行研究。在行业国家层面上，王直等（2015）提出了新的总贸易核算法则，把各层面的总贸易流量完全分解为增加值出口、返回的国内增加值、国外增加值以及纯重复计算的中间品贸易等组成部分，并根据贸易品的价值来源、最终吸收地和吸收渠道的不同，区分为16 种不同路径，从而在官方贸易统计和国民经济核算之间建立了系统性对应关系，提供了一个从官方贸易统计数据中分析全球价值链的有力工具。除此之外，新的总贸易核算法揭示了诸如垂直专业化、贸易平衡、增加值出口和显性比较优势等被广泛使用的国际贸易指标在方法上的局限，进而对这些指标进行了重新诠释。③

此后，对外经济贸易大学的众多学者延续王直等（2015）的研究方法和思路，进行了扩展性的研究和分析。孟渤等（2018）整合并扩展了关于全球价值链贸易排放与增加值贸易的测算方法，形成一个统一的核算框架。通过该框架，可以在国家、部门和双边层面系统地追踪贸易增加值和排放量，还可以从不同的角度（生产、消费和贸易）估算全球价值链的潜在环境成本，如每增加一个附加值所产生的排放量。④ DeVries 等（2019）将国际投入产出表与相关国家或地区行业的就业数据结合起来，从宏观视角分析了 11 个亚洲经济体 2000—2011 年间的全球价值链功能升级情况。研究发现，与 2000—2011

---

① 张向晨，徐清军．国内外贸易增加值问题研究的进展［J］．国际经济评论，2013（4）：128－138，7－8．

② 张向晨．提升我国在全球价值链中的竞争力［J］．求是，2014（7）：55－56．

③ 王直，魏尚进，祝坤福．总贸易核算法：官方贸易统计与全球价值链的度量［J］．中国社会科学，2015（9）：108－127，205－206．

④ Meng B，Peters GP，Wang Z，et al．Tracing CO2 emissions in global value chains［J］．*Energy Economics*，2018，73：24－42．

年间的制造活动相比，研发和其他相关支持服务的就业增长更快，但是亚洲国家对全球价值链的参与和升级速度存在较大差异。尤其是根据中国的比较优势，中国参与全球价值链为其大量的低技能劳动力创造了许多制造工作。但是与此同时，自 2000 年以来，中国参与全球价值链的研发人员数量迅速增加，实现了全球价值链的升级。这些结果可能与中间生产阶段和最终生产阶段的迁移以及全球价值链内的技术变化有关。与中国相比，亚洲其他国家也在进行全球价值链的升级，但速度较慢。①

此后，对外经济贸易大学的学者针对中国参与全球价值链的研究层出不穷。林桂军和何武（2015）的研究表明，中国装备制造业出口产品总体上呈现出升级的趋势，但由于我国装备制造业倾向于进口相对高价的零部件、出口相对低价的零部件，装备制造业的全球价值链分工地位仍然偏低。② 闫云凤和赵忠秀（2018）构建了全球投入产出模型，并将中国参与全球价值链的生产链长度分为纯国内、传统贸易和全球价值链生产链长度，研究了中国在全球价值链中的嵌入机理与演进路径。研究发现，整体上中国参与全球价值链是沿着同时嵌入国内和全球价值链的路径演进的，传统贸易生产链长度、全球价值链生产链长度和国内生产链长度都变长。同时，中国的全球价值链生产链长度远高于纯国内和传统贸易生产链长度。中国三大产业（农业、制造业和服务业）也是按照同时嵌入国内和全球价值链的路径演进的。其中，制造业的生产链长度最长，而农业的生产链增长速度最快。③ 施建军等（2018）认为，中国开放型经济面临全球价值链带来的国际竞争方式变化、贸易保护主义升级、生产要素成本上升、传统开放经济增长乏力、经济区域发展不平衡等，造成我国开放型经济受制于“木桶效应”等方面的挑战，并指出中国应该通过实施新一轮的高水平对外开放、打造开放型经济发展平台和加快现代金融体系建设来构建开放型经济新格局。④ 洪俊杰和商辉（2019）提出了中国开放型经济的“共轭环流”理论，将国际贸易网络分为相互联系和影响的发达国家价值环流和发展中国家价值环流。中国经过改革开放以来的快速发展，在“共轭环流”中居于枢纽地位，这有助于提升我国的国际分工地位。在发达国家价值链环流中，中国企业的技术提升可以促进国际分工地位的跃升，而引领发展中国家价值链环流能够推动中国产业在全球价值链中的攀升。⑤ 汤碧（2010）测算了中国高技术产业的全球价值链地位和产品出口复杂度，发现中国在高技术产业全球价值链中的地位和出口复杂度呈现上升的趋势，但是产品出口的技术含量不高，仍处于全球价值链的低端环节。⑥ 鞠建东和余心玎（2014）

① DeVries G，Chen Q，Hasan R，et al. Do Asian countries upgrade in global value chains? A novel approach and empirical evidence [J]. *Asian Economic Journal*，2019，33（1）：13－37.

② 林桂军，何武. 中国装备制造业在全球价值链的地位及升级趋势 [J]. 国际贸易问题，2015（4）：3－15.

③ 闫云凤，赵忠秀. 中国在全球价值链中的嵌入机理与演进路径研究：基于生产链长度的分析 [J]. 世界经济研究，2018（6）：12－22+135.

④ 施建军，夏传信，赵青霞，卢林. 中国开放型经济面临的挑战与创新 [J]. 管理世界，2018，34（12）：13－18＋193.

⑤ 洪俊杰，商辉. 中国开放型经济的“共轭环流论”：理论与证据 [J]. 中国社会科学，2019（1）：42－64＋205.

⑥ 汤碧. 中国高技术产业价值链地位的测度和影响因素分析 [J]. 经济学动态，2012（10）：65－70.

分析了中国在全球价值链中的贸易角色，发现中国在全球价值链上的出口具有同位和低值两个特征。其中，同位是指中国在全球价值链上所处的位置及出口产品的种类均与发达国家相似，低值指的是中国的出口单位价值与发达国家还存在一定差距。通过比较中国与发达国家的进出口单位价值发现，中国出口的产品在质量上属于低值产品。[①] 孟东梅等（2017）采用 WWZ 分解方法，分析了中国服务业在全球价值链中的地位演变。结果发现，中国服务业出口在全球价值链中的参与程度不断提高，并且正在向全球价值链的上游移动。[②] 郑乐凯和王思语（2017）利用贸易增加值前向分解法，重新估算 1995—2011 年中国制造行业和服务行业的显示性比较优势，发现传统统计方法以及贸易增加值后向分解法都高估了中国纺织服装、皮革鞋类与机电等传统优势产业的出口竞争优势，却低估了部分资本、技术密集型产品和服务出口的国际竞争力。[③] 田开兰等（2017）指出，传统的从出口总额角度来分析出口比较优势存在忽略了国内和国际生产分工的缺陷，并从出口增加值占比的角度研究了中国出口的比较优势。研究表明，中国的劳动密集型轻工业（如纺织服装）仍然是中国的出口竞争力优势部门，但是也存在附加值偏低的问题。中国的制造业和服务业整体上处于比较劣势。[④] 蓝庆新和窦凯（2019）认为，中美贸易摩擦的根源在于两国之间存在严重的结构性矛盾，并测算了中美两国的全球价值链参与指数和地位指数，发现中国的全球价值链分工地位逐渐由低端向中高端攀升，中美两国在全球价值链分工体系之间的差距也在逐渐缩小。进一步的研究表明，中美贸易摩擦对中美双方宏观经济、部门产出以及全球价值链均会产生负面影响。[⑤] 汤碧和常月（2019）考察了中国农业价值链地位的现状，发现中国农业在亚太生产网络中的地位存在略微的上升，并且中国农业参与价值链程度也较低。[⑥] 罗伟和吕越（2019）分析了外资对中国增加值贸易规模和对贸易增加值结构的影响效应，发现外资与跨国公司全球价值链网络存在的天然联系，提升了中国融入全球价值的复杂度和深度。[⑦] 牛华和张梦锦（2020）基于世界投入产出数据库，测算了 2000—2014 年期间，中国及其他主要经济体的服务业全球价值链参与程度。结果发现，中国服务业的全球价值链参与程度较低，服务业生产的增加值中，被复出口到世界各国的比重不足 3%，服务业全球价值链参与程度落后于

① 鞠建东，余心玎．全球价值链上的中国角色——基于中国行业上游度和海关数据的研究［J］．南开经济研究，2014（3）：39－52．

② 孟东梅，姜延书，何思浩．中国服务业在全球价值链中的地位演变——基于增加值核算的研究［J］．经济问题，2017（1）：79－84．

③ 郑乐凯，王思语．中国产业国际竞争力的动态变化分析——基于贸易增加值前向分解法［J］．数量经济技术经济研究，2017，34（12）：110－126．

④ 田开兰，祝坤福，杨翠红．中国出口比较优势分析——基于不同贸易方式生产异质性的研究［J］．中国管理科学，2017，25（9）：1－10．

⑤ 蓝庆新，窦凯．全球价值链视角下的中美贸易摩擦分析［J］．经济社会体制比较，2019（5）：67－77．

⑥ 汤碧，常月．中国农业价值链地位测度与发展研究——基于亚太区域的分析［J］．农业经济问题，2019（10）：50－62．

⑦ 罗伟，吕越．外商直接投资对中国参与全球价值链分工的影响［J］．世界经济，2019，42（5）：49－73．

德国、丹麦、爱尔兰和俄罗斯等国。[①] 鞠建东等（2020）测算了2000—2017年的全球价值链结构演变，发现全球价值链网络已经由2000年以美国为核心的亚太区块和以德国为核心的欧洲区块的“双极结构”，演变为以美国、德国和中国作为核心节点的“北美－欧洲－亚洲”的三足鼎立格局。[②]

除了行业国家层面上的相关核算以外，对外经济贸易大学的学者还从企业层面对全球价值链分工情况进行了测算和研究。吕越等（2015）是国内最早开始采用中国工业企业数据库和中国海关进出口贸易数据库的合并数据，测算微观企业层面的全球价值链参与程度指标的研究。[③] 唐宜红和张鹏杨（2018）发现，2000—2008年期间，中国企业出口全球生产链位置在产业链升级的作用下实现了小幅提高，而中国企业进口全球生产链位置则在贸易结构效应和产业链升级效应的共同影响下大幅提升。[④] 吕越（2019）通过学术专著，将全球价值链在中国的微观应用进行了详细阐述和分析。具体来说，包括从效率异质性、金融异质性、劳动力市场异质性等视角，基于中国工业企业数据库和中国海关进出口贸易数据库合并的高度细化微观数据，全面评析了全球价值链新型国际分工模式下，企业异质性的表现、影响效应以及交互影响机制。[⑤]

二、全球价值链的决定因素研究

一个国家参与国际贸易分工，不仅要积极嵌入以发达国家为主体的全球价值链中，更重要的是，要不断从全球价值链的低端环节攀升到高端环节。因此，哪些因素会影响全球价值链参与程度和分工地位是非常重要和值得研究的问题。对外经济贸易大学的学者从多个角度研究了影响全球价值链参与的因素。

在贸易网络方面，王博等（2019）基于Eora26数据库，构建了制造业增加值贸易网络并考察了其结构特征与影响因素。研究结果表明，首先，在成果的样本区间中，“一带一路”沿线国家的制造业增加值贸易增长速度明显加快。其中，国内增加值在制造业贸易增长中占比最大。其次，“一带一路”沿线国家在增加值贸易网络与制造业贸易网络中联系密切，中国及周边主要国家处于贸易网络的核心地位。最后，影响“一带一路”沿线制造业贸易网络的因素包括贸易协定关系、总体经济规模、人口规模差异、经济距离和地理距离等。其中，贸易协定关系和总体经济规模对“一带一路”沿线国家间制造业贸易网络关系的发展具有推动作用，人口规模差异、经济距离和地理距离则会阻碍“一

① 牛华，张梦锦．中国服务业全球价值链参与度的测算及国际比较［J］．统计与决策，2020，36（19）：127－130．
② 鞠建东，余心玎，卢冰，李昕．全球价值链网络中的“三足鼎立”格局分析［J］．经济学报，2020（4）：1－20．
③ 吕越，罗伟，刘斌．异质性企业与全球价值链嵌入：基于效率和融资的视角［J］．世界经济，2015，38（8）：29－55．
④ 唐宜红，张鹏杨．中国企业嵌入全球生产链的位置及变动机制研究［J］．管理世界，2018，34（5）：28－46．
⑤ 吕越．全球价值链重塑下的中国企业升级［M］．北京：人民出版社，2019．

带一路”沿线国家间制造业贸易网络关系的发展。[①] 吕越和尉亚宁（2020）测度了企业层面的贸易网络，并在此基础上，探讨了企业贸易网络对于全球价值链分工下，企业出口国内附加值的影响效应及其作用机制。研究结果表明：第一，整体上，企业贸易网络呈现上升趋势，并且外资企业的贸易网络扩张速度相对更快，东部地区和劳动密集型企业贸易网络相对更发达；第二，企业贸易网络的扩张对于出口国内附加值率的提升具有促进作用；第三，企业贸易网络可以通过中间品投入、行业集中度和外资进入程度影响其出口国内附加值。[②] 洪俊杰和商辉（2019）考察了决定国际贸易网络枢纽地位的机制，发现一国比较优势的改善能够提升其枢纽地位，并且母国市场、制度支持、技术创新、人口结构等优势要素对其枢纽地位的影响效应大于开放程度等传统优势要素。[③]

在贸易壁垒和贸易摩擦方面，研究表明，贸易壁垒和贸易摩擦将会阻碍全球价值链的嵌入，而中间品关税减让则会推动企业更深层次地参与全球价值链。王孝松等（2017）基于世界投入产出数据库，采用对中国总贸易流量的完整分解法，发现国外的反倾销措施降低了中国相关行业总出口的国内增加值率、相关行业最终产品出口的国内增加值率、相关行业中间产品出口的国内增加值率和相关行业参与全球价值链地位指数，对中国各行业参与全球价值链和全球价值链地位攀升造成了负面影响。[④] 王聪和林桂军（2019）对已有的企业在全球价值链中参与程度的测算方法进行了修正，并根据海关企业数据、中国上市公司财务数据和世界银行相关数据实证研究了美国对华“双反”调查对中国企业参与全球价值链的影响。研究发现，美国对华“双反”调查降低了中国企业在全球价值链中的参与程度，并且这种消极影响主要是通过抑制中国上市公司出口从而影响中国上市公司对进口投入品的需求，进而减少出口中包含的国外增加值来实现的。进一步的研究发现，美国对华“双反”调查对国有上市公司、高 GVC 参与程度上市公司和西部上市公司的负面影响更加明显。[⑤] 杨军等（2020）分析了中美贸易摩擦对中国参与全球价值链和区域价值链的影响效应，发现中美贸易摩擦对中国参与全球价值链造成了较为严重的负面影响，但是深化了中国在区域价值链中的参与程度，并认为主要原因在于中美贸易摩擦造成了直接贸易规模性转移与间接产业分工格局调整。[⑥] 石晓婧和杨荣珍（2020）则分析了美国反补贴调查对中国企业出口的影响。研究发现：第一，美国对华反补贴调查抑制了企业的出口；第二，外资企业和多产品企业受到反补贴调查的负面影响相对较小；第三，反补贴调查使得出口企业数目和持续存活的企业出口额

① 王博，陈诺，林桂军．“一带一路”沿线国家制造业增加值贸易网络及其影响因素［J］．国际贸易问题，2019（3）：85－100．

② 吕越，尉亚宁．全球价值链下的企业贸易网络和出口国内附加值［J］．世界经济，2020，43（12）：50－75．

③ 洪俊杰，商辉．国际贸易网络枢纽地位的决定机制研究［J］．国际贸易问题，2019（10）：1－16．

④ 王孝松，吕越，赵春明．贸易壁垒与全球价值链嵌入——以中国遭遇反倾销为例［J］．中国社会科学，2017（1）：108－124，206－207．

⑤ 王聪，林桂军．“双反”调查与上市公司全球价值链参与——来自美国对华“双反”调查的经验证据［J］．国际金融研究，2019（12）：85－93．

⑥ 杨军，周玲玲，张恪渝．中美贸易摩擦对中国参与区域价值链的重构效应［J］．中国流通经济，2020，34（3）：93－103．

均出现下降。[①] 刘斌等（2015）基于1995—2011年期间的世界投入产出数据库，实证研究了中间品关税减让对中国企业在全球价值链中的参与程度和分工地位的影响效应。研究结果表明，中间品关税减让能够促进中国企业全球价值链参与程度和分工地位的提升，并且在资产专用性较强的行业中，中间品关税减弱对企业全球价值链参与程度的积极影响较明显。[②] 余心玎等（2016）研究发现，基于中国和加拿大的经验，部分或全面取消中间品进口关税将有助于进口中间投入品及设备的高效利用，进而促进各经济体提升在全球价值链中的参与深度和广度，并提升其贸易竞争力。[③]

在数字经济方面，Li等（2019）以中国服装业为例，考察了电子商务如何减少进入壁垒，并使用全球价值链框架来分析电子商务对中国产业和治理结构的影响，从而实现中国企业在全球价值链中的升级。研究结果表明，第一，电子商务基于互联网的平台，创建服务于国内外客户的在线市场，以新的方式连接企业与企业（B2B市场）和生产者与消费者（B2C 市场），从而对全球产业治理结构和价值链升级产生影响。服务业作为买方驱动的产业，其全球领先的企业是大型零售商、营销商和品牌制造商，而中国大型服装出口企业一直是买方驱动的全球价值链的主要供应商。中国互联网经济的主要参与者是平台公司，它们建立了双边市场，将电子商务消费者与分散的生产者联系起来，其中，许多是中小企业。从产业升级的角度来看，电子商务为中国中小服装企业带来了以下升级途径：通过纯粹的服装网络品牌、与网红合作或者通过跨境电商与消费者建立联系，从而实现增长和产业升级。第二，中国电子商务的平台经济高度集中，使得平台生态系统能够实现更高的用户（生产者和消费者）互动。此外，中国电商巨头一直在从纯粹的交易平台转向综合平台，这种转变使企业能够利用网红的直播、社交社区和视频来创造更多的消费者“接触点”，丰富消费者体验，服装企业也能够以较低的进入门槛从事高附加值活动。第三，中国快速增长的在线市场公司，如阿里巴巴和京东，已经建立了市场力量，将双边市场中的大量生产商和消费者联系起来。在信息方面，这些大型平台公司也能够从中国消费者那里收集大量数据。这些信息的价值被平台公司获取，对消费者的好处是能够将需求趋势转向他们喜欢的产品（需求拉动模式），而对生产商来说，他们扩大的覆盖范围和直接接触消费者的机会为初创企业和终端市场多样化提供了更多的创业机会。[④] 刘斌和顾聪（2019）考察了互联网对双边价值链关联的影响，发现互联网能够通过缩短交货时间、削减贸易成本、延伸生产步长驱动两国间价值链关联，并且互联网对服务业和资产专用性行业价值链关联的影响效应更加明显。[⑤] 吕越等（2020）基于 2000—2013 年的机器人数据和中国企业的相关数据，实证考察了人工智能对中国

① 石晓婧，杨荣珍．美国反补贴调查对中国企业出口影响的实证研究［J］．世界经济研究，202（2）：33－46，135－136．

② 刘斌，王乃嘉，魏倩．中间品关税减让与企业价值链参与［J］．中国软科学，2015（8）：34－44．

③ 余心玎，杨军，王苒，王直．全球价值链背景下中间品贸易政策的选择［J］．世界经济研究，2016（12）：47－59+133．

④ Li F，Frederick S，Gereffi G．E-commerce and industrial upgrading in the Chinese apparel value chain［J］．*Journal of Contemporary Asia*，2019，49（1）：24－53．

⑤ 刘斌，顾聪．互联网是否驱动了双边价值链关联［J］．中国工业经济，2019（11）：98－116．

企业参与全球价值链分工的影响效应。研究发现：第一，人工智能对中国企业参与全球价值链分工具有促进作用，并且这种促进作用主要通过替代从事低端环节生产的劳动力和提高企业生产率两个途径实现；第二，人工智能对中国企业嵌入全球价值链的积极影响主要集中在加工贸易企业；第三，在行业层面上，人工智能提升了行业的全球价值链位置。[①] 类似的，刘斌和潘彤（2020）基于工业机器人数据和行业层面的全球价值链数据，从行业层面研究了人工智能对全球价值链分工的影响效应。研究发现，人工智能可以促进技术创新、优化资源配置和降低贸易成本，从而提升一国参与全球价值链的分工地位和参与程度。同时，人工智能促进了全球价值链竞争的先动优势，并且一国的数字贸易开放程度越高，人工智能对全球生产分工的积极作用越明显。[②] 郭周明和裘莹（2020）指出，数字技术缩小了全球劳动力成本差异且加速了区域价值链形成，"平台驱动"成为全球价值链治理新的驱动力，微笑曲线转变为"浅笑曲线"。[③] 姜峰和段云鹏（2021）发现，数字"一带一路"的发展能够提升中国产品出口的技术附加值和中国产品在"一带一路"沿线经济体的市场占有率，有利于中国全球价值链地位的升级。[④]

在服务业发展方面，唐宜红和林发勤（2009）考察了服务贸易在促进我国外贸增长方式转变中的作用，发现服务贸易能够优化我国的整体对外贸易结构，并且作为中间投入品，提高出口货物的技术含量，使货物贸易增长向集约型发展。[⑤] 刘斌等（2016）发现，制造业服务化提升了中国企业在全球价值链中的参与程度和分工地位。金融服务化、运输服务化和分销服务化对中国企业的全球价值链升级具有明显的促进作用，而电信服务化对全球价值链升级的影响效应不大。除此之外，研究还发现，提升产品质量和产品技术复杂度促进了中国企业产品升级，并且制造业服务化对中国企业产品升级的影响效应在资产专用性高的行业中作用更强。[⑥] 王思语和郑乐凯（2018）基于世界投入产出数据库，实证考察了制造业出口服务化对出口产品复杂度的影响效应，发现制造业出口服务化对出口复杂度水平的提升具有积极作用，并且相比于交通运输和商务服务，金融服务、邮电服务等生产性服务的促进作用更加明显。[⑦] 刘斌和赵晓斐（2020）通过构建一般均衡模型和利用全球投入产出数据库进行实证分析，从制造业投入服务化与服务贸易壁垒的双重角度解释了全球价值链分工进程的放缓。研究结果表明，制造业投入服务化与服务贸易壁垒的交互作用降低了全球价值链的分工水平，其进一步发现，制造业投入服务化和服务贸易壁垒的交互作用主要通过缩短生产步长和提高中间品价格来阻碍全

① 吕越，谷玮，包群．人工智能与中国企业参与全球价值链分工［J］．中国工业经济，202（5）：80－98．

② 刘斌，潘彤．人工智能对制造业价值链分工的影响效应研究［J］．数量经济技术经济研究，2020，37（10）：24－44．

③ 郭周明，裘莹．数字经济时代全球价值链的重构：典型事实、理论机制与中国策略［J］．改革，2020（10）：73－85．

④ 姜峰，段云鹏．数字"一带一路"能否推动中国贸易地位提升——基于进口依存度、技术附加值、全球价值链位置的视角［J］．国际商务（对外经济贸易大学学报），2021（2）：77－93．

⑤ 唐宜红，林发勤．服务贸易对中国外贸增长方式转变的作用分析［J］．世界经济研究，2009（3）：3－8＋15＋87

⑥ 刘斌，魏倩，吕越，祝坤福．制造业服务化与价值链升级［J］．经济研究，2016，51（3）：151－162．

⑦ 王思语，郑乐凯．制造业出口服务化与价值链提升——基于出口复杂度的视角［J］．国际贸易问题，2018（5）：92－102．

球价值链的分工进程。[①] 裘莹（2020）利用世界投入产出数据库，分析了服务投入对制造业企业全球价值链参与程度的影响效应，发现具有倒 U 形影响，即随着服务投入提升，对制造业企业全球价值链参与程度的影响先呈现促进作用，当服务投入提升到一定程度，则会产生抑制作用。[②] 郑休休和赵忠秀（2018）基于全球价值链的视角，利用 WIOD 数据库分析了生产性服务中间投入对制造业出口的影响效应，发现生产性服务中间品的投入能够提高下游制造业最终品的出口增加值率。此外，相比于使用生产性服务中间品来自非发达经济体的情况，使用的生产性服务中间品来自发达经济体的情况下，生产性服务中间投入对制造业最终品出口增加值率的提升作用更加明显；生产性服务中间投入增加对非发达经济体制造业最终品出口增加值率的促进作用更强。[③] 裘莹等（2019）在全球采购模型的基础上构建了包含服务中间投入的理论模型，推导出生产性服务临近约束对价值链分工产生的非线性影响，并利用世界投入产出数据库检验了理论预测。研究发现，总体上，生产性服务对下游产业价值链分工呈现倒 U 形关系，临近约束对这种倒 U 形关系具有明显的影响，并且生产性支持服务在临近约束下仍然保持正向线性影响。进一步的研究发现，相对于“一带一路”沿线国家，非“一带一路”沿线国家的倒 U 形顶点向右偏移，表明收入水平的提升能够推迟生产性服务对价值链分工的负面影响。[④]

在跨国公司对全球价值链发展的影响研究方面，张为付和武齐（2005）研究发现，外国直接投资扩大了我国的对外贸易规模，增强了我国产品出口竞争能力并改善了我国出口产品的结构。[⑤] 冯晓玲和张凡（2011）发现，由于出口量的增长，中国在价格贸易条件下降的同时，收入贸易条件却呈现逐年上升态势。通过协整分析发现，长期内，中国的收入贸易条件与 FDI 之间存在稳定的关系，而 FDI 的增长是中国贸易条件改善的原因。[⑥] 李玉梅等（2016）运用结构方程模型分析了东部沿海地区外商投资企业撤资的原因，发现生产要素成本上升和外资优惠政策相对减弱的外部投资环境、行业发展状况和母公司特征对外商投资企业撤资决策具有正向效应，而子公司的经营状况对撤资决策有负向效应。[⑦] 唐宜红和张鹏杨（2017）考察了 FDI 在全球价值链嵌入机制下对中国出口国内附加值的影响效应。结果表明，FDI 对我国出口国内附加值的提高存在积极影响，但从全球价值链嵌入的机制上看，这一影响并不明显。研究进一步指出，全球价值链嵌入的机制上影响不强的原因，是 FDI 通过全球价值链嵌入既能提高出口产品中来自本行业的国

① 刘斌，赵晓斐．制造业投入服务化、服务贸易壁垒与全球价值链分工［J］．经济研究，2020，55（7）：159－174.

② Qiu Y．Promotion or hindrance? The threshold effect of services on global value chains［J］．*Applied Economics Letters*，2020，27（5）：406－411.

③ 郑休休，赵忠秀．生产性服务中间投入对制造业出口的影响——基于全球价值链视角［J］．国际贸易问题，2018（8）：52－65.

④ 裘莹，赵忠秀，孙博．邻近约束、生产性服务与价值链分工［J］．国际贸易问题，2019（5）：85－100.

⑤ 张为付，武齐．外国直接投资与我国对外贸易的实证研究［J］．国际贸易问题，2005（12）：80－90.

⑥ 冯晓玲，张凡．外商直接投资对中国收入贸易条件的影响分析［J］．世界经济研究，2011（4）：69－74+89.

⑦ 李玉梅，刘雪娇，杨立卓．外商投资企业撤资：动因与影响机理——基于东部沿海 10 个城市问卷调查的实证分析［J］．管理世界，2016（4）：37－51.

内附加值，也可能导致中国更严重地嵌入低附加值环节。[①] 张鹏杨和唐宜红（2018）研究发现，FDI 对提升企业出口国内附加值率（DVAR）具有促进作用，并且在一定程度上，这种促进作用是通过 FDI 推动企业全球价值链升级实现的。同时，FDI 在推动企业全球价值链升级方面存在"天花板"效应，但中国目前没有达到该效应的拐点。[②] 李磊等（2017）研究了外资溢出对内资企业全球价值链参与程度的影响效应，发现外资的水平溢出对提升内资企业的全球价值链参与程度具有促进作用。同时，与港澳台地区的企业的技术溢出相比，外资企业的水平技术溢出对提升内资企业全球价值链参与程度的促进作用更强，外资企业的前向技术溢出对内资企业全球价值链参与程度的影响与港澳台地区的企业相差不大，其后向技术溢出对提升内资企业全球价值链参与的促进作用则低于港澳台地区的企业。除此之外，进一步研究还发现，外资的本地化生产程度、内资企业与外资企业之间的技术距离以及中国外商投资政策等因素，会影响外资溢出对内资企业全球价值链参与程度的促进作用。具体而言，外资本地化生产程度越高、内资企业与外资企业之间的技术距离越短和政策对外资越鼓励，外资溢出对内资企业全球价值链参与程度的促进作用越明显。[③] 刘斌等（2015）发现对外直接投资存在"价值链升级"效应，提高企业产品质量、出口技术复杂度和营业外收入，可以实现企业的产品升级和功能升级。进一步研究表明，投资于发达国家能推动企业产品升级，投资于发展中国家则有利于促进企业的功能升级。[④]

在上游垄断和市场分割方面，罗伟和吕越（2015）在信息不对称框架下，构建了企业具有效率和融资能力双重异质性的贸易模型，分析了民间和正规金融市场的利率分割和信贷配置失衡对总出口的影响。研究发现，金融市场分割对所有企业出口均有阻碍作用，而信贷配置失衡在促使大量享受信贷支持的低效率企业实现出口的同时，只造成少数受信贷约束的高效率企业退出国外市场，因此，可在一定程度上促进总出口。但是，金融摩擦的两种出口效应对国民收益均存在潜在的负向作用。除此之外，通过经验研究得到与模型预测一致的估计结果。[⑤] 吕越等（2018）利用中国的微观企业实证研究了市场分割对企业出口国内附加值率的影响。研究发现，市场分割对企业出口的国内附加值率存在负向影响。进一步的机制分析表明，市场分割会通过促进中间品进口、抑制创新和提高加工贸易占比三个渠道降低企业出口的国内附加值率。[⑥]

---

① 唐宜红，张鹏杨．FDI、全球价值链嵌入与出口国内附加值［J］．统计研究，2017，34（4）：36－49．

② 张鹏杨，唐宜红．FDI 如何提高我国出口企业国内附加值?——基于全球价值链升级的视角［J］．数量经济技术经济研究，2018，35（7）：79－96．

③ 李磊，刘斌，王小霞．外资溢出效应与中国全球价值链参与［J］．世界经济研究，2017（4）：43－58+135．

④ 刘斌，王杰，魏倩．对外直接投资与价值链参与：分工地位与升级模式［J］．数量经济技术经济研究，2015，32（12）：39－56．

⑤ 罗伟，吕越．金融市场分割、信贷失衡与中国制造业出口——基于效率和融资能力双重异质性视角的研究［J］．经济研究，2015，50（10）：49－63+133．

⑥ 吕越，盛斌，吕云龙．中国的市场分割会导致企业出口国内附加值率下降吗［J］．中国工业经济，2018（5）：5－23．

在融资约束与金融发展方面，吕越等（2015[①]，2016[②]）分别从企业和产业层面研究了融资约束对中国参与全球价值链的影响效应。结果表明：第一，融资约束阻碍了中国企业全球价值链参与程度的提升且这种消极影响体现在企业是否参与全球价值链的决策上；第二，较少的融资约束能够促进中国产业在全球价值链中参与程度和分工地位的提升。顾磊和杨倩雯（2014）首次从理论上分析了不同金融市场因素引发一国垂直专业化分工地位变迁的作用机理，并通过实证研究发现，各类金融因素都是影响各区域垂直专业化分工地位高低的重要原因。[③]

除此之外，对外经济贸易大学的学者还从制度、增值税改革、本地市场效应、贸易自由化、贸易便利化、房价、经济功能区、特朗普税改、参与 GVC 持续时间、“一带一路”倡议以及发展中国家的角度研究了全球价值链的影响因素。葛赢、David Dollar 和余心玎（2020）在测算了国家部门层面的全球价值链参与程度的基础上，分别从宏观和微观的角度研究了区域制度对全球价值链参与程度的影响效应。首先，与非“一带一路”沿线国家相比，“一带一路”沿线国家的制度质量和全球价值链的参与程度要低得多。其次，无论是“一带一路”沿线国家还是非“一带一路”沿线国家，制度质量对制度敏感行业的全球价值链参与都具有正向影响。此外，“一带一路”沿线国家的全球价值链参与程度对制度的敏感性比非“一带一路”沿线国家更突出，表明“一带一路”沿线国家的较低制度水平明显抑制了全球价值链发展和区域一体化进程。最后，地方制度会影响企业参与全球价值链的决策，更少的政府干预、更高的海关效率、更好的合同执行和更便利的银行贷款渠道，都促进了企业参与全球价值链，并且这种促进作用对非国有企业来说更加明显。[④] 吴嵩博等（2021）将 2004 年中国东北三省的增值税试点改革作为自然实验，探讨了增值税对出口国内增加值的影响。结果表明，这项改革通过允许更多扣减固定资产购买额降低了受影响企业的有效增值税率，从而提高了企业的出口国内附加值。[⑤] 唐宜红和姚曦（2015）考察了用于检验本地市场效应的扩展引力模型是否在 1995 年前后存在结构突变。结果发现，1995 年之后出口份额上升的技术密集型和资本密集型两大制成品行业，都发生了本地市场效应从无到有、由弱至强的关键转变；而在出口份额下降或者变化不大的劳动密集型制成品和资源型制成品行业，本地市场效应的变动相对于要素禀赋优势的变动则显得无关紧要。[⑥] 仪珊珊等（2018）使用双重差分法考察了贸易自由化对出口产品转换行为的影响，发现贸易自由化通过“学习效应”和“竞争效

① 吕越，罗伟，刘斌．异质性企业与全球价值链嵌入：基于效率和融资的视角［J］．世界经济，2015，38（8）：29－55．

② 吕越，罗伟，刘斌．融资约束与制造业的全球价值链跃升［J］．金融研究，2016（6）：81－96．

③ 顾磊，杨倩雯．金融发展如何影响中国的垂直分工地位［J］．国际贸易问题，2014（3）：144－155．

④ Ge Y，Dollar D，Yu X. Institutions and participation in global value chains: Evidence from belt and road initiative［J］. *China Economic Review*，2020（61）. No. 101447.

⑤ Wu S，Lu Y，Lv X. Does value-added tax reform boost firms’ domestic valueadded in exports? Evidence from China［J］. *Review of International Economics*，2021.

⑥ 唐宜红，姚曦．本地市场效应与中国出口贸易结构转变——基于模型结构突变的实证检验［J］．世界经济研究，2015（7）：53－62+128．

应”抑制了出口产品进入和退出企业的行为。[①] 刘斌等（2019）基于世界投入产出数据库，实证分析了贸易便利化对全球价值链参与程度的影响效应。研究发现，贸易便利化提升了各国的全球价值链参与程度，进一步的分析还表明，这种作用在发展中国家更强，对资产专用性行业的影响更加明显。[②] 刘斌和王乃嘉（2016）实证研究了房价上涨对中国企业出口的影响，发现房价上涨增加了企业出口数量，但不利于出口产品种类的增加、技术复杂度的提升和出口市场的拓展，总体上降低了企业出口金额。[③] 李启航等（2020）在计算中国企业出口国内增加值率的基础上，实证分析了经济功能区设立对企业出口国内增加值率的影响效应。结果表明，经济功能区设立提升了企业出口国内增加值率，并进一步指出设立经济功能区产生的学习效应是出口国内增加值率提升的源泉。[④] 周玲玲和张恪渝（2019）首次构建了标准 GTAP 模型与全球价值链分解核算体系的链接方法，并使用该方法分析了特朗普税改对中美价值链重构的影响。结果表明：第一，特朗普减税政策导致中国相对基准方案 GDP 增速减缓 0.49%，但实际总出口增长 1.16%；第二，特朗普减税政策促进中国对美国的出口贸易增长近 375 亿美元，其中，蕴含的中国国内增加值提升 276 亿美元；第三，特朗普减税政策对我国纺织品、汽车及零部件、电子产品的国内增加值/直接进口国增加值/第三国增加值均起到推进作用。[⑤] 吕越等（2019）运用双重差分法实证研究了“一带一路”倡议的对外投资促进效应。研究结果表明，“一带一路”倡议的实施促进了中国企业对外绿地投资的增长，“一带一路”沿线国家的投资项目数增长幅度达 32%左右。进一步研究表明，“一带一路”倡议对中国企业绿地投资的积极促进效应通过“五通”实现，即设施联通、政策沟通、资金融通、贸易畅通和民心相通。[⑥] 黄灿和林桂军（2017）基于发展中国家视角，在测算发展中国家参与全球价值链分工地位的基础上，考察了影响发展中国家分工地位的因素，发现外商直接投资、研发投入和自然资源丰裕度的提高能够提升发展中国家制造业在全球价值链中的分工地位，同时，制度能够通过利用自然资源促进发展中国家制造业全球价值链分工地位的提升。[⑦]

---

① 仪珊珊，张瀚元，王昊天．贸易自由化与出口产品转换：以中国－东盟自贸区为例［J］．世界经济研究，2018（8）：28－36＋87＋135．

② 刘斌，王乃嘉，李川川．贸易便利化与价值链参与——基于世界投入产出数据库的分析［J］．财经研究，2019，45（10）：73－85．

③ 刘斌，王乃嘉．房价上涨挤压了我国企业的出口能量吗？［J］．财经研究，2016，42（5）：53－65．

④ 李启航，董文婷，刘斌．经济功能区设立提升了企业出口国内增加值率吗？［J］．世界经济研究，2020（12）：31－47，132－133．

⑤ 周玲玲，张恪渝．特朗普税改对中美价值链重构的影响［J］．财贸经济，2019，40（11）：20－34．

⑥ 吕越，陆毅，吴嵩博，王勇．“一带一路”倡议的对外投资促进效应——基于 2005—2016 年中国企业绿地投资的双重差分检验［J］．经济研究，2019，54（9）：187－202．

⑦ 黄灿，林桂军．全球价值链分工地位的影响因素研究：基于发展中国家的视角［J］．国际商务（对外经济贸易大学学报），2017（2）：5－15．

三、全球价值链的影响效应研究

随着经济全球化的加深和国际分工体系的完善，全球价值链主导的国际贸易格局向全世界的延展范围扩大，研究嵌入全球价值链产生的经济效应具有重要的理论和现实意义。对外经济贸易大学的学者对全球价值链的经济效应进行了多方面、多角度的探讨。

在劳动力市场方面，全球价值链嵌入有利于增加就业人数和提高工资水平。Reijnders 和 Gaaitzen（2018）发现，1999—2007 年间 37 个先进和新兴国家的劳动力中，非常规工作（non-routinejobs）所占的份额不断增长。为了检验离岸外包和技术变革在推动劳动力市场变化的影响，其开发了一个全球价值链生产模型，在此基础上进行了职业劳动力需求变化的分解，并利用跨国职业数据与世界投入产出表进行了实证分析。研究结果表明，相对于非常规工作，全球价值链中的技术变革往往会降低对常规工作的需求。常规任务的转移进一步增加了发达国家对非常规工作的相对需求，尽管这种影响比技术变革的影响要小。在包括中国和波兰在内的几个新兴国家，任务转移增加了对常规工作的需求，但在这些国家，技术变革对常规工作需求的影响更大。[①] 林桂军等（2018）采用多区域投入产出模型，从全球价值链环节的角度对美国和中国出口的就业效应进行评估。研究结果表明，第一，中国对美国和世界的出口，为外国工人创造了比世界上任何其他国家都多的就业机会。2006 年，中国对美出口为包括美国在内的外国工人创造了 126 万个就业岗位，而美国对华出口创造了 25.6 万个就业岗位。与对其他价值链伙伴的就业影响相比，中国对美国的出口并没有为美国工人创造大量的绝对就业机会。以 2009 年为例，有 6.4 万美国工人在中国对美出口的相关生产活动中就业，相比之下，有 18.6 万名中国工人在美国对华出口的相关生产活动中就业。然而，就增长率而言，美国因自身出口导致的就业年平均增长率停滞在零左右，而其因中国出口导致的就业年平均增长率高达 14%；与此形成鲜明对比的是，中国的数据分别为 2%（中国出口带来的就业增长率）和 5.4%（美国出口带来的增长率）。第二，中国对美国和世界的出口对美国批发、金融和租赁服务等服务业的就业影响强于对制造业的就业影响。2009 年，中国对美出口为美国服务业创造了 3.04 万个就业机会，为美国制造业创造了 2.45 万个就业机会。这表明在某种程度上，美国服务业在中国对世界特别是对美国的出口中发挥了重要作用。第三，从中美贸易创造的就业岗位的行业分布的角度来看，产业内贸易最为复杂的典型全球价值链部门（例如电气和光学设备）为中美两国创造了最多的就业。[②] 吕越等（2019）基于 2000—2006 年间的中国工业企业数据库和中国海关进出口数据库中，从微观层

① Reijnders LSM，Gaaitzen J. de Vries. 2018. "Trade，Technology and the Rise of Non-Routine Jobs."［J］. *Journal of Development Economics*，135：412-32.

② Lin G，Wang F，Pei J. Global value chain perspective of US-China trade and employment［J］. *The World Economy*，2018，41（8）：1941-1964.

面分析了全球价值链参与对中国制造业企业工资水平的影响效应。研究发现，全球价值链参与在时间上提高了中国制造业企业的工资水平，并且参与全球价值链对企业工资水平的影响是通过生产率效应和再分配效应等途径实现的。这种影响效应在资本密集型和外资企业中更加明显。进一步研究发现：全球价值链参与程度与中国制造业企业工资水平呈 U 形关系，表明当全球价值链参与程度高于某一临界值时，企业的工资水平将会明显提高。[①] 李磊等（2017）基于中国海关数据库和中国工业企业数据库的微观企业数据，测算出中国企业的全球价值链参与程度，并实证分析了中国企业参与全球价值链对劳动力就业和就业结构的影响效应。研究发现：第一，企业参与全球价值链能够增加企业的就业人数，并且这种促进作用比出口对劳动力就业的促进作用更强；第二，企业全球价值链参与对劳动力就业的影响呈现出倒 U 形关系，当企业全球价值链参与度为 0.62 时，参与全球价值链对企业劳动力就业的促进作用最强；第三，企业参与全球价值链对女性劳动力和低技能劳动力的需求更大，从而影响就业结构。[②] 李磊等（2017）发现，企业参与全球价值链会产生明显的工资溢价效应，并且这种工资溢价效应在私营企业、重工业和高技术密集型企业中更加明显，企业参与全球价值链对高技能工人的工资水平提升作用更强，相比于仅出口的企业参与全球价值链的企业提供的工资更高。[③]

在全球价值链的技术进步效应研究方面，田巍和余淼杰（2014）考察了中间品关税下降对进口企业研发的影响，发现中间品关税的下降有利于企业研发水平的提高，并且中间品贸易自由化对中国企业研发的影响主要体现在生产过程的研发。[④] 吕越等（2017）考察了企业嵌入全球价值链对其生产效率的影响效应，发现企业嵌入全球价值链对生产效率提升具有明显的促进作用，并且这种效应在民营和外资企业中更强，但在国有企业中并不明显。进一步的机制研究发现，企业嵌入全球价值链通过大市场效应、中间品效应和竞争效应等渠道实现其生产效率的改善。[⑤] 吕越和邓利静（2020）基于中国微观企业数据分析了中国制造业企业全球价值链嵌入对企业产品多样性的影响效应，发现企业嵌入全球价值链降低了企业的产品多样性，并认为导致这一效应的内在机制是市场竞争产生的挤出效应和吸收能力不足。进一步研究表明，企业嵌入全球价值链对产品多样性的抑制效应主要出现在新进入企业、持续存在企业以及持续存在产品中，这种产品范围的负面效应在东部地区企业和外资企业中更加明显。[⑥] 王玉燕等（2014）基于 1999—2012 年期间中国工业行业的面板数据，在测算中国工业行业全球价值链嵌入程度和全要素生

---

① Lu Y，Lu Y L，Xie R，et al. Does global value chain engagement improve firms'wages：Evidence from China［J］. *The World Economy*，2019，42（10）：3065－3085.

② 李磊，盛斌，刘斌．全球价值链参与对劳动力就业及其结构的影响［J］．国际贸易问题，2017（7）：27－37.

③ 李磊，刘斌，丁勇．全球价值链参与对企业工资的影响研究［J］．中南财经政法大学学报，2017（3）：97－105.

④ 田巍，余淼杰．中间品贸易自由化和企业研发：基于中国数据的经验分析［J］．世界经济，2014，37（6）：90－112.

⑤ 吕越，黄艳希，陈勇兵．全球价值链嵌入的生产率效应：影响与机制分析［J］．世界经济，2017，4（7）：28－51.

⑥ 吕越，邓利静．全球价值链下的中国企业“产品锁定”破局——基于产品多样性视角的经验证据［J］．管理世界，2020，36（8）：83－98.

产率的基础上，实证检验了嵌入全球价值链对技术进步的影响效应。研究发现，中国绝大多数工业行业的全球价值链嵌入程度呈现上升趋势，并且高技术工业的全球价值链嵌入程度明显高于传统工业。全球价值链与技术进步之间存在倒U形的非线性关系，并认为这是由于在嵌入全球价值链的初级阶段，中国企业能够通过产品升级和工艺升级获得学习机会和技术外溢，此时，全球价值链嵌入能够推动中国的技术进步；而当进入全球价值链嵌入的高级阶段，由于可能影响发达国家的核心利益，会遭遇来自发达国家的技术封锁与抑制，从而阻碍中国的技术进步。除此之外，研究还发现，在嵌入全球价值链的背景下，行业集中度提高、产权制度改善有利于推动中国工业行业的技术进步，而研发强度和行业外向度的加深则会阻碍技术进步。① 吕越等（2018）发现全球价值链嵌入会对中国制造业企业的研发创新行为产生明显的抑制效应，并通过考察中国制造业与发达国家的技术距离，发现GVC参与程度较深的企业与发达国家先进技术的距离较近时，发达国家受到竞争威胁会展开对发展中国家技术升级的“俘获行为”，嵌入全球价值链会导致中国制造的低端锁定。② 潘闽等（2019）利用中国工业行业的面板数据，实证研究了嵌入全球价值链对中国工业行业技术进步的影响效应。研究发现，全球价值链嵌入对于技术进步具有促进作用，这种促进作用随着全球价值链嵌入程度的提高而增强，并且全球价值链嵌入对中国工业行业技术进步的影响主要通过影响资源配置实现。③ 何宁和夏友富（2019）在利用中国装备制造业相关数据测算出中国装备制造业全球价值链融入程度和全要素生产率的基础上，分析了装备制造业融入全球价值链对技术进步的影响效应。研究发现，装备制造业全球价值链融入程度的加深能够提高全要素生产率水平，但是由于存在阻碍效应，全球价值链融入程度与全要素生产率之间整体上呈现出U形关系。④ 王玉燕和林汉川（2015）在构建指标体系的基础上，测算了中国工业转型升级效果，并根据1999—2012年中国工业行业的面板数据实证分析了嵌入全球价值链对中国工业转型升级的影响效应。研究表明，整体上，中国工业转型升级效果呈现出上升的趋势。其中，高技术工业的转型升级效果最高。全球价值链嵌入程度的提高对中国工业转型升级具有促进作用，并且这种促进效应在劳动密集型和高技术工业中更加明显。⑤

在经济波动与摩擦方面，唐宜红和张鹏杨（2020）根据包含经济波动参数的最优关税模型，考察了嵌入全球价值链对贸易保护的抑制效应。结果表明，首先，嵌入全球价值链能够抑制贸易保护；其次，平抑经济波动是全球价值链嵌入抑制贸易保护的作用机制；最后，对于GVC主导型国家来说，嵌入全球价值链能够平抑经济波动，进而抑制

---

① 王玉燕，林汉川，吕臣．全球价值链嵌入的技术进步效应——来自中国工业面板数据的经验研究［J］．中国工业经济，2014（9）：65－77.

② 吕越，陈帅，盛斌．嵌入全球价值链会导致中国制造的“低端锁定”吗？［J］．管理世界，2018，34（8）：11－29.

③ 潘闽，张自然，李辉．全球价值链嵌入、产业集聚与中国工业行业技术进步［J］．工业技术经济，2019，38（2）：129－136.

④ 何宁，夏友富．装备制造业全球价值链融入程度与技术进步效应研究［J］．科技进步与对策，2019，36（4）：65－74.

⑤ 王玉燕，林汉川．全球价值链嵌入能提升工业转型升级效果吗——基于中国工业面板数据的实证检验［J］．国际贸易问题，2015（11）：51－61.

贸易保护。而对于 GVC 跟随型国家，全球价值链的嵌入对贸易保护的抑制效应不明显，甚至可能加剧该国的经济波动。一国 GVC 主导能力越高，其嵌入全球价值链平抑经济波动、抑制贸易保护的作用越明显。[①] 唐宜红等（2018）从行业层面研究了全球价值链嵌入对国际经济周期联动的影响效应，发现全球价值链的嵌入促进了经济周期联动，并且相对于同行业的价值链嵌入，不同行业（制造业、服务业）的价值链相互嵌入对经济周期联动的影响更加明显。[②] 吕越等（2020）基于中国工业企业的微观数据，考察了金融危机期间出口企业的贸易风险传递效应。结果表明，处于价值链相对上游的企业在金融危机的冲击下，面临更高的出口风险，表现为更低的出口倾向、更少的出口额增长和更高的出口市场退出风险，支持危机期间存在价值链传导的“长鞭效应”假说。[③]

嵌入全球价值链产生的环境效应也是近年来学者们广泛关注的话题。Kaltenegger 等（2017）采用结构分解分析（SDA）法研究了全球价值链对能源足迹（Energy footprints）的影响。结果表明，从 1995—2009 年，全球能源足迹增加了 29.4%，并将在 2030 年前再增加 23.5%。经济活动是能源足迹增加的最重要驱动力，1995—2009 年，仅最终需求的增长就使全球能源足迹增加 47.0%，消费和投资品来源国的构成也使其增加了 12.6%。部门能源强度的降低是使能源消耗减速的最重要因素（降低 27.8%）。全球价值链的变化促进了全球能源足迹的增加（增加 7.5%）。1995—2009 年期间，全球价值链反向联系的增强使全球能源足迹增加了 5.5%，中间投入的区域构成的变化使这一数字又上升了 1.8%，世界经济向东亚的转移使全球能源足迹增加 3.0%。另一方面，全球价值链的部门构成对能源足迹的影响较小。[④] 裴建锁等（2018）从需求溢出的角度考察了中国国内生产在全球价值链中的地位及其相关的二氧化碳排放情况。研究发现，中国各地区在全球价值链中处于相对上游的位置，净出口中产生二氧化碳排放，与扩展的环境 Heckscher－Ohlin－Vanek 模型的预测结果相符。此外，研究还指出了应对气候变化的微观政策工具。例如，能源投入的税收改革有助于改变生产模式，进而影响贸易模式。[⑤] 孟渤等（2018）利用新的核算框架，基于世界投入产出数据库研究发现，第一，对于 1995—2009 年的多数 G20 国家来说，通过国际贸易产生单位国内生产总值的环境成本远远高于通过国内生产网络产生的成本。主要原因是中间产品的高碳密度贸易在此期间迅速增长。第二，发达国家与发展中国家之间的排放转移也发生在发展中国家之间，并日益成为全球生产系统中排放转移的主要来源，特别是在中国和其他发展中经济体之间。

---

① 唐宜红，张鹏杨．全球价值链嵌入对贸易保护的抑制效应：基于经济波动视角的研究［J］．中国社会科学，2020（7）：61－80+205．

② 唐宜红，张鹏杨，梅冬州．全球价值链嵌入与国际经济周期联动：基于增加值贸易视角［J］．世界经济，2018，41（11）：49－73．

③ 吕越，罗伟，包群．企业上游度、贸易危机与价值链传导的长鞭效应［J］．经济学（季刊），2020，19（3）：875－896．

④ Kaltenegger O，Löschel A，Pothen F．The effect of globalization on energy footprints：disentangling the links of global value chains［J］．*Energy Economics*，2017，68：148－168．

⑤ Pei J，Meng B，Wang F，et al．Production sharing，demand spillovers and CO2 emissions：the case of Chinese regions in global value chains［J］．*The Singapore Economic Review*，2018，63（2）：275－293．

它们在全球贸易相关排放总量中的份额从 1995 年的 5%急剧上升到 2009 年的近 20%。第三，一个国家的排放模式和水平，在很大程度上取决于其在全球价值链中的地位和参与程度。① 闫云凤等（2020）构建了一个扩展的环境 Heckscher－Ohlin－Vanek 模型，将碳排放量作为衡量碳禀赋的指标，以解释中国与贸易伙伴之间的碳流动模式，并利用中国及贸易伙伴的相关数据对模型进行检验，为研究全球碳流动模式和体现在国际贸易中的碳排放趋势提供了理论基础。结果表明，第一，Heckscher－Ohlin－Vanek 模型可以从经济体和产业两个层面预测中国与贸易伙伴之间的碳流动模式。不同经济体的碳排放量上升趋势，特别是国际贸易中碳排放量的大幅增加，可以从这些国家的碳禀赋的角度来解释。通过更严格的环境限制来增加国内碳排放的成本，通过降低化石燃料在总能源消费中的比例来优化能源结构、提高能源效率，可以有效地扭转碳禀赋的相对"优势"，从而改变碳外流模式。第二，一个经济体在全球价值链中的上游度与其出口净碳排放量之间存在非线性关系，聚集在全球价值链两端的经济体碳净流出较低甚至为负，而陷入全球价值链中上游经济体会导致更高的碳净流出。因此，减少国际贸易中碳排放的另一种有效方法，是沿着全球价值链上下移动，靠近生产链的任何一端。② 盛斌和吕越（2012）基于中国工业行业面板数据，实证检验了 FDI 进入程度与污染排放的关系，发现 FDI 无论是在总体上还是分行业上，都有利于减少我国工业的污染排放，并且在中国当前的外资进入程度与以环保为目标的最优水平之间还有一段距离，应积极鼓励具有环保技术优势的外资企业进入。③ 孔淑红和周甜甜（2012）研究表明，我国出口贸易存在诸多不利于环境保护的因素，出口生产规模扩张会导致排污量增加以及资源耗费，造成净效益的损失。④ 胡艺等（2019）基于中国地级市层面的数据，分析了出口贸易对空气污染的影响。结果表明，出口贸易对中国空气污染具有明显的正向影响，并且这种空气污染效应表现出地理区位方面的差异性，地理气候条件对出口贸易的空气污染效应具有重要的调节作用。⑤

除此之外，参与全球价值链还会对出口持续时间、企业游说行为、经济增长、融资约束、产业供需匹配、企业现金储蓄和增值能力等方面产生影响。朱学昌等（2019）基于 2000—2013 年的中国工业企业数据库和中国海关进出口数据库，首次从企业层面证明了参与全球价值链在延长中国出口持续时间方面的作用。进一步研究发现，随着企业产品质量、资产专用性投资和产品多样性的提高，参与全球价值链的企业出口持续时间将延长。⑥ 曾卡等（2020）通过考察 2006—2012 年期间美国《财富》500 强公司就 TPP

① Meng B，Peters G P，Wang Z，et al．Tracing CO2 emissions in global value chains [J]．*Energy Economics*，2018，73：24－42．

② Yan Y，Wang R，Zheng X，et al．Carbon endowment and trade-embodied carbon emissions in global value chains：Evidence from China [J]．*Applied Energy*，2020，277：115592．

③ 盛斌，吕越．外国直接投资对中国环境的影响——来自工业行业面板数据的实证研究[J]．中国社会科学，2012(5)：54－75，205－206．

④ 孔淑红，周甜甜．我国出口贸易对环境污染的影响及对策 [J]．国际贸易问题，2012（8）：108－120．

⑤ 胡艺，张晓卫，李静．出口贸易、地理特征与空气污染 [J]．中国工业经济，2019（9）：98－116．

⑥ Zhu X，Liu B，Wei Q．Does participation in global value chains extend export duration? [J]．*Review of Development Economics*，2019，23（3）：1282－1308．

和更广泛的贸易自由化展开的游说和联邦选举活动，研究了全球价值链一体化对美国企业贸易自由化游说模式的影响。研究发现，首先，全球价值链通过消除外国商品和本国商品之间的区别以及切断最终商品生产地和这些商品所体现的附加值的来源国之间的联系，改变了企业对自由贸易的偏好。出口国外附加值较高的行业更有可能支持贸易自由化，这是因为降低关税壁垒将大大降低这些产业的投入成本和通过保护主义政策可能获得的租金。其次，与非 PTA 成员具有紧密 GVC 关系的那些行业中的公司倾向于反对拟定中的协议，这可能是由于对协议中的关税自由化条款引起供应链关系调整成本的担忧。①《全球价值链发展报告 2017》深入探讨了全球价值链给发展中国家带来的机遇与风险，并从价值链的角度探讨了贸易和技术进步对于经济增长、收入和就业等问题的影响。②《全球价值链发展报告 2019》探讨了全球生产和价值链参与度的趋势、全球价值链与发达国家的劳动力市场、全球价值链与发展中国家的就业、技术进步与扩散等方面的问题。③曲越等（2019）利用 PSTR 模型，考察了对外贸易与中国经济增长之间的非线性关系。结果表明：第一，对外贸易对中国经济增长的拉动作用呈现出先大幅上升、后有所减缓的非线性关系；第二，对外贸易对中国经济增长的拉动作用，在教育、医疗和公共管理等产业处于上升期，在信息、通信、科技、服务和制造业等产业有减缓趋势，在农业、金融保险、批发和零售等产业呈现不断下降趋势。④ 李杨等（2017）发现，垂直专业化水平与产业供需不匹配程度之间正相关，并且垂直专业化水平对高收入国家的供需不匹配程度影响较大，而普通组国家的供需不匹配程度受全球价值链地位影响更大。⑤ 张国峰等（2019）首次系统地考察了贸易自由化对制造业企业现金储蓄的影响及作用机制。结果表明，中国贸易自由化通过投资挤压降低了企业的现金储蓄率，并且贸易自由化对企业现金储蓄的作用依赖于市场竞争程度，即关税减让会降低竞争性行业以及高集聚区域内企业的现金储蓄率。⑥ 杨杰（2016）测算了中国 35 个行业的上游度和价值链长度，并通过实证研究发现，中国在全球价值链中嵌入位置的改变并没有提升各行业的增值能力，价值链的延展甚至抑制了产出增值能力的提升。⑦

---

① Zeng K，Sebold K，Lu Y. Global value chains and corporate lobbying for trade liberalization [J]. The Review of International Organizations，2020，15（2）：409-443.

② David Dollar，Jose Guilherme Reis，王直．全球价值链发展报告（2017）[M]．北京：社会科学文献出版社，2018.

③ David Dollar，Emmanuelle Gann，王直．全球价值链发展报告（2019）——技术革新、供应链贸易和全球化下的工人 [M]．北京：对外经贸大学出版社，2020.

④ 曲越，秦晓钰，黄海刚，夏友富．对外贸易促进中国经济增长的非线性机制研究——基于全球价值链视角的 PSTR 模型 [J]．中国地质大学学报（社会科学版），2019，19（4）：128-144.

⑤ 李杨，黄艳希，谷玮．全球价值链视角下的中国产业供需匹配与升级研究 [J]．数量经济技术经济研究，2017，34（4）：39-56.

⑥ 张国峰，王永进，李坤望．贸易自由化对制造业企业现金储蓄的影响——预防性动机还是投资挤压？[J]．金融研究，2019（9）：19-38.

⑦ 杨杰．中国 35 个行业全球价值链嵌入位置与增值能力关系研究——兼与美日韩的对比 [J]．国际经贸探索，2016，32（9）：4-14.

第六章

多边与区域贸易机制[①]

关税与贸易总协定（GATT）是战后以来全球多边贸易体制的重要基石。1995 年，GATT 发展成为世界贸易组织。与此同时，以区域贸易协定为标志的国际区域经济一体化日益盛兴，与多边贸易体制共存共生、相互补充，二者并行成为当今世界制定国际经贸规则的主要机制。贸大学者从 20 世纪 80 年代开始关注多边贸易体制，20 世纪 90 年代同时聚焦区域贸易协定发展，迄今积累了丰硕成果，提出了不少真知灼见。

一、多边贸易体制

（一）多边贸易体制与中国的“复关”和“入世”

伴随改革开放，中国逐步融入世界。20 世纪 80 年代，以王林生、薛荣久等为代表的一批贸大学者开始研究关税与贸易总协定（简称“关贸总协定”）。薛荣久（1984）探讨了关贸总协定的性质和作用，认为随着我国执行对外开放政策，积极参与国际事务，扩大国际分工，势必要与总协定建立正式关系。参加总协定，对我国利多弊少，所以最好的方式还是争取恢复我国 GATT 缔约方地位。而在与总协定建立正式关系时，我国将遇到两个问题，一是以什么方式取得缔约方的地位，二是如何解决总协定与我国计划经济制度出现的矛盾。[②]

1986 年 7 月 10 日，中国正式递交恢复 GATT 缔约方席位的申请；同年 9 月，中国以特约观察员身份参加了 GATT 第八轮乌拉圭回合谈判。王林生（1988）编译了当时贸大的名誉教授杰克逊（J. H. Jackson）发表于美国《向前看》（*Looking Ahead*）季刊上的

① 本章由庄芮、张晓静、苑文华编写。

② 薛荣久．关税与贸易总协定的性质、作用与利用［J］．国际贸易问题，1984（2）：15－19.

文章，向中国读者介绍了杰克逊教授对关贸总协定和美国贸易立法的看法。① 薛荣久（1988）指出，我国是否能够顺利恢复在总协定中的缔约方地位以及恢复后能否取得预期的利益，关键在于我国对外经济贸易体制改革的状况。我们要针对在恢复缔约方地位的进程中遇到的各种问题，按照总协定的基本要求，进一步改革我国对外经济贸易体制，以便获得优惠的恢复条件，减少或消除针对我国的歧视性待遇，扩大恢复后所预期的利益。②

从实际进程看，1986—1989 年期间，中国恢复 GATT 缔约方席位过程较为顺利，主要有三方面原因：第一，中国改革开放进程较快，与其他社会主义国家的发展模式差别较大，美欧等西方国家希望通过中国加入 GATT 进一步加大中国的对外开放，推动中国的社会体制变革；第二，中国当时实行的是有计划的商品经济，与中国的改革步伐相契合，同时，中国与美国、欧洲和日本的关系趋于平稳且与上述国家的贸易往来日益频繁，美国主要针对的国家为苏联，因此，有将中国拉入多边贸易体制阵营的诉求；第三，中国恢复 GATT 缔约方席位的谈判所涉及的范围较少，主要是货物贸易，而知识产权、投资措施以及服务业市场等问题还未涉及（张汉林，2002）。③

1991 年，对外经贸大学“关税与贸易总协定研究会”正式成立，标志着贸大对 GATT 的研究工作进入一个新阶段。薛荣久（1991）指出，关贸总协定的存在与发展对世界、对中国外经贸事业的发展和国际贸易学科的建设都具有重要影响，我国应当加强对关贸总协定的研究。而贸大“关税与贸易总协定研究会”的宗旨之一，就是“为我国的改革与开放服务”。④ 随后，贸大学者着力推进对关贸总协定的深入研究以及相关知识的普及工作。⑤ 薛荣久（1992⑥，1996⑦）强调，中国恢复关贸总协定缔约方地位，有利于扩大出口，能够享有参加制定未来规则的权利，有利于打消外国资本对我国开放政策稳定性的顾虑，更有利于国内的经济体制改革。中国“复关”对国际贸易学科发展也有重要影响，突出表现在人才培养、理论与政策、课程体系与课程内容等方面的挑战。因此，要解放思想，对国际贸易学科进行一些改革。⑧ 夏申和储祥银等（1992）主编的《关税与

---

① 王林生．杰克逊教授论关贸总协定和美国贸易立法［J］．国际贸易问题，1988（1）：31－33．

② 薛荣久．关税及贸易总协定与我国外贸体制改革［J］．国际贸易问题，1988（1）：16－21．

③ 张汉林．张汉林解读中国入世［M］．北京：经济日报出版社，2002．

④ 薛荣久．加强对关贸总协定的研究 促进我国对外经贸事业的发展——在对外经贸大学关贸总协定研究会成立大会上的讲话［J］．对外经济贸易大学学报，1991（4）：8－11．

⑤ 王林生．关贸总协定的新规则：TRIMs——乌拉圭回合与外国直接投资问题［J］．财贸经济，1992（12）：12－20．
薛荣久．关税与贸易总协定（之一）［J］．企业经济，1992（9）：52－55+1．
薛荣久．关贸总协定（之二）［J］．企业经济，1992（10）：57－61．
薛荣久．关贸总协定的作用与发展特点（之三）［J］．企业经济，1992（11）：60－63．
薛荣久．关税与贸易总协定概说［M］．北京：对外贸易教育出版社，1992．
张汉林．关税与贸易总协定条款研究及运用［M］．北京：中国石化出版社，1993．

⑥ 薛荣久．乌拉圭回合·中国重返 GATT［J］．企业经济，1992（12）：52－54．

⑦ 薛荣久．中国经济对外开放与“复关”［J］．国际贸易问题，1996（1）：14－21+28．

⑧ 薛荣久．中国“复关”与国际贸易学科的发展［J］．对外经济贸易大学学报，1993（5）：6－9．

贸易总协定大辞典》探讨了关贸总协定面临的挑战及其前景，王林生为之作序。[①] 桑百川（1993）分析了重返关贸总协定对我国利用外资的影响并提出政策建议，认为我国应该明确，今后吸收外资的策略是以提供优良服务，建立符合国际规范的经济管理体制逐步取代依靠地方倾斜政策和企业差别政策吸引外资的做法，保证在符合关贸总协定原则要求的前提下，使外商获得优越的投资环境，打消外商的顾虑。[②]

1992—1994年，中国“复关”谈判进入冲刺阶段。1995年，世界贸易组织成立，中国的相关谈判由此从“复关”转为“入世”（1995—2001年）。20世纪90年代中期到21世纪初，世界贸易组织以及“入世”可能给中国带来的各种影响，成为学界热议的焦点。

张汉林（1995）结合《乌拉圭回合最终协定》，分析了广大发展中国家如何充分利用多边贸易体制自由化提供的契机，发展本国经济贸易。[③] 张汉林和魏晓坡（1996）对乌拉圭回合达成的农业协议进行研究，提出农业协议的实施无疑会给我国增加市场准入机会，但国内市场也可能会受到冲击。为此，应做出粮食进出口的一系列政策调整。[④] 在纺织品和服装领域，张汉林和张海平（1996）指出，我国应积极制订出口发展战略，以质取胜，加快结构调整。[⑤] 张汉林等（1997）所著《经贸竞争新领域——服务贸易总协定与国际服务贸易》一书，[⑥] 相继获得第六届“安子介国际贸易研究奖”著作三等奖（1997）和北京市第五届哲学社会科学优秀成果奖著作二等奖（1998）。王林生（1996）在南开大学编辑的《世界经济与中国》一书中撰文，探讨了乌拉圭回合与世界贸易组织的相关问题。[⑦] 其先后发表的《乌拉圭回合与环境保护》（1994）、《从法律角度看世界贸易组织》（1996）、《世界贸易组织与我国金融业的对外开放》（1999）等多篇成果入选《王林生：蹉跎与求索——国际经贸问题研究文选》（2021）。[⑧] 孙维炎和张汉林（1997）专门探讨了国内规则与世贸组织所要求的国民待遇之间存在的差距。他们指出，在货物贸易方面，中国当时实施的国民待遇与世贸组织相关协议的分歧较少；在服务贸易方面，如果在谈判基础上实行“对等互惠的国民待遇原则”也不存在什么问题；在知识产权和投资方面，我国与世贸组织的分歧较大，应考虑增加知识产权代理机构，进一步加强市场的公平竞争；在外资方面，应在调整我国产业政策、加速国内各产业升级换代的基础上，逐步实现投资领域的外资国民待遇。[⑨⑩] 桑百川（1997）结合世贸组织原则，讨论了“入世”后

① 夏申、储祥银主编．关税与贸易总协定大辞典［M］．北京：对外贸易教育出版社，1993.

② 桑百川．重返关贸总协定对利用外资的影响及对策［J］．特区经济，1993（2）：26－27.

③ 张汉林．论乌拉圭回合最后文件与发展中国家贸易发展［J］．太平洋学报，1995（3）：134－141.

④ 张汉林，魏晓坡．乌拉圭回合农业协议：对中国粮食进出口贸易的影响［J］．国际贸易，1996（7）：11－14.

⑤ 张汉林，张海平．《纺织品与服装协议》与我国纺织服装业［J］．国际贸易，1996（5）：35－38.

⑥ 张汉林．经贸竞争新领域——服务贸易总协定与国际服务贸易［M］．北京：中国经济出版社，1997.

⑦ 南开大学《世界经济与中国》编辑组．世界经济与中国［M］．北京：经济科学出版社，1996.

⑧ 王林生．蹉跎与求索：国际经贸问题研究文选［M］．北京：人民出版社，2021（3）：756－862.

⑨ 孙维炎，张汉林．论世界贸易组织国民待遇原则［J］．世界经济，1997（9）：27－31.

⑩ 孙维炎．世界贸易组织国民待遇原则与中国对外经贸发展［J］．国际贸易问题，1997（2）：2－8.

中国经济特区的作用和发展方向。[①] 薛荣久（1997）在《世贸组织与中国大经贸发展》一书中，全面阐释了世界贸易组织的产生与职能、运行机制、作用、影响与问题、“入世”与中国对外经贸发展等内容。[②] 该成果于 1997 年获得第六届“安子介国际贸易研究奖”著作二等奖。张汉林（1999）出版《世贸组织与未来中国》一书，综合探讨了“入世”对中国电信业、汽车业、纺织服装业和保险服务业等各个领域的影响。[③]

邹东涛和华晓红（1999）主编的《“入世”机遇与挑战：中国加入 WTO 的宏观分析与行业对策》一书，从宏观和行业两个层面讨论了 WTO 对我国经济的影响。[④] 华晓红（2001）还根据 WTO 规则和美欧公布的中美、中欧双边协议主要内容，从削减关税、逐步取消非关税措施、放开贸易权和分销权、实施与贸易有关的投资措施和扩大对知识产权的保护等五个方面，分析了“入世”可能对我国产业带来的部分影响：“‘入世’会给一些产业、一些企业带来压力，在短时间内遇到较大困难。但只有这样，我们才能打破改革和发展的僵局，加快产业结构调整，促使企业转变机制，提高竞争力……。‘入世’是要最终在我国建立符合国际规则的市场经济体制，它给我国经济发展带来的利益是长远的。”[⑤] 赵秀臣（2001）同样认为，“入世”虽然短期内会使我国企业面临激烈的竞争，但长期来看能够促进经济增长。因此，加入 WTO 不能只看关税收入。“入世”后，关税降低会降低进口价格，降低企业生产成本，可以提高企业利润率，激发市场活力。加入 WTO 是我国经济发展的客观需要，是我国积极主动融入世界经济大潮的一个重大战略决策，有利于我国的总体发展。[⑥]

（二）“入世”后的中国与 WTO

2001 年 12 月 11 日，中国成功加入世界贸易组织，正式成为 WTO 第 143 个成员。“入世”后，我国积极履行承诺，以更大力度推进国内改革和对外开放，主动对接 WTO 所代表的国际规则。21 世纪初的这段时期，贸大学者主要侧重于讨论我国如何逐步适应世贸组织规则要求以及如何促进我国对外经贸的跨越式发展，成果内容广泛涉及宏观效应、产业效应、体制效应等诸多方面。

薛荣久（2001）提出，政府职能转变是“入世”趋利避害的关键所在。[⑦] 中国“入世”后，要坚定遵守 WTO 九项原则，为企业创造公平良好的市场条件。[⑧] 具体来说，要把清法、修法、立法和执法摆在首位，建立一个透明的、统一的、公正的和可预见的法

① 桑百川．世贸组织与中国经济特区建设［J］．国际贸易问题，1997（2）：59－61．

② 薛荣久．世贸组织与中国大经贸发展［M］．北京：对外经济贸易大学出版社，1997．

③ 张汉林．世贸组织与未来中国［M］．北京：中国物价出版社，1999（6）．

④ 邹东涛，华晓红．"入世" 机遇与挑战 中国加入 WTO 的宏观分析与行业对策［M］．北京：人民出版社，1999．

⑤ 华晓红．从 WTO 规则和中美、中欧协议看“入世”对我国产业的影响［J］．经济前沿，2001（1）：27－29．

⑥ 赵秀臣．“入世”与我国经济发展［J］．经济学动态，2001（11）：45－47．

⑦ 薛荣久．转变政府职能是“入世”趋利避害的关键［J］．政策，2001（11）：22－23．

⑧ 薛荣久．WTO 九项基本原则［J］．化工管理，2001（6）：6－7．

律体系。按照世贸组织规范的要求，改革国有贸易企业的经营行为，加速政府管理经济观念的根本性转变。把部分职能让渡给各类中介组织，建立符合国际规范和我国国情的外经贸新体制。[①] 薛荣久和樊英（2006）以朗讯（中国）贿赂事件作为切入点，分析了跨国公司在华进行商业贿赂的原因及危害，指出抑制商业贿赂、保障公平竞争的重要性，并提出完善中国市场规则的具体建议。[②] 白树强（2001）认为，应对“入世”，既不能盲目乐观，也不应只看到压力而失去信心。[③] 政府部门和企业要抓紧学习了解 WTO 的有关规则，利用这些规则发展自己、规避风险，提高企业的竞争力，建立现代企业制度。[④] 卢进勇（2001）分析了“入世”后国内企业所面对的日趋激烈的市场竞争，提出企业要学会利用 WTO 为发展中国家提供的较长过渡期、反倾销与反补贴手段、技术性贸易措施、例外和保障措施条款以及“入世”中的灵活承诺等，合理合法地保护自己，通过保护减缓冲击，提高生存和发展能力。[⑤] 同时，中国企业应积极“走出去”，抓住“入世”后的机遇，拓展视野，向海外进军，去占领其他国家的市场，获得新的发展机遇。[⑥] 为了更有效地实施“走出去”战略，企业要注意充分利用和保护企业的无形资产，“组建一批资产一体化的有竞争力的企业集团”，实施大企业战略，明晰企业产权，认真学习研究国际惯例规则和东道国有关法律政策。政府也应当向国内企业下放涉外经营权，加快海外投资立法进度，为海外投资提供政策指导。[⑦]

张汉林（2001，2002）指出，我国加入世贸组织将依据承诺逐步开放服务贸易，而原有法律必须调整，以适应经济工作需要。对外贸易法作为外经贸领域的基本法，存在诸多局限与不足，必须进行适当修改，以适应新的经济和法制环境，才能对对外经济贸易运行起到良好的规范、引导、促进和保障作用。[⑧] 同时，中国也应了解和善于使用世贸组织设置在开放市场条件下的合理保护条款，以保护国内产业的健康发展和国民经济的安全运转。[⑨] 桑百川（2002）强调，扩大对外开放，加入世贸组织，尽快融入世界经济主流，是我国不断输入改革动力和破解渐进式改革难题的最佳选择。[⑩] 他梳理了我国加入 WTO 显现出来的体制效应和发展效应，认为我国初步实现了以开放促改革，推动社会全面进步。广泛参与 WTO 活动，可以更直观准确地了解并学习其他市场经济体制

① 薛荣久．入世与中国政府职能的转变［J］．国际贸易问题，2001（9）：1－5．

② 薛荣久，樊瑛．入世后中国市场规则的完善——以朗讯（中国）“贿赂事件”为例［J］．国际经贸探，2006（1）：48－52．

③ 白树强．适应环境　熟悉规则［N］．市场报，2001－11－05（001）．

④ 白树强．应对“入世”核心是适应市场经济规则［J］．中国经济快讯，2001（43）：1．

⑤ 卢进勇．企业如何利用 WTO 保护自己（上）［N］．中国工商报，2001－11－23（002）．
卢进勇．企业如何利用 WTO 保护自己（下）［N］．中国工商报，2001－12－07（002）．

⑥ 卢进勇．入世后，怎么办？［N］．中国有色金属报，2001－11－1（001）．

⑦ 卢进勇．入世与中国企业的“走出去”战略［N］．亚太经济时报，2001－12－12（A02）．

⑧ 张汉林，郭浑仪．论入世与外贸法的修改与政策建议［N］．国际商报，2001－02－25（005）．

⑨ 张汉林．世贸组织的原则规范及其合理保护［J］．国家行政学院学报，2001（6）：33－38．
张汉林．张汉林解读中国入世［M］．北京：经济日报出版社，2002．

⑩ 桑百川．入世——破解中国渐进式改革的难题［J］．国际贸易问题，2002（2）：4．

成员的体制状况和制度建设经验，为我国改革提供重要参照。同时，WTO 贸易政策审议机制和贸易争端解决机制所形成的制度约束，可促使我国尽快改革和完善经济管理体制的外部压力和外部动力，有助于推动政府职能转变。① 华晓红带领课题组撰写的论文《中国加入世贸组织后利用外资所面临的问题及其对策》，② 获得第三届全国外经贸研究成果奖论文类二等奖（2001）。

在农产品贸易方面，薛荣久（2002）提出，自我国加入世贸组织以来，绿色贸易壁垒不断困扰着农、畜和水产品等的出口。面对严重影响我国产品出口的绿色贸易壁垒，我国应认真分析绿色贸易壁垒出现的时代背景，理性认识我国出口产品不能跨越绿色贸易壁垒的原因，采取切实有力的措施，增强跨越绿色贸易壁垒的能力。③ 张汉林（2002）通过对 WTO 农产品贸易争端的梳理，详细阐述了不同时期及不同阶段农产品贸易争端的变化与特点，以及如何合理利用《实施动植物卫生检疫措施协议》和《技术性贸易壁垒协议》的条款协议。④ 夏友富（2003）以大豆产业为例，分析了如何运用 WTO 规则支持中国农产品发展，⑤ 提出 WTO《技术性贸易壁垒协议》正成为制约国际农产品贸易发展的最重要壁垒，其表现形式越来越多，涵盖范围越来越广，在未来多边贸易谈判中扮演重要角色。⑥ 贾莉莉（2003）详细解读了《农业协议》中关于市场准入法律规则、国内支持法律规则、出口补贴规则以及关于植物检疫措施的规定，提出针对 WTO 农产品贸易规则的中国发展策略，我国应调整农业结构，理顺农产品流通体系，发展具有竞争力的农产品，加速农业产业化进程。⑦ 李江华、刘振宇和赵苏（2006）梳理了我国加入世界贸易组织以后发生的水果、蔬菜和畜禽产品的病虫害/疫病/农兽药残等问题，以及我国农产品被进口国扣留、退货或索赔的案例，发现我国是世界上受新贸易保护主义影响损失最大的国家。他们提出，我国应熟悉 WTO 项下的农产品食品安全规则，加强农业科研投入，完善农产品质量安全体系和动植物卫生检疫措施体系，并且加强信息网络建设，建立和完善技术性贸易壁垒预警机制。⑧ 林桂军等（2012）研究了“入世”十年间中国农产品进口的水土节约效应，认为中国是以农产品贸易逆差换来了国内水土资源的增加。⑨

在 WTO 争端解决和贸易救济方面，杨荣珍（2003）详细梳理总结了 6 个已经审结的有关保障措施的案例，总结出有关保障措施的争端涉及的主要问题，包括“非歧视最惠国待遇”、“严重损害或严重损害威胁”的确定、“进口数量增长”的确定、“进口增长

① 桑百川．确立新的开放观——以开放促改革和发展［J］．特区经济，2004（4）：12－14．

② 对外经济贸易大学国际贸易问题研究所课题组．中国加入世贸组织后利用外资所面临的问题及其对策［J］．产经评论，2001（4）：4－12．

③ 薛荣久．如何跨越绿色贸易壁垒［J］．国际贸易问题，2002（12）：20－23．

④ 张汉林，张冲．世贸组织农产品贸易争端综述［J］．国际贸易问题，2002（1）：1－7．

⑤ 夏友富．运用 WTO 规则支持中国大豆产业发展［N］．中国经济时报，2003－04－25．

⑥ 夏友富．技术性贸易壁垒对国际贸易的影响及其发展趋势［J］．WTO 经济导刊，2003（3）：11－16．

⑦ 贾莉莉．WTO 农产品贸易规则与中国农业发展策略［J］．世界农业，2003（11）：8－11．

⑧ 赵苏，刘振宇，李江华．WTO 规则下食品安全问题引发贸易争端的分析与探讨［J］．食品科学，2006（11）：570－574．

⑨ 林桂军，杨秀清，耿晔强．入世以来中国农产品进口的水土节约效应．［J］．国际贸易，2012（6）：4－8．

与严重损害的因果关系"、"通知"义务的履行和"未预见地发展"等。总结这些案例对正确理解该协议的内容以及如何正确运用保障措施将有所帮助。[①] 赵维全和陈培（2004）分析认为，中国面临的贸易摩擦主要体现在，对我国采取倾销和保障措施的国家数目增多，对我国产品进行重复立案、连锁立案的数目增多，以及对我国采用技术标准和检验检疫措施型的贸易壁垒。他们提出，我国应积极利用世界贸易组织争端解决机制应对国际贸易摩擦，避免贸易摩擦政治化，加强政府与企业之间的互动，维护我国企业利益。[②] 张汉林（2005）提出，中国在 WTO《反倾销协议》中的非市场经济地位，将使中国在今后较长一段时间内处于一定程度的权利与义务失衡状态。因此，中国应在符合 WTO 规则的条件下，建立和完善自身的反倾销机制。在维护中国国内产业和经济安全的同时，也要防止别的成员对中国滥用反倾销措施。在反补贴和保障措施方面，中国均面临不公正的待遇。因此，在运用贸易救济措施维护中国正当经济利益的同时，还需要反对其他成员在实施贸易救济措施的过程中，对中国实行种种歧视性待遇。需要注意的是，中国利用贸易救济措施时需要谨慎考虑，不能保护落后，需要权衡损害与保护的效果，也要防止其他国家的报复行为。另外，考虑到成员之间发生贸易摩擦的可能性，WTO 建立了争端解决机制。随着中国不断扩大对外开放，发生贸易摩擦的可能性也相应增加。所以，中国需要合理利用 WTO 争端解决机制维护中国的国家经济安全。[③]

王晶（2006）认为，反倾销和反补贴措施是为了弥补不公平贸易造成的损失而采取的救济措施，保障措施是当一国市场受到进口的巨大冲击时采取的救济措施。世界贸易组织对各国实施贸易救济措施虽然有严格的规定，但是目前，一些国家正将贸易救济措施作为扶植本国产业、提高本国产品市场份额的战略性贸易政策工具。对此，我国应充分利用 WTO 允许的措施以及贸易争端解决机制，提高我国产品的国际竞争力。同时，在国际贸易组织中，积极参与国际贸易规则的制定与完善，推动贸易自由化。在国内，完善我国的贸易法规体系，在条件具备时实施对应的战略性贸易政策措施。[④] 蒋德恩（2006）对世贸组织《保障措施协议》的实施条件和实施程序进行具体说明，分析了"保障措施"滥用的情况，发现正是由于保障措施实施比较容易，进行保障措施调查所产生的影响远大于反倾销。一些国家出于保护缺乏竞争力的国内产业的目的，不当使用或毫无理由地滥用保障措施。基于此，为应对保障措施的滥用，对内，我国行业协会应积极协调，出口企业应严格自律，政府主管部门要积极对外斡旋；对外，应积极参与"保障措施委员会"的工作，对"保障措施"的实施进行监督。[⑤]

---

① 杨荣珍．WTO 保障措施争端综述——兼论美国钢铁保障措施争端的解决［J］．北京市政法管理干部学院学报，2003（2）：15－18．

② 赵维全，陈培．如何对待国际间的贸易摩擦［J］．北方经贸，2004（2）：80－81．

③ 张汉林，李杨．利用 WTO 体制　维护我国国家经济安全［J］．科学决策，2005（1）：8－9．

④ 王晶．WTO 贸易救济措施与战略性贸易政策［J］．世界贸易组织动态与研究，2006（10）：26－32．

⑤ 蒋德恩．"保障措施"的滥用——一种新形式的非关税壁垒措施及其应对策略［J］．中央财经大学学报，2006（9）：78－82．

屠新泉（2004）指出，随着关税和配额等传统贸易壁垒的削减，反倾销的使用频率不断提高，范围也不断扩大。而作为贸易自由化的推动者，GATT/WTO并没有对反倾销的保护性予以有效遏制，反而在法律上对反倾销的合理性给予了认可，为反倾销的泛滥提供了保障。中国作为遭遇反倾销措施最多的WTO单个成员之一，最关键的是要研究如何更好地应对反倾销以及如何将反倾销作为一种威慑或报复工具，来抑制其他成员对中国的反倾销，而不是一味地希望利用反倾销来保护某些国内产业。① 屠新泉（2007）又以博彩业为例，在详细分析安提瓜和巴布达诉美国影响跨境赌博服务措施案的基础上，提出在WTO的触角越来越深入各成员的国内经济乃至社会管理体制的情况下，各成员做出承诺以及制定法律时必须更加谨慎，对于新的贸易形式要妥善处理，尽量减少类似“没有限制”的承诺，以避免发生纠纷。同时，为相关国内规制措施的制定保留较大的空间。② 杨荣珍（2011）梳理了“入世”十年间我国作为申诉方和被诉方的争端案件，发现加入世贸组织后，我国合理利用争端解决机制为国内政策调整争取时间和空间，并且WTO争端解决机制为我国外贸争端提供了有利的解决机制。在该机制下，我国可与实力强大的发达国家公平公正地解决贸易争端，避免了双边贸易中，因实力不均而导致有失公允的情况。③

在多边投资规则方面，卢进勇等（2010）认为，WTO框架下的多边投资规则，虽然在一定程度上促进了贸易与投资自由化、便利了国际投资，但其协议范围有限性和协议之间缺乏协调性，约束了该职能的发挥。该规则一方面保障了国际制度，为促进我国企业贸易型海外投资创造了良好的法律环境；另一方面，其有限制性制约了我国企业“走出去”的空间范围，例外条款导致海外投资环境复杂，东道国制度性贸易保护加剧了投资摩擦。因此，我国企业应充分了解国际惯例与规则以及东道国的有关法律政策，培育企业国际竞争力并及时调整贸易型投资规划。④

在其他方面，如文化产品贸易领域，吴承忠和牟阳（2013）结合三个经典的国际文化贸易案例，详细分析了在WTO中体现“文化例外”精神的国际文化贸易规则，并提出我国应充分利用WTO专家对我国有利的意见，进一步完善我国管理制度，主动出击，维护中国合法权益。⑤ 矿产资源贸易领域，刘江山（2019）针对WTO中的矿产资源出口限制规则提出，稀缺性矿产资源是一个国家重要的战略资源，近年来无序的稀土矿产资源出口给我国经济发展带来资源加速耗竭和环境恶化等问题，有必要采取措施限制稀缺

① 屠新泉，张汉林．抑制还是鼓励——多边贸易体制与反倾销的关系［J］．湖北大学学报（哲学社会科学版），2004（4）：393-397.

② 屠新泉，朱林竹．WTO为网络赌博撑腰?——安提瓜和巴布达诉美国影响跨境赌博服务的措施案评析［J］．世界贸易组织动态与研究，2007（4）：21-26.

③ 杨荣珍．中国参与WTO争端解决十年述评［J］．国际贸易，2011（12）：26-32.

④ 刘辉群，卢进勇．WTO多边投资规则对中国企业“走出去”的影响［J］．世界贸易组织动态与研究，2010，17（6）：57-62.

⑤ 吴承忠，牟阳．从WTO与“文化例外”看国际文化贸易规则［J］．国际贸易问题，2013（3）：132-142.

性矿产资源的开采和出口。同时，直接对矿产资源进行出口限制，违反了我国“入世”议定书第 11.3 条规定，已经引发多个 WTO 争端案件。因此，强调在未来，我国限制矿产资源出口时，既应遵守 WTO 和中国“入世”议定书相关规定、建立影响补偿机制，更需要建立稀缺性矿产资源出口限制的国际磋商机制。[①]

多年来，贸大学者不断总结中国“入世”表现，力求全面评价中国在 WTO 中的作用，也客观展现 WTO 对中国的影响。

中国加入世贸组织一周年和两周年之际，薛荣久（2003）指出，中国“入世”一年来的表现和实绩是开端良好、实绩显现，为世贸组织注入了活力，“再次证明中国政府做出加入世贸组织决策的英明”。[②] 张汉林（2003）认为，中国“入世”后，积极履行“入世”承诺，政治保证和法律保障并驾齐驱，市场准入程度大幅提高，开放度不断提高，良好的国内经贸环境使中国宏观经济发展超过预期水平，中国对外经贸发展实现新的历史性突破。[③]

在“入世”五周年之际，张汉林等（2006）通过梳理对比中国“入世”前后对外贸易的发展变化，发现中国切实履行了加入 WTO 时的承诺。通过大幅度削减关税、逐步取消非关税壁垒，进一步放宽了服务市场准入，促进了中国对外贸易的迅速发展。同时，中国对外贸易的发展也促进了世界贸易的增长。可以说，WTO 潜移默化地改变着中国，中国也在悄然地影响着世界。[④] 桑百川（2007）认为，中国全面履行“入世”承诺，赢得了世界贸易组织大多数成员的好评，“入世”效应也初步显现：对外贸易超高速增长，外商投资规模扩大，跨国公司纷纷向中国转移投资，国民经济快速发展，产业结构调整和转变经济增长方式取得重大进展，经济体制改革不断深化，国际经济贸易惯例已经成为被社会广泛接受的规则，政策透明度提高。[⑤] 薛荣久（2008）梳理发现，“入世”后，我国与各成员贸易互动关系逐步加深，经贸利益基础逐渐加实，在 WTO 中的作用日益显露。他强调，为保持我国良好的发展态势，应大力支持 WTO 改革，维护多边贸易体制，并重视对贸易摩擦产生原因和应对的研究，维护我国的正当贸易权利。[⑥]

在“入世”十周年之际，张汉林等（2011）梳理发现，“入世”十年来，我国经济对外开放取得全面发展，形成从过去主要以东南沿海较发达地区的对外开放，转向以发达地区为主，东、中、西部并举的全方位对外开放的新格局。中西部地区对外开放的力度进一步加大，西部开发成为重中之重。同时，对外开放的领域从过去主要以制造业为主，转变为农业、制造业、服务业协调进行，农业和服务业的对外开放程度不断扩大，综合

---

① 刘江山．论 WTO 规则下矿产资源出口限制措施及建议［J］．中国矿业，2019，28（S2）：20-23.

② 薛荣久．良好的开端——中国加入世贸组织一年点评［J］．国际贸易问题，2003（2）：1-3.

③ 张汉林，熊绍辉．履行入世承诺 提高中国经济国际竞争力［J］．经济前沿，2003（1）：4-11.
张汉林．中国入世两周年评估报告［M］．北京：中国人民大学出版社，2004.

④ 张汉林，李杨．加入 WTO 五周年中国外经贸发展回顾与展望［J］．国际贸易，2006（12）：12-15.

⑤ 桑百川，李计广，李玉梅．入世五周年：六大产业发展环境分析［J］．世界知识，2007（2）：40-45.

⑥ 薛荣久，杨凤鸣．中国在 WTO 中地位变化、反应与对策［J］．国际经贸探索，2008（11）：4-9.

国力及国际经济实力大幅度提高。[①] 但我们也应当牢记发展过程中的经验教训，继往开来，加大作为，加强各级政府与企业和中介组织的协作，凝聚我国参与世贸组织事务的合力（薛荣久，2011，2012）。[②] 桑百川（2011）回顾认为，“入世”十年来，外商投资伴随着中国经济一起成长，投资区域结构、产业结构、来源结构发生了许多变化，深刻改变着中国经济走势，推动着中国社会经济发展和经济体制改革，使中国成为全球产业分工体系中不可或缺的重要一环。[③] 薛荣久（2013）指出，加入 WTO 促进了中国“开放型经济体系”的确立与完善，进而促进了中国的快速发展。[④] 汤碧（2012）指出，“入世”以来，中国出色地履行了“入世”承诺，完成了从 WTO 新成员和学习者向多边贸易规则推动者和制定者的重大角色转变，逐渐成为 WTO 的一个成熟成员；作为多边贸易体系的受益者，中国今后应更深入地融入多边贸易体制，并主动利用规则来维护国家利益。[⑤]

在“入世”十五周年之际，屠新泉（2016）提出，加入 WTO 的十五年里，中国在世界经济贸易和全球贸易治理机制中的地位都发生了深刻变化，取得了巨大成就，充分利用了“入世”红利。中国作为全球化的最大受益者之一，应当继续坚定地支持贸易和投资自由化。但在推进力度上，中国应当奉行渐进主义的策略，不必急于追求过高的自由化目标，而应寻求具有更坚实共识且为各方普遍接受的稳健的自由化。在路径的选择上，作为一个拥有广泛全球经济利益的大国，多边贸易体制仍应是首选平台。我国应积极推动多哈回合的结束，同时，采取不同形式推进新议题的讨论和谈判，并有针对性地实施自由贸易区战略，积极提升在全球贸易治理中的地位。[⑥] 桑百川（2016）通过建立比较优势和竞争优势评价体系，对中国 10 类产业部门“入世”以来的国际竞争力现状以及变化趋势进行了实证分析，提出中国加入 WTO 不仅促进了货物贸易的快速发展，而且加快了产业结构的转型升级。加入 WTO 之后，传统劳动密集型产业的比较优势在下降，而资本密集型产业的比较优势则大幅度上升，资本密集型产业成为带动中国产业国际竞争力提升的重要引擎。[⑦] 胡钟中等（2017）分解了中国的出口增长，发现超过 70% 的出口增长来自需求端。加入 WTO 后，出口市场份额被快速重新分配给需求不断增长的新产品，加上先前低需求产品的高退出率，导致了总出口的上升。[⑧]

在中国改革开放四十周年之际，薛荣久（2018）探讨了“入世”在中国改革开放中的意义和作用，认为中国应正确评价“入世”的作用，加强对多边贸易体制的支持和改

---

① 付亦重，张汉林．入世十年来中国经济社会发展及政策展望［J］．国际贸易，2011（12）：7-12.

② 薛荣久．中国入世十年应记取的六条经验教训［J］．WTO 经济导刊，2011（12）：52-54.
薛荣久．入世十年的成就、问题与对策建议［J］．中国财政，2012（1）：34-38.

③ 桑百川，张薇薇．“入世”十年　外商投资全面融入中国市场［J］．中国经贸，2011（9）：26-28.

④ 杨凤鸣，薛荣久．加入 WTO 与中国“开放型经济体系”的确立与完善［J］．国际贸易，2013（11）：15-18.

⑤ 汤碧．中国在 WTO 的地位变迁趋势及未来作用研究［J］．国际贸易，2012（10）：22-26.

⑥ 屠新泉．“入世”15 年：中国在全球贸易治理中的角色变迁［J］．国际商务研究，2016（6）：34-44.

⑦ 赵东麒，桑百川．入世十五年中国产业国际竞争力变动趋势分析［J］．国际经贸探索，2016（11）：4-15.

⑧ Hu Z，Rodrigue J，Tan Y，et al. Product churning，reallocation，and Chinese export growth［J］. *Journal of Economic Behavior & Organization*，2017（143）：147-164.

革。[①] 屠新泉（2018）梳理了“入世”谈判以及“入世”后两个时间段内我国对外开放取得的成就，认为 WTO 影响了中国的改革开放，而改革又促进了开放；如今，中国的对外开放已经从“入世”前的“入世”推动开放和“入世”后的开放推动改革，逐步向改革和开放互融并举的形态过渡。[②] 屠新泉等（2019）系统梳理了改革开放四十年间中国与多边贸易体制的关系，强调中国应坚定支持并积极维护以世界贸易组织为核心的多边贸易体制，在世界贸易组织改革方面献计献策，推动多边贸易体制发展；同时，助推各类区域经济合作平台，为世界经济增长注入动力。[③] 荆然等（2019）研究认为，随着中国加入 WTO，本土企业面临的来自进口的竞争压力增大，其在商标上的行为发生变化。测算结果表明，在受进口冲击大的行业中，本土企业会放弃更多的商标，同时也会注册更多新的商标，其拥有的有效商标数会增加，且商标数量的上升主要是由大企业的新增行为而来；而小企业在受进口冲击大的行业里商标数是萎缩的。该成果依据不同规模的企业在贸易自由化中不同的反应，提出了一个基于消费者对市场上当期产品质量预期的经济学模型来解释。[④] 在国际贸易领域，有关商标的研究，目前尚不多见。

（三）WTO 的现实困境与改革方向

2006 年，由于各方分歧较大，WTO 多哈回合谈判宣布进入无限期停止状态，多边贸易体制开始面临严峻挑战。2008 年以来，随着全球金融危机的爆发和蔓延，世界范围内反全球化思潮、贸易保护主义、单边主义和民粹主义抬头，对 WTO 的推进甚至正常运转都造成了巨大冲击。在此前后，贸大学者高度关注多边贸易体制面临的困境及其原因，并就 WTO 改革提出了一些思路。

喻春娇和郑宝银（2004）运用修正的 Dixit－Grossman 模型，分析了在国际生产分割条件下优惠性原产地规则的扭曲效应，提出世界贸易组织对原产地规则的改进建议，倡导通过反规避规则的多边协调来促进优惠性原产地规则的协调；同时，在区域贸易协定中采用一致性的、可预见的、非政治化的优惠原产地规划，强调原产地累计区域贸易安排中的作用，削减保护性原产地规则的生产扭曲效应，促进跨国家的生产网络扩张。[⑤] 针对创新非关税措施，仲鑫、王稳（2005）分析认为，由于新贸易保护主义势力抬头、竞争压力、世贸组织规则实施以及科学技术的发展和消费者环保意识的强化等原因，使得世贸组织成员都采用某些措施对本国市场及产业进行保护。反倾销反补贴、保障措施、贸易技术壁垒、环境壁垒以及劳工标准等非关税措施，具有名义上的合理性、形式上的

---

① 薛荣久．入世在中国改革开放中的意义、作用与维护［J］．国际贸易问题，2018（10）：1－15．

② 屠新泉．以开放促改革：中国与多边贸易体制 40 年［J］．人民论坛·学术前沿，2018（23）：66－73．

③ 屠新泉，等．改革开放 40 周年：中国与多边贸易体制的关系变迁［M］．北京：人民出版社，2019．

④ Xinghua Deng，Ran Jing，Zheng Liang. Trade liberalization and domestic brands: Evidence from China's accession to the WTO［J］. *The World Economy*. 2019，43（8）：2237－2262. DOI:10.1111/twec.12911.

⑤ 喻春娇，郑宝银．国际生产分割条件下的原产地规则：扭曲效应及其改革与协调［J］．国际贸易问题，2004（9）：17－22．

合法性、保护内容的广泛性、保护方式的巧妙性和隐蔽性以及保护技术上的歧视性等特点。然而，这些保护措施的滥用，影响了世贸组织框架中的贸易保护机制的正常运行，而且导致相当一部分成员尤其是发展中成员的贸易条件趋于恶化。[①]

屠新泉（2005）对 WTO 争端解决机制的裁决执行情况进行了分析，指出 WTO 争端解决机制并没有超越以权力政治为基础的国际关系，规则导向与权力导向并存是 WTO 争端解决机制的真实情景，严重损害了 WTO 裁决机制的威慑力和可信性。[②] 桑百川（2009）认为，反倾销本来是一种防止不公平竞争的贸易救济手段，但由于 WTO《反倾销协定》并未对倾销幅度的计算方法制定明确规则，条文具有模糊性，导致少数 WTO 成员一直滥用反倾销措施，妨碍了公平贸易活动。美国根据国内反倾销法等贸易法规，在反倾销中使用“归零法”，就是滥用反倾销措施的典型案例。在未来的多哈回合谈判中，WTO 成员需要共同致力于修改并完善《反倾销协定》，使其中模棱两可的规则具体化和明细化，以避免反倾销措施被滥用，有效制约贸易保护主义行为，推动全球贸易健康发展。[③]

张汉林（2012）提出，世界贸易组织多哈回合出现了以谈判集团为载体的谈判模式。这一谈判模式一方面以集团内部的沟通与协调为基础，减小了谈判成本，提高了谈判效益，推动了多边贸易体制谈判的民主化和透明度；但另一方面，集团的产生也使得谈判中的利益协调更趋复杂、达成最终协议的难度增加，多哈回合谈判还需要更多的时间来完成。[④] 屠新泉（2015）从苏珊·斯特兰奇的结构性权力视角出发，详细分析了多哈回合前后美国结构性权力发生的变化以及它对多哈回合产生的影响，指出多哈回合自 2001 年发起以来，始终无法取得实质性突破的根本原因在于美国霸权衰落后多边贸易体系权力安排的失衡。[⑤] 桑百川（2015）认为，多哈回合谈判长期无实质成果，严重危害了多边贸易体制的领导力，给 WTO 带来了巨大挑战。然而，多哈回合谈判并不等于多边贸易体制，GATT/WTO 过去八轮多边贸易谈判的成果无法抹杀，其所确立的具有有效约束力的经贸规则体系和争端解决机制，依然是维护公平自由贸易和全球经贸秩序的基础。长远来看，随着全球价值链的深入发展，多边体制依然是多哈回合“早期收获”、《信息技术协定》（ITA）扩围和《政府采购协议》（GPA）谈判的最佳途径，公平、透明和非歧视的多边贸易体制无可替代。[⑥] 薛荣久和杨凤鸣（2016）指出，WTO 是中国积极参与全球经济治理的理想平台，中国应充分评估在“入世“后整个社会巨大进步的作用，高度重视 WTO 在中国参与全球经济治理中的领先地位和整体的作用。在应对多哈回合中的困局时，要拓宽思路，主动突破，务实地推动多哈回合谈判早日成功结束。在强化区域和双边自由贸易体制的建设中，务必坚持符合 WTO 负责管理和实施的多边和诸边协

① 仲鑫，王稳．世贸组织框架中的创新非关税措施及其影响［J］．国际贸易问题，2005（3）：30－35.
② 屠新泉．WTO 争端解决机制：规则与权力并重［J］．世界经济与政治，2005（4）：66－71+6.
③ 桑百川．“归零法”滥用反倾销措施［N］．人民日报，2009－08－31（14）.
④ 肖艳，张汉林．多哈回合集团化谈判的启示［J］．吉首大学学报（社会科学版），2012，33（2）：104－107.
⑤ 屠新泉，苏骁，姚远．从结构性权力视角看美国霸权衰落与多哈回合困境［J］．现代国际关系，2015（8）：29－35+64.
⑥ 桑百川，王园园．中国与世界贸易规则体系的未来［J］．人民论坛·学术前沿，2015（23）：30－37.

议的规则，抵制背离的倾向和做法。[①] 庄芮（2016）梳理了“多哈发展回合”面临的困境，认为 WTO 传统议题难以适应全球价值链蓬勃兴起带来的贸易投资规则新需求，故需要进行改革。她提出，我国应积极参与 WTO 改革，而和谐包容、多元平衡、互利共赢的“中国方案”，在新时代全球经济治理中必不可少。[②]

屠新泉（2018，2019）强调，作为 WTO 的重要成员，中国应当主动提出推动 WTO 改革的倡议，努力恢复 WTO 的生机和活力，坚持 WTO 的协商一致原则，但应给予成员一定灵活性，推动 WTO 诸边谈判的合理化和合法化，同时，对 WTO 的运行机制进行一定的优化。中国作为 WTO 中的建设性力量，自加入 WTO 之日就积极参与多哈回合谈判，发挥了表率作用。中国已就 WTO 改革提交多个文件，是积极参与 WTO 改革讨论并系统阐述自己主张的发展中国家。[③] 2020 年，新冠肺炎疫情从多个角度冲击了世界经济的运行。中国作为 WTO 的重要成员，在疫情防控和维护世界贸易方面都有所表现，推动 WTO 在降低抗疫物资的关税、协调相关产品标准等方面采取积极行动。疫情冲击下，世界更需要 WTO（屠新泉，2020）。[④]

Prazeres、林桂军等（2020）认为，中美之间的大国博弈是当前 WTO 改革最大的障碍。美国一方面需要利用 WTO 改革遏制中国，另一方面，还想通过改革使 WTO 成为维护美国利益的工具。而后者则为中国留出了较大的空间。由于在 WTO 中，美国无法实现遏制中国的目标，因此，诸边和双边手段也将是美国的选择。但是，这些手段无法阻止 WTO 成员与中国发展贸易的愿望。[⑤]

石静霞（2019）指出，自 2016 年以来，美国多次阻挠 WTO 上诉机构成员任命，导致上诉机构停摆。我国应紧密联合其他成员，努力推动 WTO 改革，寻找可行的改革措施；若改革始终无法进行，我国可与其他成员签订双边重点协议，约定可将贸易争端提交仲裁解决。同时，我国应主动发挥建设作用，倡议并联合具有相同意向的成员达成共识，引领《仲裁协定》谈判，在仲裁解决贸易争端的系统规则设定上，掌握更多的主动权与话语权。[⑥] 针对 WTO 上诉机构所面临的危机，林桂军等（2020b）建议我国接受欧盟和加拿大提出的以临时仲裁机制暂时替代上诉机构的方案，但是，反对成员间签署双边仲裁协定，[⑦] 提出中国政府应在 WTO 积极推动单一、多方临时仲裁协定的签署。[⑧]

---

① 薛荣久，杨凤鸣．WTO 在全球经济治理中的地位、作用与中国对策［J］．国际贸易，2016（4）：4－7.

② 庄芮．全球经贸规则重构“中国方案”不可或缺［N］．上海证券报，2016－08－31（12）.

③ 屠新泉．我国应坚定支持多边贸易体制、积极推进全球贸易治理［J］．国际贸易问题，2018（2）：15－19.
屠新泉．中国一直是 WTO 中的建设性力量［N］．环球时报，2019－08－20（014）.

④ 屠新泉．疫情冲击下世界更需要 WTO［N］．环球时报，2020　05　19（015）.

⑤ Tatiana Prazeres，林桂军，任靓．美国对华遏制和贸易秩序再平衡：对 2019 年 WTO 的回顾［J］．国际贸易问题，2020（6）.

⑥ 石静霞．世界贸易组织上诉机构的危机与改革［J］．法商研究，2019（3）：150－163.

⑦ 马妍妍，展金泳，林桂军．WTO 框架下的全球贸易争端研究．国际贸易，2020（1）：78－88.

⑧ 林桂军，任靓，（巴西）田伊娜．中国是否应该加入欧盟－加拿大临时仲裁机制？［J］．国际经济评论，202（1）：20－30，4－5.

关于 WTO 的新议题，白树强（2018）在分析世界数字产品贸易现状及主要壁垒的基础上，尝试利用 WTO 及其他国际协议的相关规定，初步构建数字产品贸易政策及基本合作机制，认为以 TiSA 诸边协议为主构建初步的合作模式并将其逐步纳入 WTO 管辖权的可行性最强。[①] 周念利等（2019）梳理了全球数字贸易规则框架的发展趋势和走向并指出，目前，WTO 成员对数字贸易适用于货物贸易和服务贸易规则还未达成一致，而目前 WTO 内部多边对话进展并不成功，因此，未形成协商一致的数字贸易规则。我国应以维护国家网络安全为底线，以促进电子商务进出口为重点，以推动中国数字产品和服务全球化为目标，进一步加强数字贸易规则发展和国际规则问题研究，加强国内数字贸易治理与法律规则体系完善，积极参与和构建数字贸易规则框架，最大限度上争取于中国有利的国际规则。[②]

林桂军（2020a）指出，WTO 缺少完整的投资自由化和投资便利化协议。当前，WTO 正处在危机之中。为了体现 WTO 的价值，维持 WTO 的运转，减轻我国企业对外投资所面临环境的压力，他建议 WTO 可优先考虑开启投资便利化协议的谈判，我国政府应该发挥主要推动作用。他认为，投资便利化的谈判难度低于投资自由化，这样更容易获得更多 WTO 成员的支持。[③] 近年来，由于贸易保护主义的兴起，中国成为滥用国家安全条款最大的受害者。林桂军等（2021）认为，应该在 WTO 推进国家安全方面改革，并提出短期和长期策略。从长期看，WTO 必须澄清其成员在什么样的情况下，可以借用国家安全例外条款，在坚持关键安全自我判断的条件下，增加政策措施的透明度，坚持等比例原则，加强监督与纪律，将国家安全措施作为最后的选择等。[④] 在发展中国家特殊与差别待遇问题上，林桂军等（2020c）从维护多边贸易体系的角度，认为将发展中国家身份与发展中国家特殊待遇脱钩是可以接受的，但是反对制订发展中国家享受特殊待遇的标准。他们还认为，根据“承担同自身发展水平和能力相符的义务”是传统的发展中国家的立场，中国的选择应该有别于这一立场。最后，他们认为巴厘岛《贸易便利化协定》由发展中国家自主决定履约模式及其某些变形可以成为未来改革的方向。[⑤]

刘斌等（2020）分析了美、日、欧主张的 WTO 补贴规则改革方案，认为该改革方案具有补贴主体定义外延化、禁止性补贴范围扩大化和通报规则严格化等特点。补贴改革对中国的指向性极其明显，改革方案针对国有企业的所有制歧视、中央与地方通报协调难题、部分产业产能过剩、研发补贴的效率与合规冲突等，对中国构成严峻挑战。面对 WTO 补贴制度需迫切改革的难题，中国应优化补贴制度并积极参与和引领多边补贴制度的改革进程。在国内补贴制度改革方面，应坚持“合理性”优先于“合规性”的基

① 伊万·沙拉法诺夫，白树强．WTO 视角下数字产品贸易合作机制研究［J］．国际贸易问题，2018（2）：149－163．
② 张茉楠，周念利．数字贸易对全球多边贸易规则体系的挑战、趋势及中国对策［J］．全球化，2019（6）：32－46+135．
③ 林桂军．“WTO 框架下的投资便利化：对中国的建议［J］．国际商务研究，2020（4）：29－37．
④ 林桂军，Tatiana Prazeres．国家安全问题对国际贸易政策的影响及改革方向［J］．国际贸易问题，2021（1）：1－15．
⑤ 林桂军，任靓．发展中国家特殊与差别待遇的特征与改革方向．2020，（未发表）交流论文．

本原则，严格履行成员补贴透明度与通报义务，加快研发和农业补贴方式创新。在谈判策略方面，坚持工业补贴和农业补贴的一揽子谈判策略，恢复不可诉补贴，严格界定国有企业的正常商业行为。① 李计广等（2020）认为，随着国际权力格局的变迁，尤其是中国等广大发展中国家的群体性崛起，多边贸易体系不再由发达国家完全主导，世界贸易组织成为发达国家和发展中国家进行博弈的重要平台，矛盾逐步凸显。本轮 WTO 改革的重心是治理机制改革，改革的主要矛盾是发达国家成员与发展中国家成员之间的矛盾，矛盾的主要方面是中美规则竞争与博弈。他强调，中国应从百年未有之大变局的战略高度，在国内继续深化开放、推动改革，打造二次“入世”红利；在国际上，承担大国责任，提供全球公共产品，消除“美国优先”侵蚀，推动美国回归多边，支持和推动 WTO 改革。② 李杨和尹紫伊（2020）分析指出，随着中国等新兴经济体的快速崛起、贸易争端形式和需求逐渐多样化、争端解决机制逐步规范化，美国在争端裁决上的霸权红利渐渐消失，多次造成上诉机构停摆。作为有影响力的贸易大国，中国应反思 WTO 上诉机构的工作机制和作用，联合其他成员积极进行改革，将便捷和效率作为争端解决的重要目标，维护好这一解决问题的平台；同时，还应注重“一带一路”建设的争端解决机制。③ 屠新泉和石晓婧（2020）梳理了美国由 WTO 争端解决机制建设者到破坏者的角色转变，并详细分析了美国这种转变的原因。他们指出，应在反向协商一致通过和裁决执行之间，增加一个缓冲机制。如果主权国家对其条款的解释存在不同看法，可以通过灵活变化这一原则来调和，即争议方可以提请投票，申请使用 3/4 多数原则，以绝对多数投票的方式通过上诉的报告，从而在不过度削弱国际组织权力的情况下，为主权国家提供一个可选择的路径，实现新的权力分配和制衡。这样，以规则为基础的世贸组织将持续为全球经济发展发挥积极作用。④

田丰、桑百川、李计广（2021）总结了现行 WTO 规则在国有企业、强制技术转让、补贴问题、特殊和差别待遇、数字贸易以及投资便利化等方面存在的问题，认为尽管 WTO 改革困难重重，我国仍应重视本轮 WTO 改革，不宜采取过于保守的谈判立场。我国应注重三个方面的利益诉求：一是提高国际地位，实质参与并推进 WTO 改革以获得更多的规则制定权；二是改善外部发展环境，在多边贸易体制框架下，通过谈判建立新的规则，为我国和平发展创造更好的外部环境；三是以开放促改革，推动建立公平竞争的世界经贸体系。⑤ 卢进勇等（2021）也认为，美欧日等成员多次推进 WTO 补贴规则改革，虽未明确针对中国，但近年来与补贴相关的议题持续升温，发达经济体正利用多边

---

① 刘斌，宫方茗，李川川．美日欧 WTO 补贴规则改革方案及其对中国的挑战［J］．国际贸易，202（2）：57－63．

② 李计广，郑育礼．多边贸易体制改革：背景、性质及中国方略［J］．国际经济评论，202（5）：76－91+6．

③ 李杨，尹紫伊．美国对 WTO 争端解决机制的不满与改革诉求［J］．国际贸易，202（7）：72－79．

④ 屠新泉，石晓婧．国家主权与国际规则：美国对世界贸易组织争端解决机制的态度变迁［J］．太平洋学报，2020，28（6）：1－11．

⑤ 田丰，李计广，桑百川．WTO 改革相关议题：各方立场及中国的谈判策略［J］．财经智库，202（4）：84－103，142－143．

补贴规则向中国施加压力。对此，他们提出建议，一方面中国应着眼于利用现有多边规则，确保可利用的既有政策空间不被挤压；另一方面，中国应重视在国际经贸规则谈判与制定过程中的主导权，争取未来规则变化中的可利用政策空间。[①]

二、区域经济一体化

20 世纪 90 年代，WTO 所代表的多边贸易体制进展趋缓，区域经济一体化趋势日益增强，以自由贸易区为主要形式的区域贸易安排不断涌现。世界主要国家和区域集团均加快发展自贸区，在全球范围内掀起了一股新的区域经济合作浪潮。贸大学者由此聚焦区域经济一体化问题，为不同阶段的国际区域经济合作建言献策。

时任校长孙维炎（1993）指出，积极参与国际大市场能够促进中国社会主义市场经济的发展，中国应运用政策手段、法律手段和经济杠杆加强宏观管理，根据中国当前的发展水平，科学、合理且有规划地适时加入一些区域性国际经贸组织。[②] 秦宣仁（1998）强调，当前全世界各种形式的区域经济一体化组织不胜枚举，贸易自由化和投资自由化的呼声很高，已成为不可阻挡的强大趋势，极大地推动了地区乃至整个世界经济贸易的发展。[③] 沈四宝（2007）认为，中国要实现区域贸易安排与 WTO“两条腿走路”。[④]

（一）国际区域经济一体化的发展阶段与特征

按照 WTO 的统计，截至 2021 年 2 月，向世界贸易组织正式通报的区域贸易安排（Regional Trade Agreement，RTA）已达到 339 个。[⑤] 回顾历史，国际区域经济一体化大致可划分为三个发展阶段：

第一阶段（1948—1991 年），区域经济合作组织逐渐兴起。第二次世界大战结束后，世界各国纷纷开始发展本国经济，各国之间的贸易往来逐渐频繁。1948 年《关税及贸易总协定》生效后，区域间的国际贸易合作逐渐展开。在这一阶段，区域经济合作组织主要集中于欧洲地区，如欧洲经济共同体、欧洲自由贸易联盟和经济互助会等。其他地区的区域经济合作组织逐步出现，但规模不大，如中美洲共同市场、安第斯共同体、发展中国家全球贸易优惠制和亚太贸易协定等。

第二阶段（1992—2007 年），区域经济合作组织迅猛增加。1991 年冷战结束，世界格局从两极对峙变成了“一超多强”。由于世界各国经济开始蓬勃发展，全球的区域经济合作组织也日渐增多。随着苏联解体，经济互助会彻底解散，欧共体于 1993 年升级

---

① 王光，闫实强，卢进勇．开放经济环境中的补贴政策：多边规则、争端风险与政策空间［J］．国际贸易，2021（1）：17－23＋38．

② 孙维炎．积极参与国际大市场促进中国社会主义市场经济的发展［J］．对外经济贸易大学学报，1993（1）．

③ 秦宣仁．中国新一轮对外开放的环境与任务［J］．世界经济与政治，1998（4）．

④ 沈四宝．发展区域贸易安排与中国外贸发展［J］．法学杂志，2007（3）．

⑤ 世界贸易组织网站，https：//www.wto.org/english/tratop_e/region_e/region_e.htm，访问时间 2021－05．

发展为欧盟。欧盟的成立使得欧洲经济得到稳定发展，欧盟也成为具有较大国际影响的高水平的区域经济一体化组织。蔡春林等（2006）通过介绍欧盟贸易协定谈判权的法理依据、各参与主体的法律地位和作用以及参与主体内部及之间的权力平衡关系，分析和研究了欧盟贸易协定谈判机制。这有利于进一步了解欧盟法律和贸易政策，也有益于发展中欧贸易关系。① 张晓静（2007）借鉴欧盟经济一体化中的区域政策经验，指出中国参与经济一体化组织应有明确的区域政策框架，而且区域政策要有充足的资金支持和明确的政策目标。② 美国作为全球经济结构中的"超级大国"，也在积极开展北美区域经济合作。1992 年，美国、加拿大和墨西哥三国签署了《北美自由贸易协定》，该协议于 1994 年 1 月 1 日正式生效。姜金英（1996）指出，《北美自由贸易协定》对美、加、墨三国间的贸易往来产生了很大的推动作用。③

1992—2007 年间，除了北美自由贸易区和欧盟，其他区域也形成不少经济一体化组织，如环印度洋经济合作区等。1993 年 11 月 22 日，印度与南非复交。同一天，南非外长博塔提议酝酿建立"环印度洋经济合作区"，得到印度的热烈支持。崔凡（1995）认为，环印度洋经济合作区势将逐渐形成。对中国来说，加强与环印度洋地区的经济关系至关重要，因为中国长期以来就与这一地区的发展中国家有着密切关系，而且这也关系到中国今后在全球经济舞台上的地位。④ 据 WTO 统计，这一期间向 WTO 通报并至今有效的自由贸易协定或者经济一体化协定共有 141 个，全世界的区域经济一体化发展速度在这一时期达到顶峰。

第三阶段（2008 年至今），区域经济合作组织趋向"巨型"和高标准。2008 年，全球金融危机爆发，世界经济严重受挫。在此背景下，区域间经济合作加速发展，以《跨太平洋伙伴关系协定》和《区域全面经济伙伴协定》为代表的"巨型"FTA 成为发展趋势。

董鹂馥、蒋业恒和白树强（2014）实证分析了各类区域贸易协定对贸易的促进作用，发现自由化程度越深的区域贸易协定产生的贸易促进作用越大。⑤ 林桂军（2015）认为，全球自由贸易区的发展大致经历了"旧区域主义"和"新区域主义"两个时代。20 世纪 60 年代，"旧区域主义"一度盛行，最有代表性的是 1957 年建立的欧洲共同体（即欧盟前身），以及随后建立的欧洲自由贸易联盟和在拉丁美洲陆续成立的一些关税同盟区。"旧区域主义"的突出特征是自由化范围只涉及贸易，人们关心的问题是自贸区成员彼此消减关税所产生的结果，是扩大了贸易还是使贸易从高关税国家转移到了低关税国家。今天的"新区域主义"，即发达国家主导的现代自贸区协定，重点是投资自由化，

---

① 蔡春林，李计广，王青．欧盟贸易协定谈判机制研究［J］．国际贸易问题，2006（8）．

② 张晓静．欧盟经济一体化中区域政策的效果研究——兼论对中国参与区域经济合作的启示［J］．国际贸易，2007（7）．

③ 姜金英．北美自由贸易协定的执行情况及前景［J］．国际商务，1996（4）．

④ 崔凡．"环印度洋经济合作区"刍议［J］．国际贸易问题，1995（5）．

⑤ 董鹂馥，蒋业恒，白树强．各类区域贸易协定对贸易促进作用的实证分析［J］．世界经济与政治论坛，2014（7）：85－102．

核心是全球价值链问题。20世纪90年代以来，“新区域主义”所展示出来的基本特征是，主张开放的小国主动与大国融合。大国由于开放程度高，一般只做少量承诺，而小国则往往做出大量承诺以换取外资的进入。[①] 林桂军（2015）总结了2005年以后我国所签署的自贸区协定，认为有以下四个主要特征：一是贸易伙伴要承认我国的市场经济地位；二是贸易伙伴主要出口自然资源和农产品，一般包括投资条款，以推动资源开发上的合作；三是谈判对手一般不是贸易集团，而是某一区域贸易集团的成员；四是贸易伙伴一般在贸易上依赖我国，而我国对其依赖少。[②] 他还牵头，组织多名教师和学生为商务部汇编了我国历史上所签订的自由贸易协定中所包含的条款，对商务部业务人员与国外进行自由贸易谈判具有参考价值。

（二）区域经济合作内容

服务贸易是区域经济合作的重要内容。周念利（2008）指出，经济体在区域贸易安排中的相关承诺所体现的服务自由化水平，不同程度地超越了它们在多边服务贸易安排中的相关承诺。[③] 周念利等（2015）还指出，受经济发展水平和自身谈判能力所限，发展中经济体在参与区域服务贸易自由化的进程中，经常会主动做出或者被动接受具备“GTAS－”特征的相关承诺。区域服务贸易安排中具备“GTAS－”特征的“市场准入”和“国民待遇”承诺，不会对发展中经济体的服务出口产生显著的阻碍作用，但对外缔结“区域服务贸易安排”能对其双边服务出口产生显著的促进作用。[④] 沈四宝等（2011）认为，自贸协定致力于服务贸易自由化，但出于国家安全和公共利益考虑，而且各国服务业贸易竞争水平参差不齐，多采取渐进的自由化路径。因此，中国应该坚持“扬长避短，渐进开放，有予有取，积极推进”的方针推进RTA服务贸易。[⑤] 熊李力等（2015）提出，通过市场层面的制度塑造，可以弥补政府层面制度培育的不足，是提升东亚区域金融合作制度化水平的有效路径。[⑥]

双边投资协定是调整国际投资关系最重要的国际法手段。崔凡和赵忠秀（2011）认为，当前，国际投资体制的发展正处于关键期。[⑦] 一方面，以区域经济合作为主的投资自由化进程方兴未艾；另一方面，世界各国在投资者利益与东道国权利的平衡方面出现了有利于维护东道国权利的声音，同时，各种投资协定的重叠交错，使得形成多边投资纪律的必要性进一步提高。中国目前正处于可以影响国际投资体制的战略机遇期。在此

① 林桂军．以自贸区战略促进可持续发展［N］．经济参考报，2015－12－31（008）．

② 同上．

③ 周念利．RTAs框架下的服务贸易自由化分析与评估［J］．世界经济研究，2008（006）．

④ 周念利，林珊，周文灿．区域服务贸易安排中“GTAS－”承诺的服务贸易影响——基于发展中经济体视角的经验研究［J］．亚太经济，2015（1）．

⑤ 沈四宝，顾宾．中国服务贸易区域一体化的策略思考［J］．国际贸易，2011（2）：59－64．

⑥ 熊李力，彭晨．市场塑造制度：东亚区域金融合作制度化路径分析［J］．太平洋学报，2015（4）．

⑦ 崔凡，赵忠秀．当前国际投资体制的新特点与中国的战略［J］．国际经济评论，2013（2）．

背景下，明确对国际投资体制的主张至关重要。中国应积极突破目前以单边开放为主的形式，提出以肯定清单为基础的投资自由化模式，接受并主张以肯定清单为基础的准入前国民待遇条款，以此为基础，开展双边投资谈判和区域经济一体化谈判，并适时将该谈判方式向多边领域推广。这不仅有利于中国在国际投资自由化进程中掌握主动，也可能为国内改革带来新的推动力。朱文龙（2014）认为，未来，中国应在自由贸易协定中接受投资准入阶段的国民待遇并尽快制定投资范本；同时，展开条约的清理工作，协调好各个协定之间的关系。[①] 桑百川等（2011）提出，中美两国作为世界主要的投资输入国和输出国，双边投资协定谈判意义重大。[②] 国际金融危机后，中美两国投资协定谈判立场逐步趋于一致，国民待遇和投资转移条款方面的分歧并不会构成谈判的重大障碍；在协定内容上，具备达成双边投资协定谈判的条件。中美两国应当在谈判中保持灵活性，照顾彼此利益关切，尽快完成中美投资协定谈判。卢进勇（2013）强调，中国参与双边及区域投资制度安排，呈现出中国政府立场随中国由资本输入国向资本输出国转变而改变、制度安排形式不断创新和制度安排条款内容不断完善三大特点。未来，发展需政府和企业共同提高双边及区域投资制度的质量和效率。[③] 卢进勇等（2019）还从“阶段特征”“区域特征”“发展趋势”三个维度，对中国双边投资协定（BIT）的历史演进与发展趋势进行了分析总结并指出，在国际投资规则尚未形成统一共识的背景下，以双边投资协定与区域自由贸易协定两种形式为载体的国际投资规则将会逐步融合，其标准也将逐步提高。[④]

（三）亚太地区是区域经济一体化的主要参与者

亚太地区是当今世界经济增长最为强劲的地区，也是区域经济一体化更趋活跃的地区。童书兴（1995）认为，中国参加亚太区域经济合作得大于失，在对外经济关系中把亚太地区放在优先地位，这是符合亚太经济发展大趋势和中国的长远利益的。[⑤] 2008 年以来，亚太区域经济合作呈现出“多框架并存、竞争性合作”的特点（庄芮，2012）。[⑥] 张晓静（2015）通过区域贸易协定中涉及的“WTO+”和“WTO-X”条款数量，测算了亚太地区主要区域合作协定的深度，并运用扩张引力模型检验了亚太区域合作深度一体化与生产网络之间的关联性，认为亚太生产网络促进了区域之间的经贸往来，事实上的一体化推动了制度上的一体化，亚太区域合作深度一体化通过降低贸易壁垒等机制上的保证，使区域经济不再割裂，进一步推动了亚太地区生产网络的发展。[⑦] 林桂军等（2018）

① 朱文龙．中国在国际投资协定中对国民待遇的选择 [J]．河北法学，2014（3）．
② 桑百川，靳朝晖．中美双边投资协定前景分析 [J]．国际经济合作，2011（11）．
③ 卢进勇，李秀娥．中国双边及区域投资制度安排：特点、作用及建议 [J]．亚太经济，2013（1）．
④ 王光，卢进勇．中国双边投资协定：历史演进与发展趋势 [J]．国际经济合作，2019（2）．
⑤ 童书兴．亚太地区经济合作与中国 [J]．国际商务，1995（3）．
⑥ 庄芮．亚太区域经济合作下的中国 FTA 战略 [J]．国家行政学院学报，2012（3）．
⑦ 张晓静．亚太区域合作深度一体化与生产网络的关联性 [J]．亚太经济 2015（1）．

分析指出，大型区域集团如 TPP、RCEP 甚至“一带一路”倡议，互动反映了大国的双重目的，即不仅从贸易自由化的福利受益，而且获得贸易集团的领导或者制定规则的权利。①

TPP 的出现推动了全球经贸规则新一轮博弈。TPP 的前身是“跨太平洋战略经济伙伴关系协定”，即由文莱、智利、新西兰和新加坡四国协议发起并于 2005 年 5 月 28 日签订的《跨太平洋战略经济伙伴关系协议》（TPSEP）。2009 年 11 月 14 日，美国总统奥巴马正式宣布美国将参与 TPP 谈判。强调将以此促进美国的就业和经济繁荣，为设定 21 世纪贸易协定标准做出重要贡献，要建立一个高标准、体现创新思想、涵盖多领域和范围的亚太地区一体化合作协定。汤碧和林桂军（2012）认为，TPP 是美国“重返亚洲”战略的重要组成部分，其动机既有经济的也有政治和安全方面的考虑，而其中一个不容否认的目标就是要遏制中国崛起。② 美国主导的 TPP 被誉为“21 世纪黄金规则”，是近年来区域经济合作中的重要成果。TPP 的特征主要包括反映全球价值链的诉求、实现知识产权目标以及关税减让的不对称性等。其规则主要体现在八个“新”，即采用负面清单开放模式，对外资实行全面国民待遇，电子商务和数字化交易规则，知识产权保护，政府采购，国有企业竞争规则，劳工权利和环境，争端解决机制和投资者 – 东道国争端解决等（林桂军等，2016）。③ 石静霞等（2016）对 TPP 协定投资章节的核心规则进行法律解析，以把握国际投资规则的最新发展动态。④ 龚红柳（2016）从法律角度评析了 TPP 常规争端机制的若干突破与创新，指出我们要博采众家之长，造就适合中国国情的区域性争端解决机制。⑤

2013 年 7 月 23 日，日本正式加入 TPP 谈判。李爱文等（2017）分析认为，日本加入 TPP 会对中国产品出口日本产生一定影响，但整体影响有限。这是因为日本主要工业品的现行进口关税实行 WTO 的普惠关税，大部分已经实行免税或低关税政策。中国出口日本的产品 45%以上为机电产品，而日本加入 TPP 的关税减让谈判主要集中在农产品与轻纺工业品方面，因此，客观上不会造成太大影响。根据协议，日本将对从 TPP 成员进口的 80%的农产品和 100%的纺织品取消关税。中国作为非成员无疑会受到不利影响，尤其是 TPP 成员在日本市场形成竞争关系的产品，影响会更加明显。⑥

薛荣久和杨凤鸣（2013）认为，在美国主导下，如果 TPP 不求真务实，按照既定的目标走下去，TPP 将面临两大风险，即缩水降格或中途而废。⑦ 2017 年 1 月 23 日，美国

① Lin，Guijun; Jiansuo Pei; Zhang，Jin.：Strategic competition in the Asian mega-regionalism and optimal choices，*The World Economy*; Oxford Vol．41，2018（8）：2102 – 2128．DOI：10．1111/twec．12474.

② 汤碧，林桂军．跨太平洋伙伴关系协定对中国战略的影响与中国的对策［J］．社会科学研究，2012（6）.

③ 林桂军，任靓．TPP 协定的特征与新规则［J］．国际商务——对外经济贸易大学学报，2016（4）.

④ 石静霞，马兰．跨太平洋伙伴关系协定（TPP）投资章节核心规则解析［J］．国家行政学院学报，2016（1）.

⑤ 龚红柳，TPP 协定下的常规争端解决机制：文本评析与启示［J］．国家行政学院学报，2016（1）.

⑥ 李爱文，黄雅宁：日本加入 TPP 对中日货物贸易的影响分析［J］．国际贸易，2017（1）.

⑦ 薛荣久，杨凤鸣：跨太平洋伙伴关系协定的特点、困境与结局［J］．国际贸易，2013（5）.

总统唐纳德·特朗普在白宫签署行政命令，标志美国正式退出TPP。2017年11月11日，TPP除美国外的11个成员就继续推进TPP正式达成一致，将签署新的自由贸易协定，新名称确定为《全面与进步跨太平洋伙伴关系协定》。

与TPP谈判几乎同步，RCEP也在亚太地区兴起和推进。2020年11月15日，15个亚太国家正式签署RCEP，成为亚太地区经济一体化的一个重要里程碑，在一定程度上弥补了亚太各国彼此间贸易联系紧密但整体经济合作制度安排偏少的短板。在RCEP谈判的攻坚阶段，庄芮等（2018）指出，RCEP将发挥重要的“稳定器”作用。为此，中国应继续支持东盟的核心地位，积极推动RCEP顺利达成协议，并在此过程中，加快推进国内改革，有效衔接RCEP和“一带一路”倡议。① 林桂军等（2020）认为，与CPTPP相比，RCEP包括亚洲全球价值链最核心的成员。未来，亚洲需要进一步确保全球价值链可持续发展，抵制全球贸易保护主义，改变本土企业发展滞后的情况，扩大区域内部市场，提升金融一体化程度，RCEP可为这些目标的实现奠定组织基础。②

在亚太地区，东亚区域经济合作同样引人瞩目。华晓红（1995）认为，东亚区域经济合作与北美自由贸易区（NAFTA）等机制明显不同，其发展进程不是出于人们的理想，不是政府间安排，而是来自国际竞争环境中经济利益的推动。③ 林桂军等（2012）提出，东亚区域生产网络的日益深化，已成为东亚区域经济发展不可逆的趋势。④ 林桂军等（2011，2012）还指出，中国在亚洲生产网络的演进进程中起关键作用。到2010年，亚洲工厂是世界上最大的工厂，中国是亚洲生产网络的中心，⑤ 其次是中国香港，日本只居第三位；亚洲生产网络对于美国的依赖程度并不高，远远低于亚洲生产网络对中国内地和香港的依赖，这说明中国是亚洲工厂的核心平台。⑥

“10+1”与“10+3”模式的出现，充分彰显了东亚区域经济合作的灵活性和多样化。林桂军（1994）指出：亚太地区的合作应成为一支加强以关贸总协定为基础的多边贸易体制的力量，这实际上也是亚太经济合作组织最初的宗旨。目前，东亚同美国和欧共体均保持贸易顺差，这也反映出东亚在进口上确实保护程度较高，因此，进一步开放进口有利于其经济发展。东亚应利用自己日益强大的经济作为后盾，用进口的进一步自由化换取北美和欧共体市场的进一步开放。这不仅有助于促进东亚地区的出口，还可推动全球贸易的进一步开放。在具体策略上，东亚可以同美国携手，要求欧共体和日本进一步开放市场；同日本联合；要求美国停止滥用进攻性的单边贸易保护主义措施。”⑦ 赵京霞（2002）也强调，中国应积极参加区域经济一体化。⑧ 刘娟等（2011）认为，“东盟合作

---

① 庄芮，林佳欣．RCEP：进展、挑战与前景［J］．东南亚研究．2018（4）．

② 编写组．亚洲经济前景及一体化进程2020年度报告［M］．北京：对外经济贸易大学出版社，2020．

③ 华晓红．东亚次区域经济合作与中国［J］．国际商务，1995（2）．

④ 林桂军，汤碧，沈秋君．东亚区域生产网络发展与东亚区域经济合作的深化［J］．国际贸易问题，2012（11）．

⑤ 林桂军，邓世专．中国在亚洲生产网络格局中的地位和作用［J］．山西大学学报（哲学社会科学版），2012（3）．

⑥ 同上．

⑦ 林桂军．亚太经济一体化的现状与趋势分析［J］．世界经济，1994（5）．

⑧ 赵京霞．东亚区域经济合作：经济全球化加速发展的结果［J］．国际贸易问题，2002（12）．

方式”已成为东亚区域经济合作的基本行为规范和准则。金融危机后，中国应进一步基于该模式推行“10+3”次区域合作的发展，在与东盟的合作中继续发挥创新型合作方式，充分考虑如何发挥双方互补型产业的合作；同时，寻找扩大双方内需的路径，从而继续为日韩与东盟的区域合作提供有效的榜样作用。随着中国和平崛起以及对东亚区域合作表现出越来越积极的态度，中国已经树立了东亚区域合作中重要参与者和塑造者的形象，对改变东亚地区国际体系结构起着意义深远的作用。针对 ROO（原产地规则）标准导致的成本问题，刘娟、王荣艳和王学成（2011）认为，中国可以与签订 FTA 的国家先行签署贸易便利化协议，启动单一窗口，相互承认标准，统一原产地规则；在便利化方面，也可以考虑在更大范围，如亚太区域内规范和统一原产地规则标准。①

袁长军（2010）指出，要实现东亚经济一体化，建立东亚经济共同体，关键是中日韩三国的合作问题。② 孙维炎（1994）也指出，中日经济合作能够成为东亚经济合作的核心，是亚太经济合作发展的关键因素之一。③ 夏友富（2001）认为，签定《韩日自由贸易协定》难以取得预期收益，因两国历史文化及观念冲突会成为重大障碍，这也不利于韩国及周边国家的经济发展。④ 赵京霞（2003）则认为，如果中日韩三国的合作能够取得积极成果，将对促进整个东亚区域的经济合作有明显的好处。⑤ 郑宝银等（2008）认为，收入水平、价格水平和汇率水平是导致中韩贸易不平衡的重要因素，应该从这些因素出发，寻求有效可行的措施，以缓解两国贸易不平衡的趋势；⑥ 郑宝银（2006）提出，中国在加强与日本经济合作的同时，需加快实施“自主创新的竞争战略”。⑦ 袁长军（2011）进一步提出了构建中日韩自贸区的若干方案和路径选择，主张进一步完善中日韩合作机制。⑧

此外，《亚洲经济前景及一体化进程》不仅是博鳌亚洲论坛的传统旗舰报告，也是贸大在区域经济合作领域的代表性著作。该报告由博鳌亚洲论坛研究院、中国社会科学院世界经济与政治研究所与对外经济贸易大学合作撰写。本校林桂军教授带领的团队连续多年为之努力。这个报告关注世界格局变化，对亚洲经济前景、政策应对以及经济一体化进程进行了跟踪研究，有助于带动社会各界对亚洲经济融合、促进全球经济复苏的思考与讨论。《亚洲经济前景及一体化进程 2020 年度报告》指出，近年来，受全球贸易摩擦的影响，亚洲与世界主要经济体的经济周期同步性有所减弱，但是区内在贸易、生产和投资等各方面的一体化进程仍在向前推进。2019 年底，东盟和中国、日本、韩国、

① 刘娟，王荣艳，王学成．中国东亚区域合作战略调整——基于后金融危机时代的思考［J］．国际贸易，2011（2）．
② 袁长军．中日金融合作与东亚经济共同体的建立［J］．国际贸易，2010（7）．
③ 孙维炎．亚太合作与中日经济关系［J］．国际商务，1994（5）．
④ 夏友富．难如愿的预期收益——日韩自由贸易协定构想及其影响［J］．国际贸易，2001 年（6）．
⑤ 赵京霞．东亚地区合作的进程、特点与前景［J］．亚太经济，2003（6）．
⑥ 郑宝银，林发勤．中韩两国贸易的均衡分析［J］．亚太经济，2008（3）．
⑦ 郑宝银．中日经贸关系的战略思考［J］．国际贸易问题，2006（2）．
⑧ 袁长军．中日韩建立自由贸易区的思考［J］．国际经济合作，2011，（10）．

澳大利亚和新西兰五国就 RCEP 文本达成一致，是一体化向前迈进的重要体现。未来亚洲经济一体化进程主要受制于中美经贸摩擦、多边贸易体制的动荡局面和类似新冠肺炎疫情全球大流行等非传统性挑战几个方面的因素。[①]

（四）中国参与区域经济一体化进程

中国从 1991 年加入亚太经济合作组织（APEC）开始参加国际区域经济一体化进程。尽管 APEC 是论坛性质的区域经济组织，但中国在其中积极推进贸易投资自由化和便利化，为参与机制化的区域经济组织奠定了基础。王榕平（1997）指出，亚太经合组织自成立以来就确立了两大任务，即实现贸易和投资自由化和开展经济技术合作。但近年来，由于成员对经济技术合作缺乏统一认识，贸易投资自由化虽进展很快，但经济技术合作相对滞后。[②] 张海平（1998）认为，亚太经合组织奉行"开放式地区主义"原则，这必将成为 21 世纪最具有吸引力的国际贸易政策原则。[③]

2001 年 5 月 23 日，中国正式成为《曼谷协定》成员，标志着中国推进 RTA 进程的开始。2005 年 11 月，《曼谷协定》更名为《亚太贸易协定》。贸大杰出校友石广生（2013）主编了《中国对外经济贸易改革和发展史》，书中全面、系统、翔实地记录了中国对外经济贸易改革和发展的巨大变化，详细记录了中国积极参与 APEC、中国－东盟自贸区等多个区域和次区域经济合作安排，指出中国外经贸改革的方向更加明确，开放的领域更加广阔。[④] 截至 2021 年 5 月，中国与亚洲、大洋洲、拉丁美洲、欧洲和非洲的 26 个国家和地区签署了 19 个自贸协定。本校学者重点探讨了以下 FTA：

1.《内地与香港关于建立更紧密经贸关系的安排》（CEPA）及其补充协议

CEPA 及其补充协议的实施，促进了港澳地区经济的稳定增长。华晓红（2003）认为，CEPA 是中国实质性区域经济合作的开始。[⑤] 刘亚等（2015）运用非参数面板数据估计法，研究了 CEPA 对香港物价水平的影响。结果发现，2003 年 7 月到 2014 年 10 月间，若 CEPA 未出台的情况下，香港月度 CPI 同比增长率的潜在走势，其均值仅为－0.43%。与实际走势对比发现，CEPA 总体上提高了香港的通货膨胀率，使月度 CPI 同比增长率平均提高了 1.65%，帮助香港摆脱了通货紧缩困境。而在 2008 年全球金融危机期间，CEPA 反而在一定程度上抑制了香港的实际通胀水平，平均效果为－1.4%，对稳定香港宏观经济环境做出了很大贡献。进一步实证分析表明，CEPA 对香港物价水平的影响与香港从内地的进口总量呈正相关，与内地的通胀水平呈负相关。[⑥]

---

① 编写组．亚洲经济前景及一体化进程 2020 年度报告［M］．北京：对外经济贸易大学出版社，2020．

② 王榕平．论亚太经合组织的经济技术合作［J］．国际商务，1997（6）．

③ 张海平．从亚太经合组织看开放式地区主义［J］．国际贸易问题，1998（11）．

④ 石广生．中国对外经济贸易改革和发展史［M］．北京：人民出版社，2013．

⑤ 华晓红．CEPA——中国实质性区域经济合作的开始［J］．特区经济，2003（11）．

⑥ 刘亚，刘曦彤．与内地经贸合作对香港物价的影响——基于 CEPA 效果的实证分析［J］．国际商务（对外经济贸易大学学报），2015（6）．

2. 中国－东盟 FTA

王瀛（2004）指出，中国与东盟各成员的双边贸易额快速增加，主要得益于中国与东盟各国在资源构成和产业结构等方面具有非常强的互补性。随着中国－东盟自由贸易区的建立，双方产业结构的趋同可能加剧，从而导致一些企业被迫做出调整。在这一过程中，中国与东盟应该加强合作，互通互补。[①] 亚洲金融风暴后，中国香港经济持续低迷，竞争力弱化。汤碧（2006）指出，在 CAFTA 框架下，进一步发展泛珠三角与东盟的经贸关系对中国香港来说是一个发挥其优势的机遇。中国香港在泛珠三角与东盟经贸合作中的最佳定位，就是成为两大市场对接的平台，这既有助于加强中国与东盟的经济交往，也有助于进一步促进香港地区的繁荣。[②]

针对中国与东盟的区域经济合作，贸大学者主要聚焦中国－东盟自贸区存在的问题、中国－东盟博览会、区域争端解决机制以及外在因素影响等方面。

中国－东盟自贸区存在的问题与对策。冯伟杰和魏磊（2010）分析了中国与东盟区域经济合作中存在的问题，认为中国与东盟开展区域经济合作，应是经济主导下的政府驱动，建议淡化区域主导权问题，奉行“主动但不主导”的区域经济合作战略。[③] 王威（2015）指出，打造“升级版”CAFTA 的“钻石十年”，其中，加强国际投资是重要手段。中国应该通过包括但不限于加强国际投资在内的一切手段去发展 CAFTA，使其更加完善。促进区域经济融合程度，虽任重而道远，但对中国及东盟国家是双赢的。[④] 汤碧（2012）指出，尽管中国与东盟合作的进一步加深，自贸区建设逐步深化，但中国－东盟博览会还有许多不完善之处，包括对中国－东盟自贸区的“零关税”商机宣传不足、涵盖内容相对滞后、不能及时反映自贸区建设进程等。[⑤]

王威（2014）从构建和深化中国－东盟区域经济一体化的角度出发，在研究争端问题的现状和解决途径的基础上，提出区域经济一体化可以作为解决争端的一种行之有效的经济法律手段，其高度区域经济融合解决争端问题的功能将会逐渐显现并取得较好的效果。[⑥]

外在因素的影响。丁阳等（2014）从国别角度进行分析，认为美国“重返亚洲”战略的实施和缅甸新政府民主改革进程的推进，使中缅经贸发展受到前所未有的冲击。新时期，中国对缅的经贸战略，需要统筹外交、经济、贸易、科技和金融等资源，利用好比较优势，找准深化与缅甸互利合作的战略契合点和利益共同点，通过深化产业链融合度构建互利共赢的新型中缅经贸关系和国际分工新模式。[⑦] 徐凡和张汉林（2012）认为，

① 王瀛．中国与东盟各国的经济互补性［J］．国际贸易问题，2004（8）．

② 汤碧．泛珠三角与东盟经贸合作框架下的香港定位，国际经贸探索，2006（3）．

③ 冯伟杰，魏磊．中国与东盟区域经济合作中存在的问题及对策［J］．对外经贸实务，2010（2）．

④ 王威．论构建中国－东盟自贸区区域经济融合的国际投资问题［J］．改革与战略，2015（1）．

⑤ 汤碧．中国－东盟博览会可持续发展问题探析［J］．经济问题探索，2012（7）．

⑥ 王威．中国－东盟争端中 CAFTA 功能的法律探索［J］．社会科学家，2014（10）．

⑦ 丁阳，吕臣．新时期中缅经贸发展战略研究［J］．经济问题探索，2014（10）．

欧盟与东盟 FTA 谈判的意图是奉行开放的区域经贸合作政策，抵消贸易转移效应，增强在亚洲地区的影响力。中国应该密切跟踪研究欧盟介入亚洲区域经济一体化进程的新动向，必要时，可以主动提出与欧盟进行 FTA 谈判，使区域一体化进程向有利于中国的方向发展，遏制欧盟的贸易保护主义倾向。[①]

3. 中国－智利自贸协定

自 20 世纪 70 年代起，智利开始实行对内改革、对外开放的经济和贸易政策。多年来，经过危机→调整→再危机→再调整的过程，智利的经济和贸易政策不断成熟，形成比较完善的自由市场经济体制。与此同时，通过与多个国家和区域组织商签自由贸易协定，智利已形成一个广泛的自由贸易网络，成为连接亚洲、欧洲和美洲大陆的桥梁。郭德琳（2006，2007）认为，2005 年 11 月，智利与中国签署的自由贸易协定是其改革和开放政策的延续和发展。另外，中国于 2007 年取代美国成为智利的第一大出口国，中国应以智利为平台发展与拉美地区经贸关系。[②]

2008 年 4 月 13 日，《中华人民共和国政府和智利共和国政府自由贸易协定关于服务贸易的补充协定》（即中智自贸区服务贸易协定）在海南三亚签署。该协定是中国与拉美国家签署的第一个自贸区服务贸易协定，也是中智关系史上一个新的里程碑。该协定的签署，将有助于两国进一步相互开放服务市场，增进优势互补，提升国际竞争力；有助于改善投资环境，创造商业机会，降低交易成本，为两国企业和人民带来更多福利。

4. 内地与港澳台地区的合作以及《海峡两岸经济合作框架协议》（ECFA）

21 世纪以来，随着内地与港澳地区签署 CEPA 协议以及中国和中国台北相继加入世界贸易组织，祖国大陆与港澳台地区的经贸关系进入新的发展阶段。华晓红（2003）分析指出，祖国大陆与港澳台地区原本就有着密切的经贸关系。在东亚区域经济合作大潮下，祖国大陆与港澳台地区的经济整合前景比以往任何时期都更加乐观。未来，祖国大陆与港澳台地区的区域经济合作可能是复杂的政治目标与经济目标相结合的经济一体化进程。[③] 赵忠秀等（2009）通过定量分析结果显示，祖国大陆与港澳台地区的贸易依存关系紧密，贸易互补性强，并且具有一定的因果性。因此，进一步加强祖国大陆与港澳台地区的贸易合作，发挥各自优势，构筑互动发展格局，是祖国大陆与港澳台地区的贸易持续稳定发展的必然选择。

2010 年 6 月 29 日，海峡两岸签署了具有特色的经济合作框架协议（ECFA），从此开启两岸经贸交流制度化的新时期。2010 年 9 月 12 日，ECFA 生效。2011 年 1 月 1 日，ECFA 货物贸易和服务贸易早期收获计划正式启动。庄芮等（2012）认为，ECFA 早期收获计划的全面实施，有利于推动台湾传统产业转型升级和新兴产业发展，促进台湾的产

① 徐凡，张汉林．欧盟与东盟 FTA 谈判新动向及中国对策［J］．对外经贸实务，2012（6）．

② 郭德琳．从中国与智利签署自贸协定中吸取智利建立开放的对外贸易体系的经验［J］．拉丁美洲研究，2006（6）．
郭德琳．以智利为平台发展与拉美地区经贸关系［J］．国际经济合作，2007 年（6）．

③ 华晓红．祖国大陆与港澳台地区的经济整合前景［J］．对外经济贸易大学学报，2003（6）．

业创新。未来一段时期，两岸要在进一步商谈ECFA单项协议的同时，努力以深化两岸产业合作为重点，积极探索新兴产业合作发展道路，形成两岸产业“联动体”，以此缓解产业外移对岛内经济可能造成的冲击，助推台湾经济结构调整和产业转型升级。[①] 受多种因素的干扰和影响，ECFA 在现实推进过程中遭遇阻力。刘金兰等（2015）提出，在 ECFA 遇挫的情况下，“一带一路”倡议的实施和亚投行的创建所带来的新机遇，为ECFA协议内容的逐项落实，提供了新的平台。[②]

5. 中韩FTA

2015年6月，中韩签署FTA，该协定给中韩两国带来“双赢”。李杨、冯伟杰和黄艳希（2015）分析了中韩FTA对中韩双边经贸关系、东亚经贸格局乃至中国“一带一路”倡议实施的影响。他们指出，中韩 FTA 的签署实施，“不仅有助于推动中国经济结构转型升级，促进经济新常态下中国经济的发展，而且有助于加深中国对国际规则的认识，通过体制机制的改革和完善，加快融入国际经贸体系的步伐”。“中国需要充分发挥中韩FTA的良好示范效应，将其带来的机遇运用到实处。”[③] 李杨和黄艳希（2015）还进一步探讨了中韩FTA对山东经贸发展的影响，建议山东“以中韩自由贸易协定为契机，与韩国构建更紧密的贸易伙伴关系”。[④] 刘斌和庞超然（2016）同样研究了中韩FTA的经济效应。他们基于GTAP第九版数据库进行情景模拟，发现“中韩关税减让有利于中韩两国双边贸易增长、经济发展和福利提高”，并且“TPP协定将削弱中韩自贸协定对两国经济的正向效应”，所以，“我国应进一步扩大对外开放，积极主动参与TPP谈判”。[⑤] 林建勇、洪俊杰和杨超（2016）从TPP和中韩FTA的视角，对比分析了以TPP和中韩FTA为代表的国际贸易投资新规则，认为我国现阶段签署的FTA与这些新规则之间仍存在差距。因此，我国应“在积极参与国际经贸投资规则谈判的同时，加强主动设置和推广议题的能力”。[⑥]

6. 中国－澳大利亚FTA

中澳自贸协定于2015年6月签署，同年12月正式生效。由于澳大利亚和新西兰经济结构相似，使2008年就签署实施的中国－新西兰自由贸易协定面临巨大升级压力。为深入了解中新FTA和中澳FTA的开放差距，庄芮等（2017）基于两个FTA协定的具体条款，从货物贸易、服务贸易和投资等角度进行了对比分析，认为2008年签署的中新 FTA 由于签署生效时间较早，其内容和开放程度日显局限，已不能适应

① 庄芮，张企申，华晓红，郑学党．ECFA早期收获全面实施对台湾产业之影响研究［J］．世界经济与政治论坛，2012（3）．

② 刘金兰，张敏．后ECFA时代加快提升两岸经贸关系可持续发展的对策分析［J］．国际贸易，2015（9）．

③ 李杨，冯伟杰，黄艳希．中韩自由贸易协定的影响效应研究［J］．东北亚论坛，2015（6）．

④ 李杨，黄艳希．中韩自由贸易协定对山东经贸发展的影响与对策［J］．山东社会科学，2015（9）．

⑤ 刘斌，庞超然．中韩自贸区的经济效应研究与对策分析［J］．经济评论，2016（5）．

⑥ 林建勇，洪俊杰，杨超．国际贸易投资规则重塑下中国面临的挑战与应对——基于TPP与中韩自贸协定视角［J］．营销与服务，2016（5）．

当前的双边经贸需求，因而亟待升级。总体而言，中澳 FTA 自贸协定的开放标准高于中新 FTA。①

（五）中国自贸区（FTA）战略

针对中国的自由贸易区战略，贸大学者重点探讨了推进实施 FTA 战略所面临的挑战以及推进思路。

2015 年 12 月 17 日，国务院发布了推进中国自贸区建设的战略性、综合性文件《关于加快实施自由贸易区战略的若干意见》（以下简称《自贸区战略》），首次明确了中国自贸区战略的目标、地理布局和重点任务。文件强调，要积极同“一带一路”沿线经济体商建自由贸易区，形成“一带一路”大市场，将“一带一路”打造成畅通之路、商贸之路、开放之路。林桂军（2015）认为，此时出台《自贸区战略》，对于促进中国深化改革开放、经济转型升级、确保可持续发展具有重要意义，也是中国顺应全球经济主流趋势、克服外界不利因素、积极应对国内外经济挑战的一个明智之举。② 庄芮等（2016）指出，时下，中国仅与极个别“一带一路”沿线经济体签订了 FTA，存在数量少、分布地区不均衡、深度一体化水平不高和潜在合作风险较高等问题。鉴于此，中国在推进与“一带一路”沿线经济体商签 FTA 的过程中，应合理选择谈判对象，注意区分开放程度，寻找网络构建突破口。此外，还需搞好与“一带一路”沿线经济体的关系，实现与相关经济体的战略构想对接，寻求利益汇合点。③ 时任校长王稼琼（2018）强调，开放是国家繁荣发展的必由之路，是发展中国特色社会主义的强大动力。拓展全方位经贸合作新空间，就要加快自由贸易区战略，推进亚太自贸区建设，逐步建成立足周边、辐射“一带一路”、面向全球的高标准自由贸易区网络。④ 曲越、秦晓钰、黄海刚和夏友富（2018）基于中国 FTA 发展情况，通过 GTAP 模型对各个 FTA 的经济效应进行分析，提出中国应优先考虑与周边国家和地区建立 FTA，其次是贸易联系紧密的国家和地区，然后是欠发达地区和开放程度较高的国家和地区。⑤

实施自由贸易区提升战略，构建面向全球的高标准自由贸易区网络，是“十四五”规划纲要对“实行高水平对外开放，开拓合作共赢新局面”提出的新要求。所谓“高标准”，首先要求 FTA 协定涵盖的范围要广，不仅包括货物贸易、服务贸易和投资等传统议题，还要包括电子商务等现代议题；其次，FTA 开放的幅度要大，市场准入的门槛要充分低。

林桂军（2015）认为，我国在区域自由贸易协定覆盖议题的范围上不是最主要的问

① 庄芮，林佳欣．中国－新西兰 FTA 与中国－澳大利亚 FTA 比较研究——兼论中新 FTA 的升级路径［J］．太平洋学报，2016（7）．

② 林桂军．以自贸区战略促进可持续发展［N］．经济参考报，2015－12－31（008）．

③ 张国军，庄芮，刘金兰．“一带一路”背景下中国推进自贸区战略的机遇及策略［J］．国际经济合作，2016（10）．

④ 王稼琼．深刻理解新时代开放型经济建设的核心要义［J］．国际贸易问题，2018（2）．

⑤ 曲越，秦晓钰，黄海刚，夏友富．基于效应异质性的中国 FTA 国别选择研究［J］．国际贸易问题，2018（10）：72－87．

题，最主要的问题是开放的深度。

梁意（2017）认为，高标准自由贸易的一个优势是有助于打造区域经济的中心，并确保区域中的企业是高质量的。在新一代中国 FTA 中，货物贸易、服务贸易和知识产权领域均有“超 WTO”条款。这些条款有的由于不通过实体标准测试而不具强制执行力，有的则因未通过程序标准测试而不具强制执行力。鉴于很多“超 WTO”（尤其是敏感领域）的相关条款不能被强制执行，大家无需过于担忧其带来的负面影响。在实施一些较有争议且具有强制执行力的“超 WTO”规则时，中国要注意不违反其 WTO 义务和其他国际义务。① 庄芮和林佳欣（2018）以 2016 年签署的欧盟－加拿大综合经济与贸易协定（CETA）作为分析对象，研究了国际高标准自贸协定的开放水平，得出结论认为，对比 TPP，CETA 更注重条款的细致规定与解读，在货物贸易领域的开放程度更高；虽然 CETA 在跨境服务贸易和投资领域的开放程度不及 TPP，但在投资领域比 TPP 更有创新；基于 CETA 的开放水平可以看出，今后我国构建高标准的 FTA 网络，需注意广泛采用“负面清单”模式对外开放、规范电商发展和推动金融改革等。② 该成果获 2019 年全国商务发展研究成果奖论文类优秀奖。

① 梁意．论新一代中外自贸协定中的“超 WTO”条款及其强制执行力［J］．上海对外经贸大学学报，2017（6）．

② 庄芮，林佳欣．CETA 视角下国际高标准自贸协定开放水平研究［J］．国际贸易问题，2018（6）：1－10．

第七章

外汇体制与人民币国际化研究[①]

1978 年至今的 40 余年中，以中国从计划经济向市场经济转轨为历史背景，中国的外汇管理体制经历了重大改革，使人民币基本完成了从记账核算工具到宏观经济调节工具的转变，实现了市场化的目标，并且在解决了转型前人民币汇率高估问题的基础上，成功地实现了人民币汇率稳定（丁志杰等，2018）。[②]

追溯改革至今，我国外汇体制的演变进程主要可以分为五个阶段：第一，为与经济转轨的大环境相适应，开启计划经济下的外汇管理体制的改革；第二，随着改革开放的日益推进，初步建立人民币汇率的市场化决定机制；第三，进一步深化改革人民币汇率的市场决定机制，初步实现“有管理的浮动汇率制度”；第四，应对 2007 年全球性金融危机，再度调整人民币汇率形成机制的改革思路，推动人民币国际化提上议程；第五，完善中间报价机制，持续深入推进人民币国际化。但是直至今天，我国的外汇体制运转仍主要以进出口贸易和直接投资（特别是引进外资）为导向，金融资产所起的所用十分有限。

以我国改革实践为参照，贺力平（2000）认为，广义来看，外汇管理体制包括三个方面的内容：第一是对居民和企业的外汇交易行为的限制；第二是对外汇交易市场的组织安排；第三是汇率制度安排。[③] 我国的外汇体制改革全面覆盖了这三个方面。而林桂军等（2003）则强调，资本账户可自由兑换将是中国外汇体制改革的终极目标。[④] 丁志杰等（2018）指出，中国外汇体制改革的成功在于坚持市场化取向、采取渐进式方法并通过积极管理来稳定人民币汇率预期、避免汇率贬值惯性。

---

① 本章由袁宇菲、闫芷毓编写。

② 丁志杰，严灏，丁玥. 人民币汇率市场化改革四十年：进程、经验与展望［J］. 管理世界，2018，34（10）：24－32+231.

③ 贺力平. 中国外汇管理体制改革和发展：目标、问题和前景［J］. 南方金融，200（1）：13－15.

④ Lin Guijun，Ronald Schramm. China’s foreign exchange policies since 1979：A review of developments and an assessment［J］. *China Economic Review*，2003（14）：246－280.

一、开启经济转轨，改革计划经济的外汇管理体制：1980—1993年

在1980年之前的计划经济时期，我国建立了由国有外贸公司按计划统一经营、外贸部统一核算、统收统支的“大一统”外贸体制，根据计划经济的需要制定进口的数量和构成，出口基本是为了获得进口所需的外汇。与之相适应，人民币汇率不对进出口起调节作用，而仅是外贸内部核算和编制计划的工具，人民币的兑换比例由国家规定并实行严格的管理和控制。1973年，布雷顿森林体系解体，人民币改为按一篮子货币计算的有管理的浮动汇率制度。吴念鲁和陈全庚（1992）指出，由于美元走弱，人民币兑美元升值，为对出口收汇进行保值，我国推行以人民币计价签订贸易合同，外商按协议商定的人民币汇价折算成外币付款，即人民币计价结算。① 到1979年底，人民币兑美元的汇率升值水平达到50%，远高于美元本身的贬值幅度，使人民币汇率出现高估，出口换汇成本普遍高于贸易合同定价。但丁志杰（2008）认为，由于外贸部门采取“进出核算，以进贴出”的办法，因此，汇率高估的影响并不大。

1979年转轨改革开启，打破“大一统”外贸体制，一批部委、地方外贸公司和工业企业获得外贸经营权，汇率高估问题开始显露。那些不属于外贸部系统的企业出口业务亏损，财政补贴压力加大，全国外汇短缺状况加剧，外汇体制改革已经刻不容缓。在市场化机制缺失的背景下，学界对人民币汇率的决定机制存在较大分歧。一方面，由于转轨初期国内的市场经济体制还没有建立起来，未形成市场化的商品价格体系且我国消费物价极低，因此，购买力平价理论不适用；另一方面，因为不存在国际资本流动，利率平价学说更难以适用。1978年12月底，中国银行和国家外汇管理局（以下简称“国家外管局”）组织专家对北京与纽约、伦敦、东京和香港等世界大城市的消费品及服务进行了调查，结果显示，人民币与美元的兑换比例平均为0.64元/美元，而当时的官方牌价为1.684元/美元。因此，当时参与此调查的专家主张人民币应该升值，而不是贬值。而当时的全国平均出口换汇成本已达2.53元/美元，在1.684元/美元汇价水平之上，我国约66%的出口商品处于亏损状态。为此，汇率应该如何调整，这既是一个现实问题，又是一个理论问题。改革开放初对人民币汇率水平认识上的差距，为今后实行双重汇率制度埋下了种子。

刘舒年和李平（1986）提出，应该使用两国主要出口商品在国际市场的外币价格之比，来对人民币汇率进行定值；进而设想建立一个有限的外汇交易市场，规定人民币汇价自由波动的上下限（中心汇价为人民币外汇正式牌价），允许外汇供求关系在这一限度内发挥自动调节作用。这成为“有管理的浮动汇率制”的雏形。② 中国人民银行和国

① 吴念鲁，陈全庚．人民币汇率研究（第二版）［M］．北京：中国金融出版社，1992．

② 刘舒年，李平．论汇率定值原理与模式［J］．世界经济，1986（8）：8－12＋26．

家外管局采用的是古斯塔夫·卡塞尔（1918）用综合商品计算购买力评价的方法。而全国平均换汇成本表示的出口单位美元的国内成本，是我国出口产品的美元价格除以该产品的国内采购价。因此，林桂军（1997）认为中国银行和国家外管局测算人民币汇率的方法存在较大缺陷，其重要原因是计算包含了大量不可贸易的产品，如服务；而发展中国家不可贸易产品的价格普遍低于发达国家。因此，所计算出的汇率一定夸大人民币的币值。他不反对用可贸易产品测算人民币汇率，但是，提出应更准确地度量影响外汇供需的因素，为此构建了边际换汇成本和外汇的边际进口效率两个指标，用于衡量我国贸易汇率水平的合理性。① 师玉兴（1988）总结了国际汇率协调制度改革的相关理论和政策实践，发现在金本位制度失效之后，全球难以形成完备的汇率协调制度，主要原因有三点：第一，对各国而言，难以兼顾全球汇率协调的外部政策目标和一国宏观稳定的内部目标；第二，缺少协调国际经济政策的监督机制和对不执行协议的制裁措施；第三，完善的汇率协调机制需以全球高度的经济一体化为基础，这尚需时间。因此，只能在现有的国际协调机制下进行改革，建立低层次的“目标区”汇率制度。可以看到，在随后的改革进程中，我国大体上如这些观点所言，最终选择了“有管理”的浮动汇率制度。②

从 1979 年开始，我国外贸持续出现逆差。至 1981 年，外汇储备缩水至－12.96 亿美元。当年，我国首次向国际货币基金组织借款，以弥补国际收支的不平衡。在外汇极其短缺的背景下，1979 年 8 月，国务院决定进行汇率制度改革，引入贸易内部结算价。贸易内部结算价按 1978 年全国出口平均换汇成本再加上 10%的毛利计算，定为 1 美元兑 2.8 元人民币。贸易内部结算价与非贸易官方牌价并存，人民币内部贸易结算价和官方牌价双轨制正式实施。内部贸易结算价的实施具有重大的历史意义。首先，引入人民币内部结算价是 1953 年我国实行计划经济以来，第一次主动调整人民币汇率水平。第二，在当时情况下，保证了出口部门 10%的毛利润，减轻了我国企业出口亏损的压力。1981—1983 年，我国外贸转为顺差，外汇储备开始恢复增长。1982 年，达到 85.01 亿美元。但是林桂军等（2003）的评价是，由于没有外汇市场存在，内部贸易结算价的调整只能是一次性的，不具有可持续性。

与此同时，汇率双轨制也产生了套利空间。企业结汇争取使用较高的贸易内部结算价，用汇却争取使用较低的非贸易官方牌价，不仅出现外汇黑市，而且侨汇收入和旅游外汇等非贸易外汇收入出现增长乏力。同时，国内持续的通胀问题导致人民币汇率高估又变得严重起来。徐进前（1991③）和林桂军（1995④）经测算得出，贸易结算价在 1981—1984 年一直保持不变，国内通货膨胀使得贸易结算价严重偏离实际的平均换汇成

① 林桂军．人民币汇率问题研究——兼析现代西方汇率决定理论（第一章）［M］．北京：对外经济贸易大学出版社，1997．

② 师玉兴．汇率改革方向初探［J］．国际金融研究，1988（2）．

③ 徐进前．发展中国家汇率政策初探——兼论人民币汇率的取向［J］．金融科学，1991（2）：74－77+93．

④ 林桂军．出口创汇指标与外贸企业的经营效益［J］．国际贸易问题，1995（7）：55－57．

本。朱海京和刘剑萍（1990）也认为，人民币汇率高估迫使财政部门通过财政补贴来维持出口以偿还外债，财政补贴所带来的货币发行扩张进一步推升国内的通货膨胀，加剧汇率高估。[①] 梁伟和崔学兰（2001）评估了宏观经济政策对汇率的影响。一方面，货币政策显著影响了人民币汇率预期；另一方面，财政政策通过外贸补贴，一定程度上缓解了人民币汇率高估对出口部门的负面影响。[②] 在这一背景下，政府被迫进一步改革，最终于 1985 年取消贸易和非贸易双重汇率，恢复以贸易汇率为基础的单一汇率制。

这一阶段，自负盈亏的外贸企业除了按照贸易结算价将外汇收入出售给国家之外，还可以获得其所得 55%的外汇留成。林桂军（1997）认为，实行外汇留成制度是我国贸易体制改革的一项重要的突破。首先，外汇留成调动了出口企业的积极性。其次，企业使用留成外汇绕过了国家进口计划的管制，促使国家转向使用关税、配额、许可等非关税贸易政策，间接控制进口的规模和结构。最后，留成外汇允许转让，为外汇调剂市场的发展奠定了物质基础。通过调剂汇率来补偿企业的出口成本，客观上减轻了政府财政补贴的负担，为最终取消出口补贴进行了铺垫。

外汇留成制度使得地方、部门和企业有了自行使用外汇的权力，但同时也出现一些单位外汇有余却急需使用人民币，而另一些单位外汇短缺的结构性不平衡现象，因此，在经济生活中出现调剂外汇余缺的客观要求。1980 年 10 月以后，国家允许通过中国银行及其分行进行外汇调剂。调剂价格以美元兑人民币的贸易内部结算价（1 美元折合 2.80 元人民币）为基础，并在 10%的浮动幅度内，由买卖双方议定。1985 年底，首先在深圳，随后在其他几个经济特区陆续设立了外汇调剂中心。外汇调剂中心构成了外汇交易市场的雏形，提升了汇率的市场化程度，缓解了双重汇率制度带来的扭曲。王林生（1990）认为，外汇调剂指令的施行触及外贸财务体制的核心问题，即打破“吃大锅饭”的旧况，使得出口换汇成本更为反映当前收益，从而推动外贸企业早日达成独立核算、自负盈亏的目标；与此同时，他也对预期风险做出提示，要兼顾外汇收支平衡与财政收支平衡的统一，以实现促进经济增长和外贸发展战略的双重目标。[③] 刘舒年（1992）认为，外汇调剂市场是我国“以计划为主，市场调节为辅”经济发展方针的具体运用，是国家计划分配外汇的补充手段，合理地调整了创汇企业和用汇企业的经济利益，促进外向型经济的发展，扩大出口商品的竞争能力；同时，改善了外商投资环境，对保持人民币市场的稳定、确定人民币的均衡汇率、建立管理浮动汇率制度下的统一公开的人民币外汇市场提供了有益的实践经验。[④] 林桂军（1997）则认为，引入外汇调剂中心是非常关键的政策改革措施。首先，对于引进外资来说，允许外商投资企业参加外汇调剂，消除了“外汇平衡要求”对引进外资所造成的阻碍，是我国外资得以快速增长的一个重要的动力。

① 朱海京，刘剑萍．论我国目前的汇价政策与财政金融政策的关系［J］．金融科学，1990（3）：25－30．

② 梁伟，崔学兰．人民币汇率政策与货币政策、财政政策的协调［J］．山西财经大学学报，2001（S1）：109－112．

③ 王林生．外贸体制改革的回顾与反思［J］．科技导报，1990，4（1）：34－38．

④ 刘舒年．人民币外汇市场的演变和发展［J］．对外经济贸易大学学报，1992（6）．

其次，外汇调剂市场具有价格发现功能，通过外汇调剂市场汇率，人们更容易判断合理的人民币汇率水平。最后，外汇调剂市场的发展促进了人民币国际业务的市场化。1991年以后，随着外汇留成比例的不断提高，我国约80%以上的外汇是按照外汇调剂市场价格结算的，为1994年的汇率并轨奠定了基础。

1986—1987年，国家允许三资企业和国内企业通过外汇调剂市场按照国家规定的价格买卖外汇。1988年，国家外管局在上海进行试点，不再硬性规定外汇调剂价格，而是在外汇交易中心由供需双方自行确定交易价格。杨帆（1993）指出，我国此时又一次形成贸易结算的官方牌价和外汇调剂市场价格所构成的汇率双轨制。[①] 王凡（1993）对1980—1993年的汇率走势进行总结，按牌价计算，人民币汇率从1美元兑1.7元贬值到5.8元，贬值幅度达到235%；按调剂汇率计算，1993年1月份贬值到8元，贬值幅度为370%；由于心理预期和外汇投机因素增加，调剂汇率在7个月之内出现3次大波动，每次波动幅度均在20%以上。人民币从牌价汇率的连续贬值，发展到调剂汇率在波动中趋于贬值。[②]

随着改革开放的不断深入，我国引进外资的金额从1978年的近乎为零上升至1988年的400亿美元，外债规模列世界第十四位。外债由援助性质为主的非商业性贷款转变为商业性贷款占65%的局面，后者期限短而利率高，我国开始面临国际资本市场波动的风险暴露。同时，借款者由中央政府分散到地方政府和各部，外债由中央政府统一行政管理的体制和外汇管理制度难以适用。当务之急是尽快创造市场机制发挥作用的各项前提条件，对此，朱海京和刘剑萍（1990）提出，其中之一就是要加速发展现有的外汇市场。

二、扩大改革开放，建立人民币汇率的市场决定机制：1994—2004年

进入20世纪90年代，恢复中国在关贸总协定中的缔约方地位、重新融入全球经济体系，成为中央经济工作的重点目标。“复关”意味着国内外市场机制的作用必须接轨，其核心问题是价格与汇率体制。在“复关”谈判中，我国也承诺要继续改革价格和汇率体制。其中，汇率改革是建立新型外贸体制的关键。王林生（1993）认为，汇率体制改革的目标模式是有管理的单一浮动汇率制，可采用“滑动平价”逐步过渡到浮动汇率。在微观上，使外贸部门真正成为自负盈亏和自主经营的经济实体。在宏观上，应以汇率、利率和关税等经济杠杆和立法措施作为主要的调控手段。[③] 由于外汇调剂中心的交易有一系列行政措施的限制，买卖的是外汇额度而非现汇，调剂汇价还不足以成为国民经济特别是对外经济活动的一个灵敏的显示器，也还不能充分发挥汇率机制的作用。为了逐

---

① 杨帆．1994年人民币汇率走势预测［J］．价格月刊，1993（12）：18．

② 王凡．人民币汇率走势研究［J］．燧石，1993（2）：64－66．

③ 王林生．人民币汇率与新型外贸体制［J］．探索，1993（4）：19－20．

步过渡到浮动汇率，应考虑逐步放松汇管制，改进留成制度，使企业不仅持有额度，还能自由支配一部分现汇，从而搞活外汇调剂中心的交易，逐步向真正的外汇市场转变。国家应建立外汇平准基金，在外汇市场上公开买卖人民币，以缓和外汇供求的剧烈变动。当外汇留成制度进一步改革后，国家所需的外汇绝大部分须从市场上购入。

林桂军（1997）称我国外汇调剂市场为“合法的平行市场”，具有明显的扭曲利益分配的效应。他认为，在这一市场上，获利最大的是按官方牌价获得外汇分配的重点进口企业；其次是有外汇留成的出口企业和地方政府；第三位的是外商投资企业。而支付这些利益的，则是那些既无法获得计划外汇分配，又无外汇留成的进口企业，以及有无偿上缴外汇任务的出口企业。刘舒年和宋立松（1995）同样认为，外汇调剂市场收取的手续费用加大了企业成本；同时，由于国内企业均转向银行结售汇，使得外汇调剂市场上的交易更难成交，不利于三资企业迅速获得资金，也违背了保留外汇调剂市场的初衷。①

在“复关”的需要和调剂汇率剧烈波动的双重压力下，中国在 1994 年对外汇体制进行了彻底改革，初步建立了人民币汇率的市场决定机制。改革内容主要包括四项：第一，结束 20 世纪 80 年代初期实行的外汇留成制度，实行企业外汇收入结汇制；第二，实行银行售汇制，允许人民币在经常项目下有条件可兑换；第三，对办理结售汇业务的银行规定外汇周转头寸限额，建立银行间外汇市场代替外汇调剂中心；第四，结束汇率双轨制，将牌价汇率和调剂汇率在接近调剂汇率的水平上合并，实行以市场供求为基础的单一的有管理的浮动汇率。为此，丁志杰等（2018）总结，在结售汇制度下，企业出口外汇收入必须卖给银行，符合条件的进口用汇从银行购买；银行结售汇产生的外汇头寸，高于或低于外汇周转头寸限额的部分，需要在银行间市场抛出或补进；市场供求失衡时，由央行买卖外汇来平衡。1994 年汇率并轨后，我国外汇市场出现结汇数量远远超过售汇数量的情况。对此，中央银行采取了外汇市场干预和冲销的政策，阻止人民币升值和物价上涨。林桂军（1996a）认为，在此情况下，可以增加外汇指定银行的周转金比例并放宽进口用汇限制。他指出，冲销操作的结果将干扰外汇市场机制的运行，使我国难以摆脱顺差的格局。②

1994 年，外汇体制改革之后，外汇管制有所放松，原则上实现了贸易外汇的自由兑换，有助于对外经济贸易的发展，特别是非国有外贸企业的发展。汇率与价格机制逐步成为联系国内外经济的主要机制，有助于国内市场经济的形成和与国际市场接轨。然而，杨帆（1994）认为，双轨汇率合一后，外汇管制仍然很强，贸易外汇只有一部分可以自由兑换，进口用汇和非贸易外汇仍然受到控制。③ 林桂军（1996）认为，由于中国人民银行是外汇最大的买家，中国银行是最大的卖家，因而我国的银行间外汇市场呈现“双

① 刘舒年，宋立松．外汇体制改革对我国货币政策的影响及对策［J］．国际金融研究，1995，4（6）：27－30.

② 林桂军．放宽进口限制，合理调整汇率，促进出口增长［J］．国际贸易问题，1996（8）：38－44.

③ 杨帆．关于人民币汇率改革以后的发展趋势［J］．预测，1994（3）：23－25.

边垄断”的特征，使市场的汇率形成机制发生扭曲。他还认为，当时的人民币汇率尚未调整至允许各种限制进口措施基本取消的水平，因而相对于长期均衡汇率来说，当时的人民币汇率水平仍然是高估的。林桂军（1996b）还强调，我国应该利用贸易出现持续顺差的机遇，减少冲销操作，逐步放宽进口限制，这将有助于汇率恢复至合理的水平。[①] 1995 年，我国采取了下调关税、取消部分商品的进口配额和许可证管理以及调低出口退税率的改革措施，进一步完善汇率的市场决定机制。另一方面，史燕平和胡宁峰（1997）在分析我国金融市场开放战略的基础上，认为我国国际资本流动仍受到严格管制，外资银行的人民币业务准入程度极低。[②] 由于货币政策是国际资本流动的关键影响因素，需等到国内的金融市场体系和货币政策实施工具完善之后，才能考虑逐步开放资本项下的外汇兑换。

1997 年 7 月，亚洲金融危机爆发，我国在该地区的主要贸易伙伴货币急剧贬值，经济严重衰退。对此，我国政府选择了稳定人民币汇率的政策。危机期间，我国国际收支连续保持顺差，外汇市场呈现供大于求的局面，导致人民币存在升值压力。对此，王达学（1998）认为，贬值人民币一方面会加剧对香港的联系汇率制的压力；另一方面，货币的竞争性贬值会导致货币战，造成国际贸易和金融的混乱。[③] 而且，丁志杰（2018）认为，中国银行间外汇市场的独特安排也限制了人民币贬值。银行间市场买卖外汇需要支付手续费，显著地限制了外汇投机性交易。在外汇周转头寸限额规定下，银行间市场成为银行结售汇头寸平补的市场。只要结汇大于售汇，市场始终会处于供过于求的状况。因此，1997 年东南亚金融危机所造成的货币贬值预期很难对人民币汇率造成实际影响，外汇储备在危机期间甚至还是逐年增长的。

贺力平（2000）指出，东南亚金融危机暴露了我国外汇管理体制仍存在的问题。首先，难以区分经常项目交易和资本项目交易，一些居民和企业利用经常项目的兑换便利进行货币投机，促使外汇管理部门加大了对经常项目下外汇交易真实性的审查力度，增加了合法外汇交易的费用。其次，自 1997 年以来，银行间外汇交易市场的成交额呈现逐年缩小的迹象，中央银行似乎成了这个市场上唯一的“做市商”，使得中央银行承担了较多的隐性业务，以维持汇率不变或在极小幅度内变动。最后，维持单一盯住美元的汇率制度，汇率主要由被盯住货币国家的经济状况决定，不能根据国内外经济形势及时调整，有多种不利之处。

林桂军等（2003）比较详细地描述了亚洲金融危机期间我国所实行的一系列措施，包括对外汇交易进行严格审核、提高货币兑换的要求、打击非法外汇交易、阻止资本外逃、停止审批对外投资、关闭外商投资企业外汇调剂市场业务、对出口企业结汇进行绩效评估、要求中国银行关闭所有人民币离岸业务等。这些措施虽然起到对外汇体制的稳

---

① 林桂军．对我国银行间外汇市场运行的分析［J］．国际贸易问题，1996（3）：43－50＋34．

② 史燕平，胡宁峰．中国金融市场的开放——必然、条件与战略［J］．经济研究参考，1997（19）：22－30．

③ 王达学．关于人民币币值的探讨［J］．国际商务（对外经济贸易大学学报），1998（3）：37－40．

定作用，但也引起外商投资企业的不满。亚洲金融危机是一个转折点，对以后的外汇体制改革产生了重大影响，人民币资本账户可兑换从此变得更加遥远。

郑建明（2001）指出，亚洲金融危机结束后，我国的贸易顺差大幅增加。顺应经济形势，应进一步完善外汇管理体制，尽快实行意愿结售汇制，推进人民币和外币的利率市场化改革，完善国家外汇交易中心的运行机制。① 张璨（2001）也预测人民币贬值预期将得到显著缓解，为继续改革提供了窗口期。② 随着中国成功“入世”，中国的改革开放进入新的历史阶段。一方面，赵京霞（2000）发现，外国资本流入迅速增加使得中国面临更加频繁的国际资本流动，外资的进入和退出需要逐步放开资本项目下的外汇兑换，进一步完善人民币汇率的市场化决定机制迫在眉睫；③ 另一方面，WTO《金融服务协定》会弱化资本管制的实施效果。张志刚（2001）从 B 股市场开放着手，认为大量外资流入证券市场将在事实上参与中国的资本市场，需要转变外汇管理策略和重构外汇管理框架。④ 梁伟等（2001）同样建议重新建立对资本项目的管理机制，以维护人民币汇率稳定和国际收支平衡。⑤ 因此，贺力平（2000⑥）与林桂军等（2003）对我国汇率体制发展前景进行展望，提出接下来外汇体制改革的方向应当主要包括两个方面的内容：第一，增加人民币汇率的灵活性，减少央行对人民币汇率的干预，促使央行将货币政策的重心转向关注国内宏观经济变量；第二，扩大人民币汇率在资本项下的可兑换性，开展人民币国际化。

随着贸易顺差的不断增长和外资的持续流入，我国从 2001 年开始进入经常账户和资本账户双顺差。在稳定人民币汇率的政策取向下，双顺差通过结售汇制度转化为外汇储备的快速上升。2004 年，同比上升幅度高达 50%，我国成为仅次于日本的世界第二大外汇储备持有国。林桂军等（2008）最先基于资金流量表分析法，揭示出我国经常账户顺差的原因在于在金融体系不发达的条件下，我国生产部门的储蓄率过高。其中，最为突出的是公司制企业的储蓄。他们将生产部门的高储蓄归于我国资本密集型的增长模式，导致劳动者收入低，从而消费需求低，最终导致经常项目顺差的出现。⑦ 胡再勇和张弘（2004）根据开放经济货币模型展开研究，认为在经常项目持续顺差的情况下，人民币确实应当升值。⑧ 但出于人民币快速升值对出口部门会产生不利影响的担忧，郑建明（2001）、赵京霞（2003⑨）、唐宜红（2003⑩）、林桂军（1996b）等提议，将稳定人民

① 郑建明．我国贸易收支的变化趋势及应对思路［J］．管理世界，2001（5）：34－43．

② 张璨．未来两年人民币汇率走势预测［J］．国际贸易问题，2001（3）：56－57．

③ 赵京霞．跨国公司大规模进入及其对资本流动的影响［J］．中国外汇管理，200（8）：10－11．

④ 张志刚．中国 B 股开放及其对人民币汇率的影响［J］．财经科学，2001（5）：40－42

⑤ 崔学兰，梁伟，郑晓平．对人民币资本项目可兑换的思考［J］．山西财经大学学报，2001（3）：78－79．

⑥ 贺力平．步出单一盯住制——中国外汇和汇率体制发展目标与前景［J］．国际贸易，200（1）：39－41．

⑦ 林桂军，Ronald Schramm．我国储蓄/投资差额的结构分析与经常项目顺差［J］．财贸经济，2008（4）：11－17+128．

⑧ 胡再勇，张弘．Redux 模型与人民币升值压力研究［J］．中央财经大学学报，2004（9）：33－37+59．

⑨ 赵京霞．保持人民币汇率基本稳定符合国家根本利益［J］．求是，2003（19）：10－12．

⑩ 唐宜红．国际收支顺差和人民币升值问题分析［J］．理论前沿，2003（19）：27－28．

币汇率作为政策选择；同时，顺应外汇体制改革的大方向进行配套改革，如尽快实行意愿结售汇制度、通过逐步放开资本项目兑换来减少用汇限制等，以缓解人民币的升值压力。

三、应对国际收支失衡，深化改革人民币汇率的市场决定机制：2005—2008 年

2003 年，党的十六届三中全会提出完善和深化外汇体制改革的要求，来自国际社会的压力也使改革变得十分迫切。2005 年 7 月 21 日，央行发布公告，宣布实行以市场供求为基础、参考一篮子货币进行调节的有管理的浮动汇率制度，人民币汇率不再单一盯住美元，要形成更富弹性的人民币汇率机制。同时，人民币兑美元汇率一次性从 8.2765 调整到 8.11。完善汇率形成机制成为改革的核心（以下称“7·21 汇改”）。改革要求在自主、渐进和可控的原则下，保证人民币在合理均衡水平上基本保持稳定。

“入世”以后，我国进入经济结构快速调整和劳动生产率快速提高的阶段。根据巴拉萨－萨缪尔森效应，王淳和马辉（2008）判定实际汇率升值是长期趋势，且人民币升值压力有其客观经济基础。[①] 同时，刘园和王立（2006）根据波兰外汇体制改革的历史经验，指出适度的升值是汇率政策调整的各种方案中代价最低且效果最明显的办法。如果一直维持汇率稳定，则缺乏汇率水平调整向市场传递的可信的信号，市场主体永远不会有参与外汇交易的动机，外汇市场的发育也只能是空中楼阁。[②]

丁志杰（2005[③]）在多篇文章中辩证分析，认为外汇体制改革如果由单一盯住美元转向严格盯住一篮子货币，并不能解决人民币升值压力问题，而且会使本国货币汇率形成具有完全的外生性，脱离经济基本面的变化，削弱本国货币政策的自主性。人民币汇率改革应选择回归有管理的浮动汇率制度，建立以利率政策为主、汇率政策为辅的货币政策框架。而后，丁志杰和孟宪康（2006a[④]，2006b[⑤]）也对改革实践作出评价，指出我国创造性的选择参考一篮子货币而非严格盯住一篮子货币作为过渡方案进行调节，实现了人民币汇率稳中有升的有序调整，有效地抑制了投机所造成的汇率过度升值问题。

为实现人民币汇率的市场化形成机制，需要改革三方面的内容。第一，完善外汇市场基础设施，与国际外汇市场接轨。丁志杰和张海冰（2007）梳理了在这方面采取的主

---

① 王淳，马辉．巴拉萨－萨缪尔森效应与宏观均衡研究——人民币实际汇率均衡研究路径的比较［J］．经济师，2008（2）：45+61．

② 刘园，王立．中国汇率制度改革的现实选择：波兰模式［J］．浙江师范大学学报，2006（4）：1－12．

③ 丁志杰．人民币汇率改革的路径选择：国际借鉴［J］．金融理论与实践，2005（8）：13－15．
丁志杰．均衡与稳定的协调——转向钉住一篮子货币难胜其任［J］．国际贸易，2005（7）：46－49．
丁志杰．基于本外币政策协调的人民币汇率改革思路［J］．金融与经济，2005（1）：10－12．

④ 丁志杰，孟宪康．IMF 定性：人民币汇率再遭紧盯美元尴尬［J］．资本市场，2006（11）：24－25．

⑤ 丁志杰，孟宪康．全球汇率安排新动向［J］．中国金融，2006（21）：71－72．

要措施。2006 年 1 月 4 日，我国将场外交易模式引入即期交易，推行做市商制度，询价交易逐渐取代竞价交易成为最主要的交易方式，市场的价格发现功能得到发展。2005 年 8 月 8 日，我国引入远期外汇交易，允许银行在获得远期交易资格 6 个月后从事掉期交易。[①] 第二，正确构造一篮子货币以取代名义有效汇率，提高汇率安排的信息透明度，减少央行对外汇市场的直接干预。为此，丁志杰和张薇薇（2007）指出，在确定货币篮子构成时，可只以双边贸易为标准，在确定货币篮子的权重时把资本流动和储备等因素考虑进来，定期调整货币篮子构成。为了发挥一篮子货币的参考作用，有必要适时扩大人民币的美元汇率波幅；一旦人民币汇率回归到均衡水平，还可以考虑取消日波幅限制，真正实现有管理的浮动汇率制度。[②] 第三，完善资本项下的外汇管理体制。丁志杰（2006）从多个层面展开探讨，认为应探索外债管理新途径，取消外债审批制度，尝试根据信用等级确立借债资格。同时，应逐步放开资本流出管制，引入合格境内机构投资者（QDII）制度，实现“藏汇于民”。[③] 2006 年 4 月 14 日，中国人民银行发布第 5 号公告，提出“符合条件的银行可集合境内机构和个人的资金投资境外固定收益产品，符合条件的基金公司可进行境外组合证券投资，保险机构可购汇投资境外固定收益产品”的政策，意味着 QDII 正式开始放行。徐林（2006）经回顾提出，这是“藏汇于民”转变的重要一步，也是人民币走向资本项目下可兑换的重要一步，并且分析了资本流出管制放松可能带来的宏观稳定性风险和汇率波动风险。[④]

在改革后的三年内，我国实际采取了单项参考一篮子货币方式，人民币兑美元呈现累计 20%的单边升值，实现了汇率从低估向均衡的调整。人民币渐进升值的历程为中国的外汇体制改革提供了如下五项重要的经验证据，从而深远的影响了 2008 年之后的外汇体制改革措施。

第一，资本管制措施在实践中具有脆弱性。林桂军（1990）早期就认为，由于短期资本流动往往同生产活动相关的关系弱，但是要协调各国之间的政策难度大。可行的办法是当外汇市场出现动荡时，本国政府外汇市场干预、国家之间政策协调和对短期资本征税（即后文提到的托宾税），根据现实情况交替使用。丁志杰（2005）对我国国际收支下一些项目加以测算，认为人民币经常项目可兑换增加了逃避资本管制的渠道，使相当数量的套利资本以合法身份进出国内。在人民币有贬值压力时，表现为假进口、真套汇；在人民币有升值压力时，则表现为假出口、真融资；贸易信贷构成了逃避资本管制最便捷、成本最低廉的渠道。对此，应引入价格型管制措施，对国际资本流出征收托宾税，对国际资本流入实施无息存款准备金要求（URR）。在资本账户基本可兑换之前，价格型管制主要是作为辅助性措施。当资本账户实现基本可兑换，资本管制从肯定式立

① 丁志杰，张海冰．人民币衍生品面世美国［J］．银行家，2006（9）：74－76．
② 丁志杰，张薇薇．一篮子货币构造及其在汇率管理中应用［J］．金融与经济，2007（2）：10－13．
③ 丁志杰．回顾与展望——完善人民币汇率形成机制改革之路［J］．国际贸易，2006（4）：48－52．
④ 徐林．我国外汇体制改革风险不容忽视［J］．金融经济，2006（18）：3－4．

法转向否定式立法，价格型管制有可能成为主要管制措施。[①]

第二，允许人民币汇率适当波动，对出口部门和贸易顺差的影响并没有设想的那么负面，出口部门会自发通过产业升级消化汇率升值的影响。韩天萌和范言慧（2008）实证分析了人民币汇率对中美贸易的影响，验证得出中美贸易进出口实际汇率弹性并不显著。[②]耿聪（2006）也认为，人民币升值短期内没有给我国对外贸易带来显著的负面影响。[③]门明和刘腾（2008）则从微观角度切入，指出当不存在大幅波动的前提下，人民币实际有效汇率的波动率对我国出口的影响取决于企业的规模经济状况。实际汇率波动率上升，会减少规模报酬递增企业的出口，但是会增加规模报酬递减企业的出口。由于我国大部分出口企业属于规模报酬递减的制造业，在适当的人民币汇率波动率区间内，汇率波动率上升在短期内会促进出口。[④]谌哲等（2020）也发现，当人民币汇率波动加大，加工贸易企业会更多选择来料加工装配贸易模式抵消人民币汇率波动的负面影响。[⑤]丁志杰（2008）全面评估了人民币升值的经济结构效应，提出适当的人民币升值会促使贸易品部门转型升级，推动服务业等非贸易品部门发展，有利于企业"走出去"，构建全球产业链。[⑥]

此外，范言慧等（2008）还探讨了人民币升值预期与贸易差额的关系，发现如果存在人民币升值预期，那么，人民币升值不仅不能缩小，反而会扩大贸易顺差。这不仅是因为"J 曲线"效应，一方面，微观上企业为了避免未来进一步升值所造成的负面影响，将会扩大出口或延迟进口，使本币升值反而造成顺差扩大；另一方面，因本币升值预期而导致大量热钱通过经常账户流入国内，会进一步推升贸易顺差。[⑦]

第三，有管理的浮动汇率制更适合中国国情。一方面，外汇体制的改革历程验证了固定汇率制度不适用于中国现实。林桂军（1990）认为汇率的波动是由于经济内部失衡造成的，就像一个人发烧一样，体温升高只是人体内部问题的外部表现，如果只"固定"病人的体温，不能改变发烧这一客观事实，还有可能延误医治的时间。以往的经验证明，经济内部的问题如果不通过汇率反应出来，也不通过其他渠道反应出来，最终汇率还是要调整，但是调整的时间往往过晚，调整的幅度可能过小。[⑧]另一方面，完全自由浮动汇率制度同样难以适用于中国现实。孙华妤（2006）从理论层面进行对比，指出浮动汇率制相对于固定汇率制而言，并不一定能够在面临外部冲击时具有更高的宏观经济动态

① 丁志杰．中国的资本流动脆弱性［J］．现代商业银行，2005（11）：15－18．

② 韩天萌，范言慧．人民币汇率对中美贸易影响：文献综述——兼与税收的影响相比较［J］．金融理论与实践，2008（5）：104－107．

③ 耿聪．人民币汇率变动对我国进出口贸易的影响分析［J］．辽宁公安司法管理干部学院学报，2006（3）：95－98．

④ 门明，刘腾．人民币汇率波动对我国出口影响的微观探讨［J］．山西财经大学学报，2008（9）：22－28．

⑤ Chen Zhe，Hong Junjie，Sun Xiaonan．Exchange Rate Risk and Trade Mode Choice in Processing Trade：Evidence from Chinese Data［J］．*Reviews of International Economics*，2020（28）：537－564．

⑥ 丁志杰．人民币汇率升值趋势及其经济结构效应［J］．国际贸易，2008（6）：65－67．

⑦ 范言慧，潘慧峰，李哲．人民币升值预期与我国的贸易顺差［J］．国际金融研究，2008（2）：52－59．

⑧ 林桂军．近年来西方在汇率制度改革上的争论［J］．国际金融研究，1990（7）．

自稳定作用。[①] 丁志杰（2008）从实践角度表明，浮动汇率制度下国际收支失衡问题依然存在，而且短期汇率波动剧烈和货币投机问题十分严重。中国的经济开放度远高于世界一般水平，但外汇市场发展时间不长，外汇市场基础设施尚待完善，市场参与者经验不足，易出现汇率的异常波动。有管理的浮动是较长时间内适合我国国情的选择。独立浮动不适合中国这样经济结构不断变动和经济快速发展的国家。无论是为了将市场汇率引导到均衡水平，还是为了抑制汇率的易变性和无序的市场行为，对外汇市场的管理必不可少。[②]

第四，人民币汇率波动对本国商品价格的传递效应较低，但是人民币汇率升值预期对资产价格有显著的推升作用。刘亚等（2008）通过实证分析发现，人民币汇率波动对以消费者物价指数（CPI）衡量的通货膨胀水平的传递是不完全的且存在明显的时滞，长期和短期汇率的传递效应都很低；汇率变动对我国 CPI 的传递效应受食品价格冲击的影响非常大。[③] 孙华妤等（2011）也发现，进口产品本币价格对汇率反应不完全，在进口产品本币价格对汇率变动反应完全的情况下，人民币升（贬）值 1% 将引起的国内通货膨胀水平下降（上升）0.2%左右。[④] 综上所述，较低的汇率传递效应为我国央行提供了实施独立的货币政策的空间，为我国实施更富弹性的汇率制度提供了支持。

在当人民币存在升值压力时，为稳定人民币汇率的渐进升值，央行不得不在外汇市场进行干预，造成国内人民币被动超发，出现人民币升值压力货币化的现象，对资产价格具有显著的推升效应。郑建明和刘畅（2005[⑤]）、郑建明和曹龙骐（2005[⑥]）以及顾翠华和刘钰（2006）[⑦] 等认为，人民币升值压力的货币化将引发资产泡沫问题，扩大收入和财富分配的不平等，在金融系统累积风险，需要处理好人民币升值和资产价格之间的关系，以防止重蹈日本“泡沫经济”的覆辙。丁志杰（2008）认为，升值预期的存在是货币被动超发的根本原因。国际收支顺差和低利率导致流动性膨胀，而升值使实体经济中投资机会下降，流动性进一步相对过剩，过多的流动性涌入股市和房地产市场，导致资产价格飙升，最终形成泡沫。丁志杰（2008）经过测算指出，2007—2008 年，中国经济已经出现泡沫的迹象，资产价格上涨取代汇率升值和利差，成为吸引资本流入的首要因

① 孙华妤．固定汇率制度与浮动汇率制度下经济的自动稳定性［J］．国际贸易问题，2005（8）：98－104；孙华妤．汇率的四个事实——伯格斯坦《汇率的四个神话》背后的事实［J］．武汉金融，2006（6）：4－7.

② 丁志杰．浮动汇率：存在未必合理［J］．中国金融，2008（2）：86－87.

③ 刘亚，李伟平，杨宇俊．人民币汇率变动对我国通货膨胀的影响：汇率传递视角的研究［J］．金融研究，2008（3）：28－41.

④ 王家玮，孙华妤，门明．人民币汇率变动对通货膨胀的影响——基于进口非竞争型投入产出表的分析［J］．国际金融研究，2011（10）：30－39.

⑤ 郑建明，刘畅．汇率变动与资产价格——兼论人民币升值压力下的宏观调控思路［J］．国际贸易问题，2005（7）：127－129.

⑥ 郑建明，曹龙骐．人民币升值压力的货币化、资产泡沫与宏观调控［J］．国际金融研究，2005（8）：63－68.

⑦ 顾翠华，刘钰．浅谈人民币均衡汇率的变动趋势及其对国内外经济的影响［J］．当代经理人，2006（5）：18.

素。[①] 丁志杰等（2009）指出，人民币汇率预期具有向后看的适应性特征，基本匀速的小幅稳步单边升值的方式助长了人民币汇率升值预期。因此，需提高人民币汇率的弹性，在完善汇率形成机制的基础上，实现汇率向均衡水平调整，发挥汇率的宏观调控作用。[②]

第五，汇率缺乏弹性限制了货币政策的实施，削弱了利率和汇率的联动关系。郑建明等（2007）基于 ECM 模型证明，在国内名义价格刚性摩擦存在的条件下，人民币汇率缺乏弹性使得人民币实际有效汇率具有外生性，脱离经济基本面的变化。[③] 王淳（2007）认为，国际资本流动受到严格管制、汇率缺乏弹性等制度性因素，制约了市场经济条件下利率－汇率的传导机制的运行，利率水平的调整不能立刻反映在汇率走势上，汇率水平的小幅波动也难以准确反映利率变动的效果。[④]

在经常项目和资本项目出现“双顺差”的局面下，伴随着外汇储备的快速上升，中央银行频繁采取提高法定存款准备金率等冲销政策来保持货币投放量的稳定。针对冲销和外汇储备问题，林桂军等提出了两个相关的观点：对于冲销，林桂军等（1996a）从一开始就主张减少冲销操作，认为这一政策将使我国难以摆脱经常项目持续顺差的格局；对于外汇储备，林桂军等（2008）强调，在相当时间内，我国引进外资的数量同以外汇储备形式所构成的资本流出几乎相等，大量流出的外汇储备成为我国金融体系外非正式金融中介的一个重要部分。陈建勋等（2014）也认为，在双顺差格局下，冲销操作会导致本币过度发行，进而引发本国流动性过剩和通货膨胀的压力。[⑤] 通过对企业微观数据的实证研究，袁宇菲等（2017）发现，由于短期国际资本流动主要通过虚假贸易渠道，热钱主要影响的是开放度较高的区域。因此，央行在全国层面上对“热钱”的冲销行为本身，会造成融资条件在区域分布的失衡。[⑥]

在双顺差格局下，人民币汇率稳定的目标在一定程度上损害了货币政策的独立性。为化解这一问题，首先是要破除外汇储备越多越好的错误观念，以切实可行的措施调控外汇储备的快速增长。张军生等（2014）建议，我国应制定更为积极的外汇储备投资策略，开拓战略性使用外汇储备渠道，特别是要思考“去金融化”的可能，更多地将其投往实物类资产。[⑦] 其次，针对国内的传导，丁志杰和孙小娟（2014）认为，要将降低存款准备金率和控制外汇储备规模相结合，弱化外汇储备和货币发行之间的关联，逐步实现货币自主发行。[⑧] 综上所述，应通过优化对外资产负债结构和扩大资本账户开放，二

---

① 丁志杰．2008 年人民币汇率展望［J］．金融与经济，2008（1）：9－11．

② 丁志杰，郭凯，闫瑞明．非均衡条件下人民币汇率预期性质研究［J］．金融研究，2009（12）：91－98．

③ 郑建明，张海森，李文锋．汇率制度外生性检验——基于人民币实际有效汇率的分析［J］．数量经济技术经济研究，2007（9）：58－67．

④ 王淳．美国与中国利率－汇率传导机制的比较分析——兼论对中国汇率机制改革的启示［J］．金融经济，2007（22）：17－18．

⑤ 陈建勋，赵正一，李永乐．我国外汇储备间接投资结构的历史演化与动态考察［J］．财经科学，2014（9）：10－19．

⑥ 韩乾，袁宇菲，吴博强．短期国际资本流动与我国上市企业融资成本［J］．经济研究，2017，52（6）：77－89．

⑦ 张军生，李计广，郝治军．全球货币竞争性贬值的潜在风险及应对策略［J］．财经科学，2014（5）：1－10．

⑧ 丁志杰，孙小娟．巨额外汇储备成为负担的表现与解决之策［J］．国际贸易，2014（10）：4－9．

者相得益彰，来共同推动形成相对均衡的双向资本流动格局。

2007 年，国内 CPI 的上涨，要求实施从紧的货币政策。而在美国经济步入衰退、美联储可能继续降息的条件下，从紧的货币政策会带来人民币的升值压力。稳定人民币汇率和宏观调控需求之间产生了矛盾，增加人民币汇率弹性成为大势所趋。丁志杰等（2008）认为，中国应选择以利率政策为主的货币政策框架，发挥利率政策的调控作用。作为配套，应赋予人民币汇率更大的弹性，允许汇率更大程度地反映利率的变化，在特定时期有较大程度的升值。因此，应扩大银行间市场的汇率波动幅度，让市场机制在汇率形成中发挥基础性作用。鉴于汇率升值主要取决于日间汇率变动，应放松日内的汇率管理，将管理的重点放在汇率中间价上。此外，还需要处理好汇率改革和外汇管理的关系。在汇率改革过程中防止投机性资本冲击，是保障金融安全的关键。一方面，在原有的政策框架下强化管理，抑制非法资本流动。对已经放开的项目，必要的时候可以考虑选择价格型管制措施，增加短期投机的成本，抑制其流入的冲动。另一方面，有序拓宽资金流出的渠道，适度放宽资本流出管制，实现跨境资本的双向对称流动，避免政策性和制度性的汇率预期扭曲，为实现人民币资本项目基本可兑换打下基础。[①]

第六，我国需要权衡贸易伙伴的诉求和本国体制改革的节奏，建立协调机制以避免汇率争端政治化。胡再勇和张弘（2004）认为，“入世”以来，我国的贸易伙伴，包括发达国家和部分发展中国家，均认为中国的贸易顺差和国际竞争力是人为压低人民币汇率以不公平手段获得的，因此，不断要求人民币升值。根据 Redux 宏观分析框架测算，人民币升值有经济基本面的支持。[②] 但是，人民币汇率制度事关主权，而且作为发展中国家和转型经济体，我国需要在市场化改革的节奏和国家经济金融的安全之间进行权衡。这就产生了我国和贸易伙伴之间的汇率争端。在当时的国际经济合作平台上，汇率争端缺乏正式的协调机制。WTO 是将包括汇率争端在内的外汇问题交由 IMF 解决，而 IMF 直接关注的是货币体系本身，而非贸易平衡或贸易问题，导致 IMF 对与影响贸易关系的汇率安排不够敏感。关于汇率与贸易之间的互动关系，伏军（2006）认为，将影响贸易平衡的汇率问题纳入 WTO 框架中去解决具有天然的合理性，这也许是未来全球治理改革的一个方向。[③] 同时，袁长军（2008）也表明，在全球治理体系尚未完备之时，在不同的次区域范围内实行区域货币合作政策，或许更符合亚洲地区的发展现状，如考虑在将来经济条件适合的情况下，建立东亚地区共同货币合作机制的可能性。[④]

① 丁剑平，丁志杰，赵庆明，王允贵，李晓，丁一兵．A 篇　学界访谈：人民币汇率形成机制的飞跃 [J]．中国外汇，2008（13）：10－15．

② 胡再勇，张弘．Redux 模型与人民币升值压力研究 [J]．中央财经大学学报，2004（9）：33－37．

③ 伏军．WTO 汇率机制的困境及其解决思路 [J]．法学，2006（7）：43－48．

④ 袁长军．中国汇率制度选择与东亚经济合作 [J]．中国统计，2008（2）：53－55．

四、应对全球金融危机，开启人民币国际化：2009—2014 年

以 2007 年初的美国次级债市场波动为开端，金融危机迅速在全球资本市场蔓延。在各国金融体系日渐关联的时代背景下，以外部冲击为导火索，国际外汇市场上的主要货币汇率波幅扩大。出于风险防控的需要，人民币汇率管理再度调整思路，一改前期“参考一篮子货币”的形成机制，重新恢复对美元汇率的相对稳定，即转向事实盯住美元，汇率波幅随之大幅收窄。

在“7·21 汇改”成果卓著的前提下，人民币汇率转轨为何要中途暂停，反而回到“单一盯住”的道路上？这实属特殊时期的特殊抉择，但其在一定程度上也可被称作经验之策。追溯回我国政府面临东南亚金融危机时，曾坚定表示“人民币不会贬值”，并以充足的外汇储备为后盾，将人民币汇率稳定这一承诺付诸实践。范言慧等（2010）基于决策方行为特征建立政府损失函数探究其原因，认为危机当前，汇率波动的成本加大，导致政府对汇率波动风险的厌恶程度提高，因而选择盯住美元汇率以达成损失最小化的目标。[①] 孙华妤等（2010）进一步从微观主体角度阐释，在世界经济衰退、国内环境严峻的时期，汇率升值将引发出口受损和失业激增等多重难题，且人民币升值已抵达相对高位，短期内保持人民币汇率稳定是必然的选择。[②]

真正的汇率稳定并不以扭曲市场机制为代价，同时期的市场反应也印证了上述决策的有效性。此时，单一锚定美元的汇率制度是顺应经济周期运行的正确选择。2009 年，在发达国家普遍负增长的国际环境下，中国 GDP 实现了 8.7%的增长，维持汇率稳定在“保增长”环节起到关键作用。何茵等（2014）通过实证经验表明，在危机情形下，配合以积极的财政政策与适度宽松的货币政策，汇率稳定显著刺激了我国企业出口额在危机时期的增长；此外，将人民币币值稳定在比危机前略为贬值的水平，也有力防止了我国企业在危机时期的销售额下滑，“稳出口”目标得以顺利实现。[③]

综上所述，非常时期的非常举措，辅之以大量的经济刺激计划，帮助我国较快摆脱了金融危机的阴影笼罩。对此，林桂军和张斯琪（2019）评价，这一良性发展体现了人民币汇率失调程度的逐渐收敛。[④] 但步入后金融危机时代，全球经济开始复苏，随即而来的一系列问题却引发人们更深层次的讨论与思考：如何跳出“单一盯住”的桎梏，提升汇率政策的灵活性和主动性；如何打破困扰已久的升值惯性，推动人民币汇率向均衡水平靠拢；以及如何加强国际协调，更有效地应对和贸易伙伴之间的汇率争端。

---

① 范言慧，邓瑛，陈阳，张金平．次贷危机冲击、政府反应和人民币汇率［J］．国际金融研究，201（9）：38－46．

② 孙华妤，白树强，范潇丹．坚持人民币汇率基本稳定，以改革促进内外均衡［J］．国际贸易，201（4）：56－60．

③ 何茵，田云华，徐忠，沈明高．金融危机时期宏观政策对企业出口、销售和盈利的影响［J］．金融研究，2014（2）：72－83．

④ 林桂军，张斯琪．边际出口换汇成本、人民币均衡汇率与汇率失调——基于中国外贸部门数据的研究［J］．经济问题，2019（9）：18－24．

张锦等（2010）指出，人民币升值并非解决中美国际收支失衡问题的根本举措。鉴于中美两国贸易结构的高度互补特征，双边贸易规模的提高不仅不会抢占美国工人的就业机会，反而有利于扩大美国在现有贸易领域的就业增长。因此，对于美国而言，缓解国内就业压力的最好办法并非强迫人民币升值，而是应当充分发挥自身的出口优势，放开高新产品的出口限制。[①] 孙华妤和潘红宇（2010）在对“操纵人民币汇率”观点进行批驳的基础上，指出中国贸易收支的大规模顺差，在某种程度上是由于低工资水平、低能源价格和低环境维护成本等内部价格体系问题造成的。有效的解决措施应当是提高工资水平，提高能源价格和环境维护成本，理顺内部价格关系。[②] 因此，李计广（2012）提议，我国不应延续片面追求出口收益的增长路径，而是要将发展目标尽快调整到经济发展模式转变上来。[③] 同时，黄满盈和高志存（2012）通过人民币汇率波动对中美出口价格的传导效应研究，提示我国政府要结合相应的产业政策，抑制高耗能、低附加值产业的发展，鼓励低耗能、高附加值产业的出口，从而提升整体的出口效率。[④]

金融危机后，在我国经济基本面整体向好的趋势下，危机时采取的临时政策显然已与形势相悖，若不及时寻求退出机制，极易造成新的失衡，诱使升值预期再次出现。丁志杰和郭凯（2010）将焦点转向实际汇率，指出尽管近年来名义汇率较为稳定，但反映人民币汇率整体状况的实际有效汇率长期被忽视，该指标的大幅震荡或成为经济冲击的重要来源之一。另外，人民币随美元“被动贬值”，此举不为他国所认可，也不利于改善全球失衡问题。[⑤] 基于上述境况，汇率形成机制中的危机考量应适时让渡给其他因素，改革势在必行。

2010 年 6 月 19 日，中国人民银行发布《进一步推进人民币汇率形成机制改革，增强人民币汇率弹性》的公告，新一轮汇改拉开帷幕。随后，人民币兑美元汇率以跳升做出反应且双向浮动明显，汇率弹性显著增强。人民币汇率稳中有升，是我国经济有所回暖的客观外在表现。对“7·21 汇改”经验的承接与拓展，是新一轮人民币汇率形成机制改革的重要任务。丁志杰（2010）认为，未来改革的方向在于“转向对称地参考一篮子货币进行调节”，即在“主动性、可控性、渐进性”原则的指导下，扩大人民币汇率弹性，借用一篮子货币保持汇率的基本稳定，并实现汇率向均衡水平的调整，最终走向真正有管理的浮动。首先，要纠正以往“非对称单向参考一篮子货币”的做法，扩充货币篮子的币种，降低人民币汇率对美元的过度依赖，转向双向参考一篮子货币进行调节的汇率制度；其次，实行有管理的浮动汇率制度，在完善市场化运行的基础上合理实施政策调控手段，降低升值预期，破除升值惯性，以避免泡沫滋生。[⑥]

① 李自然，成思危，祖垒，张锦，汪寿阳. 人民币升值真的能够减小美国的失业率么［J］. 金融研究，201（8）：68－80.

② 孙华妤，潘红宇. 操纵人民币汇率的可能与现实［J］. 世界经济，2010，33（10）：43－56.

③ 李计广. 中国开放新阶段的政策选择［J］. 国际经济评论，2012（5）：45－54+5.

④ 黄满盈，高志存. 人民币汇率水平变动和波动对中美出口价格的传递效应研究［J］. 统计研究，2012，29（2）：10－20.

⑤ 丁志杰，郭凯. 重启人民币汇率改革路径选择：去美元化［J］. 国际贸易，201（4）：45－47.

⑥ 丁志杰. 应积极推动人民币成为特别提款权篮子货币［J］. 现代国际关系，201（6）：14－16.

自 2005 年放弃单一盯住美元起，人民币汇率便已不再是简单的记账核算工具，而是同利率等政策一起，被赋予了价格型宏观调控手段的职能。经过危机阶段的恢复调整，我国经济逐渐步入正轨，汇率与利率的联动制约关系也随之不断强化，汇率政策在国民经济运行中发挥了的越来越重要的作用。黄晓薇等（2013）基于货币稳定视角认为，汇率政策的灵活性要大于利率政策，且对价格水平的传导作用更见成效。中国应选择根据汇率的调整幅度合理规划市场利率水平，保持二者的协调配合，建立适宜的货币政策工具组合以保障整体价格稳定。①

同时，人民币国际化战略再次被提上议程。自 2009 年以来，中国积极开展人民币跨境贸易结算试点，并先后与多个经济体签署以人民币为主导的双边货币互换协议。2010 年下半年，适逢 IMF 调整特别提款权（SDR）货币篮子的契机；同时，我国商品和服务贸易出口额稳中有升，人民币具备了进入 SDR 货币篮子的基本条件。为配合央行提出的“超主权储备货币”构想，丁志杰（2010）倡导要着手推动人民币成为特别提款权篮子货币。王炜翰等（2011）则指出，为与我国能源进口大国的地位相匹配，也可以考虑人民币结算石油贸易的可行性，期望未来进一步扩大人民币作为结算货币的作用，从而将其作为推动人民币国际化的突破口。② 此外，王颖和李计广（2012）也从世界多极化进程中感知到，金砖国家（BRICS）和二十国集团（G20）的崛起为我国融入全球治理体系提供了多重选择。中国应通过这些平台支持继续完善国际货币体系，加强国际金融监管，并在此基础上，利用庞大的外汇储备展开“经济外交”。③

上述观点均以提升人民币国际地位为出发点，围绕人民币国际化，与其他开放性举措相辅相成，共同推动国际货币金融体系朝着公正、有序的方向迈进。丁志杰（2011）指出，我国开放进程整体效益低下，高成本的对外直接投资负债与低收益的储备资产结构严重失衡，一定程度上造成了国民财富的流失。④ 张冀和王乐（2011）基于数值模拟进行深入剖析，认为外汇储备的损失路径之一在于人民币兑美元汇率的不断攀升，外汇储备积累的债券利息成本加大，储备经营的盈利空间缩减。⑤ 邵新建等（2013）从货币国际化的本质深入探究，认为人民币成为国际货币将有效减少国际储备以及对美国等国际货币国家支付的铸币税，从而减轻对我国居民消费的抑制效应，进一步向以内需拉动增长的稳定发展模式转变。⑥ 然而，李玉梅（2012）认为，当前我国汇率市场化进程仍较缓慢，汇率弹性欠缺，已成为人民币国际化的主要障碍。⑦

① 黄晓薇，郭红玉，黄喆．利率与汇率的价格效应及政策协调研究——基于货币稳定视角［J］．当代经济研究，2013（4）：76－82．

② 王炜瀚，杨良敏，徐铮．人民币国际化视野下中国石油进口的人民币结算探讨[J]．财贸经济，2011(1)：108－115+137．

③ 王颖，李计广．G20 与中国［J］．现代国际关系，2012（6）：44－49．

④ 丁志杰．中国对外开放模式亟须转变［J］．国际经济评论，2011（2）：141－146+6．

⑤ 张冀，王乐．基于数值模拟下的中国外汇储备潜在损失分析［J］．财经研究，2011，37（6）：47－57+132．

⑥ 王道平，范小云，邵新建．人民币国际化有助于中国居民消费增长吗?［J］．南开经济研究，2013（4）：23－41．

⑦ 李玉梅．人民币国际化进程中的障碍与政策建议［J］．国际贸易，2012（11）：32－33+52．

2013 年 11 月，党的十八届三中全会通过《中共中央关于全面深化改革若干重大问题的决定》（以下简称为《决定》），明确要求完善人民币汇率市场化形成机制。处在承前启后的过渡性时期，此次改革节奏缓步徐行，以巩固既有成果为主，重在协调国民经济运行与企业承受能力之间的关系。西村友作等（2014）研究认为，无论是单独考察升值或贬值条件下汇率传递的非对称性问题，还是加入变动幅度这一约束条件，均可得出“人民币贬值相较于升值时，汇率传递程度均更大”的结论。这意味着在我国的进口贸易中，商品的需求弹性较小。因此，需要不断优化产业结构和增长模式，以获取更加主动的话语权和定价权。[①] 蒋先玲和刘微（2012）则以对外依存度较高且长期呈贸易顺差的机电行业为例，经实证研究表明，人民币升值对该领域内的就业存在显著负效应。因此，需要加速行业整合与深化战略合作，适当提高行业集中度，发展企业规模经济，降低进口渗透率。[②] 刘英和金祖本（2015）提议，要在较长时期内，以建立更为稳定的价格环境和宏观经济环境作为支撑，避免一步到位、激进改革所引致的汇率剧烈波动，合理运用货币政策工具，实现长期稳定目标。[③] 范言慧等（2015）提示，必须正确认识到推动金融自由化改革可能带来的负面效应，平行地处理好企业的结构调整与升级问题。[④]

与“完善人民币汇率市场化形成机制”要求相呼应，《决定》还提出，要“有序提高跨境资本和金融交易的可兑换程度”。改革需要继续推动金融运行环境的转变，启动资本账户开放战略。为此，林桂军和薛熠在博鳌亚洲论坛《亚洲经济一体化》年度报告中，定期公布主要亚洲经济体资本账户的法定开放度和事实开放度指数。报告中多次提及，扩大人民币资本账户开放度的一个可行路径，是资本账户法定开放度向事实开放度并轨。[⑤]

在逐步扩大资本账户开放度的改革进程中，如何防范短期国际资本的快速进出所造成的金融和宏观稳定风险成为亟待解决的问题。李玉梅和张薇薇（2012）从巴西、印度和俄罗斯等“金砖国家”的历史经验得出，开放资本金融账户是刺激经济发展活力的必经之路。但由于人民币尚未实现完全可兑换，国际资本管控能力有待验证。因此，资本项目开放应慎之又慎，仍需在一定程度上采取严格管制措施。[⑥] 特别是在金融危机后，经范言慧（2012）衡量，资本流动已成为国际经济联系和风险传递的重要渠道，更不宜过快实现资本账户完全开放。在开放进程中，维护国家金融安全、及时构筑科学合理的“防火墙”则显得尤为重要。[⑦] 为此，邱兆祥等（2013）分别从“事前、事中和事后”三个关键时间点提出应对之策：事前，完善国际金融监管体系，严控高风险资本和金融产

---

① 谢博婕，西村友作，门明．汇率传递与国内物价水平关系研究——基于非对称性视角［J］．北京工商大学学报（社会科学版），2014，29（2）：46－51．

② 蒋先玲，刘微．汇率波动对机电行业就业影响的分析［J］．国际贸易问题，2012（5）：157－167．

③ 刘英，金祖本．人民币汇率对我国出口贸易影响实证研究——基于外向型地区和外向型行业的面板数据［J］．海南大学学报（人文社会科学版），2015，33（6）：30－38．

④ 言慧，席丹，赵家悦．金融发展与人民币实际汇率［J］．财经研究，2015，41（3）：111－120．

⑤ 亚洲经济一体化进程（各期）［M］．北京：对外经济贸易大学出版社．

⑥ 李玉梅，张薇薇．金砖国家货币国际化进程比较分析及中国借鉴［J］．国际贸易，2012（4）：12－17．

⑦ 范言慧．外国经济波动、资本流动与汇率调整［J］．财贸经济，2015（2）：45－59．

品流入；事中，维持本国金融运行稳定，以市场化推动金融机构竞争力提升；事后，参照欧洲稳定机制（EMS）建立金融业市场稳定机制，利用各种金融要素价格的“对冲基金”开展逆周期操作，使得危机损失降到最低。[①]

五、完善中间价报价机制，推动人民币国际化进程：2015 年至今

2014 至 2015 年初，人民币兑美元汇率每日波动幅度增至正负 2%，汇率弹性显著增强，市场发挥的空间逐步拓展，可见前期改革颇有成效。然而，伴随着改革成果，汇率中间价与市场汇率出现较大程度偏离，显著降低了中间价在汇率市场中的作用，其权威性也被削弱。2015 年 8 月 11 日，正值首轮汇改启动十周年之际，为进一步深化人民币汇率的市场化形成机制，汇率改革再出发，主要从完善人民币兑美元汇率中间价报价机制角度切入，扩大汇率中间价的波动幅度，使其更为贴切地反映市场实际供求关系（以下称“8·11 汇改”）。

“8·11 汇改”正式确立了完全市场化的汇率形成机制，参考“前日收盘价+篮子货币供求”一次性修正人民币中间价与市场价之间的点差，使得市场判断每日中间价走势变得更为有迹可循。至此，人民币汇率波动不再紧盯美元，而是逐步引入维持货币篮子稳定这一要素，真正形成“双向锚定”的形成机制。此番汇改后，人民币贬值预期迅速升温，加上退出量化宽松（QE）后美元进入强势升值周期，使人民币汇率走势快速突破原本的盘整区间，对美元呈现出趋势性贬值的行情。经郭敏等（2014）测算，贬值速度远超先前的升值。[②]

从政策执行的短期效果来看，田巍和余淼杰（2019）通过探究汇率变动对企业对外直接投资的影响，验证得出人民币贬值在促进出口的同时，也刺激了企业进行贸易服务型投资的动机，对提振经济总量起到有效作用。[③] 但从长期来看，魏巍贤和马喜立（2017[④]）以及张军令和魏巍贤（2017[⑤]）从多国动态 CGE 模型出发，经研究表明，一方面，持续贬值可能将导致经济增长后续动力不足，反而使得他国从中获益；另一方面，国内的 CPI 与 GDP 平减指数也会随着人民币贬值而升高，给宏观经济平稳运行施加负担。因此，为减轻负面影响，及时阻断持续贬值预期、分国家与分商品差别化对待进出口贸易等措施便显得尤为重要。

---

① 邱兆祥，史明坤，安世友．人民币资本账户逐步开放的顺周期性问题研究［J］．国际金融研究，2013（5）：24－31．

② 郭敏，张笑梅，郭凯．汇改视角下人民币汇率预期管理成效［J］．国际贸易，2018（5）：62－66．

③ 田巍，余淼杰．人民币汇率与中国企业对外直接投资：贸易服务型投资视角［J］．国际经济评论，2019（5）：44－56+5．

④ 魏巍贤，马喜立．人民币汇率双向波动对中国及世界经济的影响——基于单一国家和多国的动态 CGE 模型［J］．财经研究，2017，43（1）：98－109＋121．

⑤ 张军令，魏巍贤．国际油价和人民币汇率波动对中国经济的影响——基于全球动态一般均衡分析［J］．中国人口资源与环境，2017（S1）：303－306．

而在同时期的资本市场，受外汇收支顺差连续下降和美元不断走强的影响，资本外流现象愈发严重，外汇储备规模呈现下降趋势。因此，余湄和张堃（2020）倡导建立中国的外汇储备风险预警体系，为相关机构对风险进行实时监测提供有益参考，以维持金融系统整体稳定。[①] 同时，郭敏和贾君怡（2016）从外汇市场稳定角度，提议央行可以充分利用货币政策的松紧调节与利率工具，通过缩小中美利差来疏导套利资本的有序流出，以熨平市场波动。[②] 丁志杰等（2017）则指出，该时期异乎寻常的一点在于，受人民币汇率贬值（约为10%）的影响，我国对外资产和负债同时缩水且后者下降幅度更大，我国重新回到经常账户顺差和对外净资产增长并行的轨道。但未来此状态能否持续，尚无明确推测。[③]

一直以来，我国的外汇体制改革坚持以市场化为改革方向，让市场机制在其间逐渐发挥主导作用，并在此基础上，保证人民币汇率价格的基本稳定，推动市场形成可靠预期。丁志杰和谢峰（2017）认为，从汇率传递角度来看，汇率稳定与否，与中等收入国家能否实现经济跨越休戚相关；而我国正处于中等收入跨越的关键时刻，需要合理的汇率制度安排以吸纳外部冲击，维系宏观经济稳定。[④]

因此，以消除贬值预期和平稳汇率波动为出发点，2015 年 12 月 11 日，中国外汇交易中心发布三种人民币汇率指数，将保持汇率稳定的目标转向名义有效汇率，为“参考一篮子货币进行调价” 赋予新的内涵。2017 年 5 月底，外汇市场自律机制组织各美元报价行再次完善人民币兑美元汇率中间价报价机制，在原有“收盘价+一篮子货币汇率变化”的报价模型中，引入“逆周期因子”。后续还推行了一系列汇率管理政策，如通过提升远期购汇成本以平抑投机性需求、审慎监管跨境资金流动以遏制境外市场套利以及阻击资本外逃等，在这一时期也起到积极作用。丁志杰（2018）认为，这些举措使人民币汇率摆脱单边贬值预期，从而保持合理均衡水平上的基本稳定。[⑤] 范言慧和席丹（2018）回顾了外汇体制改革的进程也认为，在汇率形成机制不断完善的过程中，我国完成了汇率职能的转换，使其更多地向提升资源配置效率和货币政策有效性方向靠拢，并逐渐深化与其他金融工具的联动合作，更有利于多重目标的实现。[⑥]

在这一阶段，人民币国际化也取得突破性进展，在某种程度上推动了境内汇率形成机制的市场化。具体表现在三个方面：

第一，蒋先玲等（2012）从境外人民币需求角度指出，应以制度优化改革推动香港人民币离岸市场发展，加强离岸与内地人民币市场的有效联动。自 2015 年开始，人民

① 余湄，张堃．外汇储备风险系统管理方法研究［J］．管理评论，2020，32（7）：54－65．

② 郭敏，贾君怡．人民币外汇市场稳定性管理——基于内地与香港人民币汇率价差的视角［J］．国际贸易问题，2016，No．397（1）：157－167．

③ 丁志杰，李少昆，张堃．我国国际收支的金融调整渠道分析［J］．国际贸易，2017（9）：61－65．

④ 丁志杰，谢峰．汇率对中等收入国家经济跨越的影响研究［J］．金融研究，2017（2）：42－53．

⑤ 丁志杰．2017 年国际金融十大新闻之六　引入逆周期因子，人民币汇率形成机制进一步完善［J］．国际金融研究，2018（1）：11．

⑥ 范言慧，席丹．人民币何以克服浮动恐惧［J］．财贸经济，2018，39（7）：113－127．．

币跨境结算的创新性发展，与港澳台货币汇率的联动性显著增强。香港作为首个跨境贸易人民币结算试点，与内地跨境人民币收付量已超过总额的 50%（2015 年），业务范围不断扩大，经营能力渐趋成熟。继香港后，中国银行澳门分行于 2014 年获得央行批准，为葡语国家提供人民币清算服务，所办理的人民币存款和结算量领先全球。台湾方面，得益于《海峡两岸经济合作框架协议》（ECFA）的签订，两岸货币清算机制得以建立并在运行中日臻完善，近年来已成长为仅次于香港的全球第二大人民币离岸市场。经贸合作深化推动了祖国大陆与台湾及港澳地区的货币一体化进程，人民币现已成为港澳台货币汇率波动的“隐性锚”，在维系汇率稳定环节中发挥着举足轻重的作用。①

第二，随着“一带一路”倡议的提出并付诸实践，直接使用人民币对外输出储蓄和资本成为可能。一方面，程贵和丁志杰（2016）提出进一步发展举措，即在“互联互通”原则的指导下，实施如扩大双边货币互换规模、建立多元化投融资体系以及深化共同监管等货币金融合作举措，有助于加快实现核心区主权货币自由兑换的愿景，率先实现人民币支付、结算和储备功能，打破“美元霸权”神话。② 另一方面，裴长洪和刘斌（2020）认为，人民币国际化为国际收支失衡问题提供了新的解决思路，即坚持“多元平衡”的核心观点，将贸易顺差转化为对外输出，在提升开放效率的同时，带动更多周边国家融入全球化进程。③

第三，与人民币国际化互为条件，国内对资本项目开放有了进一步的认识。2015 年，中国人民银行原行长周小川开创性地提出“资本项目有管理可兑换”，丁志杰和田园（2016）将其具体化为，在自主、可控和渐进原则指导下，形成适度和有序的资本项目对外开放进程。④ 随着中国资本账户的开放，其将带来什么样的经济效果、中国的改革应如何选择等问题，引起学术界的关注。从适度层面来看，蒋先玲等（2015）建议，应当跟随开放节奏协调推进汇率制度改革，并将外汇干预目标转向保障市场流动供给与有序运转上来。⑤ 李杨和张东阳（2017）也从金融风险角度提出，要完善宏观审慎监管体系，建立开放经济条件下市场化调节国际资本流动的多层次工具体系，防范由此产生的货币政策有效性减弱、财政政策独立性受限以及货币替代等风险。⑥ 而从有序层面来看，一是指开放地域，通过分析国家、省际层面数据，郭桂霞和彭艳（2016）认为中国资本账户开放应选择有序、稳健的开放路径，并根据地区发展差异提出各地区不同发展路径，强化资本账户开放对经济增长的正效应。⑦ 二是指开放对象，即合理区分居民与非居民

① 蒋先玲，刘微，叶丙南．汇率预期对境外人民币需求的影响［J］．国际金融研究，2012（10）：68－75.

② 程贵，丁志杰．丝绸之路经济带核心区货币金融合作的困境及其破解［J］．国际贸易，2015（10）：49－53+66.

③ 裴长洪，刘斌．中国开放型经济学：构建阐释中国开放成就的经济理论［J］．中国社会科学，202（2）：46－69+205.

④ 丁志杰，田园．论资本项目有管理可兑换［J］．金融研究，2016（2）：96－105.

⑤ 蒋先玲，朱立人，刘微．资本项目开放进程中的外汇干预函数研究［J］．国际贸易问题，2015（9）：145－155.

⑥ 李杨，张东阳．人民币国际化进程中的国家金融安全研究［J］．理论探讨，2017（4）：106－110.

⑦ 郭桂霞，彭艳．我国资本账户开放的门槛效应研究［J］．金融研究，2016（3）：42－58.

的开放次序，由对非居民部分业务的差别待遇[如 QFII（合格境外机构投资者）和 QDII]，再推进到居民与非金融业务的逐步融合（如上海自由贸易试验区）。三是考虑与利率政策的联动效应。黄志刚和郭桂霞（2016）认为，应选择契合的时点，先实现完全灵活的市场利率制度，再推进资本账户开放改革，从而实现宏观经济平稳过渡。[①]

① 黄志刚，郭桂霞. 资本账户开放与利率市场化次序对宏观经济稳定性的影响［J]. 世界经济，2016，39（9）：3－27.

第八章

中美经贸关系研究[①]

中美两国是当今世界最大的两个经济体。两国关系，尤其是两国经贸关系，是国际社会最重要的双边关系之一。两国建交以来，经贸关系取得长足发展，美国已经是中国第一大贸易伙伴国，中国是美国第三大贸易伙伴国。但是，中美两国经贸关系的发展并不是一帆风顺的，尤其是随着中国经济的崛起，中美两国步入战略竞争阶段。未来两国经贸关系的发展，不仅关乎两国人民的福祉，也将给世界经济发展带来深远影响。

一、中美经贸关系的演变

新中国成立后，由于政治原因，中美经贸关系基本处于断绝状态。1979 年，中美两国正式建交，经贸关系开始快速发展。随着国际形势和中美实力对比的变化，美国对华政策的优先目标不断调整，导致美国对华贸易政策随之发生变化。屠新泉（2007[②]、2008[③]）从安全、人权和利益的角度，对美国对华贸易政策变迁进行了梳理。经梳理发现，美国对华贸易政策的制定和实施有其自身的逻辑和规律，并不受具体事件的影响。美国贸易政治的实质是政府、国会和利益集团三方之间的博弈和平衡。因此，屠新泉重点剖析了美国政府、国会和利益集团在各个议题上的不同立场，探索了美国对华贸易政策选择的政治和经济根源。李淑玲（2007）也将利益集团引入贸易政策分析中，通过“政治献金”模型，得出任何贸易保护的产生都是利益集团、政治家和选民之间均衡博弈的结论。[④] 除了利用利益集团框架分析美国对华贸易政策，党派政治的角度也非常重要。屠新泉（2007）发现，在不同的历史时期，美国民主党和共和党在贸易政策上的立场会

---

① 本章由谌哲、丁蓉编写。

② 屠新泉. 中国加入 WTO 以来的美国对华贸易政策［J］. 世界经济研究，2007（11）：30－36.

③ 屠新泉. 安全－人权－利益：美国对华贸易政策优先目标的变迁［J］. 世界经济与政治论坛，2008（1）：32－41.

④ 马述忠、李淑玲. 对美国贸易政策嬗变的政治经济学分析——一个“利益集团”视角［J］. 国际贸易问题，2007（4）：13－22.

随着其所代表选区的利益调整而变化。[①] 民主党在 20 世纪 70 年代从支持自由贸易转向鼓吹贸易保护，而共和党则从贸易保护主义者转变为自由贸易的支持者。进入 21 世纪，随着美国产业结构和政治格局的调整及美国参与经济全球化程度的加深，两党在贸易政策上的固有立场再次发生变化。尤其是特朗普政府上台后，共和党的贸易政策又发生了巨大转变。李杨、孙俊成（2019）从政党政治的角度对特朗普政府的贸易政策进行了分析。[②] 他们认为，美国的贸易保护主义在本质上是美国政党政治的工具，是共和党和特朗普谋取两党力量比较优势和总统选举的重要工具，是他们参与国际政治博弈以纾解来自国内政治压力的工具，是两党对贸易保护发展路径依赖的制度性工具。

总体来说，自 1979 年中美建交以来，两国经贸关系大致可以分成四个阶段。

第一阶段，1979 年中美建交至 1989 年春夏之交的政治风波。在这一阶段，中美两国经贸关系服务于战略与安全目标，美国对华贸易政策处于一种从属地位。由于中美两国在战略上彼此需要，两国经贸关系快速发展。一方面，中国坚持以经济建设为中心，大力推进对外开放，鼓励外国资本对华投资；另一方面，出于冷战中与苏联对抗的战略需要，美国放弃了对中国的制裁和孤立政策。1979 年，中美两国签订了《中美贸易关系协定》，提出在平等互利和非歧视待遇原则的基础上，互相给予最惠国待遇。由此，中美经贸合作进入长达十年的“蜜月期”。

第二阶段，1989 年政治风波至 2001 年底中国加入世界贸易组织。1991 年苏联解体，冷战结束。中美两国关系进入一个动荡时代。冷战胜利后的过度自信和乐观使美国抛弃了长期的现实主义外交战略，相当多的美国决策者试图把贸易政策当作一个工具，来迫使中国遵循他们理想中的发展道路。因此，美国把人权与对华最惠国待遇进行挂钩，并通过对华高科技出口限制，试图遏制中国经济和军事的发展。随着 1994 年中国开始“入世”谈判，美国对经济利益的考量逐渐占据上风，开始把获取贸易和投资利益作为中国“入世”谈判的主要出发点。1999 年 11 月 15 日，中美两国经过艰苦谈判，就中国加入 WTO 达成协议。美国同意给予中国永久性最惠国待遇，为中国加入 WTO 扫除主要障碍。在这一阶段，虽然两国经贸关系经历波折，但基于共同的经济利益，两国克服各种矛盾与障碍，经贸关系重新走向正轨。

第三阶段，2001 年底中国加入世界贸易组织至 2018 年中美贸易摩擦。在这一阶段，中国迅速融入国际经济秩序，对外贸易高速增长，并成为世界上外商投资的主要目的地国。中国制造席卷全球，成为世界工厂。在全球价值链中，中国、美国和欧洲成为鼎足而立的三大枢纽。随着中国产品大量出口美国市场，对美国制造业造成冲击，美国对华贸易政策的优先目标开始发生变化。美国从致力于打开中国市场转变为想方设法限制来自中国的进口。由此，中美两国围绕着贸易不平衡、人民币汇率、知识产权保护、反倾

① 屠新泉. 党派政治与美国贸易政策的变迁［J］. 美国研究，2007（4）：67－80.

② 李杨、孙俊成. 特朗普政府的贸易保护主义政策——基于政党政治的研究视角［J］. 美国研究，2019（3）：43－59.

销与反补贴、对华高科技出口限制和市场开放等热点问题，展开了激烈的交锋与对话。

第四阶段，2018 年中美贸易摩擦至今。特朗普上台后，采取了美国优先的政策，中美经贸关系开始急转直下。2018 年，美国 301 调查裁定中国侵犯知识产权，对从中国进口的 500 亿美元商品征收 25%的关税。对此无理要求，中国进行合理反制。随后，由于美国的不断发难，导致两国间的贸易摩擦持续升级，最终演变成覆盖两国绝大部份贸易商品的关税大战。中美贸易摩擦，表面上是由中美贸易不平衡造成的，但其深层根源是中美两国在高科技领域的激烈竞争、中国在全球价值链地位的提升以及美国自身经济实力的下降。中美两国未来的经贸关系将走向何方，不仅考验着中美两国领导人的战略智慧，也将对世界经济产生重要影响。

二、美国对华贸易政策

中国加入 WTO 之前，美国主要通过最惠国待遇问题，对中美经贸关系施加影响。中国加入 WTO 后，最惠国待遇问题已不再是中美经贸关系的热点问题，但中美贸易摩擦并未因此得到缓解。中美两国在对华高科技出口限制、反倾销与反补贴、知识产权与技术转让、人民币汇率等诸多问题上，仍然存在分歧与摩擦。但这些摩擦并未升级，大都以妥协的方式得到解决，这对于中美两国都是明智的选择。林桂军（1995）认为，中美之间的博弈属于大国之争，他利用囚徒困境的理论分析了中美两国之间的贸易摩擦。[①] 林桂军指出，中美两国之间的贸易具有二重性，既存在共同利益，也存在利益冲突，近似于双寡头市场的情形。两国之间的贸易是互惠的，因此，不断扩大两国的贸易规模，可使得双方均从贸易中获利。但是由于贸易中竞争的存在，每一方都希望在扩大对对方市场出口的同时，保护本国不具有优势的产业。因此可以说，中美之间既是合作伙伴关系，也存在潜在竞争，这是中美经贸关系的重要特征。如果两国不采取妥协的方式来解决问题，必然会出现一方制裁、另一方报复的局面，使得两国陷入纳什均衡的状态。虽然一方所蒙受的损失可能大于另一方，但双方都无法从中获益。显然，特朗普政府并没有意识到，中美两国合则两利、斗则俱伤。中美如合作，将造福两国，惠及世界；中美如对抗，则没有赢家，还将殃及全球。2018 年，特朗普政府将贸易摩擦升级，对中美两国乃至世界经济都造成了巨大影响。

（一）中国市场经济地位问题

2001 年 12 月 11 日，中国完成 15 年的艰苦谈判，正式加入 WTO，成为全球贸易体系中的一员。为此，中国在各项 WTO 成员权利上做出了一定让步。其中，有关中国“非市场经济地位”的条款被认为最具歧视性，会给中国的贸易利益造成最大的不利影响。

---

① 林桂军. 纳什均衡与中美贸易纠纷［J］. 国际贸易问题，1995（6）：11 – 15.

随着2016年《中国入世议定书》第15条即将失效，关于中国届时能否自动获得“市场经济地位”引起了政府、学术界和公众的极大关注。李思奇、姚远和屠新泉（2016[①]）和屠新泉、苏骁（2016[②]）以WTO法和美国国内法为视角，对WTO与美国国内法中的市场经济地位规则进行解读，并结合美国国内在对华经贸政策上的政治考量，重点分析了美国在此问题上的政策立场。他们指出，美国政府由于受到意识形态、中美权力转移以及国内贸易保护主义集团的影响，不太可能在短期内承认中国的市场经济地位，而议定书第15条法律措辞的不严谨也给了试图延长“替代国”方法的人以可乘之机。由于美国长期将中国视为非市场经济国家，在反倾销实践中，给中国出口贸易造成了严重的负面影响。屠新泉、李帅帅（2019）对此进行了量化分析，他们通过比较中国和市场经济国家的同一出口产品被征收不同反倾销税率的情况以及这些反倾销税对中国对美出口的影响，定量分析了非市场经济地位因素如何导致中国企业在美国反倾销中遭受歧视以及如何影响中国企业对美出口。[③]

（二）反倾销

美国最常使用的贸易保护措施是反倾销。当今，全世界大部分经济体都已经承认中国的完全市场经济地位，但是美国长期将我国视为“非市场经济国家”。因此，美国经常使用反倾销手段，对我国对美出口产品实施制裁。2007年，美国爆发次贷危机，对其整体经济造成严重的伤害。在此背景之下，美国国内的贸易保护主义开始抬头。何茵（2010）对美国的反倾销问题进行了研究，[④] 发现钢铁和家具以外的木制品业成为美国反倾销打击目标的可能性最大。但是，我国贸易伙伴的多元化以及中美贸易结构的现状决定了我国所受到的负面影响并不会很大。林桂军（2019）则定量分析了美国对华“双反”（反补贴和反倾销合并）调查对上市公司全球价值链参与程度的影响。[⑤] 他发现，美国对华“双反”调查对上市公司GVC参与程度造成了显著负向影响。其中，国有上市公司、西部上市公司以及高GVC参与程度上市公司受到美国对华“双反”调查的负向影响更大。

（三）反补贴

反补贴也是美国常用的贸易保护手段。2001年12月，国务院颁布了《中华人民共和国反补贴条例》，并于2002年1月1日起生效。与我国相比，美国有多部法律涉及反

① 李思奇，姚远，屠新泉．2016年中国获得“市场经济地位”的前景：美国因素与中国策略［J］．国际贸易问题，2016（3）：151－160．

② 屠新泉，苏骁．中美关系与中国“市场经济地位”问题［J］．美国研究，2016（3）：85－100．

③ 屠新泉，李帅帅．非市场经济地位对中国对外贸易影响的量化分析——以美国对华反倾销为例［J］．国际经贸探索，2019（8）：104－122．

④ 何茵，沈明高，徐忠．美国新型贸易保护主义及其对中国的影响：基于行业的分析［J］．世界经济评论，2010（4）：65－75．

⑤ 王聪，林桂军．“双反”调查与上市公司全球价值链参与——来自美国对华“双反”调查的经验证据［J］．国际金融研究，2019（12）：85－93．

补贴，主要体现在《1930 年关税法》《1974 年贸易法》《1979 年贸易协定法》《1984 年贸易和关税法》和《1988 年综合贸易与竞争法》等。刘刚仿（2003）在法律规范层次上对中美两国反补贴措施与实施法律制度进行了比较，并就我国如何借鉴美国经验，进一步完善我国反补贴措施与实施法律制度进行了讨论。①

自 2004 年美国首次在 WTO 指控我国集成电路产品增值税措施案以来，美国利用 WTO 争端解决机制（DSM），多次指控我国补贴措施违反 WTO 承诺。唐宜红、唐若韬（2010）对美国对华反补贴的焦点问题进行了分析，并提出对策建议。② 屠新泉（2013）针对美国对华新能源产业实施的“双轨制反补贴”，进行了个案研究。③ 由于我国 2001 年才加入 WTO，对于该组织的一整套运行规则，包括其争端解决机制，仍在适应中。针对美国多次将我国诉至 WTO 争端解决机构，杨荣珍（2008④）和陈利强、屠新泉（2010⑤）从应对策略上，提出了建议。他们认为，我国企业应该以平和的心态对待 WTO 中的贸易争端。我们应当采用“权利对抗权利”，深入研究美国反补贴税法的判例与条款及调整补贴政策等方式，积极主动应对美国的“双轨制反补贴措施”。

杨荣珍（2014⑥）和杨荣珍、邱俊洁（2020⑦）全面梳理了美国对华反补贴案件中涉及的税收补贴类别，深入探析税收补贴的表现形式和特点。他们认为，我国政府应该讲究立法技巧，及时取消明显违反 WTO 规则的规定。除了进行定性分析外，石晓婧、杨荣珍（2020）还从定量的角度分析了美国反补贴调查对我国企业出口的影响。⑧ 她们发现，美国对华反补贴调查抑制了企业的出口，但外资企业和多产品企业受到反补贴调查的负面影响相对更小。从企业出口二元边际来讲，反补贴调查使得出口企业数目和续存企业出口额均出现下降。

（四）知识产权争端

中美两国在知识产权上的争端由来已久。我国出口产品在进入美国市场时，不仅面临反倾销与反补贴等传统贸易壁垒，还遭遇另一种更具威慑力的贸易壁垒——专利壁垒。姚新超（2010）针对美国专利壁垒的发展趋势进行了详细分析并提出中国企业的因应之道。⑨ 他指出，短期内，中国企业应充分运用各种专利策略，整合企业有限的资源，突破美国的专利壁垒。这是中国出口企业在跨国经营时应考虑的重要策略。长远看，中国企业必须构建自己的知识产权战略体系，发挥国际专利技术的竞争优势，从根本上巩固

① 刘刚仿. 中美反补贴措施与实施法律制度研究［J］. 对外经济贸易大学学报，2003（4）：68－71.

② 唐宜红，唐若韬. 美国对华反补贴的焦点问题与我国对策［J］. 国际贸易，2010（5）：45－48.

③ 陈利强，屠新泉. 美国对华新能源产业实施“双轨制反补贴”战略研究［J］. 国际贸易问题，2013（5）：67－77.

④ 杨荣珍. 中美 WTO 补贴争端的对策研究［J］. 世界贸易组织动态与研究，2008（1）：23－28.

⑤ 陈利强，屠新泉. 美国对华实施“双轨制反补贴措施”问题研究［J］. 国际贸易问题，2010（2）：122－128.

⑥ 杨荣珍. 美国对华反补贴案件中的税收补贴探析［J］. 税务研究，2014（8）：89－92.

⑦ 杨荣珍，邱俊洁. 美国对华反补贴案件的补贴项目探析与政策建议［J］. 亚太经济，2020（5）：43－51.

⑧ 石晓婧，杨荣珍. 美国反补贴调查对中国企业出口影响的实证研究［J］. 世界经济研究，2020（2）：33－46.

⑨ 姚新超. 美国专利壁垒的发展趋势及中国企业的因应之道［J］. 国际贸易，2010（9）：59－66.

和扩大中国企业的国际市场地位。

337 调查是美国经常使用的一项针对知识产权及其他不公平贸易的保护手段。我国是 337 调查的最大受害国。杨荣珍、石晓婧（2020）对美国对华 337 调查对我国制造业企业出口行为带来的影响进行了定量分析。[①] 她们发现，第一，337 调查抑制了企业出口，即由于被强制驱逐出市场、成本增加导致融资约束提高、名誉损失导致企业经营绩效下降等原因使企业对美出口呈现明显下降。面临这种冲击，企业会调整市场战略，加大对非美市场出口。第二，受补贴企业、受制裁较轻企业及积极应诉和上诉的企业受影响更小。第三，337 调查使企业在对美市场出口中，表现为出口企业数目和续存企业出口额的同时减少。而在非美市场上，虽然也有部分企业退出，但续存企业增加了出口额以缓解冲击。

除了利用国内法对中国产品进入美国市场施加限制外，美国在解决中美知识产权争端时，还常常利用 WTO 的多边争端解决机制。杨荣珍（2007）指出，我们应当认识到在 WTO 中被投诉是很正常的一件事。[②] 此外，WTO 争端解决案件是一种纯法律事务，我们需要重视对方具体指控内容的各项细节，向争端解决机构提供对我方有利的证据，对相关事实进行澄清，从法律专业的角度进行辩护，尽力争取对我有利的审理结果。崔鑫生（2008）对于中美贸易中的知识产权争端也做了研究。他认为，我国处理此类问题的国际经验不足，面对中美知识产权争端出现新情况、新问题的时候，应当抓紧对相关国际条约和惯例的了解，快速提高应诉能力。[③]

（五）其他贸易壁垒

绿色贸易壁垒也是美国常用的贸易保护手段。奥巴马上台后，开始实施“绿色新政”，提倡节能减排、绿色经济。美国政府提出了可持续制造促进计划（Sustainable Manufacturing Initiative，SMI），制定了《美国清洁能源与安全法案》。除了在国内提倡“绿色新政”，美国还在中美贸易问题上对中国进行指责。美国认为，中国制造业的国际竞争力来源于中国制造企业的环境和资源消耗成本没有内部化。中国企业对环境的消耗所产生的外部性没有通过市场渠道加以内部化，因此，中国企业对其消耗环境的行为并未付出代价。中国企业制造的产品成本较低，在国际上具有很强的竞争能力。此外，美国还认为，中国制造业的竞争力来源于制造企业对劳动者利益的忽视甚至漠视，也就是对一线工人的剥削。因此，美国以中国廉价的能源价格是政府对企业的补贴为由，诉诸世界贸易组织，希望能够解决中国制造企业对环境和资源造成巨大消耗甚至破坏，但没有付出经济意义上的代价的问题。

---

① 杨荣珍，石晓婧．美国对华 337 调查与企业出口行为——基于我国制造业企业数据的实证分析［J］．国际经贸探索，2020（3）：79－94．

② 杨荣珍．中美知识产权争端评析［J］．国际贸易，2007（11）：64－68．

③ 崔鑫生．中美贸易中的知识产权争端问题探析［J］．世界知识产权，2008（3）：86－89．

李杨（2012）指出，SMI 将会抵消中国等发展中国家制造业成本优势，从而削弱发展中国家制造业的国际竞争力。[①] 目前，中国已成为全球第一制造业大国，在长期粗放式增长和发展后，当务之急是实现产业结构的转型升级。由于中国需要使用清洁能源，因此，我们需要提倡 SMI 并借鉴美国能源法案和 SMI 的内容，这对中国经济的可持续发展确实具有重大战略意义。

（六）对华高科技出口限制

美国是当今世界最主要的科技大国，高科技产业是美国的支柱型产业。但美国对高新技术产品出口实施严格的管制措施，以谋求本国利益最大化。汤传锋（2000）研究了早期美国高新技术产品贸易现状，并对中美技术贸易进行了分析。[②] 随着中国科技实力的增长，我国高技术产业的迅速发展引起以美国为首的其他国家的担忧。尤其是特朗普上台后，采取多种手段限制对华高技术出口。其直接利益诉求指向“中国制造 2025”，本质上体现出对新兴大国的限制和对美国长远利益的维护。2018 年 8 月 13 日，美国《2018 出口管制改革法案》（ECRA）签署生效，美国对华实施的高技术出口管制呈现出总体更为严格、管制行业和企业更有针对性的特点。对此，刘斌、李秋静（2019）在分析中美高技术贸易总体情况的基础上，着重分析了美国对华高技术出口管制的特点，研判这种歧视性政策对两国经济造成的影响。[③] 经蕊、顾学明（2020）通过梳理美国限制高技术流向中国的措施，分析了其对中国产业发展带来的挑战，并从宏观层面提出应对建议。[④]

（七）人民币汇率争议

美国反人民币汇率的声音始于 2003 年，总部位于华盛顿的“健全美国联盟”发表人民币汇率被低估的报告后，包括全国制造商协会在内的数十个美国贸易组织发出要求人民币升值的呼吁。来自大型制造业和纺织业所在州的 4 名美国国会议员（以纽约州民主党参议员舒默为代表）共同致信美国财政部部长，拉开了美国国会参与人民币汇率之争的序幕。这些议员认为，由于人民币币值被低估，中国出口到美国的产品获得了相对的价格优势，从而挤占了美国本土产品的市场。因此，中国对美出口的快速增加，是以美国制造商的损失为代价的。

屠新泉和张汉林（2007）分析了《2007 年货币汇率监督改革法案》的主要条款对中国的潜在影响以及获得通过的可能性，并提出相应的对策。[⑤] 他们指出，提案一旦通过，我国将很有可能被认定为“根本性货币错配”的国家。虽然制裁措施的直接后果有限，

---

① 李杨，魏磊．美国绿色经济理念下的贸易摩擦隐患及中国对策［J］．东北亚论坛，2012（11）：33－38．

② 汤传锋．美国技术出口与中美技术贸易［J］．国际贸易问题，2000（12）：9－13．

③ 刘斌，李秋静．特朗普时期美国对华出口管制的最新趋势与应对策略［J］．国际贸易，2019（3）：33－42．

④ 经蕊，顾学明．美国限制技术流出的措施及中国面临的挑战和应对［J］．国际贸易，2020（11）：53－60．

⑤ 屠新泉，张汉林．中美人民币汇率之争的新较量——鲍卡斯－格拉斯利－舒默－格拉汉姆提案评析［J］．国际贸易，2007（11）：57－61．

但是对我国对外贸易和利用外资将造成负面影响。该法案的一项重要内容，是将汇率失调定义为一种出口补贴行为，从而将人民币汇率和反补贴挂钩。屠新泉（2008）对此分析后指出，将汇率低估或者货币操纵、货币错配列入美国反补贴立法并使其适用于中国，并不存在很大的技术或法律障碍。即使这很可能违反了 WTO 的《补贴与反补贴措施协议》，美国仍很有可能一意孤行。[①]

我校学者对人民币汇率波动的实际效果也进行了分析。李志斌（2009）分析了人民币实际有效汇率与中美贸易收支的关系。[②] 结果显示，人民币汇率波动率增加有助于缩小中美贸易收支顺差。但是，人民币汇率升值无论长期或是短期，都不能解决中美双边贸易收支失衡问题。美国经济增长引致的进口需求是中美贸易顺差的重要原因。蔡浩仪、姜大伟（2011）同样指出，汇率升值对贸易收支的影响效果会因相应的升值预期变化而抵消。所以，在升值预期持续存在的条件下，单纯的升值并不能平衡贸易收支。[③] 汇率预期受升值压力影响，而中美贸易顺差的扩大是升值压力的重要来源，从而形成一种经济循环：中美贸易顺差增加升值压力，升值压力加强升值预期，升值预期进一步扩大贸易顺差。

张锦（2010）运用 VECM 模型测算了人民币升值对美国失业率的影响，并发现了两个相反的效应。[④] 协整方程中蕴含了改善美国就业市场的积极作用，但脉冲相应分析揭示了另一相反并且起主导性作用的生成机制：人民币升值会对中国对美国出口产生持续的负面影响；5 个月后，还会进一步减小中国从美国的进口。中国对美国进出口的减少均会增加美国失业率。黄满盈（2012）则在 HS 细分商品层面上，研究了人民币对美元汇率水平变动和波动对中国向美国出口价格的影响。[⑤] 结果显示，人民币对美元汇率水平的变动，对不同类别商品出口价格的影响存在较大差异。人民币对美元汇率波动，对多数商品出口价格的影响为负，不过影响都比较小。因此，可以适当扩大人民币汇率的波动区间，增加汇率弹性，培养企业的抗风险能力和竞争力，提高宏观经济运行的灵活性。

（八）美国国会与对华贸易政策的制定

美国对华贸易政策的走向，不仅取决于美国行政当局，还有一只“无形的手”在幕后指挥。这只手就是美国政治体系的另一极——美国国会。长期以来，美国国会为了迎合本国利益集团，出台了诸多影响中美经贸关系的法案。在中国加入世界贸易组织之前，美国国会的政策重心在于每年审议给予中国最惠国待遇的法案。当时的中国经济，尚不

---

① 屠新泉，孙娜．人民币汇率与反补贴：牵强的挂钩［J］．WTO 法与中国论丛，2008，259－270．

② 李志斌．人民币实际有效汇率调整及其波动率与中美贸易收支［J］．国际贸易问题，2009（1）：107－113．

③ 蔡浩仪，姜大伟．升值压力、汇率预期与中美贸易余额［J］．亚太经济，2011（2）：45－49．

④ 李自然，成思危、祖垒、张锦、汪寿阳．人民币升值真的能够减小美国的失业么［J］．金融研究，2010（8）：68－80．

⑤ 黄满盈，高志存．人民币汇率水平变动和波动对中美出口价格的传递效应研究［J］．统计研究，2012（2）：10－20．

足以对美国造成威胁，因此，美国国会的讨论多是出于意识形态的角度，利用人权问题对中美经贸关系施加影响。美国给予中国永久正常贸易关系待遇后，美国国会的政策重心转移到监督中国履行双边以及多边贸易协议的承诺上。

针对影响贸易政策制定的原因，许多学者对国会在美国对外贸易政策制定中的地位以及政府与利益集团的关系进行了研究。王颖（2016）就以《2011 年货币汇率监督改革法案》和《1930 年关税法》修订案在美国国会的投票表决结果为例进行了实证分析，揭示出利益集团对美国国会投票的作用机制。[①] 王颖发现，美国国会对华经济贸易政策的制定是政府权力机关与利益集团意志共同作用的结果。利益集团的政治捐资显著影响议员投票行为，进而影响美国对华经贸政策的制定。计量结果表明，《2011 年货币汇率监督改革法案》和《1930 年关税法》修订案的投票结果，均受到劳工组织政治捐资的显著正向影响，反映了劳工组织倾向对人民币汇率升值施加压力，对"非市场经济国家"商品征收惩罚性关税，从而保障本国劳工利益的贸易保护立场。与此同时，美国对华经贸政策的决定机制并没有显著受到议员所属选区经济特征的影响，如人均收入和失业率等。这从一个侧面说明了国会议员在贸易政策制定时，没有较多关注本选区的经济状况，而是较多地从政治立场出发以及出于吸引更多政治捐资的需要。

现有研究文献主要关注了政治和经济方面的因素。赵忠秀、王颖（2012）则从产业地理的角度，对美国对华贸易政策的制定进行了分析，[②] 发现了美国产业地理因素影响美国对华贸易政治制定的五种模式。第一，对中国市场出口量大或对中国出口市场依赖程度较高的选区，倾向于选举代表本选区出口比较优势的利益集团的议员，他们通常对中国持有自由贸易的态度。第二，如果一个产业是某个人口数量较少的选区的主要产业，则该产业相关利益团体会给本选区的议员施加巨大压力。因此，这些相关产业的利益团体在国会的游说以及政治捐献常常有效。第三，分布在相互毗邻、人口规模小或中等规模的州内的主导产业，一般能够在众院获得多名众议员的支持。另外，因为这些人口规模较小的州的选区数量也较少，参议员也往往能关注到来自这些产业利益集团的政策诉求。第四，地跨若干个地理位置相邻，人口规模中等或大的州的主导产业，对参众两院的影响都比较大。第五，广泛分布在各州或者选区的非主导产业，虽然产业份额不大，却与民生息息相关，往往会对众议院产生巨大影响。

（九）美国贸易保护政策的效果

贸易保护政策通常能减少国外的进口，但能否促进国内产业的发展，在理论上并没有定论。贸易保护政策会显著地提高进口产品的价格，减少国内对进口产品的需求量。但是，受到贸易保护的行业并不必然会发展壮大。在国际贸易理论中，国家的要素禀赋

① 王颖. 美国国会与对华贸易政策——以人民币汇率和关税议案为例［J］. 浙江社会科学，2016（9）：144-151.
② 赵忠秀，王颖. 产业地理与美国对华贸易政策制定——来自国会议员表现的证据［J］. 国际贸易，2012（9）：39-45.

和技术水平决定了国际贸易的产品种类和贸易额。第一，一个国家在已经失去竞争力的行业中实施贸易保护政策，并不能阻止该行业的衰退。第二，贸易保护政策阻止国外企业的进入，可能会降低本国企业进行研发的动力。从长期看，对受保护行业的发展不利。第三，贸易保护政策往往受到政治因素的干扰。通常来说，具有较强游说能力的行业，容易获得贸易保护政策的支持。田巍（2014）定量分析了美国实施的贸易保护政策是否促进了美国国内产业的发展。他们详细考察了美国在 1974—1990 年间，对 14 个 OECD 国家采用的关税和非关税壁垒的贸易政策变化，评估其对于美国国内受保护行业的影响。[①] 田巍在研究中，仔细排除了要素禀赋、技术水平、政治等因素的影响后发现，美国的贸易保护政策对于促进其国内产业发展并没有实质性影响，唯一得益于贸易保护政策的行业是化工行业。

三、中美贸易不平衡

（一）中美贸易不平衡的测度

中国加入 WTO 后，中美贸易关系得到了长足发展，中美双方成为彼此最重要的贸易伙伴之一。但随之而来的是中美贸易不平衡问题，尤其是中国对美国长年巨额的贸易顺差，一直是两国政府间的重要议题。2010 年 3 月 4 日，中国商务部和美国商务部同时发布了《中美货物贸易统计差异研究报告》。贾怀勤（2010）对该报告进行了详细解读，并就中美两国数据差异核对做出回顾和展望。[②] 此外，贾怀勤（2011）从统计技术途径、综合平衡途径和增加值估计途径等三个方面，对中美贸易差额做了详细的文献回顾和方法述评。[③] 贾怀勤指出，中国已成为世界贸易大国，然而在贸易统计与核算方面的影响与其地位不相称。尽管国内专家学者对该领域问题有一些研究，政府各部门也分别应国际组织要求对相关统计方法的修订提出了反馈意见，但是并没有形成系统的、积极主动的主张，发出响亮的声音。贾怀勤（2013）将中美贸易数据进行比较，归纳和总结了双边贸易数据比对的指标“中立”化法、差异溯因法、调增调减法和重点调查-样本比率估算法。[④]

中美贸易不平衡测度的文献，主要集中在以下几个方面。

第一类文献聚焦于如何正确统计中美两国的贸易顺差。由于统计口径的差异，美国官方统计的贸易顺差要远大于中国官方的统计数据。这类文献指出，中美双方统计数据

---

① Wei Tian，Miaojie Yu. Measuring the impact of trade protection on industrial production size [J]. *Review of Development Economics*，2014，18（2）：231-253.

② 贾怀勤. 中美贸易数据差异核对研究：回顾与展望 [J]. 国际贸易，2010（4）：12-16.

③ 贾怀勤. 从美中贸易差额辨析论国际贸易统计与核算 [J]. 国际贸易，2011（7）：57-61.

④ 贾怀勤. 贸易数据的比较和比对 [J]. 统计研究，2013（10）：15-21.

的差异，主要是中美双方对于是否将从中国香港或者其他第三方转运贸易额计入中国出口数据的态度不一致造成的。贾怀勤（1993）通过翔实的统计数据分析，验证了香港转口贸易是造成中美贸易统计数字差异的主要原因。[①] 薛荣久、贾怀勤、徐进亮（1998）进一步指出，在经济全球化背景下，传统贸易统计所反映的只是被扭曲了的国家间经贸关系。[②] 因此，我们有必要对原产地为进口国确定标准的国际货物贸易统计制度进行全面的检讨，重新审视在经济全球化趋势下，如何使国际贸易在统计上得到全面正确的反映。

第二类文献则从外商直接投资的角度，分析了中美贸易顺差的原因。这类文献认为，随着全球化的发展，跨国公司在全球范围内重新配置产业链，中国因此成为美国跨国企业非常重要的生产基地。大量的中国对美国出口，实际上是由美资跨国企业完成的。所以，将中美贸易顺差完全归咎于中国的出口，是不合理的。因此，出现了基于全球价值链的重新分工，以所有制为基础的核算方法。这类方法的特点是，通过区别出口企业的所有制，重新计算两国间的贸易顺差。贾怀勤（2011）分析了美国属权贸易的核算框架以及我国 FATS（国外分支机构服务贸易统计）建设面临的困难。[③]

这类核算方法早期主要是基于两国贸易模型。孙华好、许亦平（2006）确立了完整的基于所有权的双边贸易差额统计框架，并且把这一原则与现行的跨境贸易差额进行了比较。[④] 他们发现，现行的跨境贸易差额高估了我国的贸易利得。但两国模型具有一定的缺陷。许亦平、孙华好（2006）[⑤] 和许亦平、林桂军和孙华好（2010）[⑥] 构建了三国贸易模型，从而完善了以所有制为基础的贸易流核算方法。他们将国家分为中国、美国和第三国三方，同时，区别了在这三个地区企业的所有制形式。比如，在中国存在中资企业、美资企业和第三方外资企业。中国对美国的出口，可以分解为中资企业出口额、美资企业出口额以及第三方外资企业出口额。通过重新计算中美贸易顺差情况，得到三个主要发现。第一，以所有制为基础的中美贸易不平衡要显著小于传统的基于边境的中美贸易不平衡。第二，美国在华企业只占中美贸易顺差很小的比例。通过进口美国中间产品，美国在华企业反而有助于增加美国对中国出口。第三，中美贸易顺差的绝大部分，是由第三国在华企业贡献的。张玮（2013）进一步运用所有权贸易统计体系，对中国对外贸易差额及中美、中日、中欧（欧盟）双边贸易差额进行重新估算。[⑦] 祝坤福（2018）

---

① 贾怀勤．原产国统计标准是中美贸易统计数字差异的根本原因——中美经香港转口贸易实证分析［J］．国际贸易问题，1993（1）：11－17．

② 薛荣久，贾怀勤，赵宇辉、徐进亮．经济全球化与原产地统计问题——兼论中美贸易的统计差异［J］．国际贸易问题，1998（7）：7－15．

③ 贾怀勤．美国属权贸易核算的缘起和框架［J］．统计研究，2011（11）：22－26．
贾怀勤．从属权贸易核算角度评析 FATS 及中国数据现状［J］．统计研究，2011（1）：22－26．

④ 孙华好，许亦平．贸易差额的衡量：基于所有权还是所在地［J］．国际贸易问题，2006（5）：5－11．

⑤ 许亦平，孙华好．三元结构下的国别法两国贸易顺差——投入表法［J］．国际贸易问题，2006（10）：27－33．

⑥ Yiping Xu，Guijun Lin，Huayu Sun．Accounting for the China-US trade imbalance：An ownership-based approach［J］．*Review of International Economics*，2010，18（3）：540－551．

⑦ 张玮，张文婷．中美、中日、中欧贸易差额研究——基于所有权视角［J］．管理世界，2013（11）：170－171．

则从国民收入的角度分析了中美贸易顺差。[①] 他们的研究是对增加值口径的一项重要补充，可以为贸易和全球价值链等相关研究提供一种新视角。他们发现，以贸易总值和贸易增加值核算的方法均严重夸大了中美贸易失衡。

第三类文献是考虑到加工贸易和一般贸易的不同特点，对贸易模式进行区分的核算方法。在中国的贸易出口中，加工贸易占有的份额一直在 50%以上。虽然 2008 年金融危机后，加工贸易的份额有所下降，但仍旧是贸易中很重要的一部分。加工贸易中，企业进口原材料或中间品，经过组装再出口制成品。因为与其他贸易类型相比，加工贸易中进口中间品的比例非常高。在投入产出表中区分加工贸易，对于正确计算中国的贸易增加值具有重要意义。以往的投入产出表中，并没有区分加工贸易和一般贸易，因此存在一定误差。OECD 曾经发表过一份报告，在投入产出表中区分了加工贸易和一般贸易，但是只基于行业－行业层面的划分。陈全润和祝坤福（2018）的研究，对此方法进行了改进。[②] 他们在涉及多国（地区）投入产出表中，通过区分加工贸易，讨论了其对于重新核算中国贸易增加值的影响。他们通过建构产品－产品层面的多国（地区）投入产出表发现，当不区分加工贸易时，中国的贸易增加值存在严重的扭曲，中国与日本、韩国和中国台湾之间的贸易增加值被严重低估。中国与美国之间的贸易增加值则被严重高估。因此，他们的研究结果对于正确计算中美之间的贸易顺差额具有一定价值。

（二）中美贸易不平衡的原因

对于中美贸易失衡背后因素的探究，在学术界也是一个热点研究问题。一直以来，一些美国人将中美贸易的不平衡归结于中国市场不开放和贸易政策不透明。对此，贾怀勤（2004）通过对“贸易壁垒成因说”和“贸易不透明成因说”进行分析，以确凿的数据和事实对这些指责进行了反驳，并指出美国政府对中国出口高科技的政策壁垒妨碍了美方主动扩大对华出口，因而不利于贸易平衡。[③] 此外，贾怀勤（2004）还从美国储蓄与投资关系、美国商业近期和经济结构等三个方面，进一步探究了美国对华贸易逆差的成因。[④] 蓝庆新（2007）认为，以美国为主的发达国家和地区向发展中国家转移制造业，是造成中美贸易差额的主要原因。[⑤] 此外，以美国为首的发达国家对发展中国家进行产业转移时，将高端部分留在了国内，并对高科技产品出口进行限制，只是将产品全球价值链的低端转移出去，而高端部分正是发达国家具有比较优势的产品。这是形成中美贸易差额的部分原因。贾怀勤（2008）则以更为深广的视角考察和总结了国内学者关于

① 李鑫茹，陈锡康，段玉婉，祝坤福．国民收入视角下的中美贸易平衡分析［J］．世界经济，2018（6）：3－27.

② Quanrun Chen, Kunfu Zhu, Peng Liu, Xiangyin Chen, Kailan Tian, Lianling Yang, Cuihong Yang. Distinguishing China's processing trade in the world input－output table and quantifying its effects［J］. *Economic System Research*, 2018.

③ 贾怀勤．中美两国贸易政策对双边贸易平衡影响之辨析［J］．国际贸易问题，2004（4）：5－7.

④ 贾怀勤．美国经济运行特征与美国对华贸易逆差［J］．世界贸易组织动态与研究，2004（6）：37－41.

⑤ 蓝庆新．产业国际转移视角下的中美贸易摩擦研究［J］．国际经济合作，2007（8）：58－61.

中美贸易平衡问题的研究成果。[①] 范言慧、张金平（2010）从美国国内需求的角度，对中美贸易顺差进行了实证研究。[②] 他们发现，影响美国对中国贸易逆差的因素，主要是美国国内的私人消费和投资。美国私人消费的增加不仅会显著提高美国从中国的进口，而且还抑制了美国对中国的出口。李玉梅、桑百川（2012）则从美国经济结构的角度出发，对中美贸易顺差进行了实证研究。[③] 他们认为，美国对华贸易逆差的扩大与美国制造业对华直接投资有关。同时，这两项研究都驳斥了汇率是造成中美贸易顺差的关键因素。

（三）中美贸易不平衡对美国的影响

中美贸易顺差对于美国就业的影响是学术界的热点问题。国际贸易理论通常会分析国际贸易对于贸易双方福利的影响。但是从实证研究的角度，大部分文献主要研究了国际贸易对于美国就业单边的影响，尤其是对于美国制造业就业的影响。这些文献的结果大部分表明，中国对美国贸易的快速增长，是造成美国制造业就业人数下降的主要原因之一。但是，这种分析主要是从局部均衡的角度出发，存在一定的不足。第一，这类文献关注的是进口冲击对于被冲击行业的负面影响，没有关注到对其他行业可能产生的正面影响。第二，这类文献的研究没有从价值链角度思考问题，因此存在一定的片面性。

林桂军、王飞和裴建锁（2018）讨论了中国对美国出口对美国就业的影响。[④] 为了准确评估中美贸易带来的直接和间接影响，他们利用多国（地区）投入产出表，从全球价值链的角度考察了以下四个方面：（1）中美总出口对于双方整体就业的影响；（2）中美双边贸易对于双方整体就业的影响；（3）中美贸易的分行业影响；（4）中美分行业贸易的影响。他们发现，不同于传统的贸易模型，当考虑全球价值链的作用后，美国从中国的进口不仅会影响两国的就业，也会对价值链上的其他国家和地区，如中国台湾、韩国、日本和德国等造成影响。

四、中美两国的竞争与合作

（一）中美贸易摩擦

自二战以来，贸易保护主义从未从美国的政策体系中消失，而 2007 年的金融危机使得美国的贸易保护主义进一步升级，为更多的中美贸易摩擦提供了温床。张军生、

① 贾怀勤. 以更为深广的视角考察和总结国内学者关于中美贸易平衡问题的研究成果［J］. 国际贸易问题，2008（5）：28－31.

② 范言慧，张金平. 美国国内需求与美中贸易收支［J］. 国际贸易问题，2010（8）：35－41.

③ 李玉梅，桑百川. 美中贸易逆差的根源与实证分析［J］. 国际经贸探索，2012（3）：35－43.

④ Guijun Lin，Fei Wang，Jiansuo Pei. Global value chain perspective of US－China trade and employment［J］. *World Economy*，2018，41（8）：1941－1964.

王颖（2009）分析了美国的贸易保护主义，提出我国应对美国及全球贸易保护主义的重要建议，包括对全球贸易保护的动向保持密切关注，依托多边贸易体制，加强双边协调等。①

伴随着中美经贸规模不断扩大，美国贸易保护主义不断加强，与中国的贸易摩擦不断升级，因此，有必要对贸易摩擦的特点进行分析。王强（2013）分析了中美贸易摩擦的特点，认为中美贸易摩擦具有由传统产业领域向高新技术产业领域蔓延升级，并向知识产权、环境保护、技术性壁垒、绿色贸易壁垒等高端层面发展的特点。② 针对这些特点，王强进一步分析了中美贸易摩擦产生的原因，包括中美两国贸易结构的不合理以及美国对中国的巨额贸易逆差等。

在贸易摩擦不断升级的态势下，美国在各个层次建立并完善了贸易摩擦预警机制，以达到维护产业、企业和消费者利益的目的。李计广、张汉林（2007）分析了美国联邦政府层面的预警机制，指出该机制通过产业和产品数据、研究报告、贸易伙伴和贸易政策变化，监督外国贸易救济措施发布预警信息。③

（二）中美经贸实力和经贸关联

自 1979 年中美两国正式建交以来，中美双边货物贸易蓬勃发展，中国对美国的出口稳步增长。2007 年，美国占中国出口份额达到 19.1%，美国在中国的出口贸易中占有重要地位。中国对美国出口产品的比较优势分析，是一个具有研究价值的课题。黄满盈（2011）对 1987—2006 年中国对美国各类出口商品比较优势的变动情况，以及 2006 年中国各类出口商品在美国市场上比较优势的分布状况进行了分析。④ 他提出，中国对美国出口比较优势的稳定性状况从整体上很难判断。但是，中国技术产品和高技术产品的比较优势在制成品内部已经产生了变化。两国间货物贸易的互补性受到两国间货物贸易结构变化的影响。张彬（2013）在计算 1991—2011 年中美双边货物贸易互补性的发展变化时，利用了改进的互补性指数；同时，对引起互补性变化的原因进行了分析。⑤

中美两国在 2013 年初公布了各自的 2012 年货物贸易额数据，境外媒体对此纷纷热议，中国贸易额是否超过了美国。我国商务部对外贸易司负责人表示，最终结论要留待世贸组织公布的数据和排名。贾怀勤（2013）首先解读了美国的贸易统计机制和数据，⑥ 然后将 2012 和 2013 年的中国进出口总值进行了对比分析（贾怀勤，2014）。在这两篇论

① 张军生，李俊，王颖．全球产业转移视角下的美国贸易保护主义及中国的对策［J］．国际贸易，2009（10）：39－44．

② 王强，中美贸易摩擦新动向与减少摩擦的应对之策［J］．对外经贸务实，2013（3）：42－45．

③ 李计广，熊韶辉，张汉林．美国政府贸易摩擦预警机制及启示［J］．国际贸易，2007（6）：37－43．

④ 黄满盈．中国对美国出口商品的比较优势及其稳定性分析［J］．世界经济研究，2011（4）：49－54．

⑤ 张彬．中美双边货物贸易互补性的演变与分析——基于 1991—2011 年数据的分析［J］．国际贸易问题，2013（12）：58－67．

⑥ 贾怀勤．中美贸易额时间序列走进交叉临界区——中国贸易额超美与否的数据解读和态势分析［J］．国际贸易，2013（3）：50－53．

文中，他提出了中国成为贸易强国的标准，即平衡发展服务贸易与货物贸易，提高新兴服务业务水平等。[①]

随着中美两国经贸关系的发展，双方的经贸联系不断加深，经济一体化使双方都成为获益方，但错综复杂的经贸联系也给双方带来了挑战。近年来，中美两国频发的贸易摩擦，正是在这种复杂的经贸关系之下产生的。对于两国经贸关系的研究，一直是学者们十分关注的问题。卢进勇（2013）对中国在美国 41 个经贸伙伴中的相对经贸关系进行了实证分析。他发现，美国与中国的进口贸易联系紧密，但总的经贸关系并不紧密。两国在货物贸易、服务贸易和 FDI 流出疏密关系方面的变化具有不同的趋势，但总的经贸联系日渐疏远。[②] 余心玎（2019）基于实际数据，从多个角度对中美经贸实力、经贸关联进行了分析与评估。[③] 她指出，美国、欧盟和中国在全球经济中“三足鼎立”的格局日趋形成。从经济总量来看，中国已接近美国，但在人均水平上与美国仍有较大差距。从贸易方面来看，中美两国在全球都占有重要地位。从国际直接投资方面来看，中国在投资存量、流量方面与美国存在较大差距。在区域角色方面，中国和美国在各自区域内都占据重要地位。在经贸联系方面，中美之间相互依赖度很高。中美在基础实力对比方面互有短长。此外，余心玎（2020）提出，在“三足鼎立”的格局下，中国应积极寻求建立适合该格局的国际新秩序，一个可能的方向在于倡导建立“亚洲共同体”。这有助于进一步稳固该经济格局，也有助于推动该格局下国际治理体系的形成。[④]

（三）中国对美投资与 BIT

中美两国之间虽然存在经贸摩擦，但经贸合作潜力巨大。2008 年，中美两国正式启动双边投资协定（BIT）谈判。中美两国期待通过 BIT 来促进双边投资，保护各自企业的海外利益。桑百川（2011）认为，中美两国投资协定谈判的立场，在国际金融危机后逐步趋于一致。虽然在国民待遇和投资转移条款方面存在分歧，但这并不是谈判的重大障碍。中美两国应当在谈判中保持灵活性，兼顾双方利益，尽快完成 BIT 谈判。[⑤] 2012 年，美国正式发布了 BIT 范本，取代其 2004 年发布的范本。同年，中美重新启动 BIT 谈判。崔凡（2013）介绍了美国 2012 年 BIT 范本修订的主要内容，并分析了中美 BIT 谈判中，中方应采取的立场。[⑥] 他认为美国 2012 年 BIT 范本修订中，涉及国家主导型经济体的内容对中方的影响有限。面对国际投资协定中准入前国民待遇条款日益增多的形

① 贾怀勤. 从统计规则辨析中国 2013 年货物贸易总值是否超美——兼论中国建设贸易强国［J］. 国际贸易，2014（2）：10－15.

② 郜志雄，卢进勇，高菲. 中美经贸关系：近还是远？——基于货物贸易、服务贸易和 FDI 国际比较的视角［J］. 经济经纬，2013（6）：55－60.

③ 鞠建东，余心玎，卢冰，侯江槐. 中美经贸实力对比及关联分析：量化视角下的综合考量［J］. 国际经济评论，2019（11）：56－74.

④ 鞠建东，余心玎，卢冰，李昕. 全球价值链网络中的“三足鼎立”格局分析［J］. 经济学报，2020（7）4：1－20.

⑤ 桑百川，靳朝晖. 中美双边投资协定前景分析［J］. 国际经济合作，2011（11）：25－29.

⑥ 崔凡. 美国 2012 年双边投资协定范本与中美双边投资协定谈判［J］. 国际贸易问题，2013（2）：123－131.

式，他认为中国应该对多哈部长宣言第 22 段倡导的基于肯定清单的准入前国民待遇持支持的态度，并与美国及其他经济体展开投资自由化谈判。卢进勇（2014）也对 BIT 2012 年范本的内容、特点与意义进行了分析，并指出在中美和中欧 BIT 谈判中，中方同意把“前负模式”作为谈判的基础和框架，是我国自加入 WTO 以来在涉外经贸谈判中的一个重要突破与创新。[①]

2015 年，中国国有企业在美投资遇到了严重障碍，表现为对美直接投资的比重不断下降。美国外国投资委员会的设立，使得中国国有企业在美国的并购行为受到极大阻碍。屠新泉（2016）指出，在政府层面，中国应进一步完善外资并购国家安全审查制度，作为对美国安全审查的反制措施；在企业层面，中国企业应积极利用法律维护自身合法权益。[②]

中美 BIT 谈判至 2017 年临近尾声，但是在负面清单、国有企业、透明度和安全审查等问题上，双方仍未达成共识。刘斌（2017）对 BIT 谈判中的透明度问题进行了研究。[③] 他指出，美国不断提高对透明度的要求，而中国目前并不具有大幅提高国内透明度标准的实力。中国应从改善现有投资营商环境、强化国际投资仲裁中的应诉基础、降低透明度缺失带来的负面影响等方面，积极应对中美 BIT 中透明度要求的争议。

随着全球经济的发展，国与国之间的经贸竞争从货物贸易转向了服务贸易。中国和美国作为世界前两大经济体，其服务贸易与投资关系引起了广泛关注。李杨等（2012）分析了服务贸易在中美两国对外贸易中的地位，对于中美两国服务业贸易与投资的现状进行了阐述，并针对促进中美服务贸易与投资发展提出了建议。[④]

（四）TPP

2011 年，奥巴马“重返亚洲战略”的重要举措是推动《跨太平洋伙伴关系协议》（TPP）谈判，从而增强美国在亚太地区的领导力。林桂军（2012）指出，中国可以选择适当的时机参与 TPP 谈判，在亚太区域整合中发挥应有的作用，加快推进东亚区域经济合作进程，巩固中国在亚太地区的利益，进一步深化改革开放，使得中国能够在更大范围内和更高层次上参与经济全球化和区域经济一体化。[⑤]

TPP 在很多方面都超过了 WTO 协定，是一个全新的自由贸易协定。林桂军、任靓（2016）分析了 TPP 的特征与新规则。他们指出，TPP 的特征主要包括反映全球价值链的诉求、实现知识产权目标以及关税减让的不对称性等；其规则主要体现在采用负面清单开放模式，对外资实行全面国民待遇，电子商务和数字化交易规则，知识产权保护，

① 卢进勇，邹赫，杨杰．新一代双边投资协定与中美和中欧 BIT 谈判［J］．国际贸易，2014（5）：18－19.

② 屠新泉，周金凯．美国国家安全审查制度对中国国有企业在美投资的影响及对策分析［J］．清华大学学报，2016（5）：74－83.

③ 刘斌，刘颖．透视国际投资规则中的透明度要求——基于中美 BIT 视角［J］．国际贸易，2017（7）：29－44.

④ 李杨，郝刚．中美服务贸易与投资合作及影响研究［J］．亚太经济，2012（1）：53－58.

⑤ 汤碧，林桂军．跨太平洋伙伴关系协定对中国战略的影响与中国的对策［J］．社会科学研究，2012（6）：16－20.

政府采购，国有企业竞争规则，劳工权利和环境等方面。[①] 林桂军、任靓（2016）指出，TPP 的“新”在服务贸易方面，主要表现为以负面清单和准入前以及准入后国民待遇为基础的开放模式，相比 WTO 的与《贸易有关的知识产权协定》（TRIPS）规则更全面和执法义务更严格。[②]

TPP 在奥巴马政府期间获得了全力投入，各国对它的顺利实施持乐观态度。然而，2016 年美国大选中，特朗普出人意料当选总统，在上台之后否定了 TPP。虽然美国退出了 TPP，但我们可以通过分析其条款，窥视出美国未来的基本贸易策略。屠新泉、刘斌（2016）指出，TPP 搁浅是美国对外经济战略和亚太区域战略的重大转折，有助于我国争取未来亚太乃至全球经贸规则的主导权。[③]

五、中美贸易摩擦与中美经贸关系的未来

（一）中美贸易摩擦

中美两国的双边贸易为两国经济发展带来了巨大利益。然而，中美贸易顺差问题，给两国的经贸发展蒙上了一层阴影。特朗普上台后，为了美国国内政治的需要，美国贸易保护主义持续升温。

针对特朗普政府对华贸易保护主义的特点和根源，我校学者进行了深入研究。唐宜红（2017）指出，特朗普政府对华贸易保护政策的特点包括强调“对等贸易”，突出双边合作和单边主义，片面强调就业和保护传统产业，强调知识产权保护等。[④] 屠新泉（2018[⑤]、2019[⑥]）对特朗普政府发起本轮贸易摩擦的目的进行了简要分析。他认为，美国对中国的快速发展以及在科技领域的追赶感到忧虑，这是中美贸易摩擦的重要原因。吕越、马嘉林、田琳（2019）从全球价值链的视角，分析了美国对华发起贸易争端的动因。[⑦] 他们认为，经济全球化背景下的中美贸易失衡是引起中美贸易摩擦的直接原因，而深层次原因是两国在政治经济利益上的冲突。

在针对中美贸易摩擦的研究方面，我校学者也建树颇多。吕越、杜映昕、屠新泉（2019）就中美贸易摩擦对双方福利效应的变化进行了考察。[⑧] 他们发现，由于贸易摩擦，美国从中国的进口量和中国从美国的进口量将大幅减少，且前者减少额度远超后者。从

---

① 林桂军，任靓．TPP 协定的特征与新规则［J］．国际商务（对外经济贸易大学学报），2016（4）：5－15．

② 任靓，林桂军，赵绍全．如何应对美国推动服务贸易自由化的挑战［J］．国际贸易，2016（6）：63－66．

③ 屠新泉，庞超然，刘斌．TPP 搁浅对我国的影响及对策［J］．求索，2016（12）：9－13．

④ 唐宜红，张鹏杨．美国特朗普政府对华贸易保护的新态势［J］．国际贸易，2017（10）：38－43．

⑤ 屠新泉，娄承蓉．中美贸易摩擦的缘起与应对［J］．学习时报，2018（4）．

⑥ 屠新泉．从新中国成立七十周年视角看中美经贸摩擦一周年：评估与展望［J］．国际金融，2019（6）：11－14．

⑦ 吕越，马嘉林，田琳．中美贸易摩擦对全球价值链重构的影响及中国方案［J］．国际贸易，2019（8）：28－35．

⑧ 吕越，娄承蓉，杜映昕，屠新泉．基于中美双方征税清单的贸易摩擦影响效应分析［J］．财经研究，2019（1）：59－72．

增税清单来看，中国的增税清单对美国目标产业的打击程度更大；但从总体福利来看，中国所遭受的总体福利损失却更多。在产业损害方面，美国受损最大的行业是机电产品行业，中国受影响最大的则是农产品中的大豆和汽车行业。在贸易转移方面，美国将一部分进口从中国转移到墨西哥、日本和德国等市场，中国将一部分进口转移到巴西、德国和日本等市场。陈福中（2020）以可计算一般均衡理论为基础，对美国发起贸易争端的政策效应进行了模拟分析。① 他们发现，在各国采取反制措施之后，美国、加拿大和墨西哥的社会福利损失较大，中国宏观经济层面所受负面影响较小，仅表现为社会福利水平和贸易盈余略有减少。在产业层面，采掘业、钢铁及矿业会遭受冲击，而其他部门产出会增加。肖志敏、冯晟昊（2019）基于增加值贸易视角分析了中美贸易摩擦的经济影响。② 他们认为，如果以出口总值衡量，中国的出口损失将被高估，以出口增加值衡量的中国出口受损程度要小于美国。总体来说，这些研究普遍指出，中美贸易摩擦不仅对中美两国的经济发展带来负面影响，也对世界经济的发展不利。

美国是世界上主要的农产品出口国，以农业为主的州也是特朗普的主要支持者。因此，增加向中国出口农产品是特朗普政府的主要诉求之一。杨军（2020）对此进行分析认为，按照中美第一阶段贸易协定的具体规定，中国从美进口农产品数额将显著增长。其中，进口增长潜力最大的是畜产品。此外，中美贸易战对双边投资也会造成影响。③ 卢进勇、张航、李小永（2019）分析了中美贸易摩擦对我国利用外资规模、产业结构、来源国和外资政策等的影响。④ 洪俊杰、杨志浩（2019）则总结了中美贸易摩擦背景下，我国制造业引进外资的新特点。⑤ 他们发现，通过进一步扩大制造业的对外开放、引导外资流入高技术制造业行业，可以最大限度发挥外资的积极作用。他们认为，中国应顺势调整制造业发展战略，推动“市场分割”向“市场整合”转变，推动“中国制造”向“中国创造”转变，推动“人口红利”向“人才红利”转变，推动“旧成本优势”向“新成本优势”转变。

面对中美贸易摩擦的不断升级，祝坤福（2018）给出了可能的反制措施。⑥ 他认为，可以通过减少美国波音飞机订单、减少美国大豆进口等减少总体对美进口，同时，还可以限制赴美旅游人数。桑百川（2018）则关注了中美能源合作问题。他提出，在解决中美贸易不平衡的问题上，中美能源合作可成为重要契机。⑦ 中国对世界地缘政治格局的不确定性和贸易保护主义抬头所带来的风险应有充分认识，引导国内企业与美国相关

① 陈福中，陈诚．中美贸易争端的政策效应研究——基于可计算一般均衡理论及“232”调查的政策模拟［J］．华东经济管理，2020（34）1：58－66．

② 肖志敏，冯晟昊．中美贸易摩擦的经济影响分析——基于增加值贸易视角［J］．国际经济探索，2019（35）1：55－69．

③ 杨皓森，杨军．中美第一阶段贸易协定对中美农产品贸易的影响分析［J］．农业经济问题，2020（12）：99－108．

④ 卢进勇，张航，李小永．中美贸易摩擦对我国利用外资的影响及对策分析［J］．国际贸易，2019（1）：28－38．

⑤ 洪俊杰，杨志浩．中美贸易摩擦对中国制造业的影响及中国策略［J］．国际贸易，2019（8）：21－27．

⑥ 李鑫茹，孔亦舒，陈锡康，祝坤福，田开兰．中国对美国贸易反制措施的效果评价——基于非竞争型投入占用产出模型的研究［J］．管理评论，2018（30）5：218－224．

⑦ 吴凡，桑百川，谢文秀．贸易摩擦视角下的中美两国能源合作现状、空间及策略［J］．亚太经济，2018（6）：55－59．

企业进行合规的能源合作，从而为中美能源长期合作奠定良好基础。

随着中美贸易摩擦的增多，中美经贸关系的“脱钩论”开始兴起。李计广、盖新哲（2014）指出，“脱钩论”的定义是全球生产网络的“去中国化”。[①] 因此，他们从全球生产网络的视角分析了中美经济的脱钩趋势。他们发现，从全球价值链分工来看，美国进口替代、进口转移和投资回流对中国而言并不构成明显威胁。《跨太平洋伙伴关系协议》和《跨大西洋贸易与投资伙伴协议》也不会导致东亚生产网络重构。相反，近些年，中国产品在美国进口中所占的份额仍在提升，主要产品在美国市场上仍有竞争力。因此，他们指出，中美经济短期内难以真正脱钩，但长期来看，脱钩的可能性值得关注。

（二）中国价值链升级

2018 年以来的中美贸易摩擦，主要体现在美国针对我国的高新技术产品进行制裁。这意味着我国在全球价值链分工体系中的地位逐渐攀升，在一些高科技产业中已经和美国展开全面竞争。2019 年 5 月，美国首次对中国公司引用《国际紧急状态经济权力法案》实施制裁。杨荣珍、罗慧（2020）对该法案的主要内容、适用条件、制裁措施和启动历史进行了全面梳理。[②] 他们重点分析了美国对华为公司适用该法案产生的影响。他们发现，美方的行为一方面保障了美国信息与通信行业的发展，另一方面，阻碍了中国 5G 技术的研发与输出，打击了中国的海外投资。

此外，中美贸易摩擦将引发全球价值链重构，对我国升级产业结构、提升全球价值链地位带来一定的不确定性。我校学者从不同维度对此进行了研究。蓝庆新、窦凯（2019）认为，中美贸易摩擦对中美双方宏观经济、部门产出和全球价值链均会产生一定的负面影响，并且对中国的负面影响大于美国；但对中国整体经济而言，贸易摩擦的影响完全处于可控状态。[③] 杨军、周玲玲（2020）基于贸易增加值视角，以《区域全面经济伙伴关系协定》（RCEP）为对象，研究中美贸易摩擦对中国参与区域价值链的重构效应。[④] 他们发现，贸易摩擦对中国参与全球价值链负面影响虽颇为严重，却深化了中国参与区域价值链的程度，贸易摩擦对中国不同行业的区域价值链均呈现促进效应。其中，电子产业增长相对较高，其次是汽车业和纺织业。周玲玲（2019）探讨了特朗普税改对中美价值链重构的影响。[⑤] 她构建了标准 GTAP 模型与全球价值链分解核算体系的链接方法，并基于该方法量化评估了特朗普税改对中美价值链重构的政策效应。郑建明、杨策（2020）以中美贸易摩擦为切入点，对企业的价值链效应做出数据挖掘和趋势研判。他们认为，中美在全球价值链体系中应合作共赢，政府应致力于稳定国内价值链环境，企

① 李计广，盖新哲．基于全球生产网络视角的中美经济脱钩趋势分析［J］．中国人民大学学报，2014（4）：50－58．

② 杨荣珍，罗慧．美国《国际紧急状态经济权力法案》的运用及影响［J］．国际贸易，2020（9）：83－89．

③ 蓝庆新，窦凯．全球价值链视角下的中美贸易摩擦分析［J］．经济社会体制比较，2019（5）：67－77．

④ 杨军，周玲玲，张恪渝．中美贸易摩擦对中国参与区域价值链的重构效应［J］．中国流通经济，2020（34）3：93－103．

⑤ 周玲玲，张恪渝．特朗普税改对中美价值链重构的影响［J］．*Finance & Trade Economics*，2019，40（11）：20－34．

业应提高自身抗风险能力以应对挑战。[①] 林桂军、王飞、任靓、裴建锁（2021）运用双边贸易投入－产出模型估算了1995—2018年中国对美全球价值链出口情况。[②] 结果显示，2005年以后，中国对美出口中的国内增加值不断提升。他们认为，这是由于外资向中国市场集聚的结果。他们还发现，中国对美出口国内增加值的上升，主要是由于服务化进程推动的。

（三）新的多边贸易体制与中美经贸的未来

现存多边贸易体制在第二次世界大战得以建立，在较长时间内推动了全球贸易发展。但随着国际权力格局的不断变迁，特别是中国等广大发展中国家实现群体性崛起，多边贸易体系不再由发达国家完全主导。发达国家与发展中国家对于本轮世界贸易组织改革的内容存在很大分歧。以美国为代表的发达国家认为，世界贸易组织确立的规则比较陈旧，应该建立更高标准的规则。而发展中国家则更多关注于发展议题，认为发展中国家的发展议题，特别是特殊与差别待遇议题尚未得到解决。伴随着这些变化，美国开始用一种新的视角看待WTO和世界经济秩序，其核心目标是实现力量的再平衡，尤其是不能接受WTO在力量平衡上继续向有利于中国的方向倾斜。随着中国的崛起和美国在WTO事务中主导地位的丧失，WTO进入巨型经济体的战略博弈时代。

屠新泉、苏骁、姚远（2015）分析了多哈回合问题。[③] 他们指出，造成多哈回合困境的根本原因，是美国霸权衰落后多边贸易体系权力安排的失衡。随着中美实力对比的变化，李杨、黄艳希（2016）从国际公共品提供的角度，分析了中国对于提供国际公共品的责任问题。[④] 他们认为，第二次世界大战结束后，美国凭借霸权地位主导推动了世界政治和经济体制的建立，向全球提供了国际公共产品。现在，随着实力的下降，美国在提供国际贸易全球公共产品时逐渐显得力不从心。未来，中国对外开放水平将进一步提高，其经济贸易国际地位也将进一步提升，中国对于提供国际公共产品的责任以及由此所必须承担的成本是无法回避的。作为世界前两大经济体和贸易体，中美两国在国际贸易领域将是国际公共产品的主要提供者。对中国来说，当务之急应是不断提高提供国际公共产品的能力，并通过尽可能与美国合作，创新国际公共产品的提供方式。

WTO改革的主题主要在两个方面，WTO争端解决机制改革和发展中国家的特殊和差别待遇（SDT）问题。林桂军、任靓（2020）对此进行了如下分析。[⑤] 多年来，美国

---

① 郑建明，杨策，王万军．我国在全球价值链重构中面临的挑战和机遇——基于中美贸易摩擦视角［J］．国际贸易，2020（9）：31－75．

② 林桂军，王飞，任靓，裴建锁．中国对美国出口的全球价值链格局与变迁趋势．（未发表）交流论文，2021．

③ 屠新泉，苏骁，姚远．从结构性权力视角看美国霸权衰落与多哈回合困境［J］．现代国际关系，2015（8）：29－64．

④ 李杨，黄艳希．中美国际贸易制度之争——基于国际公共产品提供的视角［J］．世界经济与政治，2016（10）：114－136．

⑤ Tatiana Prazeres，林桂军，任靓．美国对华遏制和贸易秩序再平衡：对2019年WTO的回顾［J］．国际贸易问题，2020（6）：1－18．

一直不满意上诉机构的裁决，认为世界贸易组织及其上诉机构未能及时阻止中国采取的某些贸易政策，而试图采取妥协的方式处理中美矛盾，在结果上损害了美国的利益。美国拒绝接受 WTO 及其成员关于上诉机构改革的建议。此外，随着发展中成员经济总量的不断增加，美国主张对发展中成员重新分类，强迫中国和印度等发展中成员放弃 SDT 权利。在中美双边和 WTO 多边博弈中，美国对中国的政策呈现出两面性：一面是半脱钩，对中国关闭部分美国市场，如通过加征关税限制中美贸易；另一面是通过向中国施压迫使中国开放市场。他们指出，中国应向世界发出准确的信号，表明中国将以积极的行动维护多边贸易体系。

关于 WTO 争端解决机制方面的研究，我校学者贡献颇多。林桂军、马妍妍、展金泳（2020）对 1995—2019 年 WTO 争端案件的发展趋势进行了详细分析，剖析了当前全球贸易争端机制存在的问题以及我国的应对之策。① 李杨、尹紫伊（2020）研究了美国对 WTO 争端解决机制的不满与改革诉求。② 他们认为，特朗普政府造成上诉机构停摆的原因是上诉机构在裁决案件过程中存在越权行为。上诉机构停摆有助于美国实现 WTO 改革，并建立符合美国利益的争端解决机制。屠新泉、石晓婧（2020）对争端解决机制中的权力制衡进行了考察，发现美国同时扮演着建设者和破坏者的角色，其原因主要是美国对主权观念的坚持、争端解决机制对其约束加强以及国内外形势变化这三个方面。③ 在世贸组织上诉机构陷入瘫痪之际，欧盟和加拿大提出两国将以欧 – 加临时仲裁机制代替上诉机构。针对中国是否应该加入这一机制，林桂军、任靓（2020）提出了与经常使用世贸组织争端解决机制的成员保持一致立场，择机加入临时仲裁机制和根据美国大选的形势决定是否加入临时仲裁机制这两个可灵活使用的策略。④

最后，针对我国应对本轮多边贸易体制改革的策略，我校学者也提出了政策建议。屠新泉（2019）研究了中美贸易摩擦与 WTO 改革的关系，认为美国试图构建一个有利于美国单边优势发挥的体系，从而约束中国的发展势头，维护美国的永久霸权。⑤ 对此，中国一方面要坚决回击美国的单边保护主义，另一方面要通过积极自主的改革开放，展现主动参与 WTO 改革的姿态，维护基于规则的多边贸易体制。李计广、郑育礼（2020）认为，在参与多边贸易体制改革时，中国应从国内问题、外溢效应、权力分配和价值理念四个方面制定应对方略。⑥

虽然中美经贸关系历经波折，但作为世界上最大的两个经济体和贸易体，两国求同存异、共同发展，对于世界经济的发展与稳定具有重要意义。崔凡（2018）对中美经贸

---

① 马妍妍，展金泳，林桂军．WTO 框架下的全球贸易争端研究［J］．国际贸易，2020（1）：78 – 88.

② 李杨，尹紫伊．美国对 WTO 争端解决机制的不满与改革诉求［J］．国际贸易，2020（7）：72 – 79.

③ 屠新泉，石晓婧．国家主权与国际规则：美国对世界贸易组织争端解决机制的态度变迁［J］．太平洋学报，2020，28（6）：1 – 11.

④ 林桂军，任靓，田伊娜．中国是否应该加入欧盟 – 加拿大临时仲裁机制？［J］．国际经济评论，2020（1）：20 – 30.

⑤ 屠新泉．中美贸易摩擦与 WTO 改革：分进合击的美国对华贸易策略［J］．求索，2019（6）：46 – 54.

⑥ 李计广，郑育礼．多边贸易体制改革：背景、性质及中国方略［J］．国际经济评论，2020（5）：76 – 91.

关系的未来发展趋势进行了预测。他指出，中美经贸关系长期以来是一种纵向的分工关系，但今后将逐渐向横向发展。与此同时，中美竞争与合作的主要领域正在向要素市场扩展，国企问题会日益成为中美经贸关系的焦点问题。① 中国应该以争取共赢合作为基调管理未来中美经贸关系。余心玎（2020）探讨了“三足鼎立”的新全球化双层治理体系。② 她提出，应该遵循改革全球化上层建筑，使之适应全球化经济基础的思路来解决全球失序问题。她讨论了新全球化背景下构建最优治理体系的现实可能性，并提出了有关最优治理结构的特征的理论阐述，认为由全球和区域治理机构共同组成的“三足鼎立”的双层治理体系，对公共品供给效率的提升、国际秩序的稳定以及区域有效竞争的维持均具有积极意义。

六、贸大学者贡献小结

关于中美经贸关系的研究，我校学者贡献颇多，研究成果优势主要集中在如下几个方面。

1. 较早认识到中美贸易不平衡现象在很大程度上来自统计方法的不完善。尤其是贾怀勤对此问题进行了全面和深入的研究，并对中美贸易的度量提出相关建议。

2. 用属权核算法来衡量中美贸易不平衡，特别是（许亦平、林桂军、孙华妤）创建三元属权贸易核算方法，超越了传统的二元属权贸易核算方法。结果显示，中美的贸易不平衡主要是由第三国在华投资企业对美国的出口所致。

3. 用贸易增加值衡量贸易不平衡，中国对美出口顺差中所包含的价值，相当程度是其他国家创造的增加值，中国自身创造的增加值很低。在全球价值链下，中国对美的出口为美国创造了更多就业的机会。

4. 借鉴美国国内法，深入研究 WTO 贸易规则，对我国相关法律制度建设以及 WTO 改革提出政策建议。

① 崔凡. 中美经贸关系的未来发展趋势［J］. 中国外汇，2018（5）：15－17.

② 鞠建东，彭婉，余心玎. “三足鼎立”的新全球化双层治理体系［J］. 世界经济与政治，2020（9）：123－160.

第九章

服务贸易研究[①]

1995年1月1日正式生效的《服务贸易总协定》是历史上第一个关于服务贸易的多边贸易协定。2000年以前，中国学术界对服务贸易的研究多围绕乌拉圭回合服务贸易谈判的进展、《服务贸易总协定》的主要内容、中国在“复关”“入世”谈判中的服务贸易谈判对策等问题展开研究，包括《服务贸易总协定》对国际贸易的影响、发展我国对外服务贸易的重要性以及我国服务业对外开放的对策思考等。2001年，中国“入世”以后，中国学术界主要围绕《中国入世议定书》服务贸易承诺及其影响展开研究，研究主题逐渐呈现多元化趋势，包括多哈回合服务贸易谈判、区域与诸边服务贸易规则、中国服务贸易和不同服务贸易部门的国际竞争力水平、中国服务贸易自由化的部门次序、中国服务贸易的国内规则改革、服务外包和数字服务贸易等。

一、GATT/WTO多边服务贸易谈判与中国

薛荣久（1993）全面详细地介绍了国际服务贸易的提供方式、部门分类、国际服务贸易的地位与作用以及国际服务贸易壁垒和服务贸易自由化，为国内各界更好地理解乌拉圭回合达成的《服务贸易总协定》的主要内容奠定了研究基础。[②③] 鉴于当时我国服务业发展滞后，多数贸大学者主张我国服务业开放与发展相结合，走渐进开放的道路。储祥银（1994）对中国服务贸易发展和服务业开放提出建议：改革第三产业的管理体制；加强立法，增强第三产业管理规定的透明度，实行规范化管理；积极稳妥、分阶段、有重点地开放服务市场；加速服务贸易的发展，提高服务行业的国际竞争能力；采取优惠政策，大力促进我国的服务出口。[④] 关于服务业如何对外资开放，卢进勇（1996）提出

① 本章由樊瑛编写。

② 薛荣久．论国际服务贸易（上）[J]．国际贸易问题．1993（7）．

③ 薛荣久．论国际服务贸易（下）[J]．国际贸易问题．1993（8）．

④ 储祥银．国际服务贸易的发展变化与我国第三产业对外开放 [J]．经济学家．1994（4）．

“服务业梯度开放”的观点，认为服务业应依据其竞争力状况实行对外资的梯度开放，从行业准入、持股比例、业务范围、地域范围、分支机构和高层人员等几个角度进行调控，采取逐步开放的政策。①

薛荣久和张汉林（1997）提出中国服务业对外开放的多项原则，包括国家主权自主与遵守国际通行的商务通则相结合，坚持多边与区域经贸合作相一致，按照我国服务贸易竞争力坚持逐步自由化，坚持服务贸易对外开放与对内开放相结合，坚持适度保护与鼓励和培养公平竞争相结合，积极开放国内处于空白的新型服务贸易领域，坚持在全国统一实施基础上对外开放并努力扶持中西部地区，坚持服务业产业倾斜为主、地区倾斜为辅的对外开放，服务贸易开放应积极选择有代表性的地区、行业试点，总结经验再向全国范围推广，坚持双边谈判具体承诺与创造条件实行最惠国待遇，切实贯彻“以市场换技术”“以市场引导外资投向” 的基本原则。②

张汉林（1997）所著《经贸竞争新领域：服务贸易总协定与国际服务贸易》对服务贸易总协定进行了全面介绍，并对中国服务业开放提出政策建议。该著作获得 1997 第六届“安子介国际贸易研究奖”三等奖、1998 北京市第五届哲学社会科学优秀成果奖二等奖和 2003 年第三届中国高校人文社会科学优秀成果奖二等奖。③ 在分析各成员在《服务贸易总协定》不同服务贸易部门承诺的基础上，张汉林（1998）提出关于我国服务贸易对外开放基本政策的措施建议，认为我国应深入研究世贸组织的有关协议及其条款、各国服务贸易减让和谈判策略；审查研究世贸组织各种例外条款对服务贸易适用的可能性，充分利用各种保障机制保护我国服务市场及服务企业的正当贸易利益；深入研究各国服务贸易壁垒对我国服务出口的限制，为政府谈判提供确切的事实和依据。④ 张汉林（2001）还分析了服务业对外开放与国家经济主权的关系，指出无原则的、盲目的对外开放势必损害国家经济主权。我国服务业的对外开放，只要建立在自力更生的基础之上，并坚持对外资进行依法管理，就能够保证国家经济主权不受危害。⑤

高西庆（2001）指出，面临即将加入 WTO，我国证券市场的对外开放任务显得更加紧迫。要从实际出发，把握机遇，积极稳妥地推进证券市场对外开放；同时，要不断防范和化解风险。其建议包括：中国证监会与有关方面加紧修改相应的法律法规，不断完善法律体系，为扩大开放提供一个良好法律环境，同时，要努力提高监管能力，适应对外开放需要；鼓励更多的中国优质企业到境外发行上市，提高企业在国际市场上的竞争力；逐步允许符合标准的外资企业来我国发行股票上市，优化我国证券市场的上市公司结构；允许符合境内和境外两地法定条件的内地证券公司到香港特别行政区及其他国

① 卢进勇．中国服务业对外资开放的状况和策略 [J]．管理现代化．1996（1）．
② 薛荣久，张汉林．论中国服务业对外开放 [J]．国际贸易问题．1997（2）．
③ 张汉林．经贸竞争新领域：服务贸易总协定与国际服务贸易 [M]．北京：中国经济出版社，1997．
④ 张汉林． 世贸组织与服务贸易自由化及我国的对策 [J]．国际贸易问题．1998（10）．
⑤ 张汉林．关于服务业对外开放的两个问题 [J]．思想理论教育导刊．2001（5）．

家和地区设立分支机构，参与国际证券市场运作；在适当时机，允许外资有步骤地进入我国证券市场。[①]

薛荣久、张汉林、储祥银、卢进勇和高西庆等学者提出的政策建议，为中国参与“复关”“入世”谈判提供了宝贵的决策参考。

卢进勇和杨立强（2003）提出在新一轮服务贸易谈判中，中国应做好国内各部门的协调工作，加强中国驻 WTO 代表团的工作，加强透明度，鼓励企业参与谈判，积极组织国内专家学者对 WTO 新一轮多边贸易谈判作进一步的研究，并就相关问题及时提出研究报告和对策建议。[②] 由薛荣久教授主持，薛荣久和樊瑛等（2004）编著的《WTO 多哈回合与中国》，是教育部人文社会科学重点研究基地重大项目“WTO 多哈回合与中国对策研究”的研究成果。参加项目课题组的成员有樊瑛、孙乃恒、曾华、聂广鑫、张晓亮、刘娜和袁煒博。该书第四章多哈回合服务业议题谈判，介绍了服务议题贸易谈判的背景、各成员方对谈判的态度和谈判的前景，围绕多哈回合多边服务贸易谈判的焦点问题、各方利益诉求和中国谈判建议进行了分析，并就中国在多哈回合的服务贸易谈判提出建议。[③]

石静霞（2003）探讨了新一轮服务贸易谈判中制定紧急保障措施规则的问题，着重分析了在服务贸易领域制定紧急保障措施规则的必要性，在何种模式基础上来设计紧急保障措施制度，援引该制度的理由是什么及如何界定，以及在不同的服务提供方式下如何实施紧急保障措施等。该成果于 2004 年获得第十二届“安子介国际贸易研究奖”优秀论文三等奖。[④] 石静霞（2006）出版的《WTO 服务贸易法专论》，是关于国际服务贸易法律问题的专题论述，深入阐述了服务贸易领域的核心法律问题，分析了中国在服务贸易领域相关承诺，探讨了新一轮服务谈判中的主要议题及中国的谈判立场。该成果获得 2012 年第四届“钱端升法学研究成果奖”三等奖。[⑤]

刘东升（2004）研究了国际服务贸易的发展特征，指出国际服务贸易政策具有二重性。一方面，在多边贸易体制的推动下，服务贸易壁垒逐步降低，各贸易参加国为顺应这一趋势不断调整国内经济政策；另一方面，国际服务贸易的保护程度实际上也在变相提高。[⑥] 张汉林和孙娜（2006）针对《服务贸易总协定》关于国内规制的规定、服务贸易国内规制的内涵、国内规制的三个核心要件、多哈回合服务贸易国内规制谈判的焦点和趋势等问题进行了分析，并对完善中国服务贸易国内规制提出了建议。[⑦] 樊瑛（2010）基于服务贸易模式视角，研究服务贸易模式的内涵、形式、统计特征和模式联动效应，

① 高西庆，证券市场对外开放的 5 个任务［J］. 中国改革，2001（1）.

② 卢进勇，杨立强．世贸组织新一轮服务贸易谈判前景与中国应对措施［J］．国际商务．2003（8）.

③ 薛荣久，樊瑛，等．WTO 多哈回合与中国［M］．北京：对外经济贸易大学出版社，2004.

④ 石静霞．服务贸易领域的紧急保障措施探析［J］．法学家．2003（10）.

⑤ 石静霞．WTO 服务贸易法专论［M］．北京：法律出版社，2006.

⑥ 刘东升．当前国际服务贸易的基本特征［J］．国际经济合作．2004（7）.

⑦ 张汉林，孙娜．论《服务贸易总协定》国内规制与我国服务贸易法规的完善［J］国际贸易．2006（7）.

分析服务贸易模式与服务贸易自由化的关系，指出政府制定服务贸易政策时，只有在不同服务贸易部门之间和同一服务贸易部门内部不同贸易模式之间进行很好的综合平衡，才能最大限度地获取服务贸易自由化的收益。[①] 徐进亮（2013）针对政府采购中“本国服务”的概念进行了深入探讨，分别对我国对自然人所提供的本国服务判定标准和对法人或者其他组织提供本国服务原产地判定标准提出政策建议。徐进亮的研究为我国制定“本国服务”标准，从而为充分利用 WTO 赋予各成员制定“本国服务”的自由立法权，更好地落实政府采购提供了参考。[②]

樊瑛（2012）以中国“入世”服务业开放承诺为研究基准，从“入世”十年中国服务业开放的时间维度、空间维度、结构维度和模式维度等四个维度入手，分析中国服务业开放的绩效与特征，运用中国服务业对经济贡献度、中国对世界服务贸易贡献度、中国服务贸易依存度、中国服务业 FDI 依存度、中国服务贸易开放度指数等五个测度指标测度了中国服务业开放度，并针对未来中国服务业开放面临的挑战给出政策建议。[③] 樊瑛（2016）通过回顾 2001—2015 年 WTO 多边服务贸易谈判进程，提出中国在多哈回合服务贸易谈判中的两个谈判目标与四个谈判战略，并提出后巴厘时代参与多边服务贸易谈判的四条谈判原则和四条谈判策略建议。[④] 张艳、唐宜红和周默涵（2013）分析了服务贸易自由化如何通过服务任务的外包效应、重组效应和技术促进效应影响制造业企业的生产效率并进行了实证检验，发现服务贸易自由化促进了制造业企业生产率的提高，中国服务贸易自由化对制造业企业生产率的影响存在不均匀的现象。[⑤]

贸大学者的研究表明，中国积极参与 WTO 服务贸易谈判，为中国服务贸易发展争取了良好的国际环境。服务贸易的多边自由化所带来的稳定增长环境可以带动中国服务业的全面快速发展，为中国经济转型升级提供动力。

二、区域服务贸易规则

中国近年签署的双边贸易协议中，均涵盖服务贸易内容。服务贸易在区域贸易协定中的地位正不断提升，国际贸易新规则重构的焦点集中于服务业领域。

2010 年，周念利主持的“区域服务贸易自由化机制研究”获得当年国家社会科学基金青年项目立项资助（项目编号：10CGJ016）；2013 年，周念利主持的“区域服务贸易安排的 GATS 特征及其贸易影响的经验研究”课题获得当年国家社科基金青年项目立项资助（项目编号：13CGJ031）。

---

① 樊瑛．国际服务贸易模式与服务贸易自由化研究［J］．财贸经济．2010（8）．

② 徐进亮．对本国服务判定标准的有关澄清与政策建议［J］．学海．2013（3）．

③ 樊瑛．中国服务业开放度研究［J］．国际贸易．2012（10）．

④ 樊瑛．“多哈回合服务议题与中国”［A］．孙振宇．WTO 20 年与中国［M］．北京：中国商务出版社，2016．

⑤ 张艳，唐宜红，周默涵．服务贸易自由化是否提高了制造业企业生产效率［J］．世界经济，2013，36（11）：51－71．

周念利（2008）在分析RTAs框架下的服务贸易自由化机制的基础上，对32个经济体的服务贸易自由化水平进行量化评估，以期在一定程度上把握区域服务贸易安排在多边服务贸易安排基础上所取得的进展①。周念利（2012，2012）的研究显示，发展中经济体对外缔结"区域贸易安排"能对其双边服务出口产生显著的正向影响，单纯缔结"区域货物贸易安排"不会对双边服务出口产生显著的正向影响，对外缔结"区域服务贸易安排"能显著提升双边服务出口流量，"南北型"区域贸易安排（区域服务贸易安排）对双边服务出口的促进作用要明显强于"南南型"。②③ 周念利的《缔结"区域贸易安排"能否有效促进发展中经济体的服务出口》一文获得2012/2013年度全国商务发展研究成果奖论文二等奖。周念利和郭辛捷（2012）发现，中国对外签订区域服务贸易协议的对象多数来自亚洲和拉美的发展中经济体，呈现出从"货物先行"向"货服并行"转变的趋势。在区域服务贸易自由化机制的设计方面，中国引入四大创新因素，应该从国内规制改革和服务部门开放顺序选择方面做好战略谋划与策略应对。④

周念利、王颖然和姚远（2013）认为，区域服务贸易安排在规则设计和体系架构上对多边服务贸易安排做出了明显改进，区域服务贸易自由化机制所具备的"GATS+"特征突出表现在五个方面，即设立服务贸易紧急保障机制、争端解决机制更具约束力、引入严格甚至激进的透明度义务、增加服务贸易政府采购条款和强化贸易政策审议机制。⑤周念利、张苗苗和屠新泉（2013）指出，与区域服务贸易安排呈现出的"GATS+"趋向如影随行的是，部分区域服务贸易安排还表现出明显的"GATS－"特征。"GATS－"承诺具有明显的向特定服务部门（金融服务、通信服务、商业服务和运输服务）及服务提供模式（模式3和模式4）聚集的特征。⑥ 周念利、林珊和周文灿（2015）的进一步研究结果显示，对外缔结区域服务贸易安排能对发展中经济体的双边服务出口产生显著的正向影响。其中，内含的具有"GATS－"特征的"市场准入"和"国民待遇"承诺，均不会对发展中经济体的双边服务出口产生显著的阻碍作用。⑦

林桂军（2015）的观点比较独特，他认为一国不能只依赖自由贸易协定（双边、多边或者区域）谈判来推进服务业的开放与改革，原因是服务贸易协定的谈判中，歧视型的贸易壁垒便于进行对等式的谈判，因此容易被消除。而成本型的贸易壁垒对经济的负面影响更大，但是，谈判往往难以触及。因此，他主张在参加贸易协定谈判的同时，一国还要坚持自主的开放。

① 周念利．RTAs框架下的服务贸易自由化分析与评估［J］．世界经济研究．2008（6）．

② 周念利．区域贸易安排的"双边服务贸易效应"经验研究——基于扩展引力模型的2000—2009年面板数据分析［J］．财经研究．2012（5）．

③ 周念利．缔结"区域贸易安排"能否有效促进发展中经济体的服务出口［J］．世界经济．2012（11）．

④ 周念利，郭辛捷．中国参与区域服务贸易自由化机制与对策研究［J］．国际经贸探索．2012（4）．

⑤ 周念利，王颖然，姚远．区域服务贸易自由化发展的GATS+特征分析［J］．经济经纬．2013（4）．

⑥ 周念利，张苗苗，屠新泉．区域服务贸易安排的"GATS－"特征及其成因的政治经济分析［J］．国际贸易问题．2013（10）．

⑦ 周念利，林珊，周文灿．区域服务贸易安排中"GATS－"承诺的服务贸易影响——基于发展中经济体视角的经验研究［J］．亚太经济．2015（1）．

周念利（2013）出版的《区域服务贸易自由化分析与评估》一书分析了区域服务贸易自由化机制的“GATS+”特征、区域服务贸易安排的“GATS－”特征及成因，对区域服务贸易自由化水平进行了评估，对区域服务贸易安排“特惠本质”进行了政治经济分析，对中国参与区域服务贸易自由化对策选择提出建议。2015年，该成果获得2014/2015年度全国商务发展研究成果著作奖优秀奖。[①] 周念利在区域服务贸易研究领域发表了大量研究成果，为中国参与区域服务贸易谈判提供了重要参考。

三、诸边服务贸易规则

WTO《服务贸易总协定》（GATS）奠定了国际服务贸易的开放和监管框架。但是2013年3月，美国主推在诸边层面启动TISA（服务贸易协定）谈判，致力于达成更高雄心水平的自由化目标。新理念涉及混合清单承诺、竞争中立、技术中立和模式中立等，其核心是公平自由竞争。新规则包括跨境数据自由流动、其他服务部门纪律的完善和新服务领域的引入等。

屠新泉和莫慧萍（2014）指出，中国加入TISA谈判的难点在于美国的阻挠。从TISA的谈判进程来看，各成员的承诺基本上高于GATS。中国是否能够加入，很大程度上仍然取决于美国的态度。加入TISA谈判对中国服务业的发展是一次机遇，同时，也是巨大的挑战。中国可以趋利避害，根据自身情况在TISA谈判中提出相应的主张并积极实施国内的制度改革，争取从TISA中获得最大的收益。[②] 石静霞（2015）指出，中国在全球经贸治理中，应当从被动应对的规则执行者，逐步成长为主动参与的规则引领者，积极参与新规则的构建，推动全球贸易投资的自由化进程。积极参与多边与双边以及区域和诸边谈判，重视服务贸易和投资规则并密切关注新议题，实现国内法治与国际规则间的良性互动。[③] 石静霞（2018）还提出，我国在开放经济新体制的建设中，应致力于推动经济全球化和贸易投资自由化，不断扩大服务业的对外开放，营造更公平的服务贸易竞争环境。在加快实施自由贸易区战略和“一带一路”倡议的建设过程中，密切关注国际服务贸易规则的重构动向。在RTAs（区域贸易协定）谈判中及时调整我国的应对措施，以期更有效地推动服务贸易自由化和便利化，并逐步构建全方位的服务贸易合作机制。[④]

四、中国服务业开放与服务贸易发展

中国服务业开放选择的是渐进式开放路径。林桂军（2015）指出，我国服务业开放需要考虑的最重要的两个问题，一是如何定位，二是如何确定不同部门的先后顺序。服

---

① 周念利. 区域服务贸易自由化分析与评估［M］. 北京：对外经济贸易大学出版社，2013.
② 屠新泉，莫慧萍. 服务贸易自由化的新选项：TISA谈判的现状及其与中国的关系［J］. 国际贸易. 2014（4）.
③ 石静霞. 国际贸易投资规则的再构建及中国的因应［J］. 中国社会科学. 2015（9）.
④ 石静霞. 国际服务贸易规则的重构与我国服务贸易的发展［J］. 中国法律评论. 2018（5）.

务业开放最重要的目的是提高国内的劳动生产率，服务业开放需要消除服务业的进入壁垒。服务业开放顺序的要素为：一是先开放壁垒高的部门；二是要考虑壁垒的经济效应，首先开放提高经济运行成本的壁垒，随后才开放歧视性的壁垒；三是要考虑壁垒的承担者是外商承担还是内商承担，或是内外商都要承担，建议同时开放；四是受壁垒影响部门的规模，壁垒涉及规模大的服务部门应该率先开放；五是存在壁垒的部门与其他产业（即投入－产出）的联系，若下游是制造业或消费性服务业，则应该首先开放生产性服务业。①

唐宜红和林发勤（2009）指出，服务贸易在促进我国外贸增长方式转变中的作用主要包括：优化我国的整体对外贸易结构；作为中间投入品，提高出口货物的技术含量，使货物贸易增长向集约型发展。我国需要进一步大力发展服务贸易以继续优化外贸增长方式。②李杨和张汉林（2009）研究了中国服务贸易发展的区域特征，认为要实现各区域经济贸易的协调发展，需要给予中西部及东北地区更多的政策支持。③ 宋加强和王强（2014）指出，发展中国家和发达国家现代服务贸易国际竞争力的影响因素呈现出显著差异，各国应根据实际情况采取有针对性的政策措施，使本国现代服务贸易更好、更快地发展。④

如何促进服务贸易出口、优化服务贸易结构，是我国服务贸易发展亟待解决的现实问题。对外经济贸易大学课题组受中国国际贸易促进委员会发展研究部的委托，以庄芮为项目主持人，组成了包括蔡彤娟、张晓静、郭桂霞、林佳欣和邓寅等人在内的团队，于 2015 年 12 月至 2016 年 2 月，以“我国服务贸易出口促进政策效果”为题，进行了深入广泛的企业调研，并在此基础上形成《我国服务贸易出口促进政策效果调研报告》。该报告重点调研分析了如下问题：（1）国家已经出台了诸多鼓励和支持服务贸易出口的政策，这些政策的推行存在哪些障碍？（2）服务贸易出口促进政策的实际效果如何？（3）企业在服务贸易出口方面还有哪些诉求？报告全文包括四个部分及四个附件。第一部分为引言，说明调研背景、调研目标和调研方法等情况。第二部分对我国服务贸易出口促进政策进行了分类。第三部分为企业问卷调查结果分析。第四部分是对我国服务贸易出口促进政策效果的总体评价与政策建议。综合实地走访、企业座谈会及问卷调查的全部调研结果，服务贸易出口企业对我国服务贸易促进政策总体是满意的，但也存在一些具体问题，如财税政策的落实问题、服务贸易监管体系问题、人才支持政策不够宽松和政策宣传力度不足等。为此，课题组建议，改革服务贸易现有监管模式，应尽快建立健全适应服务贸易发展、区别于传统货物贸易的监管体系；改进服务贸易政策实施方式；加大对服务贸易领域人力资本的支持，解决服务贸易发展的人才瓶颈问题；加大政策宣传力度。该报告获得 2017 年全国商务发展研究成果奖报告类优秀奖。

刘东升和王春艳（2015）研究指出，要想保持我国服务贸易进出口的协调和稳定发

---

① 林桂军．从上海看自贸（试验）区服务业开放的定位和顺序［J］．深圳大学学报（人文社会科学版）．2015（6）．

② 唐宜红，林发勤．服务贸易对中国外贸增长方式转变的作用分析［J］．世界经济研究．2009（3）．

③ 李杨，张汉林．中国服务贸易区域协调发展的政策措施［J］．国际贸易．2009（9）．

④ 宋加强，王强．现代服务贸易国际竞争力影响因素研究——基于跨国面板数据［J］国际贸易问题．2014（2）．

展，必须加强外资投入的管理，做好服务业外资流入的引导，实现服务行业的外资结构协调增长。[①] 李杨和盖新哲（2015）指出，我国应努力推动多层次的服务业扩大开放，积极通过区域贸易合作和单边自主路径扩大服务业开放；采取积极的渐进式负面清单开放模式；重点加快以生产性服务为主的价值链相关服务业开放；在服务业扩大开放中，确保不同提供模式的协调；努力实现对外开放与对内改革的充分结合。[②] 王拓和刘晓峰（2016）指出，政府的定位应该是打击非法的市场活动，维护好市场秩序和引导积极合作等作用，而不是建立某种制度，限制市场活动。[③] 王拓（2016）指出，中国要从顶层设计高度，完善服务贸易出口促进体系和相关战略，不断提升我国的服务贸易国际竞争力。[④]

任靓、林桂军和赵绍全（2016）研究了美国推动服务业贸易自由化的动机及服务贸易谈判的互惠基础。要应对美国服务贸易自由化的压力，需要从其试图扭转贸易不平衡和拓展跨国公司价值链两个方面加以应对。服务业的开放应服务于建设制造业强国的目标，优先开放生产性服务业，保证制造业升级目标的实现。[⑤] 王思语和林桂军（2017）建议，从供给角度出发，提升服务业社会供给与创新；有序破除行业垄断，放宽准入限制，引进服务业外资；加速优化服务业供给结构和人力资源结构，建立相应的配套法律体系与措施；促进制造业和服务业联合发展，全面提升国家整体竞争实力。[⑥] 王聪和林桂军（2017）研究了中国服务贸易强国之路的理论内涵和现实问题，提出政策建议：负面清单制度的完善应与增强国内服务业竞争目标相一致；全面推广负面清单与登记备案制相结合的制度安排，增强市场活力；进一步理清负面清单建设与贸易调整援助措施之间的界限。[⑦]

2015 年 9 月—2016 年 11 月，刘东升承担并完成了商务部课题“服务贸易发展‘十三五’规划纲要前期研究”，为 2017 年 3 月正式颁布的《服务贸易发展“十三五”规划》提供了扎实的前期研究基础和政策建议。刘东升和张志醒（2017）研究了经济新常态下我国服务贸易的运行特征。“十三五”时期，我国服务贸易发展应该以结构调整、创新驱动和转型升级为目标，培育服务贸易发展的新模式、新业态和新动能，提升服务贸易质量。[⑧] 谭文君、崔凡和杨志远（2019）研究发现，负面清单管理制度在推进中国行政管理透明度、构建公平合理的竞争环境等方面发挥了重要作用，建议建立适合中国国情的负面清单管理模式，更好地适应服务业发展。[⑨]

---

① 刘东升，王春艳．进口贸易与 FDI：服务业的实证研究［J］．国际商务（对外经济贸易大学学报）．2015（1）．

② 李杨，盖新哲．层级差异、模式举证与我国服务业开放取向［J］．改革,2015（7）．

③ 王拓，刘晓峰．“一带一路”背景下我国服务贸易促进体系构建及政策建议［J］．现代管理科学．2016（1）．

④ 王拓．中美比较视角下我国服务贸易发展策略思考［J］．国际贸易．2016（2）．

⑤ 任靓，林桂军，赵绍全．如何应对美国推动服务贸易自由化的挑战［J］．国际贸易．2016（6）．

⑥ 王思语，林桂军．供给侧改革背景下的我国服务业发展思考［J］．国际贸易．2017（3）．

⑦ 王聪，林桂军．中国服务贸易强国之路研究——理论内涵、现实问题及政策建议［J］．国际贸易．2017（8）．

⑧ 刘东升，张志醒．新常态背景下我国服务贸易的运行特征及政策选择［J］．国际贸易．2017（7）．

⑨ 谭文君，崔凡，杨志远．负面清单管理模式对上海自贸区服务业资本流动的影响——基于合成控制法的分析［J］．宏观经济研究．2019（5）．

五、中国教育服务与运输服务贸易

教育服务贸易是我国服务贸易的重要组成部分。在教育服务贸易研究领域，陈准民（2001①）、屠新泉（2001②）和张汉林（2002③）研究了“入世”对我国高等教育服务的影响。韩琪和王建坤（2012）探讨了中国高等教育服务贸易逆差的成因。④ 林桂军和任靓（2014）提出开放型经济视角下我国教育服务贸易的发展战略：放宽教育领域的投资准入，推进投资制度建设，优化多方投资结构；深化自由贸易区中的教育合作；培育我国教育服务贸易的竞争优势。⑤ 张国军（2014）从出国留学和来华留学两个层面梳理中国境外消费教育服务贸易的发展历史和现状。⑥ 周金凯（2019）研究发现，科技、环境卫生和教育条件等因素与美国对华国际教育服务贸易出口的关联度较高，是影响美国对华国际教育服务贸易的关键因素。⑦

在运输服务贸易研究领域，王晓东和王强（2004）通过量化分析影响我国货运需求的因素，提出经济全球化对我国货运需求的影响程度的定量依据。⑧ 王晓东和胡瑞娟（2006）计算了我国及世界主要国家运输服务贸易的描述性统计指标、贸易竞争力指数（NTB）及显性比较优势指数（RCA），对我国运输服务贸易的国际地位进行了现状分析及动态分析。⑨ 胡瑞娟、匡林和王晓东（2006）介绍了中国民航管制制度的变迁，并运用多项指标，比较全面地归纳了中国民航运输业市场化发展以来的业绩表现。⑩ 储昭昉和王强（2010）指出，国际贸易的波动比经济的波动对航空货运影响更大，而航空货运的冲击对国际贸易的影响比其对经济发展的影响更大。⑪ 储昭昉、王强和张蕙（2012）研究发现，货物贸易及服务业发展水平、城市化水平、运输服务贸易开放度和加入 WTO 等，都对我国运输服务贸易出口竞争力有显著影响。⑫ 王强、张琼和杨杭军（2014）运用推测变分模型，测度分析了中国民航业的竞争行为、影响竞争行为的关键因素及其影响效应，并从航空公司如何提升自身竞争力和政府如何建立公平有效的市场竞争机制两

---

① 陈准民．入世对我国高等教育的影响及对策［J］．中国高等教育．2001（5）．

② 屠新泉．入世与我国高等教育服务业的发展［J］．国际贸易问题 2001（7）．

③ 张汉林．世贸组织成员教育服务贸易开放研究［J］．国家高级教育行政学院学报．2002（2）．

④ 韩琪，王建坤．中国高等教育服务贸易逆差的探讨［J］．国际贸易．2012（4）．

⑤ 林桂军，任靓．开放型经济视角下我国教育服务贸易发展战略研究［J］．国际贸易．2014（10）．

⑥ 张国军．我国境外消费教育服务贸易发展现状及对策［J］．中国高教研究．2014（1）．

⑦ 周金凯．中美两国国际教育服务贸易逆差的影响因素分析——基于逐步回归分析［J］．国际商务（对外经济贸易大学学报）．2019（2）．

⑧ 王晓东，王强．经济全球化对我国货运需求影响的实证研究［J］国际贸易问题．2004（5）．

⑨ 王晓东，胡瑞娟．我国运输服务贸易竞争力分析［J］国际贸易问题．2006（12）．

⑩ 胡瑞娟，匡林，王晓东．中国民航运输业市场结构与市场绩效实证分析［J］．旅游学刊．2006（10）．

⑪ 储昭昉，王强．航空物流与国际贸易的关系：基于中国的实证研究［J］国际贸易问题．2010（5）．

⑫ 储昭昉，王强，张蕙．我国运输服务贸易竞争力的实证分析［J］国际商务（对外经济贸易大学学报）．2012（5）．

个方面，提出了中国民航业持续快速和健康发展的政策建议。[①]

杨杭军等（2013[②]，2014[③]）将NEIO方法引入对中国民航业市场结构和竞争行为的研究分析中，首次运用航线层面上的实际客运量和票价数据对整个中国民航市场进行分析，并从微观角度构建和估计了我国民航市场的运营成本和需求弹性。这是中国航空市场研究的一个突破，丰富了民航市场结构的研究，有利于加快和深化中国民航业进一步改革和公开竞争政策的制定，且有利于航空公司应对外来的竞争，确定合理的竞争策略和发展战略，从而提升自身的竞争力。该研究成果被北京市哲学社会科学京津冀协同发展研究基地的智库报告《京津冀协同发展的共赢之路》引用，并于2015年获得教育部第七届高等学校科学研究优秀成果奖三等奖，2017年获得北京市第十四届哲学社会科学优秀成果奖二等奖。

杨杭军（2012[④]，2017[⑤]，2019[⑥]）通过构建民航与高铁竞争与合作的理论模型，实证分析了高铁对民航的影响和高铁运营特征对民航市场需求影响的力度。该成果被收入高校智库报告《以开放促改革，加快经济转型和创新步伐》，受到商务部领导的高度重视和肯定。成果于2014和2019年分别获得北京市第十三和十五届哲学社会科学优秀成果二等奖，2020年获得教育部第八届高等学校科学研究优秀成果奖二等奖。杨杭军（2018[⑦]，2019[⑧]）聚焦铁路改革对中国铁路贸易多样化的影响，通过分析企业层面和产品层面的变量，表明铁路主辅分离改革确实提升了铁路运输效率，增加了铁路出口企业的竞争能力，铁路局直管站段体制改革对铁路进口在企业和产品两个层面的进口额、集约边际和扩展边际产生了更为显著的负向作用。其中，私人企业和外资企业受到的损害更大，而国有企业在改革之后受到更多的青睐甚至正向作用。

---

① 王强，张琼，杨杭军．中国民航业竞争行为的测度及其影响因素——基于公司和航线面板数据的实证研究［J］．中国工业经济．2014（5）．

② Q Zhang，H Yang，Q Wang. Market conduct of the three busiest airline routes in China［J］. *Journal of Transport Economics and Policy*，2013.

③ Q Zhang，H Yang，Q Wang，A Zhang. Market power and its determinants in the Chinese airline industry［J］. *Transportation Research Part A*，2014.

④ H Yang，A Zhang. Effects of high-speed rail and air transport competition on prices，profits and welfare［J］. *Transportation Research Part B*.

⑤ Q Zhang，H Yang，Q Wang．Impact of high-speed rail on China's Big Three airlines［J］．*Transportation Research Part A*，2017．

⑥ A Zhang，Y Wan，H Yang．Impacts of high-speed rail on airlines，airports and regional economies：A survey of recent research［J］．*Transport Policy*，2019．

⑦ H Yang，C．Wang and H．Yuan The impact of railway reform on corporate export：The case of China［J］．*Transportation Research Part A*，2018（118）：627－647．

⑧ H Yang，C．Wang，K．Wang and H．Yuan The impact of rail dispatch system reform on import by rail—Empirical evidence from a natural experiment in China［J］．*Transport Policy*，2019（79）：165－176．

六、北京服务业开放与服务贸易发展

服务首都经济建设，围绕北京“四个中心”建设定位，深入探索北京服务业扩大开放，进一步提升北京现代服务业和服务贸易发展水平，为北京构建开放型经济新体制提供政策建议和智力支持，是对外经济贸易大学始终坚持的研究导向之一。

2015 年 5 月，国务院批复《北京市开展服务业扩大开放综合试点总体方案》，同意在北京市开展为期三年的服务业扩大开放综合试点。王强（2014）作为项目主持人，带领团队成员樊瑛、王晓东、杨杭军、刘青和薛熠，针对“6+1”，即科学技术服务领域、互联网和信息服务领域、文化教育服务领域、金融服务领域、商务和旅游服务领域、健康医疗服务领域和深化对外投资管理体制改革进行了研究。团队的研究成果为《北京市开展服务业扩大开放综合试点总体方案》（2015））奠定了基础。[①]

2020 年 9 月，国务院批复《关于深化北京市新一轮服务业扩大开放综合试点建设国家服务业扩大开放综合示范区工作方案》，北京市服务业扩大开放正式由“试点”升级为“国家级示范区”。王强（2020）作为项目主持人，带领团队成员杨杭军、薛熠、樊瑛、邓慧慧、王晓东、李海莲和马文良，对推动北京市重点领域深化改革扩大开放、推动重点园区示范发展、形成与国际规则接轨的制度创新体系、优化服务业开放发展的要素供给等重点任务进行了深入研究。研究成果为《深化北京市新一轮服务业扩大开放综合试点　建设国家服务业扩大开放综合示范区工作方案》（2020）奠定了基础。[②]

在北京市服务贸易研究领域，黄健青、陈进和殷国鹏（2010）通过对比研究、调查研究和评估实证等方法，对北京现代服务业的重点行业发展进行了评估并提出相关政策建议。[③] 吴贤彬和陈进（2012）剖析了北京市服务业各分行业的结构效应与竞争力效应随时间推移的动态变化趋势，发现北京市服务业内部结构存在有待优化和相对竞争优势正逐渐减弱等深层次问题。[④] 黄健青和张娇兰（2012）研究发现，京津沪渝服务贸易竞争力与服务贸易出口开放度、外商直接投资、人才储备水平、科研投入水平、第三产业比重、货物出口比重以及国内生产总值之间，存在长、短期均衡的关系。[⑤] 李杨和程斌琪（2017）研究表明，以科学研究、技术服务为代表的高端生产性服务业，对高端制造业增加值增长的贡献效率远低于劳动投入。因此，北京市应加大科技创新和研发投入，提供金融科技和监管科技，推动生产性服务业供给侧结构性改革，形成生产性服务业与

① 2014 年北京市商务局横向课题“北京市优势产业扩大开放研究”（14HX145 主持人：王强）.

② 2020 年北京市商务局横向课题“北京市下一轮服务业扩大开放综合试点的重点及对策研究”（20HX023，主持人：王强）.

③ 黄健青，陈进，殷国鹏．北京现代服务业发展研究［J］．国际贸易问题．2010（1）.

④ 吴贤彬，陈进．北京市服务业结构和竞争力的动态偏离 – 份额分析［J］．国际贸易问题．2012（4）.

⑤ 黄健青，张娇兰．京津沪渝服务贸易竞争力及其影响因素的实证研究［J］国际贸易问题．2012（5）.

高端制造业融合发展的格局。①

刘斌、李宏佳和孙琳（2018）研究表明，北京市服务业开放提高了京津冀企业的价值链参与程度和分工地位，但价值链升级效应具有区域差异性，省际贸易壁垒和地区技术差距等因素对北京市服务业开放的价值链升级效果影响较大。扩大北京市服务业区域辐射范围，协调京津冀地区的产业发展具有重要的现实意义。② 太平和鞠波（2021）研究表明，京津对外开放水平的提升对相邻地区服务业发展有显著正向作用。建议继续推动京津服务业对外开放，重视服务业科技创新，扩大服务业市场需求，打破行政壁垒，促进区域协同。③

七、服务外包

姜荣春和刘绍坚（2010）提出，后危机时代，中国服务外包产业机遇与挑战并存。尽管全球服务外包市场萎缩，贸易保护主义兴起，但服务全球化的趋势不会逆转，外包业务将加快向发展中国家、综合型业务、多元化领域、价值链高端转移。应科学辩证地处理在岸市场与离岸市场的关系，既支持发展离岸业务，也推动国内市场加快形成；多措并举，推动产业发展从“成本导向”向“价值导向”转型升级；支持国际化进程，“引进来”与“走出去”并举；继续推进离岸市场多元化；全面优化服务外包产业生态环境。该成果获得 2011 年度全国商务发展研究成果奖论文优秀奖。④ 姜荣春（2014）指出，全球服务外包已从早期少数国家和地区从事的“俱乐部活动”扩散为大多数国家和地区竞相参与的常规性经济活动。发展中国家日益释放出越来越多的真实服务外包需求，不仅为产业增长提供新动力，还有利于促进多层次发展和提升全球化水平。应从国家层面重新统筹规划适用于现代服务业发展的新型政策体系，营造有利于服务外包产业发展的整体环境。⑤ 姜荣春（2019）认为，服务外包对于北京高质量发展具有重要意义，应抓紧研究加快高端转型的具体措施。应支持中低端业务分流，专注发展高端业务；研究制定专门目录，解决统计难问题；针对转型痛点难点，实施针对性支持政策；积极利用“一带一路”框架，促进提升北京高端服务的国际影响力和话语权；支持跨国公司专属研发中心和共享中心加快发展等。⑥ 姜荣春（2020）指出，北京的重要优势在于高科技和服务经济。建议通过吸引全球顶尖医疗资源，推动医药卫生产业全球价值链升级；支持国

---

① 李杨，程斌琪．北京市生产性服务业发展与高端制造业增长［J］．北京社会科学．2017（10）．

② 刘斌，李宏佳，孙琳．北京市服务业开放对京津冀价值链升级影响的实证研究［J］．国际商务（对外经济贸易大学学报）．2018（2）．

③ 太平，鞠波．京津对外开放的服务业空间效应与协同发展［J］．首都经济贸易大学学报．2021（1）．

④ 姜荣春，刘绍坚．后危机时代中国服务外包产业发展的机遇、挑战及路径选择［J］．国际贸易．2010（7）．

⑤ 姜荣春．全球服务外包产业发展演进：主要轨迹、典型事实及政策建议［J］．国际贸易．2014（5）．

⑥ 姜荣春．加快北京服务外包产业高端化转型的建议．（该稿刊发于北京社科基金《成果要报》2019 年第 19 期，获北京市主要领导批示。）

内外顶尖金融机构入驻，促进金融资源向首都集聚；加快高等教育、高端研发和文化领域扩大开放，探索创建综合开放特区；制订高精尖产业人才引入计划，加大对国际顶尖人才针对性招聘力度等政策引导，探索在常态化疫情防控中扩大服务业开放的有效路径。①

八、服务贸易与 GVC

发展服务贸易是中国深化与世界合作的重要领域。未来，全球开放的主要领域也在服务业。促进服务业开放，是中国深度融入经济全球化过程、提升全球价值链的重要途径，有利于突破“低端锁定”效应，逐步向价值链高端环节不断攀升。

周念利（2014）从“服务中间投入”视角出发，对中国几个典型的垄断性服务部门改革（铁路、航空、电信和金融）对制造业企业劳动生产率的影响及其异质性展开经验研究。从服务业和制造业互动视角来看，中国有必要在生产性服务部门继续推进“打破垄断、放松管制、促进竞争”的市场化改革。该成果获得 2017 年北京市第十四届哲学社会科学优秀成果奖二等奖。②

刘斌、魏倩、吕越和祝坤（2016）运用投入产出表、中国工业企业数据和海关进出口企业数据等合并数据，系统考察了制造业服务化对企业价值链升级的影响。研究发现，制造业服务化不仅提高了我国企业价值链的参与程度，而且显著提升了我国企业在价值链体系中的分工地位。此研究创新性地建立了制造业服务化与价值链升级的理论范式，不仅对价值链升级做了较为准确的度量，而且在计量上准确识别了制造业服务要素投入异质性对价值链升级影响的差异，为以后学者研究制造业服务化和价值链升级的相关问题奠定了坚实基础。该成果获得 2017 年度全国商务发展研究成果奖三等奖。③ 刘斌和王乃嘉（2016）在国内首次对制造业投入服务化的贸易效用进行了考察，采用最新公布的世界投入产出表（WIOD）、中国工业企业数据以及海关进出口企业数据的合并数据，从企业出口的扩展边际（企业是否出口、出口产品种类和出口市场范围）和集约边际（企业出口产品价格和数量）的视角，综合考量制造业投入服务化对企业出口表现的影响。该成果获得 2018 年第二十届“安子介国际贸易研究奖”论文三等奖。④

郑休休和赵忠秀（2018）研究了全球价值链视角下生产性服务中间投入对制造业出口最终品和中间品的影响并指出，发展中经济体应重视发展生产性服务业，提高服务贸易开放水平以促进制造业使用发达经济体先进服务中间品，推进贸易转型升级，努力摆

① 姜荣春. 瞄准行业顶尖加快北京服务业扩大开放的建议.（该稿刊发于北京社科基金《成果要报》2020 年第 35 期，获北京市主要领导批示。）

② 周念利. 中国服务业改革对制造业微观生产效率的影响测度及异质性考察——基于服务中间投入的视角 [J]. 金融研究. 2014（9）.

③ 刘斌，魏倩，吕越，祝坤福. 制造业服务化与价值链升级 [J]. 经济研究. 2016（3）.

④ 刘斌，王乃嘉. 制造业投入服务化与企业出口的二元边际——基于中国微观企业数据的经验研究 [J]. 中国工业经济. 2016（9）.

脱“锁定效应”，提升在全球价值链中的获益。[①] 刘斌和赵晓斐（2020）研究表明，制造业投入服务化与服务贸易壁垒的交互作用主要是通过缩短生产步长和提高中间品价格两种渠道降低全球价值链分工水平，二者的交互效应对全球价值链分工产生逆向冲击。[②] 牛华等（2020）采用复杂社会网络分析方法，分别从整体、板块和个体三个层面，考察了“一带一路”服务贸易关系网络的结构演化特征。研究发现，互惠关系、贸易协定、互联网应用、贸易自由度及资本自由度对服务贸易网络关系的形成具有显著的正向作用，地理距离则具有显著负向作用。[③] 牛华和张梦锦（2020）利用世界投入产出表，测算了 2000—2014 年中国及主要经济体服务业全球价值链参与度指数。经测算发现，我国服务业全球化参与水平还不高，迫切需要加快转变理念和思路，着力在深化对外开放、营造良好贸易环境及促进贸易多元化发展上下功夫。我国在促进服务业全球价值链参与程度的同时，需警惕贸易风险，促进服务贸易多元化发展。[④]

九、数字服务贸易

在全球数字贸易治理体系构建过程中，各国由于在数字贸易相关产业上的比较优势迥异，提出了不同的规则诉求，并基于不同的路径来推出与践行体现其意志的数字贸易规则。

中美两国是全球数字贸易发展的最大利益攸关者，在构建全球数字贸易规制体系中可谓亦敌亦友。周念利、陈寰琦和黄建伟（2017）对数字贸易规则 “美式模板”的典型特征进行了提炼，并在此基础上，对数字贸易规则“中式模板”的框架和重要关切进行了研判。数字贸易规则的“美式模板”主要由“电子商务章”“跨境服务贸易章”“知识产权章”和“信息技术合作章”等共同构成。从内容上看，数字贸易规则的“美式模板”呈现出如下典型特征：力推“跨境数据自由流动”和“数据存储非强制当地化”；倡导数字传输永久免关税待遇；明确传统贸易投资规则对数字服务的适用性；推崇“网络开放”和“技术中立”原则；禁止以“开放源代码”作为市场准入的前提条件；推出更富有约束力和普遍性的 ICT 合作宣言；既有数字服务贸易规则，对新服务具有自动适用性。数字贸易“美式模板”中，雄心水平较高的第二代规则（“跨境数据自由流动”“数据存储设备非强制当地化”“网络开放”和“禁止要求开放源代码”等）确实会给中国带来较大挑战。中国有必要从“减少甚至剔除不合理的阻碍数据跨境流动的部门规章”“改进数据监管技术对数据进行分类管理”和“加强与主要贸易伙伴就跨境隐私保护展

① 郑休休，赵忠秀. 生产性服务中间投入对制造业出口的影响——基于全球价值链视角［J］. 国际贸易问题. 2018（8）.

② 刘斌，赵晓斐. 制造业投入服务化、服务贸易壁垒与全球价值链分工［J］. 经济研究. 2020（7）.

③ 牛华，兰森，马艳昕.“一带一路”沿线国家服务贸易网络结构动态演化及影响机制［J］. 国际商务（对外经济贸易大学学报）. 2020（5）.

④ 牛华，张梦锦. 中国服务业全球价值链参与度的测算及国际比较［J］. 统计与决策. 2020（19）.

开规制协调”等方面做出努力。[①]

周念利和陈寰琦（2018）研究了数字贸易的欧式模板，欧盟的数字贸易规则从“软性语言”逐步过渡为“进攻性条款”。欧盟区别不同的缔约方做出灵活多变的承诺，但在“隐私保护”和“视听例外”上，立场始终如一。该成果围绕其三大争议点，即“跨境数据自由流动”“知识产权保护”和“视听例外”进行深入研究，并对其未来的演变趋势进行研判。[②] 周念利和陈寰琦（2019[③]，2020[④]）指出，美国积极推进 RTAs 框架下美式数字贸易规则的演进升级及扩展适用，标志着全球数字贸易发展的政策环境正在发生改变。研究表明，贸易双方在签署 RTAs 中，涵盖美式数字贸易规则可显著促进双边数字贸易发展；在 7 项代表性美式数字贸易规则中，跨境数据自由流动、数据存储非强制本地化以及源代码保护规则所带来的贸易促进作用更为显著。美式数字贸易规则对金融、保险及其他商业服务贸易的正向促进效果更显著，对个人娱乐贸易的促进作用不明显。贸易双方经济发展水平差距越大或双方互联网发展整体水平越低，美式数字贸易规则对双边数字贸易流量的促进作用越大。

周念利和李玉昊（2019[⑤]，2020[⑥]）指出，数字知识产权规则是数字贸易规则“美式模板”的重要组成部分，集中体现在美国签订的一系列区域贸易协定之中。中美虽然签订了第一阶段的贸易协定，但由于两国在数字贸易领域的利益不同，数字知识产权规则“美式模板”可能会在“源代码非强制本地化”“数字内容版权保护”“互联网服务提供商责任”三个方面给中国带来挑战。中国可以在履行中美第一阶段贸易协定的基础上，继续对接“美式模板”的合理成分，同时，坚守维护国家网络主权和网络安全的底线。

蓝庆新和窦凯（2019）基于“熵值法”构建国际竞争力综合评价体系，对比 2008—2017 年全球经济总量排名前十的国家的数字贸易国际竞争力水平，得出的结论是，中国数字贸易国际竞争力呈现快速增长态势，但与美德英三国相比，仍然存在一定差距。技术水平、数字贸易产业开放度、第二产业劳动生产率、第三产业劳动生产率和政府政策对数字贸易国际竞争力有明显的正向效应，由于人才体系不匹配导致人力资本对数字贸易国际竞争力存在明显的负向效应。因此，中国应通过加强顶层战略设计、重视技术创新能力建设、进一步扩大对外开放、推动关联性产业发展以及加大数字领域人才培养力度，推动数字贸易发展壮大。[⑦] 蓝庆新和窦凯（2019）还指出，美欧日作为当前数字经济和数字贸易的引领者，正逐渐将各自的影响范围进行对接以形成较大的“数字利益圈”，

---

① 周念利，陈寰琦，黄建伟. 全球数字贸易规制体系构建的中美博弈分析［J］. 亚太经济. 2017（4）.

② 周念利，陈寰琦. 数字贸易规则“欧式模板”的典型特征及发展趋向［J］. 国际经贸探索. 2018（3）.

③ 周念利，陈寰琦. 基于《美墨加协定》分析数字贸易规则“美式模板”的深化及扩展［J］. 国际贸易问题. 2019（9）.

④ 周念利，陈寰琦. RTAs 框架下美式数字贸易规则的数字贸易效应研究［J］. 世界经济. 2020（10）.

⑤ 周念利，李玉昊. 数字知识产权保护问题上中美的矛盾分歧、升级趋向及应对策略［J］. 理论学刊. 2019（4）.

⑥ 周念利，李玉昊. 数字知识产权规则“美式模板”的典型特征及对中国的挑战［J］. 国际贸易. 2020（5）.

⑦ 蓝庆新，窦凯. 基于“钻石模型”的中国数字贸易国际竞争力实证研究［J］. 社会科学. 2019（3）.

企图掌控全球数字贸易规则制定的主导权。为加快数字贸易发展，中国应加强数字贸易顶层战略设计，积极参与数字贸易规则谈判，推动支持性要素可持续发展，完善国内数字贸易规则体系建设。①

周念利和姚亭亭（2021②，2021③，2021④）根据欧洲国际政治经济中心出台的数字贸易限制指数，采用计量方法对全球 44 个国家的跨境数据流动限制性政策与其数字服务进口之间的相关性进行研究，并从多个视角对其展开异质性分析。研究表明，一国对跨境数据流动的管制越严苛，越不利于该国对数字服务的进口；信息与通信技术的发展水平，能调节跨境数据流动限制性政策对数字服务进口的影响；使用加密技术的服务器，可减少该限制性政策对数字服务进口的阻碍作用；数据流动限制性政策的贸易效应，因服务业发展水平的不同而有差异。

数字贸易概念覆盖的宽窄，直接影响对各国数字贸易营商环境的评估和各国参与国际规则制订的博弈。贾怀勤（2019）厘清了数字贸易的定义，并对评估数字贸易营商环境的中外 3 份报告给予介评，认为美国国际贸易委员会 2017 年《全球数字贸易 1：市场机会与外国贸易限制》和欧洲国际政治经济中心提出的全球数字贸易限制指数力推“数字自由流动”，对中国等新兴经济体的营商环境进行责难；而上海社会科学院发布的《全球数字贸易促进指数报告》（2018）则从促进全球数字贸易发展的目标出发，在研究的设计和执行上严格遵循科学的研究方法，所编制的指数和所做的分析更能客观地描述发展中国家数字贸易的发展状况。贾怀勤在文中对中国参与数字贸易国际规则制定博弈提出四条建议。⑤ 贾怀勤（2020）通过阐述当前国际数字贸易竞争和博弈情势，分析中国面临的机遇和挑战，以货物和服务为交易标的的数字贸易作为双核架构，以业务运作、商务管理和数字贸易规则、数字贸易测度作为一体两翼，提出推进中国数字贸易和为国际社会贡献中国方案的建议。⑥

十、服务贸易统计

贾怀勤教授在服务贸易统计领域的研究，推动了中国服务贸易统计制度的建立。

1997 年 4 月，原外经贸部派出考察组赴欧美考察服务贸易统计制度开发情况，贾怀勤是唯一参加考察的非政府官员。考察组拜访了欧盟统计局、比利时国家银行、卢森堡

① 蓝庆新，窦凯．美欧日数字贸易的内涵演变、发展趋势及中国策略［J］．国际贸易．2019（6）．

② 周念利，姚亭亭．数字服务贸易限制性措施贸易抑制效应的经验研究［J］．中国软科学．2021（2）．

③ 周念利，姚亭亭．数据跨境流动限制性措施对数字贸易出口技术复杂度影响的经验研究［J］．广东财经大学学报．2021（2）．

④ 周念利，姚亭亭．跨境数据流动限制对数字服务进口的影响测度及异质性考察［J］．国际商务（对外经济贸易大学学报）．2021（2）．

⑤ 贾怀勤．数字贸易的概念、营商环境评估与规则［J］．国际贸易．2019（9）．

⑥ 贾怀勤．数字贸易的双核架构和一体两翼［J］．国际经济合作．2020（6）．

贸工部、联合国统计司和美国商务部。考察结束，原外经贸部委托贾怀勤起草报告。报告总结了考察组此行所获知的情况并预估未来数年将出现的情况，建议中国在继续完善国际收支统计之外，加强对国外附属机构统计方法的研究。筹划建立中国自己的外国附属机构服务贸易（FATS）统计，可以先从内向 FATS 统计做起，第二步做外需 FATS 统计。自此，相关部门和机构加强了对这方面国外动态和研究成果的跟踪。

贾怀勤（1998）首次提出国际收支口径的服务贸易与国外服务机构贸易统计的“二元架构”概念。①

2000 年 2 月，贾怀勤写信给原外经贸部部长石广生，建议健全和完善符合国际规范的服务贸易统计。他提出了八点建议，主要有：国际服务贸易统计应包括对跨境服务贸易的统计和对外商投资企业在引资国服务销售的统计。前者属于国际收支（BOP）统计范畴，在我国由国家外汇管理局牵头负责；后者属于外国附属机构服务贸易统计，我国尚未建立。FATS 统计须建立在外商投资统计框架的基础上，而外经贸部又负责外商投资统计，所以它负有责无旁贷的责任并具有独特的优势。BOP 统计和 FATS 统计，两者是相辅相成的关系，综合在一起，可以反映我国服务贸易的总体规模和结构。两者的衔接和综合最好由国家统计局牵头负责。服务贸易涵盖金融保险、旅游、信息、咨询、教育等许多产业部门，因此，在服务贸易统计工作中，需要这些管理机构的大力配合。要做 FATS 统计，不能依靠计划经济时代的报表方式，需要借助于灵活多样的统计数据采集方式。

2002 年，贾怀勤受中国对外经济贸易统计学会委托，撰写综合研究报告《国际机构和主要国家的服务贸易统计研究和实施情况》，提交给原外经贸部。内容包括：（1）《国际服务贸易统计手册》（以下简称《手册》）开发过程；（2）重点介绍即将出台的《手册》处理 GATS 提交与现行统计体系关系的协调方案；（3）《手册》实施的渐进性；（4）美国率先建立起较为规范的二元架构的服务贸易统计体系；（5）加拿大的 FATS 统计：由研究走向实践；（6）经合组织和欧盟在建立和完善服务贸易统计方面的努力；（7）对中国的建议：跟踪调研，统筹规划；尽快上马，分布完善；更新观念，依法统计。

贾怀勤（2002）论述了从现有服务贸易统计资源与 GATS 关于服贸数据需求间的巨大差距，看建立 FATS 统计的必要性，提出创建我国 FATS 统计的迫切性，并为建立我国 FTAS 提供建议。② 贾怀勤（2003）将前述《国际机构和主要国家的服务贸易统计研究和实施情况》报告的主要内容分别撰写成 4 篇文章发表。③

---

① 贾怀勤．论二元架构的服务贸易统计［J］．国际商务（对外经济贸易大学学报）．1998（1）．

② 贾怀勤．我国入世与服务贸易统计——建立外国附属机构服务贸易统计的迫切性及建议［J］．国际贸易问题．2002（10）．

③ 贾怀勤．美国对国际服务贸易统计制度的促进及动因［J］．统计研究．2003（10）．

贾怀勤．从《服务贸易总协定》到《国际服务贸易统计手册》［J］．国际商务研究．2003（5）．

贾怀勤．国际服务贸易统计的发展背景［J］．国际商务（对外经济贸易大学学报）．2003（3）．

贾怀勤．服务贸易四种提供方式与服务贸易统计二元构架的协调方案——《国际服务贸易统计手册》“简化方法”评述［J］．统计研究．2003（3）．

2006 年，中国《国际服务贸易统计制度》颁布施行。贾怀勤参加了制度条文的讨论和之后的几次修订，多年来，多次参加服贸统计方面的专题研讨和咨询。

贾怀勤、王晓东和李胜男（2012）针对当前中国旅游进口增长迅速，国内有关管理部门存在的重出口统计、轻进口统计和旅游进口分组数据几乎空白的状况，设计出一套采集和测算中国旅游进口分到访国与客源省交叉分组数据的方法。[①] 王晓东和贾怀勤（2012）基于运输服务贸易统计视角，证明运输服务贸易出口普遍被低估，在进一步经济分析之前，需要首先调整相关数据以获得更为准确的分析结果。[②]

除运输和旅游服务贸易统计外，贾怀勤的研究还涉及数字贸易的测度。数字经济和数字贸易的重要性与日俱增，为我们建设数字中国和拓展对外贸易提供了极好的机遇，必须紧紧抓住，以实现我国对外贸易品类拓展和质量提升。能否掌握全面、准确的数字贸易统计数据，是拓展数字贸易亟须解决的问题。2017 年开始，贾怀勤以不同方式建议学术界和政府部门组织数字贸易对策研究。一方面，是对国际组织和美国就数字贸易测度方法和制度的开发进行跟踪研究；另一方面，是整合国内对电子商务统计、服务贸易统计等商务统计资源，开展中国自己的数字贸易统计方法和制度研究。贾怀勤很早就关注到国际社会关于数字贸易及其规则与测度的讨论并进行了跟踪研究。2018 年 2 月 25 日，《第一财经日报》刊发贾怀勤的《建议开展数字贸易尝试性测度》。此前，这个建议已提交给商务部服务贸易司并被采纳。2019 年，《世界知识》第 8 期刊发贾怀勤《电子商务多边规则开谈》一文，文章介绍了当前世贸组织有关成员对于建立电子商务和数字贸易国际规则的关注点，分析了背后的发展状况，对中国参加规则谈判提出了建议。

综上，贸大学者在 GATT 多边服务贸易谈判，中国、WTO 多边服务贸易谈判，中国、区域服务贸易规则，诸边服务贸易规则，中国服务业开放与服务贸易发展，教育服务与运输服务贸易，服务外包，服务贸易与 GVC，数字服务贸易及服务贸易统计等诸多领域的研究，为中国服务贸易的发展和服务贸易政策的制定提供了非常好的研究基础。

---

① 贾怀勤，王晓东，李胜男．中国旅游进口调查统计方法研究［J］．国际贸易问题．2012（8）．

② 王晓东，贾怀勤．运输服务贸易统计数据的正向调整［J］．统计研究．2012（12）．

第十章

数量方法[①]

改革开放以后，中国主动融入世界经济体系，发挥自身比较优势，积极参与国际分工，实现了经济的持续稳定快速增长。与此同时，国民经济建设中出现大量需要量化方法的课题，比如经济周期波动、外贸管理、投资风险评估等。这些实际需要都亟待数量理论和方法的快速发展。

20 世纪 50 年代末、60 年代初，我国开始研究经济数学方法。1979 年，我国学者在经济数学方法研究会的基础上，成立了中国数量经济研究会（后改称中国数量经济学会）并出版了会刊《数量经济技术经济研究》。1980 年，诺贝尔经济学奖得主、美国宾夕法尼亚大学教授劳伦斯•克莱因（Lawrence Klein）率领邹至庄、刘遵义和萧政等 6 位国际著名经济计量学家在北京举办“颐和园讲习班”，向中国学者传授经济计量学，极大推动了中国数量经济学的大规模发展。

数量经济学是按两个方向发展的，一是数量经济学的理论和方法，二是理论方法的应用。在数量经济学的理论方法研究上，改革开放后，中国向世界贡献了一大批卓越的成果。对外经贸大学的学术贡献，主要在于将数量经济学的新理论新方法，积极应用于指导对外贸易的实践。

本章将结合林桂军和崔鑫生（2019）梳理的对外经贸领域重大里程碑事件，回顾对外经济贸易大学在数量方法领域的贡献。[②]

一、关于汇率的研究

新中国成立后，我国经济建设的一个基本目标是“建立一个独立、完整的现代工业

① 本章由陈志鸿、杨军、祝坤福编写。

② 林桂军，崔鑫生．以全球价值链比较优势推动再开放——对改革开放 40 年外经贸重大里程碑事件的回顾与展望[J]．国际贸易问题，2019（1）：1－13．

体系”。[①] 而当时的中国在产业基础及生产技术和能力等方面还非常落后，需要进口工业化建设所需的原材料、技术、中间品和机器设备；特殊情况下，还要进口群众急需的生活资料。因此，新中国成立后，我国长期面临外汇短缺的问题。在这种情况下，只有通过出口换取外汇，才能进口国家工业化所需的生产资料。[②] 然而，出口能力低下却制约了这一目标的实现。根据外贸业务统计，1978 年，我国的出口总额仅为 97.5 亿美元。巨大的进口需求与薄弱的出口能力形成贸易逆差。

1994 年外汇体制改革之前，我国宏观经济波动频繁，几乎每次重大改革都伴随着国内需求的过度扩张、物价上涨和贸易逆差，随后是紧缩和对经济实行行政控制。1988 年和 1992 年，分别发生了两次大的经济波动，都经历了这样的波动过程。

对外经济贸易大学林桂军教授作为最早将定量研究方法应用于中国贸易政策研究的少数学者之一，对对外贸易逆差进行了研究。林桂军（1988）通过建立理论模型，分析了在计划经济与市场经济并存的情况下，造成我国外贸逆差的最主要原因，以及在贸易条件不变的情况下，货币贬值对改善贸易差额的作用。[③] 该成果指出，造成我国贸易逆差最根本的原因是社会需求超过了生产能力，货币贬值不能消除问题的根源，即使暂时减小了贸易逆差，不断增长的需求还会再次扩大贸易逆差。因此，重复地贬值货币，不仅不能从根本上解决问题，反而增加了经济中的不稳定因素。Zhao（1991）肯定了林桂军（1988）使用量化方法分析中国经济活动的前瞻性和积极意义。[④] 谢赤（1988）认为，该成果对西方国际收支理论的借鉴是一种有益的尝试。[⑤]

1994 年外汇体制改革前，我国使用全国出口平均换汇成本来确定人民币的汇率水平，即单位美元出口的国内成本。林桂军将全国出口平均换汇成本概念拓展成全国边际出口换汇成本，并以这一指标代表企业的外汇供给曲线，使传统概念更为精确。同时，他还提出了外汇边际进口效率的概念，作为外汇的需求函数。这一分析框架认为，人民币的汇率水平是由边际出口换汇成本和外汇的边际进口效率决定。林桂军提出的方法，弥补了我国在汇率政策上存在的不足。林桂军（1997）对这些观点进行了较为系统的总结。[⑥]

Lin 和 Schramm（2008）开发了分类更细致的资金流量表分析模型，使用 1995—2006 年的数据，分析了不同部门对我国储蓄 – 投资差额及经常项目顺差的影响。[⑦] 他们不仅

---

① 中共中央文献研究室．新中国成立以来毛泽东文稿：第六册［M］．北京：中央文献出版社，1992.

② 1955 年 7 月 30 日叶季壮同志在《人民日报》发文，阐明我国出口的目的是为了进口，进口是为了建设独立自主、不受国外控制的经济体系。

③ 林桂军．对外贸易逆差与货币贬值——结合我国调整外贸逆差的措施［J］．国际贸易问题，1988（1）：7 – 12.

④ Zhao B．China's Trade：Theory and Policy［J］．*Asian-Pacific Economic Literature*，1991，5（1）：45 – 61．（该文献中，林桂军的名字被音译为 LinKaijun。）

⑤ 谢赤．论西方国际收支理论在我国的适用性——兼与林桂军同志商榷［J］．国际贸易问题，1988（6）：9 – 14.

⑥ 林桂军．人民币汇率问题研究——兼析现代西方汇率理论［M］．北京：对外经济贸易大学出版社，1997.

⑦ Lin G，and Schramm R．A Decade of Flow of Funds in China（1995—2006）．China and Asia Economic and Financial Interactions，edited by Yin-Wong Cheung，Kar-Yiu Wong，Routledge，2008.

研究了国家层级的资金流量，还分别研究了政府部门、生产部门和个人经济部门这三个部门，而生产部门又进一步分解为国有制、集体所有制和公司制。研究结果显示，公有制企业的盈利上升、负债资产比下降，而集体所有制企业的盈利能力下降。这一研究结果被国际著名杂志 *Economist*（《经济学人》）专题报道。

二、关于贸易不平衡的研究

从 20 世纪 80 年代开始，世界跨国公司开始以垂直专业化分工方式大举进军亚洲市场，全球贸易进入黄金增长期。我国抓住了这一历史机遇，通过“三来一补”和“两头在外，大进大出”等外贸体制改革引进外资、向企业放权，调动了地方、企业和个人的积极性，开始了出口的奇迹性增长。我国的对外贸易也从逆差转变为顺差。

20 世纪 90 年初，美方以对华贸易逆差为借口挑起第一轮贸易差额摩擦。30 年来，贸易不平衡问题一直在我国的国际贸易研究和经济统计研究中占据重要位置。对外经济贸易大学的贾怀勤、林桂军、许亦平、孙华好、王飞、祝坤福和海外兼职教授王直等学者在贸易不平衡的量化研究方面贡献了出色的成果。

贾怀勤（2015）回顾了中国参与国际贸易核算活动的历程，沿三条主线先后启动，并行展开。[①] 第一条主线是双边货物贸易数据比对，第二条主线是属权贸易核算，第三条主线是增加值的贸易核算。

贾怀勤（1992[②]，1993[③]）首次使用定性与定量研究相结合的方法，分别研究了国别统计原则的经济含义及其对贸易统计国际可比性的影响以及香港转口如何影响中美贸易统计差额。这两篇文章论证了美国对华贸易逆差产生的统计原因和经济背景，创新性地提出了东向贸易和西向贸易的概念和“数据比对法”，从数据采集和整理技术角度逐一比照两国的实施细节，从而找到两国关于双边贸易差额不一致的技术性原因。该方法旨在通过比对找出两国官方数据产生统计差异的原因，促进数据使用者对双边货物贸易统计差异成因形成共识。所做调整，既不意味着任何一方的贸易制度有误，也不表明要对任何一方公布的官方数据进行修订或更正。

贾怀勤的建议直接促成了中美两国对双边货物贸易数据的比对。中国决定从 1993 年起，以海关统计为官方贸易统计数据，海关统计的国别原则是出口按终达国统计，进口按原产国统计。1993 年，中国对美贸易的差额由负转正，主要不是中国对美出口的大幅增加或自美进口大幅减少，而是海关加强了对内地经香港转口贸易终达国的审核。

贾怀勤（2004）的综述长文从国际贸易统计制度、中美两国经济结构和发展特点以

---

① 贾怀勤．中国参与国际贸易核算：回顾与展望［J］．国际贸易，2015（3）：14－17．

② 贾怀勤．原产地规则与外贸统计可比性［J］．国际贸易问题，1992（11）：62－68．

③ 贾怀勤．原产地统计标准是中美贸易统计数字差异的根本原因——中美经香港转口贸易实证分析［J］．国际贸易问题，1993（1）：11－17．

及中美两国全球战略关系等三个层次，深入分析了有关因素如何影响中美贸易平衡，进而阐述如何看待中美贸易差额，最后就两国政府如何平等地、积极地解决贸易平衡问题，提出深化合作解决问题。[①] 此文指出“经济全球化背景下的产业转移是中美贸易不平衡的深层次原因”，中国只是贸易顺差的较小受益者，利得大头属于跨国公司。文章以翔实资料展示了中国在降低关税、推进市场化进程和改进贸易体制趋于 WTO 规范等方面做出的努力，也指出美国对高技术向中国出口的限制直接影响贸易不平衡。

由于外国直接投资和生产在世界范围内的“垂直专门化”的迅速发展，传统的按国别法计算的国际收支平衡表已难以满足政策制定者及研究者的研究需求。为了反映增加值流及物流沿产业链在国家间流动的详细信息，20 世纪 90 年代初，美国学者提出了三种按交易商品所有权所属国别来划分的国际收支平衡核算体系（OBF）（Ownership—Based Framework），以其作为对传统的经常项目账户的补充。它们分别是美国科学院（NAS，National Academy of Sciences）的 NAS 体系、Julius 体系及美国商务部经济分析局（Bureau of Economic Analysis）的 BEA 体系。Julius 体系建立在二元结构的基础之上，它把所有其他国家总和成一方，研究本国对其他所有国家的按国别法计算的贸易顺差。在该结构下，按国别法计算的总和贸易顺差在数值上等于国际收支平衡表的经常项目。BEA 法利用了国别法的这一特性，基于对国际收支平衡表的分解，给出了一个介于纯 OBF 法和传统方法之间的核算体系，从而满足研究者的多方需求。

然而，由于中国是世界上规模最大的 FDI 接受国之一，在计算两国之间（比如中美）的贸易顺差时，如按国别法计算，第三国在我国的子公司对美国的出口是不应全部计入中国对美国出口的。因此，如果直接套用二元结构下的方法，中国对美国的贸易所得会被大大高估。

孙华妤和许亦平（2006）在总结借鉴属权法统计原则的基础上，把这一原则与跨境贸易差额进行了比较。[②] 他们一方面指出，跨境贸易差额高估我国贸易利得的主要原因是外资企业净出口被计为中国的出口，而实际上，它是外国资本在国际化生产中获得的贸易利得；另一方面，他们为将来如何调整统计口径以得到反映现实的统计结果，提出了参考建议。

许亦平和孙华妤（2006）利用投入产出表中的投入表法，构造了一个三元结构下国别法贸易顺差核算模型。[③] 在三元模型下，二元结构中的“其他所有国家”被进一步分解为特定伙伴国（比如美国）和其他所有国家两部分。理论推导结果显示，在三元结构下，按国别法计算的两国贸易顺差将不等于两国之间的国际收支经常项目。

Xu，Lin 和 Sun（2010）建立了三元的属权法新贸易核算体系，并运用该方法对中

① 贾怀勤．中美贸易不平衡成因和相关经济因素分析［A］．中美贸易平衡问题综论［C］．北京：对外经济贸易大学出版社，2004．

② 孙华妤，许亦平．贸易差额的衡量：基于所有权还是所在地［J］．国际贸易问题，2006（5）：5－11．

③ 许亦平，孙华妤．三元结构下的国别法两国贸易顺差——投入表法［J］．国际贸易问题，2006（10）：27－33．

美贸易平衡进行了核算。[①] 按属权法计算，中国对美顺差大大小于传统计算方法。以 2003 年为例，传统方法为 586.1 亿美元，属权法只有 118.7 亿美元，即只有中国海关统计的跨境贸易差额的 20.2%。其他国家在华企业是中国对美顺差额的主要来源。在我国对美贸易顺差总额中，除美国以外的其他外商投资企业顺差所占的份额，2000 年是 62.6%，2003 年升至 71.5%。

随着全球价值链理论研究的发展，把一国出口产品的国内附加值和外国附加值分离，以此核算该国在参与全球价值链的生产和贸易中的贡献和地位越来越必要。Hummels、Ishii 和 Yi（2001）提出的 HIY 法，将投入产出法用于增加值的贸易核算。[②] 他们将垂直专业化分工定义为出口中包含的进口中间投入品价值，用绝对量和相对量两种方法来测度，测算了 10 个经合组织国家及 4 个新兴市场国家的垂直专业化分工程度。2011 年起，与世贸组织和经合组织提出全球价值链理论相一致，国际贸易垂直化测度演进到增加值核算新阶段。

贾怀勤（2012）指出，面对全球化挑战，国际贸易统计方法亟待改进，增加值贸易核算是其中的重大议题。贾怀勤进而提出中国国际贸易统计全面改进的思路和措施，即在深入贯彻国际货物贸易统计和国际服务贸易统计两个新规范的实践中，促进企业数据联系和制度性安排的探索和优化。[③]

由于里昂惕夫的经典方法很难对占全球贸易三分之二的中间贸易品进行完全分解，王直、魏尚进和祝坤福（2015）将库普曼等提出的一国总贸易流分解法扩展到部门、双边和双边部门层面的研究，把各层面的国际贸易流都分解为增加值出口、返回的国内增加值、国外增加值和纯重复计算的中间品贸易等组成部分，并根据贸易品的价值来源、最终吸收地和吸收渠道的不同，区分为16种不同路径，从而在传统国际贸易统计与国民经济核算体系之间建立了一个系统性的对应框架。[④] 这一新的核算体系对于贸易不平衡的相关计算给出了新的角度。例如，成果以中日电气和光学设备出口为例进行分析，发现中国（不含台湾地区）单位出口的增加值率远低于日本，这与中国主要从事最终品组装（下游），而日本则更专注于中间品生产（上游）是直接相关的。与传统方法测算相比较，以增加值衡量的显性比较优势结果显示，中国高技术产品出口的竞争优势并不显著。因此，该成果提出，应进一步削减中间产品的进口关税和增值税，通过市场竞争，强化中国中上游产业的竞争力。这对于促进出口生产的进一步升级，加速中国从制造业

---

① Xu Y，Lin G. and Sun H. Accounting for China – US Trade Imbalance：An Ownership-based Approach [J]. *Review of International Economics*，2010，18（3）：540 – 551.

② Hummels D.，Ishii J，Yi K.. the Nature and Growth of Vertical Specialization in World Trade[J]. *Journal of International Economics*，2001，54（1）：75 – 96.

③ 贾怀勤. 中国贸易统计如何应对全球化挑战——将增加值引入贸易统计：改革还是改进？[J]. 统计研究，2012，29（5）：10 – 15.

④ 王直，魏尚进，祝坤福. 总贸易核算法：官方贸易统计与全球价值链的度量[J]. 中国社会科学，2015(9)：108 – 127.（这一成果获得第十九届孙冶方经济科学奖论文奖。）

大国向制造业强国的转变，具有重要意义。

三、全球价值链与可计算一般均衡（CGE）模型的研究

全球价值链是过去 40 年全球贸易增长的最重要动力。基于传统贸易理论的均衡模型没有充分考虑已普遍化的 GVCs 经济活动下的国际生产分工、贸易和投资等深刻变化，所以，难以分析和准确评价近十几年来国际经济出现的部分国家经济结构急剧变迁、贸易严重失衡、各国及其不同群体间巨大收入差等重要问题与现象。2008 年全球金融危机后，全球价值链出现结构性变化，价值链贸易增速减缓。尤其在最新一轮的中美贸易摩擦背景下，全球价值链也在经历快速的变化。

如何正确评价和更好地发挥我国在全球价值链的比较优势，是国际贸易中的一个重要课题。对外经济贸易大学的林桂军、王飞、杨军、裴建锁、余心玎以及海外兼职教授王直等学者在这方面取得了重要的科研成果。

随着改革开放的不断深入，我国经济与世界经济的相关程度不仅仅表现在贸易规模上，也表现在我国产业结构和经济结构的变化上。编制非竞争型投入产出表可以为深入研究进出口贸易与我国经济增长的关系提供基础数据和分析问题的新视角。王飞（2002）编制了我国第一张非竞争型投入产出表，并以此为数据基础，分析了我主要出口行业的净外汇获取率。该指标实际就是近年来（还是十多年后）全球价值链研究中的出口中国内增加值率（DVAr 指数）。这项研究成果以国家统计局内参的形式递交国务院及其他相关部委。王飞、齐舒畅和张亚雄（2008）也反映了上述部分工作。[①]

Dietzenbacher、Pei 和 Yang（2012）应用反映加工贸易的中国非竞争型投入产出模型，测算了各产业不同生产活动的排放。因为加工出口拉动较少的增加值，同时产生较低的排放，而现行估计方法未能考虑加工贸易，因此，会产生较大误差。研究结果显示，对于出口造成的二氧化碳（CO_2）排放，按现行方法会高估 60%以上。另外，加工出口是产生排放较少的拉动经济增长的方式，以出口产生的单位增加值计，一般出口的 CO_2 排放比加工出口多 50%以上。[②] 该文发表于资源环境经济学领域顶级期刊 *Journal of Environmental Economics and Management*，其结果对于我国的碳排放管理有着重要意义。

从 Hummels、Ishii 和 Yi（2001）提出 HIY 法，Koopman、Powers、Wang 和 Wei（2010）提出 KPWW 法后，[③] 世界贸易组织、经济合作与发展组织、联合国贸易与发展会议（UNCTAD）等多个国际机构和世界各地学者对以增加值贸易核算为核心的全球价值链

① 齐舒畅，王飞，张亚雄．我国非竞争投入产出表编制及其应用分析［J］．统计研究，2008（5）：79－83．

② Dietzenbacher，E.，Pei，J and Yang，C.，Trade，Production Fragmentation，and China's Carbon Dioxide Emissions［J］．*Journal of Environmental Economics and Management*，2012（64）：88–101．

③ Koopman R.，Powers W.，Wang Z.，Wei S．J.．Give Credit Where Credit is Due：Tracing Value Added in Global Production Chains．2010，NBER Working Paper16426．

进行了广泛研究。2011 年 6 月，WTO 总干事帕斯卡尔·拉米（2011）提出，增加值贸易是衡量世界贸易的一种更好方法，是真实反映全球贸易运行的新测度工具。2013 年 1 月 16 日，OECD 和 WTO 推出了全球增加值贸易统计数据库 TiVA（Trade in Value Added）。

2014 年开始，王飞教授带领对外经济贸易大学的青年教师团队，与国内及美国贸易委员会合作共同编制了 APEC 21 个经济体的国家间投入产出表，并计算出 21 个经济体的增加值贸易（TiVA）指标，完成了 APEC TiVA 数据库的构建工作。[①] 该工作对于准确衡量 APEC 21 个经济体之间的贸易关系有着重要意义。国家主席习近平等 21 位 APEC 成员领导人对 APEC 贸易增加值数据库的建设工作给予了高度肯定，并在主席声明中提及“该项工作为各经济体更好地理解全球生产网络提供了有效工具”。

王直、魏尚进和祝坤福（2015）从全球价值链的角度提出了一种总贸易核算法。余心玎、杨军等教授也从事了相关研究。Ju 和 Yu（2015）将中国投入产出表、制造业公司层面的数据和海关数据整合到价值链的统一框架中，研究了不同行业、区域和公司在价值链上的位置。[②] 在全球价值链的序贯生产过程中，中间品的多次跨境会带来关税成本的放大，进而阻碍全球贸易及价值链生产网络的发展。中国和加拿大的经验表明，部分或全面取消中间品进口关税，将有助于推动一国在全球价值链中的融入并提升其贸易竞争力。余心玎和杨军等（2016）首先基于总贸易核算方法，量化展示了全球价值链上贸易成本放大的典型事实。然后，在三种政策情景下，基于一般均衡分析方法量化模拟了中间品关税削减在促进中国及世界的贸易及经济增长、加速产业结构升级中的作用。[③]

有文献从局部均衡分析得出，美国的某些产业由于引入低成本的竞争者（比如中国）会有大量失业，Lin、Wang 和 Pei（2018）从全球价值链的角度分析了环球价值链贸易对就业的影响，尤其是中美贸易对美国失业率的影响。[④] 成果将附加值转换成就业，发现对美国和世界其他地区的出口会为美国的服务业创造更多的就业机会，而美国的出口会为中国创造更多的体力劳动职位。典型的价值链产品，比如电子与光学设备，从创造工作机会的角度来说，在中美两国都是最有效的。

全球价值链背景下，区域一体化发展趋势显现。对外经济贸易大学紧跟国家发展要求，通过可计算一般均衡（CGE）模型，量化分析不同贸易政策对中国及全球的影响并寻找解决途径，为国家积极应对国际冲击提供政策建议。成果多以科研报告及论文的形

① 成果见：http：//www．apectivagvc．org 或 APEC TiVA Initiative Report One（2019）和 APEC TiVA Initiative Report Two（2021）。APEC TiVA Intitative Report One & Two 可以分别在 TiVA 官网上下载，具体地址是 http：//www.apectivagvc.org/committee－on－trade－and－investment－meetings。

② Ju J. and Yu X.. Productivity，Profitability，Production and Export Structures along the Value Chain in China[J]. *Journal of Comparative Economics*，2015，43（1）：33－54.

③ 余心玎，杨军，王苒，王直．全球价值链背景下中间品贸易政策的选择［J］．世界经济研究，2016（12）：47－59.

④ Lin G.，Wang F. and Pei J.. Global Value Chain Perspective of US–China Trade and Employment［J］. *The World Economy*，2018，41（8）：1941－1964.

式发表。论文方面，既包括模型运用，还包括模型创新。杨军教授参与中国－澳大利亚、中国－格鲁吉亚、中国－乌克兰、中国－以色列等双边自贸区的可行性研究，采用全球均衡模型测算自贸协定对双边经济的潜在影响，有力地支撑了贸易谈判并多次受到表彰。

模型运用方面，均衡模型被广泛地应用于各种自贸协定的经济评价。陈虹、韦鑫和余珮（2013）就TTIP影响进行分析，明确指出TTIP建立将对中国产生的负面影响；① 杨立强和鲁淑（2013）将TPP与中日韩自贸区建立进行对比；② 左宗文和姚新超（2015）就TPP建立对中国服装产业影响进行分析；③ 陈福中和陈诚（2019）以CGE理论为基础，采用全球贸易分析模型和数据库（GTAP），对美国发起贸易争端的政策效应进行模拟分析。④ 杨军等（2015）采用改进的GTAP模型评价了贸易便利化的经济影响，⑤ 采用动态全球均衡模型（GDYN）分析了中欧自贸区的经济影响（2019）。⑥

模型创新方面，不断根据经贸新特征和新需求进行模型理论方法创新。王飞、郭颂宏和江崎光男（2006）构建了国内首个多区域CGE模型，并将其应用于分析中国劳动力自由流动与区域经济发展问题。⑦ 该模型为后续研究者构建中国多区域CGE模型提供了重要参考。杨军教授牵头对外经济贸易大学与澳大利亚政策研究中心（CoPS）合作，构建反映全球价值链规律的均衡模型（GVCs－CGE）。目前，已构建的模型不仅区分产品贸易的国家来源，而且区分使用者，使新模型和新数据符合GVCs研究需要；采用优化软件GEMPACK编写KWW全球价值链核算方法的计算程序。通过新模型和GEMPACK版KWW分解程序的紧密结合，可以较好地评价经贸政策变化对传统经济指标和GVCs经济活动的系统影响。

四、人才培养

对外经济贸易大学在数量方法的教学与人才培养上有着悠久的传统。

由于对外贸易必然涉及统计核算，对外经济贸易大学建校之初即开设会计和统计的

① 陈虹，韦鑫，余珮．TTIP对中国经济影响的前瞻性研究——基于可计算一般均衡模型的模拟分析［J］．国际贸易问题，2013（12）：79－86．

② 杨立强，鲁淑．TPP与中日韩FTA经济影响的GTAP模拟分析［J］．东北亚论坛，2013，22（4）：39－47．

③ 左宗文，姚新超．TPP对中美贸易格局的影响——基于中国和TPP成员输美纺织品服装数据的分析［J］．国际经济合作，2015（1）：35－42．

④ 陈福中，陈诚．中美贸易争端的政策效应研究——基于可计算一般均衡理论及“232”调查的政策模拟［J］．华东经济管理，2020，34（1）：58－66．

⑤ 杨军，黄洁，洪俊杰，董婉璐．贸易便利化对中国经济影响分析［J］．国际贸易问题，2015（9）：156－166．

⑥ 杨军，董婉璐，胡继亮．构建中国－欧盟自由贸易区的经济增长和福利效应——基于全球动态一般均衡模型的分析［J］．产经评论，2019，1（4）：122－135．

⑦ 王飞，郭颂宏，江崎光男．中国区域经济发展与劳动力流动——使用区域连接CGE模型的数量分析［J］．经济学（季刊），2006，5（4）：1065－1090．

课程。陈及时与刘伯午两位老师编写的《对外贸易统计学》出版于 1958 年，是“文革”前国内唯一关于外贸统计的教科书，被誉为中国对外贸易统计学科建立的标志。[①]

改革开放后，学校决定培养定量分析方面的人才。在芝加哥大学经济系取得博士学位，师从诺贝尔经济学奖得主弗里德曼的李志伟教授于 1980 年开始讲授“统计分析”专业课程。李志伟教授使用了 Hamburg 编的 Statistical Analysis for Decision Making 英文原版教材，使对外经济贸易大学成为国内第一家使用统计学英文教材的高校。1984 年，李志伟、吴家楹和施家珍编著的教材《统计分析概论》出版。该书于 1987 年获得北京市第一届哲学社会科学优秀成果奖二等奖。李志伟教授指导的研究生贾怀勤为该书编写了配套的习题手册。

1989 年，贾怀勤按照学校加强本科建设的意见，开始领导应用统计课程的全面建设，内容涉及《统计分析概论》教材的修订和《应用统计》新教材的撰写，以及将统计软件用于教学、创设统计实验课程等。1993 年，由贾怀勤主持的“创设应用统计新型课程”项目对李志伟教授等人创设的应用统计课程进行了全面总结和理论提升，获得北京市高校优秀教学成果一等奖。2004 年，由贾怀勤主编的《数据、模型与决策》出版，并于 2006 年获得北京市高校优秀教材一等奖。

数量经济学是现代经济学的重要分支之一。林桂军副校长早在 20 世纪 80 年代就认识到数量经济方法在现代经济现象和经济问题建模分析中会有越来越广泛的应用前景。1988 年，他邀请加拿大卡尔顿大学计量经济学教授 Soon Bin Park 来对外经济贸易大学给工商管理硕士研究生上计量经济学课程，之后由本校董玺印老师继续讲授。这比 1998 年教育部专业教学指导委员会将计量经济学确认为经济类各专业八门核心课程之一，早了整整 10 年。

在林桂军副校长远见卓识的倡导下，对外经济贸易大学的数量经济课程体系逐渐完整。于俊年教授 1995 年为国际经济贸易学院的硕士生开设了计量经济学 I 必修课；2001 年，为硕士生和博士生开设了计量经济学 II。潘红宇副教授于 1999 年为研究生开设了时间序列分析；次年，又分别开设了高级计量经济学和金融计量经济学；2003 年，为本科生开设了金融时间序列模型。陈志鸿教授为博士开设了高级计量经济学。刘树林教授于 1999 年为硕士生和博士生开设了数理经济学 I（包括静态和比较静态经济学）；2000 年，刘树林教授又为硕士生和博士生开设了数理经济学 II。于俊年教授编著的《计量经济学》教材于 2001 年被教育部评为全国推荐教材。

长期以来，学校在专业培养目标上，均强调所培养的学生应该具备从事外经贸工作的基本专业技能。但是外经贸专业技能具体是什么，一直缺少定义。林桂军和周婷（2007）根据对我国东部经贸发达地区的 800 家外贸企业进行的问卷调查，采用主成分分析法识别出八大类共 56 项重要出口技能。八大类技能即国际金融、国际营销、国际贸易政策

① 中南财经大学. 经济科学学科辞典：对外贸易统计学词条［M］. 北京：经济科学出版社，1987.

与规则、国际贸易物流、国际结算、国际贸易战略管理、国际贸易调研和国际贸易实务。他们通过计算均值和标准差，对 88 项出口技能按重要性进行了排序。[①] 实证研究发现，我国外贸企业认为，对于成功出口最重要的技能是国际贸易政策与规则、国际结算和国际贸易调研类技能。同其他国家企业的情况相比，我国外贸企业对国际贸易物流和国际贸易实务技能的重视程度相对较低。这项研究使外经贸人才的培养更具有目标性。

经济新常态下，随着“一带一路”倡议和“加快实施自贸区战略”等的推行，对数量方法在国际贸易领域的创新和应用也不断提出新的要求。新一代的贸大学者，也将在这个领域继续做出新的贡献。

① 林桂军，周婷．我国出口企业重要技能的识别及其排序［J］．国际贸易问题，2007（10）：3－10．

第十一章

走向国际规范[①]

回顾中国改革开放尤其是“入世”以来的进程，既是中国经济不断融入全球化的历史，也是其不断走向国际规范的历史。其间，贸大学者对国际贸易规则、国际投资规则、双边及多边投资协定（BIT 和 MAI）、区域贸易协定、自由贸易区以及“一带一路”建设等众多不同历史时期的重要主题进行了大量的研究。

一、对国际贸易规则研究

（一）反倾销规则问题

反倾销法作为维护进口产品与本国产品公平竞争的法律，主要功能是通过反倾销附加关税的征收，达到保护本国相同或相似产品的产业之目的。贸大学者对反倾销规则中相关概念的认定做了大量工作。盛建明（1997）对反倾销法中“产业建立之重大阻碍”的认定标准问题进行了分析，认为认定“产业建立之重大阻碍”的构成要件应包括受阻产业须为尚未建立之产业、受阻产业须是投资人采取实际步骤正在建立或将要建立之产业、尚未建立之新产业的实际建立过程须受到阻碍以及产业阻碍必须是重大阻碍等。[②] 中国建立了以《中华人民共和国对外贸易法》为基本法，以《中华人民共和国反倾销条例》为主要规则，包括若干部门规章在内的较为完备的反倾销法律体系后，贸大学者对于我国反倾销规则法律体系的完善及其与 WTO 规则的接轨进行了研究。沈四宝和安宁（2002）提出，中国反倾销法律制度在基本原则上与 WTO 的要求完全一致，具体规则方面也与 WTO 规则大致相符，具有先进性和科学性。但由于立法及执法时间较短，经

① 本章由冯辉编写。

② 盛建明. 反倾销法关于“产业建立之重大阻碍”的认定及我国立法之建议[J]. 国际贸易问题，1997(10)：54－57+24.

验还不丰富，与国际反倾销规则相比，中国反倾销法律制度仍存在一些不足。① 他们以比较的方法，从立法层次、实体规则、反规避措施和司法审查四个层面对中国反倾销法律制度的完善提出了建议。

除对反倾销法律制度的完善进行研究外，贸大学者还对反倾销的形成原因及相关原理进行了研究与解读。杨荣珍（2005）认为，反倾销是一种有效的非关税壁垒措施。② 随着多边回合谈判结果的实施，关税下调，传统的非关税措施如配额、许可证等逐渐取消，反倾销成为 WTO 允许采取的限制进口、保护国内产业的几种主要手段之一。此外，价格战导致低定价和不应诉等企业内部原因也是企业遭遇反倾销的原因。中国外贸发展速度快，与某些国家的贸易存在较大顺差时也易成为反倾销的目标。沈四宝（2006）对企业低价竞销原因与法律规制进行了分析。③ 他提出，在市场经济条件下，企业自主经营、自负盈亏，本不应受太多管制，但如果企业采取不正当竞争手段，超出市场允许范围，为维护平等的市场竞争秩序，行政和司法的补充手段则必不可少。他认为，对企业而言，应严格执行与其相关的法律法规，履行国际或国内的企业社会责任标准。对于市场建设而言，应打破地区分割，加快市场体制改革步伐，建立符合国际规范的市场经济价格体系，统一国内大市场，建立公平竞争环境，为企业创造和谐有序的发展空间。

不仅中国，反倾销也成为各国出口贸易在 21 世纪面临的严峻挑战之一。学者卢进勇和郑玉坤（2004）提出 13 项应对反倾销的策略，包括被诉企业据理力争、行业协会管理协调、规范出口秩序以及合理利用 WTO 的反倾销规则和争端解决机构等。同时，他们阐述了通过企业海外直接投资来应对反倾销、行业发展生命周期和区位特定优势可变等理论，提出在东道国投资设立企业、在东道国并购知名品牌以及在第三国投资设立企业三种企业设立方式。④ 屠新泉、徐莎和彭程（2007）在分析印度对华 80 多个反倾销案例的基础上，总结了印度对华反倾销在数量、金额和涉案行业方面的几个特点，提出了应对印度反倾销的策略和方法。⑤ 他们认为，应对反倾销需要政府、行业协会和企业共同努力，才能取得理想的效果。桑百川、郑伟和徐紫光（2012）从中国与其他金砖国家经贸关系的形势出发，详细分析了包括巴西对华反倾销诉讼不断、印度对华发起贸易救济措施持续增多和俄罗斯以高关税约束中国商品进口等各类经贸摩擦产生的深层次原因，并就缓解与其他金砖国家贸易摩擦提出了务实对策。⑥ 王孝松、吕越和赵春明（2017）使用对中国总贸易流量的完整分解方法，提出反倾销等贸易壁垒抑制了中国企

① 沈四宝，安宁．国际反倾销规则与中国反倾销法律制度的完善［J］．山西大学学报（哲学社会科学版），2002（3）：19－26．

② 杨荣珍．中国企业遭遇国外反倾销的现状及成因［J］．中国对外贸易，2005（5）：82－84．

③ 沈四宝．企业低价竞销与法律规制——反倾销视野下的对外出口低价竞销原因分析和法律规制［J］．国际贸易，2006（3）：62－65．

④ 卢进勇，郑玉坤．化解反倾销困局——中国企业海外直接投资与应对反倾销［J］．国际贸易，2004（3）：42－44．

⑤ 屠新泉，徐莎，彭程．印度对华反倾销的现状、原因及特点［J］．南亚研究季刊，2007（3）：23－28+97．

⑥ 桑百川，郑伟，徐紫光．破解中国与其他金砖国家贸易摩擦难题［J］．国际贸易，2012（4）：8－11+17．

业在全球价值链中提升地位的进程，甚至阻断了某些高新技术部门的成长。[①] 他们认为，在保护主义抬头和区域贸易协定不断涌现的背景下，为了维护新兴高技术行业的健康成长，需要克服反倾销等贸易壁垒的负面影响。享有高额研发补贴的企业可以在国际市场上降低价格，但是易招致反倾销等措施，抑制其参与全球价值链及其地位的攀升。这就需要政府在制定产业政策时，对新兴高技术行业进行正确引导和适度扶植，既要促进其发展壮大，又要防范其在国际市场上进行恶性竞争。反倾销的滥用问题也引起了贸大学者的关注。蒋德恩（2007）认为，美国、欧盟、加拿大和澳大利亚等滥用反倾销措施，以反倾销为名行贸易保护主义之实。作为对不正当竞争行为的补救措施，反倾销出现了被滥用的趋势。[②] 对反倾销措施的不正当使用，除了使实施国的某些企业受到保护之外，还可以使其获得额外利益，而反倾销的目标国企业则受到了严重损害。他提出，这种滥用行为可以通过政府间的斡旋、诉诸世贸组织的争端解决机制、诉诸经济一体化组织的争端解决机制、进口国国内的斗争或对世贸组织反倾销规则的修订而得到制约。

面对国外日趋激化的贸易救济调查，贸大学者较早提出，中国应该对未来反倾销和反补贴规则进行战略思考，推动相关规则变革。李思奇（2016）认为，中国一直是全球反倾销和反补贴措施的首要目标国。[③] 特别是美国等发达成员，通过修改立法和增强实践，将对华“双反”措施（叠加使用反倾销和反补贴措施）作为常态化的贸易救济方式，由此产生的双重贸易限制效应阻碍了中国产品出口。中国对于反倾销和反补贴规则的研究已经不能局限于如何应对和突围，更应转变角色，从规则制定者和管理者的立场，从发展中成员的角度，推动规则的改善与变革。陈卫东和余敏友（2002）结合近年来中国起诉的与对华贸易救济措施有关的案件，探析中国的核心诉求、争讼结果和后续执行，总结相关经验和教训。[④] 近几年的争端解决实践反复证明，在规则取向的争端解决机制中，规则是打赢官司的基础。我们需要构建有利于中方利益的规则体系，在未来的规则谈判和争端解决的规则适用中，应该而且必须有更佳表现，在兼顾多边贸易体制整体利益的同时，有理、有力、有效地维护国家利益。

（二）反补贴规则问题

反倾销、反补贴和保障措施是世界贸易组织框架下重要的贸易救济制度。近年来，中国是遭受反补贴调查最多的国家之一，反补贴问题已成为我国对外贸易摩擦的新热点。这种情况无疑凸现了深入研究国际反补贴制度的重要意义。王军和官松（2009）认为，已经裁决的反补贴案件表明，反补贴调查不仅是对我国宏观经济政策的挑战，也是

---

① 王孝松，吕越，赵春明．贸易壁垒与全球价值链嵌入——以中国遭遇反倾销为例［J］．中国社会科学，2017（1）：108-124，206-207．

② 蒋德恩．反倾销的滥用及其贸易保护主义效应［J］．国际贸易问题，2007（3）：114-118．

③ 李思奇．国际反倾销和反补贴规则新演变及中国对策［J］．国际贸易，2016（7）：43-48．

④ 陈卫东，余敏友．WTO 中反击欧美运用非市场经济方法歧视中国出口货物研究［J］．国际贸易，2013（4）：62-66．

对我国金融和土地等其他制度已经市场化的否定。[①] 他们通过加强对反补贴法和其他国家反补贴调查技术环节的研究，为我国如何应对外国反补贴调查提供了决策依据，并为我国可能发起的对进口产品的反补贴调查提供了借鉴。研究其他国家和 WTO 有关补贴和反补贴协定的有关规定，可以对我国的补贴政策进行梳理，为我国的补贴政策与 WTO 多边规则相一致提供清理原则和建议，加深我国对 WTO 补贴与反补贴规则的理解。

反补贴措施中，各种规则的适用对我国贸易产生了各种积极或消极的影响。外部基准是美国对华反补贴中的一种典型做法，主要表现为美国商务部在计算中国国有企业投入物、政府提供土地使用权和国有商业银行的贷款等补贴利益时，以存在市场扭曲为由，拒绝中国国内价格作为比较基准转而适用外部基准。陈卫东（2012）认为，与外部基准有关的 WTO 规则存在含糊性和灵活性。[②]"双反措施案"的专家组和上诉机构认可了美国对华反补贴适用外部基准的合法性，对我国具有消极的影响。因此，我们需要在多边和国内两个层面做出努力，将外部基准的适用对中国产品出口的负面影响降至最低限度。反补贴是产业国际转移背景下的国家间的利益博弈，折射出的是国际贸易体系规则的缺陷和发达国家的话语霸权。蓝庆新（2007）认为，应对反补贴措施的关键是提高自主产业的核心竞争力；同时，应有效承接产业国际转移，着力提高出口企业和产品的核心竞争力，优先鼓励内资企业开展加工贸易，建立符合国际惯例的政府支持体系，明确政府在国际贸易中的作用，建立相关产业的预警机制，实施"走出去"战略改变原产地身份，实施出口市场多元化战略等。[③]

世界贸易组织现行机制为通过国际通行的规则来调整国际贸易争端打下了良好的基础，但随着全球化的深入发展，全球经贸治理体制和规则也需不断升级和完善。世界贸易组织贸易摩擦解决机制的核心是反倾销、反补贴等贸易救济调查。近年来，随着国际经贸形势的深度调整，这一机制在维护贸易自由化的同时，也逐渐显露出理念上的滞后和实践中的不足。武雅斌和王勇（2017）提出，应树立合作式国际贸易摩擦解决机制，大力探索和倡导贸易摩擦解决机制在理念、规则和实践层面的创新，积极推动世界经贸体系平衡发展和全球经贸利益深度融合，提高中国在全球经济治理中的制度性话语权，更好地维护我方经贸利益，为打造公正合理的全球治理模式提供中国经验和中国方案。[④]

贸大学者对各国反补贴措施与法律制度进行了研究，促进了我国反补贴法的发展和完善。刘刚仿（2003）在法律规范层次上，对中美两国反补贴措施与实施法律制度进行了比较，并就我国如何借鉴美国反补贴措施与实施法律制度，进一步完善我国反补贴措施与实施法律制度进行了探索。[⑤] 他认为，我国出台的《反补贴条例》中，关于反补贴

① 王军，官松．经济危机下我国开展反补贴研究的重要意义［J］．国际贸易问题，2009（11）：62－67.

② 陈卫东．从中美"双反措施案"看外部基准的适用［J］．法学，2012（2）：10－17.

③ 蓝庆新．产业国际转移视角下的中美贸易摩擦研究［J］．国际经济合作，2007（8）：58－61.

④ 武雅斌，王勇．树立合作式国际贸易摩擦解决机制的中国理念［J］．国际贸易，2017（3）：42－45.

⑤ 刘刚仿．中美反补贴措施与实施法律制度研究［J］．国际商务（对外经济贸易大学学报），2003（4）：68－71.

措施的规定基本上与世贸组织《补贴和反补贴协定》的法律制度一致，但与美国反补贴措施与实施法律制度相比，仍需要进一步完善。鉴于我国将反补贴调查机构和损害调查机构分开设置的模式与美国模式具有相似之处，因此，在反补贴措施的实施过程中，借鉴美国的一些规定和做法是很有益处的。盛建明（2004）对印度反补贴法的特点进行了研究，介绍印度反补贴法律制度并对其调查程序进行剖析，总结其法律特点和以反补贴措施维护国内产业合法权益立法规则方面的经验。① 在遵守世贸组织反补贴规则的前提下，印度反补贴法保护国内产业的立场十分鲜明。他认为，印度法律对发展中国家优惠待遇的重视程度，与其发展中国家身份以及印度在世贸组织法律事务中作为急先锋为发展中成员利益据理力争的一贯立场有一定关系。

同时，国外对华反补贴已经呈现出案件数量快速增长、“双反”同时进行和反补贴税率高等显著特点。屠新泉（2007）提出，美国一直是对中国发起反倾销调查最多的国家之一，但是对中国实施的反补贴措施却寥寥无几。② 原因之一是，美国现行的法律和惯例并不主张反补贴法适用于中国这样的非市场经济国家。中美贸易摩擦并未因中国加入 WTO 而得到缓解，相反却向更深层、更宏观和更关键的层面发展。这表明，美国对华贸易政策的制定和实施有其自身的逻辑和规律，并不受具体事件或外在机制的影响。美国贸易政治的实质是政府、国会和利益集团三方之间的博弈和平衡。唐宜红和唐若韬（2010）认为，美国对我国出口产品提起反补贴调查集中于冶金、化工、纺织、造纸等行业，我国可针对这些重点行业产品的出口市场和出口总量进行监控，以起到对反补贴调查的预警作用。③ 美国法律规定，在投诉反补贴之前有一定时间的调查期限，这为我国赢取了一定的应对时间。根据预警机制获取的相关信息，我国可以及时取消不规范补贴，将反补贴调查消除在萌芽状态。在反补贴调查发起之后，我国应指导并协调国内有关部门和相关中介组织开展应对反补贴调查的工作，指导行业协会、商会加强行业自律以及与美国有关组织进行磋商。这些都将有利于提高我国的反补贴应诉水平，克服美国采取反补贴措施对我国产品出口构成的阻碍，最终达到稳定和促进出口的目的。杨荣珍（2011）分析国外对华反补贴的现状，探讨我国现行补贴政策中，哪些是需要特别予以关注的措施；指出我国现行补贴政策中，既有与 WTO 规则相一致的内容，也存在某些需进一步调整和改进的措施。针对不同情况，我国应当对现有补贴政策进行调整与完善，以期减缓对华反补贴案件和多边补贴争端案件的增长。④

（三）特别保障措施问题

世贸组织体制下的保障措施，是在本国市场受到外国产品的冲击而产生市场紊乱的

① 盛建明．印度反补贴法的特点及启示［J］．国际商务（对外经济贸易大学学报），2004（2）：70－75．
② 屠新泉．中国加入 WTO 以来的美国对华贸易政策［J］．世界经济研究，2007（11）：30－36＋87．
③ 唐宜红，唐若韬．美国对华反补贴的焦点问题与我国的对策［J］．国际贸易，201（5）：45－48．
④ 杨荣珍．国外对华反补贴现状及中国补贴政策分析［J］．国际经贸探索，2011，27（3）：67－71+82．

情况下采取的一种进口救济措施。在处理国际经济贸易事务的过程中，对规则的准确把握与充分利用影响着中国国家和企业的权利和待遇。正是在中国初探世界经贸的背景下，贸大学者沈达明先生开创了中国国内对国际贸易法的学术研究与实践指导。例如，沈达明（1996）对德国法与英国法下买卖合同上的保留所有权条款的研究，对于后续我国对该条款的探索有重要意义。[①] 在沈达明先生的影响之下，贸大学者较早地展开了对特别保障措施的必要性及相关理论的研究。石静霞（2003）从保障措施的本质、目的和功能等方面进行分析，认为在服务贸易领域需要建立保障措施制度。[②] 保障措施本质上是一种“背离性质的条款”，其作用相当于某种形式的安全阀。紧急保障措施所适用的情况与其他具有保障性质的条款是不同的，其作用也是这些条款所不能替代的。尽管保障措施本身对在行业基础上进行的服务业承诺程度并没有决定性影响，也并不意味着必然导致更大的自由化，但规定保障措施可以确保一种“自卫性”的利益，可能有助于促进贸易自由化或在整体上对贸易自由化进程带来政治价值。

赵维全和陈培（2004）认为，正确估计和认识贸易摩擦带来的困难和挑战，辩证、理性地看待贸易摩擦，充分运用 WTO 规则并积极依法应对贸易摩擦，通过磋商妥善处理因贸易摩擦引发的问题，对于进一步做好加入 WTO 后的各项应对工作，全面提高对外开放水平有着十分重要的意义。我国应妥善使用和应对紧急保障措施。[③] 周念利和蒋丽梅（2014）认为，服务贸易紧急保障机制的构建，是区域服务贸易自由化进程中一个具备典型的“GATS+”特征的制度创新因素。他认为，区域服务贸易紧急保障机制依内容大致可划分为“虚”“实”两类，服务贸易紧急保障机制多出现在有发展中经济体参与的区域服务贸易安排中，“南北型”和“南南型”区域服务紧急保障机制存在明显差别。[④] 同时，他们提出在区域服务贸易紧急保障机制的构建过程中存在的三大焦点争议，即紧急保障机制在立法模式上的“水平模式”或“部门模式”之争、“国内产业”界定的“地域”标准或“国籍”标准之争以及损害量化中的“标准选择”和“举证数据来源”之争。针对保障措施被滥用会形成一种新型的非关税壁垒措施的问题，蒋德恩（2006）提出，《关税与贸易总协定》与世界贸易组织的《保障措施协议》，对实施保障措施规定了严格的条件。这些条件如果得不到遵守，则会对国际贸易的正常开展带来不利的影响。[⑤] 保障措施的不当使用或毫无理由地滥用，已经成为阻碍贸易正常开展的重要壁垒之一。对于“保障措施”滥用的影响应该采取正确的策略加以抵制或消除。他提出，在应对滥用“保障措施”方面，需要有关部门积极对外斡旋、行业协会积极协调、出口企业严格自

① 沈达明．买卖合同上的保留所有权条款［J］．国际商务（对外经济贸易大学学报），1996（2）：1－11．

② 石静霞．服务贸易领域的紧急保障措施探析［J］．法学家，2003（5）：150－160．

③ 赵维全，陈培．如何对待国际间的贸易摩擦［J］．北方经贸，2004（2）：80－81．

④ 周念利，蒋丽梅．区域服务贸易紧急保障机制的主要特征、争议焦点与中国对策［J］．国际经贸探索，2014，3（4）：109－118．

⑤ 蒋德恩．“保障措施”的滥用——一种新形式的非关税壁垒措施及其应对策略［J］．中央财经大学学报，2006（9）：78－82．

律、（必要时）及时诉诸世界贸易组织的争端解决机制、积极参与“保障措施委员会”的工作、利用世界贸易组织的政策审评机制、积极参与和推动世贸组织“保障措施”条款的修订等。

贸大学者对各国家及地区之间的保障措施进行了分析和研究，旨在为中国订立区域贸易协定的保障措施条款提供参考性建议。姚新超和冷柏军（2006）对区域贸易协定成员间实施保障措施的争论进行了研究。① 以建立自由贸易区为代表的区域经济一体化浪潮迅猛发展，绝大多数 WTO 成员都参加了至少一个以上的区域贸易组织。自 WTO 成立以来，其成员开始将保障措施作为常用的进口救济措施。根据 WTO 的统计，目前存在的区域贸易协定几乎都订立了保障措施条款，尽管条款的内容不完全相同，但其形式主要为全球性保障措施条款与双边保障措施条款两种模式。随着中国与其他 WTO 成员签订自由贸易协定的不断增多，对区域贸易中保障措施条款的问题必须有充分的认识和足够的重视，对此进行研究具有重要的现实意义。为此，中国在签订区域贸易协定时，订立保障措施条款应慎重考虑相关因素。国际金融危机以来，国外需求持续萎缩，国内贸易竞争激烈，国与国之间贸易保护不断加剧，摩擦形势十分严峻；特别是针对中国的贸易摩擦明显增多，研究国外对华贸易救济措施的新趋势，既有重要的战略意义，又具有现实意义。马双、林汉川和黄满盈（2011）提出，针对国外对华贸易救济出现的新趋势，除了以往研究较多的增强企业竞争力、加快对外投资步伐、发挥行业协会作用、培育贸易救济人才外，中国对特保案件还应采取针对性策略以积极应对。继续加强磋商机制、建立和完善产业损害预警机制、打破跨国公司的合谋动机等,都是未来应对对华贸易措施的新趋势。②

虽然贸大学者总体上倡导开放，但是一些学者所持的立场是开放市场不等于放弃合理保护。他们对服务贸易开放过程中，针对我国的特保措施问题进行了有意义的研究。马其家（2006）针对欧盟特保措施法提出了我国的应对措施。③ 特保措施是 WTO 成员方依据 WTO“特保条款”采取的限制我国产品进口的各种措施的统称，是 WTO 专门针对我国设定的对我国最为不利的措施。自中国加入 WTO 以来，“特保条款”已经越来越多地被 WTO 成员运用，成为我国应对贸易摩擦的首要问题。马其家提出，针对欧盟政体的特殊性，应采取特别的应对策略，包括认真分析欧盟特殊的政治结构和成员之间的利益矛盾并善加利用，根据欧盟独特的“二元体制”在两个层面做好对欧盟的工作，充分利用“欧盟特保法”中的“共同体利益”条款。

周念利和郭辛捷（2012）认为，中国对外签订区域服务贸易协议的对象多数为亚洲和拉美的发展中经济体，呈现出从“货物先行”向“货服并行”转变的趋势。④ 在区域

① 姚新超，冷柏军. 区域贸易协定成员间实施保障措施的争论及对中国的启示[J]. 国际贸易问题，2006(11)：110-116.

② 马双，林汉川，黄满盈．国外对华贸易救济的新趋势及其应对分析［J］．商业研究，2011（7）：150-155．

③ 马其家．欧盟特保措施法及我国的应对措施研究［J］．安徽大学学报，2006（5）：57-63．

④ 周念利，郭辛捷．中国参与区域服务贸易自由化机制与对策研究［J］．国际经贸探索，2012，28（4）：52-60．

服务贸易自由化机制的设计方面，中国引入四大创新因素，即服务贸易规则和投资规则“分立”构架且各自的适用范围界定明确，尝试构建服务贸易紧急保障制度，设置更加严格的服务贸易政策审议机制，针对特定缔约对象采取相对宽泛的服务原产地规则。中国在参与区域服务贸易自由化安排时，可通过灵活使用“创新”元素实现更理性的对外开放。值得注意的是，我国在服务开放实践中，除应设计与国情相匹配的服务贸易自由化机制外，还应在国内规制和部门开放顺序上进行合理规划。只有这样，才能保证服务对外开放与国民经济长期发展利益相一致。

二、国际投资规则

（一）对国际投资规则发展趋势与中国对策的研究

改革开放以来，我国坚持“走出去”战略并取得了显著成效，实现了从资本输入国到主要资本输出国的转变。同时，我国注重不断提高开放水平，外商投资管理体制改革也取得显著进展。我国已深入参与国际投资体制的建设与变革。面对国际投资局势的深刻变化，贸大学者时刻关注国际投资规则的发展历程并对其进行研究。

李玉梅和桑百川（2014）通过梳理国际投资规则的演变过程，比较分析双边、区域和多边投资协定的差异，针对当前国际投资规则新的发展趋势以及中国国际投资规则谈判中面临的困难与分歧，提出了提高国际投资保护待遇标准、在国际投资规则中逐步引入企业社会责任条款和扩大政府保护公共利益的政策空间等对策建议。[①]

霍建国和庞超然（2017）回顾一个多世纪国际投资规则的发展历程，探讨规则博弈中各国的历程和观念，分析规则中的难点和焦点问题，为我国参与全球投资治理和扩大国际影响力提出对策与建议。他们认为，我国应抓住有利的战略机遇期，坚定支持全球化发展，反对保护主义，健全双边层面国际投资体系，强化与“一带一路”沿线国家商签较高标准的投资协定，推动《G20全球投资指导原则》，引领国际投资体系改革新方向。[②]

针对国际投资规则体系的现状，刘斌等（2016）基于全球化出现倒退和全球投资规则建立屡遭失败的背景，认为新的全球投资规则必须解决好发达国家与发展中国家的利益诉求矛盾、新兴经济体与发达国家在安全审查问题上的冲突、私人投资者与东道国在公共政策立场上的差异以及可持续发展理念在投资规则中缺位等问题。[③] 建议我国从双边、区域和多边三个层次寻求突破，在G20等平台上谋求推广注重发展问题的新多边投资规则。

① 李玉梅，桑百川．国际投资规则比较、趋势与中国对策［J］．经济社会体制比较，2014（1）：176－188．

② 霍建国，庞超然．国际投资规则的发展与启示［J］．国际经贸探索，2017，33（8）：70－80．

③ 庞超然，刘斌，耿国婷，张爽．我国参与全球投资规则重构的困难与路径［J］．中国国情国力，2016（10）：29－32．

刘斌和刘颖（2017）对现行国际投资规则的碎片化现状进行分析，提出克服碎片化发展带来的问题是未来国际投资体系发展的重要趋势，认为双边层面的因“资”而异同、多边层面的循序渐进联系贯通，在争端解决方面稳中求进才是完善国际投资规则体系的合理路径。[①]

针对国际投资规则对我国企业“走出去”的影响，刘辉群和卢进勇（2010）对WTO框架下的投资规则进行解读，认为WTO多边投资规则虽然在一定程度上促进贸易与投资自由化并为国际投资提供便利，但其协议范围的有限性和协议之间缺乏协调性约束了该职能作用的发挥。WTO多边投资规则在为中国企业“走出去”提供国际制度保障的同时，我们应当重视其对中国企业的抑制作用。[②]

王光和卢进勇（2017）指出“进一步放开市场”“高规格严标准投资自由化”和“促进透明公平公正竞争”已成为各经济体的重要关切点与诉求。在新一轮改革开放布局下，我国应当积极参与到国际经贸新规则的制定与谈判中去，为中国企业争取到更多的投资便利条件和投资保障措施，为推进“走出去”战略铺好道路。[③]

关于国际投资规则的发展趋势与中国在投资规则中的立场转变和应对措施，桑百川和靳朝晖（2012）认为，国际投资领域中新兴国家对外投资崛起，国际投资争端频发，看待国际投资态度在发生转变；同时，国际投资规则的内容和结构也在经历深刻的变化，国际投资规则发展正处在关键的“十字路口”形势下。在此基础上，他们明确提出，中国应加快在投资规则中的立场转换，提升投资保护待遇，逐步引入企业社会责任条款，平衡东道国和投资者的权利和义务。[④]

石静霞（2015）指出，国际贸易投资规则的再构建正以前所未有的方式和路径迅速展开。[⑤] 在形式上，双边、区域和诸边谈判成为新规则形成的重要平台；在实体内容上，新一代规则范围扩大且标准提高，反映了发达国家在全球价值链生产上的新需求。中国在全球经贸治理中，应当从被动应对的规则执行者逐步成长为主动参与的规则引领者，积极参与新规则的构建，推动全球贸易投资自由化进程。结合国际经验和国内需求，中国参与规则构建并逐渐发挥引领作用的重要前提有两方面：对内，通过实施自贸区战略和统一内外资法律等关键措施进一步深化改革；对外，积极参与多边与双边、区域和诸边谈判、重视服务贸易和投资规则并密切关注新议题，实现国内法治与国际规则间的良性互动。

崔凡和苗翠芬（2019）认为，国际投资体制在自由化与便利化方面取得了一些进展，

---

① 刘斌，刘颖. 国际投资规则体系现状分析及建议［J］. 中国国情国力，2017（10）：63-65.

② 刘辉群，卢进勇. WTO多边投资规则对中国企业“走出去”的影响［J］. 世界贸易组织动态与研究，2010，17（6）：57-62.

③ 王光，卢进勇. 国际投资规则新变化对我国企业“走出去”的影响及对策［J］. 国际贸易，2016（12）：46-49.

④ 桑百川，靳朝晖. 国际投资规则新发展及对中国的影响［J］. 山西大学学报（哲学社会科学版），2012，35（3）：224-228.

⑤ 石静霞. 国际贸易投资规则的再构建及中国的因应［J］. 中国社会科学，2015（9）：128-145+206.

但投资保护主义也有所抬头。[①] 未来一段时间，国际投资体制虽然面临投资保护主义的压力，但投资自由化与便利化的总体趋势不会逆转。我国应该通过国内法建设以及综合运用双边、区域、诸边及多边多种谈判方式，积极推进国际投资体制建设。

（二）国民待遇原则

随着国际投资自由化趋势的发展，在投资领域实行国民待遇已成为各国投资环境建设中的重要内容。贸大学者从 20 世纪 90 年代开始，就对国际投资中的国民待遇问题进行了研究。

孙维炎（1997）认为，国民待遇原则是世贸组织非贸易歧视原则的基石，我国申请“复关”、加入世贸组织也要求我国对外国投资者实施国民待遇，恰当实施国民待遇是我国参与国际投资的重要前提。[②] 在着重讨论我国实施国民待遇的现状、存在的问题的基础上，他指出，应当逐步在外商投资的各个方面实施国民待遇。但这一过程应当根据我国的实际情况有序推进，分步骤、有计划地取消限制和优惠措施。同时，我国应调整产业政策，增强国内企业的竞争能力，健全法律制度，做好地区倾斜政策等应对与措施。

孙维炎和张汉林（1997）总结了从 1947 年起关贸总协定临时实施的 40 多年中，有关第 3 条国民待遇引起的 44 起争端事件。[③] 在中国的国民待遇成为国内外关注焦点的背景下，分析国民待遇的渊源与含义、世贸组织国民待遇原则及适用范围、关贸总协定以及其他相关协议有关国民待遇的争端，可以为我国国民待遇相关制度的制定提供借鉴。

针对国民待遇政策的变革与调整问题，卢进勇（2001）认为，在中国改革开放不断深入发展的条件下，要进一步扩大利用外资的数额，提高利用外资的质量和水平，推动经济结构的调整。对外资实行国民待遇，已成为我国利用外资政策调整的现实选择。[④] 他建议逐渐取消非国民待遇，在给予外国投资者国民待遇时，应当注重遵循平等互惠的原则，将落实产业政策与实施国民待遇相结合，加强投资环境的建设。

贸大学者还重点关注了 WTO 中的国民待遇原则。杨荣珍（2003）通过对 WTO 争端解决机构审理的涉及对酒精饮料产品国内税征收是否违反国民待遇原则相关案例进行分析，总结得出，只要某一进口产品与国内产品属于直接竞争产品或可替代产品，就构成对国民待遇原则的违背，进而为我国加入 WTO 后，审查国内税法是否有违国民待遇原则提供了一个比较明确的判断标准。[⑤]

---

① 崔凡，苗翠芬．中国外资管理体制的变革与国际投资体制的未来［J］．国际经济评论，2019（5）：20－33+4．

② 孙维炎．世界贸易组织国民待遇原则与中国对外经贸发展［J］．国际贸易问题，1997（2）：2－8．

③ 孙维炎，张汉林．论世界贸易组织国民待遇原则［J］．世界经济，1997（9）：27－31．

④ 卢进勇．入世与中国对外商直接投资实行国民待遇［J］．新视野，2001（4）：35－37．

⑤ 杨荣珍．从 WTO 案例看如何理解“国内税的国民待遇”［J］．税务研究，2003（11）：72－74．

（三）最惠国待遇原则

最惠国待遇原则是缔结国际投资条约和调整各缔结方之间投资关系时一般适用的重要国际法原则，也是我国在深入参与国际投资时应当着重思考的问题。在我国逐步走向全面开放的时期，贸大学者对最惠国待遇原则的相关问题进行了广泛关注和研究。

史燕平和胡宁峰（1997）认为，在金融领域应用最惠国待遇原则时，要结合我国的具体情况。[①] 在我国金融业发展的初级阶段，他们提出我国宜接受有条件的最惠国待遇原则的观点，即我国给予任何一方在银行和证券业方面以开业权和某些经营范围方面的优惠时，应当根据互惠原则，以对方国家给予对等优惠为条件。为了实现循序渐进，在实施步骤上，他们提出应当分区域开放、分对象开放、分业务开放以及分市场开放的观点。

王秉乾和刘善球（2004）认为，最惠国待遇（MFN）条款是最基本和最核心的原则之一，在 GATT 和 WTO 历史上发生过多起有关最惠国待遇的案例。[②] 最惠国待遇中的相似产品问题对于确定最惠国待遇具有基础性的作用，但是 GATT 对该词并未给出明确定义。因此，对它的理解必须结合 GATT 历史上的案例报告。通过对一些经典案例分析发现，相似产品并没有发展出广为接受的定义，但产品的物理特性、最后用途和关税分类等特征在确定相似产品时具有重要意义。

随着互联网技术的发展以及 O2O（离线商务模式）概念的普及，传统线下商品及服务越来越多地转移到网络平台上进行，最惠国待遇条款可能导致的限制竞争问题也使得该条款再一次进入全世界反垄断监管机构的视野并引发热议。黄勇和田辰（2014）认为，随着近期出现在互联网领域的一系列案件，最惠国待遇条款这一概念已成为当今反垄断法研究领域最为热门的话题之一。[③] 由于该条款同时具有促进竞争和抑制竞争的双重效果，各国竞争监管机构在对其性质界定的过程中，多采取“合理原则”的规制路径进行综合和全面的考量。由于互联网某些特征的存在，对网络分销模式中的 MFN 条款定性这一过程往往变得更为复杂。这就要求相关竞争监管机构不仅需要考察涉案行业的业态及市场环境等因素的影响，还应当注重结合互联网产业的特征，并充分运用经济学方法进行分析。在准确评估并衡量 MFN 条款所引发的相关行为对竞争的影响之后，最终为网络分销模式中的 MFN 条款定性，并使反垄断法在规制这一问题时能够得到准确的适用。最惠待遇协议因可能对竞争产生重大影响而成为反垄断法的关注热点。

董灵、张寒（2017）在界定“最惠待遇协议”概念的基础上，分析了其可能促进竞争和抑制竞争的双重效果。[④] 他们通过借鉴美国和欧盟两个法域运用反垄断法对最惠待遇协议进行规制的经验，提出我国应以“合理原则”为基础对其进行规制的总体思路。

---

① 史燕平，胡宁峰．中国金融市场的开放——必然、条件与战略 [J]．经济研究参考，1997（19）：22－30．

② 王秉乾，刘善球．GATT/WTO 最惠国待遇相似产品经典案例分析 [J]．株洲工学院学报，2004（4）：102－104．

③ 黄勇，田辰．网络分销模式中最惠国待遇条款的反垄断法分析 [J]．法律适用，2014（9）：49－53．

④ 董灵，张寒．我国反垄断法规制最惠待遇协议的法理分析 [J]．竞争政策研究，2017（1）：35－43．

结合我国反垄断法的立法和实践，就规制最惠待遇协议的具体分析框架和相关配套制度，他们提出以下几点建议：一是逐步细化相关立法，明确最惠待遇协议的规制；二是设立针对最惠待遇协议的安全港规制，提高合理原则的适用效率；三是明确执法中应当考量的市场因素，逐步制定内容详实、规定明确的指南性文件，以规范执法工作。

随着国际经济合作的逐步加强，高标准、高追求、全面和平衡的多边贸易协定也开始涌现。崔凡和洪朝伟（2018）介绍了对等原则的基本概念，讨论了相等性的衡量问题，介绍了不同的对等概念与最惠国待遇原则的关系。[①] 他们认为，对等税以及投资对等制度针对产品或者部门寻求狭窄的特定对等，很可能违反最惠国待遇原则。对等原则是国际经济法特别是世贸组织法中承认的指导原则，但是这一原则不应该仅仅从双边和产品层面理解。世贸组织的对等原则主要是一种多边全面的扩散对等。违反最惠国待遇原则，以对等为理由实施单边贸易与投资限制措施不仅损害双边经贸关系，而且不利于多边贸易体制与国际投资体制的健康发展。

（四）公平公正待遇原则与征收征用制度问题

公平公正待遇从国际习惯法中的最低待遇标准发展而来，在大多数国际投资协定中作为核心实体条款，东道国违反公平公正待遇已成为国际投资仲裁中最主要的诉因。

石静霞和孙英哲（2018）对《欧盟与加拿大全面经济贸易协定》（CETA）投资章节中的公平公正待遇（FET）条款进行了深入研究，认为 CETA 投资章节改变了以往条约中对 FET 规则进行概括表述的缔约实践，对 FET 条款设计进行了特征显著的重要改革。[②] 同时，CETA 投资章节的 FET 规则在借鉴既往国际投资理论和投资仲裁实践的基础上，对规则的实质内容和表述方式进行了改革，采用封闭化条文形式搭建了一个成文化的 FET 框架。该框架注重实体规则的未来发展与机制规则的运行保障，而缔约国在 FET 规则演变过程中的角色地位较为突出。与此同时，协定的留白意图较为明显，诸多与 FET 规则相关的具体问题尚待明确，缔约方有意将这些问题交由未来投资争端解决机构进行进一步澄清和认定。

自 20 世纪中叶以来，征收一直为国际投资法学界所关注。征收的补偿直接关系到投资者所受的损失能否得到有效救济，对东道国和投资者的利益有着重要的影响。贸大学者针对国际投资中的征收征用与补偿制度展开了一系列研究与讨论。石静霞和马兰（2016）对 TPP 投资章节中征收与补偿标准问题进行了深入研究。[③] 他们在分析 TPP 相关内容的基础上，指出在征收与补偿问题上，TPP 投资章节沿用传统美式投资协定的规定体例，未在正文中对“征收、国有化或其他等同措施”的概念做出具体规定，而是在

① 崔凡，洪朝伟．论对等开放原则［J］．国际贸易问题，2018（5）：1－11．

② 石静霞，孙英哲．国际投资协定新发展及中国借鉴——基于 CETA 投资章节的分析［J］．国际法研究，2018（2）：21－39．

③ 石静霞，马兰．《跨太平洋伙伴关系协定》（TPP）投资章节核心规则解析［J］．国家行政学院学报，2016（1）：78－82+93．

附录中加以说明。在补偿标准方面，采用美国一贯主张的“赫尔三原则”，即“充分、及时、有效”的补偿标准。TPP 投资章节在该问题上的特色规定之处显示出其缔约方对补贴政策的一致关注，而文莱、马来西亚、新加坡和越南就土地征收的说明也表明其对土地征收的谨慎态度。

（五）国际投资争端解决制度

投资争端解决是投资条约的重要组成部分，尤其强调投资者与东道国之间通过第三方仲裁的方式解决争端，贸大学者即对相关问题进行了广泛研究。丁丁和王云鹏（2012）从《中国－东盟全面经济合作框架协议投资协议》（CAFTA）的投资争端解决机制入手，对国际投资争端管辖权冲突的成因进行了分析，认为当事方在不同条约下享有的投资权益的竞合是管辖权冲突的根本原因。[①] 在不同条约下，同一措施导致的当事方投资利益的减损所产生的多重诉由是管辖权冲突的直接原因，而当事方根据其享有的争端解决请求权所进行的多重选择是管辖权冲突的关键原因。他们还指出，争端解决方式的选择应考虑投资争端解决机制的近期发展及国际投资环境的变化，需经过识别和利益衡量两个主要阶段，并应基于尊重主权、利益最优化、立足区域一体化、兼顾全球化、稳固双边投资促进和保护等原则进行利益衡量，以确定具体的方式。TPP 协议对国际投资争端解决机制进行了创新和改革，因此，各国的实务界和学术界都十分重视 TPP 协议。池漫郊（2019）对《美国－墨西哥－加拿大协定》（USMCA）进行深入分析，认为其对投资争端解决机制做出重大改变，具有国别适用、时际适用及限缩适用等重要特征；一方面为 USMCA 构建了“三国四制”的投资争端解决体制，使其有别于 NAFTA 及其他国际投资协定，另一方面，也使 USMCA 投资争端解决机制满足了缔约国的多样性的政策目标，兼容了既存的国际投资仲裁机制及未来的改革选项，更好地维护了缔约国对外资进行合法管制的权利。[②] 当前，国际社会正对投资争端解决机制改革进行激烈辩论，USMCA 的相关规定在一定程度上为包括中国在内的诸多国家参与这场辩论及未来缔约提供了有益参考。

随着国际投资争端解决中心仲裁机制的发展，其在发挥解决国际投资争端作用的同时，也一直面临各种争议。关于向解决投资争端国际中心提交的国家通知，陈正健（2019）认为，中国学界对国家通知的法律意义或功能存在不同观点。[③] 随着中国经济的发展和世界环境的变化，我国于 1993 年向该中心提交的中国通知的“留撤”问题日益凸显且亟待解决。成果还指出，中国的缔约实践抵消了中国通知对属物管辖权可能产生的限制作用，中国通知并不具有撤回和限制中国同意的效果。中国通知的撤回应注意避免在《中

① 丁丁，王云鹏．论国际投资争端解决的管辖权冲突及应对——以 CAFTA 投资争端解决机制为视角［J］．国际贸易问题，2012（8）：168－176．

② 池漫郊．《美墨加协定》投资争端解决之“三国四制”：表象、成因及启示［J］．经贸法律评论，2019（4）：14－26．

③ 陈正健．论解决投资争端国际中心国家通知的撤回［J］．环球法律评论，2019，41（4）：178－192．

国－土耳其双边投资条约》和《中国－澳大利亚双边投资条约》中可能产生的不利效果。中国可将“有关征收与国有化导致的补偿争端”的规定，分别纳入与土耳其和澳大利亚签订的“议定书”和“自由贸易协定”中以消除这些影响。薛源（2017）认为，投资者与东道国争端仲裁机制对我国的深刻影响日渐凸显，这就要求我国及时应对，对国内的相关法律机制做出适时调整，通过司法机制的衔接、国家豁免立法和对我国仲裁法的修改等举措，保护我国国家利益和我国投资者利益，并以此为契机推动我国的仲裁机制与国际接轨。①

石静霞、董暖（2018）认为，随着“一带一路”倡议的实施，我国与沿线国家的投资往来日益频繁，考虑到沿线国家的投资风险问题，构建投资争端解决机制很有必要。②同时，我国在依托现有双多边、区域安排的基础上，应构建强制磋商、自愿性调解、仲裁和诉讼相互衔接的多元化争端解决机制，扩大可提交仲裁的争议范围，针对不同争端解决程序设计分类化透明度标准，优化仲裁员、调解员选任及其道德准则。我国作为“一带一路”倡议的发起国，应主动应对相关问题，具体包括完善国内仲裁立法和对外签署的双边投资协定，以对接“一带一路”争端解决需求，确保投资仲裁裁决与和解协议的顺利有效执行等。

三、双边及多边投资协定、区域贸易协定和自由贸易区研究

（一）双边及多边投资协定研究

双边投资协定（BIT）是两个国家之间签订的针对相互投资的一系列特别协议和条款，是国际投资领域最普遍的国际协定。太平和刘宏兵（2014）搜集数据并分析得出，当前中国已与绝大多数外资来源国签订 BIT，协定模式发生变化，协定条款内容表现出新的趋势，即越来越重视平衡东道国（地区）和投资者权益，越来越注重可操作性，有关投资保护的内容越来越细化，谈判条款越来越复杂化，同时在内容上，条约越来越需要强调保护中国企业的对外投资利益。③ 该成果以引力模型为基础，利用 1990 至 2011 年与中国签订双边投资协定的 40 个国家的面板数据，采用混合效应模型，实证分析了签订双边投资协定对中国吸收外商直接投资的影响。研究发现：第一，中国应积极与其他国家或地区签订双边投资协定，主动参与全球投资规则重构，逐步累积经验，才能在未来吸引全球 FDI 的竞争中获胜；第二，人民币升值对中国吸收外资的影响具有两面性，应当采取措施增加市场导向型外资的比重，从而抵消人民币升值对成本导向型投资的抑

① 薛源. 投资者与东道国争端仲裁与我国法律机制的衔接[J]. 国际商务（对外经济贸易大学学报），2017（5）：120－127.

② 石静霞，董暖. “一带一路”倡议下投资争端解决机制的构建［J］. 武大国际法评论，2018，2（2）：1－24.

③ 太平，刘宏兵. 签订双边投资协定对中国吸收 FDI 影响的实证分析［J］. 国际商务（对外经济贸易大学学报），2014（4）：53－61.

制作用；第三，劳动力成本优势仍是中国吸引外资的重要因素，因而加强人才培养、提升劳动者素质等方式进一步挖掘我国的劳动力成本优势是必须要研究的课题。

就 BIT 的个例研究而言，中美和中欧双边投资协定谈判涉及的相关议题一直都是学者们关注的热点。屠新泉和曹鸿宇（2019）以中欧自 2013 年启动的双边投资协定谈判为切入点，充分研究了投资自由化这个议题，介绍了欧盟投资自由化的原则性立场，即“开放”和“非歧视”两项核心特征，并基于欧盟最新缔结的国际投资协定文本（CETA 和 EPA 等），对其规则条款的设定和要求进行了归纳总结。[①] 此外，他们还指出，中国的投资自由化规则实践主要体现在两个方面，一是对外签署国际投资规则，二是在国内制定关于投资自由化的法律法规。后者近年来进步更为明显，特别是 2019 年 3 月通过的《中华人民共和国外商投资法》（以下简称《外商投资法》），从法律上确定了中国要实施准入前国民待遇加负面清单模式。结合中国国内法律制度和对外签署的经贸协定文本，对比中欧在投资自由化议题上的立场异同，他们得出如下结论：一方面，中欧双方在覆盖条款和非歧视性待遇方面的趋同使二者具备形成共识的基础；另一方面，双方在市场准入规定、禁止性业绩要求的设定范围、高管及董事会成员要求等细节上存在一定差别。基于欧盟特别是在华欧盟企业对中国投资自由化的诉求及反馈成果对中国市场的外资自由化问题做了具体分析，认为中国的负面清单制度现存问题在于涉及外资管理措施较窄，仅包括禁止准入、股权要求、高管要求等准入方面的特别管理措施，而 CETA 和 EPA 还对国民待遇、最惠国待遇和业绩要求提出了相应的保留措施。另外，还存在一些下位法规定与《外商投资法》规定有所冲突的情况。最后，他们提出了相关政策建议：（1）尽快出台《外商投资法》配套实施规定，构建合理、可预见性强的外资管理框架；（2）有必要对市场准入、禁止性业绩要求和高级管理层及董事会的条款规定上做出更高水平的承诺，进一步实现以开放促改革的效果；（3）梳理外商投资领域现有关于准入后外资待遇方面的法律法规，废止与《外商投资法》相冲突的规定，或者将其作为保留措施统一纳入负面清单中。

刘斌和刘颖（2017）通过对比中加 BIT 和中韩 FTA 中的投资协定内容，主要分析了 2008 年以来中美 BIT 谈判中，透明度要求的争议点以及背后利益诉求的分歧点。[②] 中韩 FTA 将透明度要求分为公布、通知和信息提供、行政程序、复议和上诉四部分。中加 BIT 则主要涉及通知和信息提供、行政程序以及鼓励条款三个部分。成果总结了中美对透明度要求的四大差异点，包括公布 – 指定公布方式、通知 – 公布时限、信息提供 – 反馈时限、技术法规和标准制定的程序性规定等，指出为改善现有投资营商环境、强化国际投资仲裁中的应诉基础以及降低透明度缺失带来的负面影响，中国有必要积极应对中美透明度要求争议。他们提出了两大改进建议。一是积极纳入透明度条款。着眼于国际投资

① 屠新泉，曹鸿宇．中欧 BIT 谈判投资自由化问题研究［J］．国际贸易，2019（9）：48 – 54.

② 刘斌，刘颖．透视国际投资规则中的透明度要求——基于中美 BIT 视角［J］．国际贸易，2017（7）：29 – 31+44.

规则的发展趋势，中国首先应该积极接受透明度条款，从透明度要求的普及做起，在FTA和BIT的签订过程中，就中国自身的情况设计符合自己现状的透明度要求；在不断提升本国透明度标准的基础上，努力向美国等发达国家的标准看齐。二是在路径选择方面，既要整体规划，适时构建自身透明度体系，在未来的BIT以及其他投资谈判中摆脱被动局面，又要区别对待，以维护本国利益为重，在谈判过程中可通过保留和例外等方式为中国留有一定政策空间；对于仍旧存在争议的问题，中国应当秉持审慎的态度，对具体规则的设定加以斟酌。

卢进勇和李秀娥（2013）总结了中国双边及区域投资的五种制度安排类型，即双边投资协定、避免双重征税协定、自由贸易区协定下的投资规定、双向投资促进合作和境外经贸合作区及其主要内容和形式。[①] 通过分析归纳出，在与世界各经济体建立双边及区域投资制度安排的历程中，中国的立场随着中国由资本输入国向资本输出国以及整体战略由“引进来”向“走出去”的转变而逐渐发生改变。相关投资制度安排的形式不断创新，主要表现在三个方面：一是不局限于通常意义上的两国政府之间进行谈判和签署协议，而是拓展到三国或更多国家政府之间，或者是中国政府与区域贸易组织如东盟和欧盟等进行投资制度安排；二是不局限于通常意义上的中央政府之间的制度安排，而是拓展到中央政府机构与地方政府机构之间建立合作机制，以及政府为先导、企业为主体的制度安排；三是通过签署双向投资促进合作备忘录，建立双向投资促进机制和境外经贸合作区建设。同时，制度安排条款内容也在不断完善，细化后的条款更加有利于增加协定的透明性和可操作性，提高双边及区域投资制度的质量和效率。上述制度安排的积极意义在于：（1）与东道国单方面优惠政策以及国内法相比，双边及区域投资制度安排往往是政府间的行为及承诺，具有较高的可信性；（2）制度安排各阶段会释放积极信号、有效信息并增加机会；（3）各种生效的具体条款能够带来实际的投资待遇、投资自由和投资便利，从而降低各种交易成本。在未来，中国在对外签署、执行和使用这些双边和区域协议时，首先要避免双边与区域投资制度安排的重复和矛盾；其次，应避免新旧投资制度安排的重复，并加大力度增加投资自由化和便利化条款的具体规定；最后，还要在双边投资及区域制度安排中，注重中国政府与中国企业的互动，以实现双边及区域投资制度安排质量和效率的提升。

伴随着经济全球化，仅依靠BIT难以满足各经济体之间的直接投资需求，由经济合作与发展组织所开展的《多边投资协定》（MAI）成为学者较早关注的议题。卢进勇（1997）以《与贸易有关的投资措施协议》（TRIMs）的生效为切入点，总结了其产生的背景以及正文和附件的主要内容，并以此提出我国为适应协议的要求，可调整与完善的外商直接投资的政策法规建议，包括中央与地方的法规政策衔接、实行“梯度产业”开放政策

① 卢进勇，李秀娥．中国双边及区域投资制度安排：特点、作用及建议［J］．亚太经济，2013（1）：99－104．

等。[①] 他还较早指出了国际投资领域相对于国际贸易领域的落后性，需要制定一套国际规范以开创一个稳定、可预见和透明的国际直接投资环境的迫切与必要性，因而要推动具有全球性国际投资规范性质的代表国际投资自由化标志的MAI的制定进程。MAI应包括以下主要内容：（1）适用范围；（2）投资措施，包括准入与开业、所有权与控制等；（3）适用待遇，包括国民待遇、最惠国待遇等；（4）相关政策；（5）投资保护与争端解决；（6）发展中国家问题，包括投资自由化过渡期、产业和市场保护措施等；（7）程序安排。

夏友富（1998）探讨了 OECD 开展 MAI 谈判的背景、宗旨和主要内容等，指出促进国际投资自由化，建立多边投资规则和协议是国际投资发展的必然要求。[②] MAI 的核心是最大限度地促进国际投资自由化，尽可能地消除外国资本进入东道国（地区）的一切障碍。MAI 的特点包括，它是标准高、范围广、具有强制执行力和约束力的争端解决机制，未规定投资者义务，封闭性与开放性相结合，主要考虑发达经济体利益等。

崔凡（1998）也关注到了 OECD 就 MAI 进行的为期三年的谈判，梳理介绍了 MAI 的主要内容，包含属地范围、属人范围、时间范围和管辖的投资措施的范围等。[③] 他指出，现有的以双边投资协定为主的规范体系还存在制度成本高、涉及范围有限和可保障性差等不足之处。而当前《多边投资协定》谈判各方的分歧主要集中在三个方面：一是劳工和环保标准的问题；二是在例外和保留的问题上，例外的理由涉及国家安全、公共秩序、区域经济组织、文化、补贴、健康、社会服务、原住民和少数民族等方面；三是法律的域外适用、法律冲突和再投资障碍等问题。另外，在知识产权和争端解决等问题上，各方也存在比较大的分歧。面对投资自由化的大趋势，他提出如下对策建议：（1）在世贸组织成立五年后促进《与贸易有关的投资措施协议》的扩展，支持在世贸组织框架下讨论全球投资框架；（2）积极支持香港参加经合组织的谈判，支持香港成为其《多边投资协定》的创始成员；（3）支持世贸组织继续采取回合式谈判方式，不赞成单独议题单独谈判的方式；（4）将投资政策问题与竞争政策问题结合在一起谈，反对脱离竞争政策谈投资问题；（5）对投资定义的范围持谨慎态度，反对将证券投资和其他非直接投资以至各类从债权纳入投资定义；（6）采用自下而上肯定清单谈判方式，逐步实施投资自由化；（7）支持运用世贸组织统一的争端解决机制解决各经济体之间的投资政策争端。

叶茂（2005）总结了国际直接投资规范化的特征，具体包括：（1）双边投资协定是规范跨国投资行为的主体，其作为处理国家之间经济关系的一般协定的延伸，具有灵活性但覆盖性较差；（2）区域性投资协定起着过渡作用，作为多边协定的一种补充和过渡形式发展迅速，但其自身的松散性和非针对性却成为对投资规范化的重大阻碍，始终无

① 卢进勇．从《与贸易有关的投资措施协议（TRIMs）》到《多边投资协议（MAI）》——兼论中国利用外资政策法规的调整和完善［J］．国际贸易问题，1997（2）：55－58＋54．

② 夏友富．经济合作与发展组织的《多边投资协议》及其影响［J］．世界经济，1998（5）：24－29．

③ 崔凡．从《多边投资协定》谈多边贸易体系向投资领域的扩展［J］．国际贸易问题，1998（10）：30－33．

法担当起建立多边投资规范的重担；（3）多边投资协定是投资规范化的最终目标，具有法律约束力的国际直接投资多边框架能改善投资环境、减少投资者的风险，同时，还能减少因各经济体实力悬殊而产生的偏向性问题。[①] 成果还分析了未来国际直接投资规范化的趋势：一是从双边到区域再到多边层面，是国际直接投资规范化发展的主线；二是投资规范框架的建立以贸易组织为平台；三是发达国家（地区）依然是主导，但发展中国家（地区）发挥的作用越来越大。

（二）区域贸易协定、自由贸易区研究

区域一体化是指一国（地区）与其他国家（地区）达成双边或区域贸易协议，规定缔约方在各种贸易形式如货物、服务、资本、知识产权和人员流动等方面实现低壁垒乃至无壁垒。区域一体化在实践中表现形式不一，包括优惠贸易安排、自由贸易协定、关税同盟、共同市场和经济同盟等。沈四宝和顾宾（2011）研究认为，服务贸易较少受到价格变动、通货膨胀和贸易摩擦等因素的影响，且具有附加值高、吸纳就业多、能耗低和污染少的优势，是 RTA 的高级阶段。[②] 我国 RTA 战略的指导方针应当确定为“扬长避短，渐进开放，有予有取，积极推进”，其不仅可以指导服务贸易，也可以指导 RTA 的其他贸易形式。而在大力发展 RTA 服务贸易的宏观策略上，可以从以下几点展开：（1）采取渐进策略，科学选择谈判对象，合理安排谈判内容；（2）谈判和争端解决主要采取协商的方式，但也要有惩罚规则，即“软法”为主、“硬法”为辅的策略；（3）把提升产业结构作为重点；(4) 发挥劳动资源丰富优势，促进自然人流动。周念利和朱慧慧（2014）以东亚经济体参与缔结的 25 项区域服务贸易安排作为研究样本，对这些区域服务贸易安排中所包含的“GATS－”承诺表现进行了归纳梳理。[③] 在区域服务贸易安排框架下，东亚经济体在对外做出或被动接受“GATS－”承诺时，会呈现出四个典型特征：一是东亚经济体对外做出的“GATS－”承诺比率，要普遍高于其接受的“GATS－”承诺比率；二是东亚经济体在市场准入方面所做的“GATS－”承诺比率，要普遍低于国民待遇方面的“GATS－”承诺比率；三是东亚经济体更易于对非东亚经济体做出“GATS－”承诺；四是跟“南南型”区域服务贸易安排比较而言，“GATS－”承诺更易于出现在东亚经济体对外缔结的“南北型”区域服务贸易安排中。我国制定相关政策时，可供参考的建议有：（1）有效选择区域服务贸易安排缔约伙伴；（2）运用“他山之石”实现利益互换；（3）在服务业开放的技术层面，合理运用“市场准入”和“国民待遇”承诺的相互关系，通过在国民待遇方面引入“GATS－”承诺的方式实施“宽进严管”，以求减少因开放可能带来的冲击。

石静霞（2018）对 2005 年联合国教科文组织《关于保护和促进文化表达的多样性

① 叶茂．国际直接投资规范化特征与趋势［J］．求索，2005（9）：42－43．

② 沈四宝，顾宾．我国服务贸易区域一体化的策略思考［J］．国际贸易，2011（2）：59－64．

③ 周念利，朱慧慧．东亚经济体参与区域服务贸易安排的“GATS－”特征研究［J］．亚太经济，2014（4）：52－58．

公约》（UNESCO）通过以来，成员签订的60个具有代表性的区域贸易协定中的文化条款或与文化相关的内容进行分析，考察目前国际法上自由贸易和文化多样性之间的互动趋势。[①] 其研究内容主要包括区域贸易协定对UNESCO的提及或援引情况，协定对文化产品是否给予特殊待遇，协定在文化多样性方面是否给予发展中国家（地区）优惠待遇，电子商务章节适用于文化产品的情况以及协定中与文化相关的其他内容等方面。目前，我国在RTA谈判及文本中，对文化多样性问题关注仍显不足。长远看，需要采取更多措施以更好地实施文化多样性公约，具体建议如下：（1）在国内层面进行不同文化产业和部门间的有效合作；（2）建立合适的文化政策和措施框架；（3）在RTAs谈判中，注重推动“文化多样性”的地位；（4）在数字环境下对文化产品的特殊考虑；（5）发展有效的监测手段。

自由贸易区是指两个以上的国家或地区，通过签订自由贸易协定，相互取消绝大部分货物的关税和非关税壁垒，取消绝大多数服务部门的市场准入限制，开放投资，从而促进商品、服务、资本、技术、人员等生产要素的自由流动，实现优势互补，促进共同发展。李朝阳（2016）指出，自贸区具有双向、互利、共赢、对象可选和内容可控等一系列优点，为中国在加入WTO之后进一步推进对外开放，以开放促改革、促发展提供了一个重要的切入点。[②] 自贸区谈判是中国积极寻找“参与国际经贸规则制定、争取全球经济治理制度性权力”的重要平台。中国应积极利用这一契机，在推进自贸区战略进程中，统筹国际国内规则，注重将国内规则国际化；同时，积极借鉴他国的经验，善于借助既有规则，参与并主导地区国际制度，在必要的时候，要敢于让渡眼前利益，抓住机遇，提出具有创新性、建设性的共赢方案，以构建和维护有利于中国发展的国际经济环境。

近年来，以《跨太平洋战略经济伙伴关系协定》（TPP）以及《区域全面经济伙伴关系协定》（RCEP）为代表的自由贸易区建设引人注目。汤碧和林桂军（2012）指出，TPP是美国“重返亚洲”战略的重要组成部分，其动机既有经济又有政治和安全方面的考虑，遏制中国崛起是其中一个不容否认的目标。[③] 美国加入TPP，冲击了中国在亚太地区的区域经济合作战略，改变了整个亚太地区的贸易流向。这会减少中国的区域贸易自由化收益，并使中国在区域合作机制中的话语权和影响力受到损害。为此，中国应当关注TPP的谈判进程，选择适当的时机参与TPP谈判，并在亚太区域整合中发挥与自身实力相称的作用；加快推进东亚区域经济合作进程，巩固中国在亚太地区的利益；进一步深化改革开放，为中国在更大范围内、更高层次上参与经济全球化和区域经济一体化奠定坚实的制度和政策基础。李丽和张策（2016）指出，TPP作为美国推动的高标准自贸协定，

① 石静霞．区域贸易协定（RTAs）中的文化条款研究：基于自由贸易与文化多样性角度［J］．经贸法律评论，2018（1）：78－96．

② 李朝阳．自贸区：中国参与国际规则制定新路径［J］．国际经济合作，2016（3）：22－25．

③ 汤碧，林桂军．跨太平洋伙伴关系协定对中国战略的影响与中国的对策［J］．社会科学研究，2012（6）：16－20．

规制协调条款首次在其中出现。[①] 这一条款将贸易规则进一步从边境措施延伸到边境内措施，从针对产品和服务开放层面转为针对国内规制制度层面。其影响深远：一是对TPP成员国内规制措施的制定、实施及最终废止等提出了框架性和原则性的要求，影响其贸易规则；二是规制协调章节将被美国和欧盟进一步推广并成为FTA/RTA新模版的重要内容；三是将进一步推动良好规制议题在WTO层面的谈判，并很有可能未来达成新的WTO规则。我国应高度重视并推动国内规制协调：（1）加强国内规制程序和机制建设，推动良好规制实践；（2）积极跟踪研究，并积极参与规制协调相关规则的制定；（3）条件成熟时，将规制协调议题纳入我国的FTA谈判中。龚红柳（2016）认为，在争端解决领域，新生的TPP常规争端机制实现了若干突破与创新：一是TPP常规争端解决机制虽是典型的“国与国”之间的争端解决机制，但触角已伸向私人领域；二是TPP常规争端解决机制在确保TPP协定的实施上虽未面面俱到，但实现了对“非贸易价值取向”义务的同等维护；三是TPP常规争端解决机制虽无上诉复审程序，但从其他方面强化了司法性，以促进效率与公平的共赢；四是TPP常规争端解决机制虽采取“一局终裁”的简易形式，但在法律技术操作上更为精细。[②] 它们既弥合了现行WTO争端机制的不足，也推动了当前区域贸易争端解决机制的纵深发展，更为当下中国方兴未艾的自贸区建设提供了有益借鉴。TPP协定绝非膜拜的宝典，而是为我所用的重要范本，尤其在制度设计和规则构建上，这一“新一代全球经贸规则”的最新典范能给予我们的启示甚多。

学者对于其他自由贸易区建设也不乏相关研究。佘莉和杨立强（2012）关注到了我国与海湾合作委员会（包括沙特、阿联酋、阿曼、巴林、科威特和卡塔尔六国）自2004年启动的自贸区谈判在市场准入等问题上存在的分歧，以GTAP模型为主要工具，评估测算了中国—海合会FTA的可能影响。[③] 评估结果表明，中国与海合会国家的自由贸易安排，对双边经济和贸易的影响总体上是正面的。从不同方案来看，贸易自由化程度越高，双方进出口数量和金额的增长幅度就越大。中国–海合会自贸区建设将深化双方在能源领域的合作，同时，促进投资便利化，推动双向投资增长，带动中国企业“走出去”。其尽快签署有利于中国抢占先机，赢得战略主动，因而不宜久拖不决。中方应在充分理解海合会利益诉求的同时，积极争取自身权益。国内有关石化企业应尽早准备迎接中国–海合会自贸区建立后可能带来的挑战。

在救济制度方面，盛建明（2009）指出，贸易调整援助（TAA）制度发端于欧洲经济共同体，而后被美国发扬光大；在当今以RTA和FTA为代表的区域经济一体化和自由化的发展过程中，是旨在为因此受到损害的产业、企业、工人和农民的利益实施补偿和援助的配套制度支柱之一。[④] TAA制度的巧妙之处在于它将贸易政策与社会保障制度

---

① 李丽，张策．TPP中的规制协调问题、影响及对策建议［J］．亚太经济，2016（4）：54–59．

② 龚红柳．TPP协定下的常规争端解决机制：文本评析与启示［J］．国家行政学院学报，2016（1）：88–93．

③ 佘莉，杨立强．中国—海合会FTA对双边贸易影响的GTAP模拟分析［J］．亚太经济，2012（6）：37–41．

④ 盛建明．论美国贸易自由化进程中贸易调整援助制度［J］．政法论丛，2009（4）：9–15．

紧密结合，将其作为缔约方社会保障制度的有机组成部分，从而有效地规避了 WTO 多边贸易体制补贴国际纪律之约束。但是，其具体的实践会发生异化，有时会沦为强势集团对外扩张时蒙骗弱势群体甘于牺牲的遮羞布，有时又成为国内善于博弈的落后生产力代表企业的救生衣。为了稳妥推进我国的 RTA 和 FTA 战略所急需的配套制度建设，借鉴和引进这一成果无疑是一条正确的思路，也是一种符合 WTO 补贴纪律的合法和可行的做法。但也应当吸取教训，切实发挥这一制度在帮助国内幼稚产业应对外来冲击，实现自我调整和转型方面的积极作用。

四、对“一带一路”倡议问题的研究

（一）“一带一路”倡议与对外投资

“一带一路”倡议是新时期中国对外开放的宏伟设计，被列为中国经济新常态下优化经济发展空间格局重点实施的三大举措之一。2014 年，随着世界经济逐步走出低谷，中国加快构建开放型经济新体制，政府投资促进政策创新，中国企业的国际化经营水平得到了稳步提高，中国对外直接投资的大国地位初步确立。卢进勇、陈静和王光（2015）指出：“我国对外直接投资发展迅速，2014 年已经与引进外资基本持平，中国已成为世界第三对外投资国。[①] 同时，中国企业的实力和国际竞争力也明显提高，跨国公司数量和进入世界 500 强的企业数量越来越多，企业面貌已不同以往。经过改革开放 30 多年来的发展，中国经济与国际经济联系日益紧密，中国参与国际分工的方式和层次发生了很大变化。今后 5 至 10 年，在深化改革开放和构建开放型经济体系的过程中，中国面临一项重要任务，就是要加快构建由中国跨国公司主导的跨境产业链。为此，我国应加快各类境外园区建设。境外经贸合作区、科技园区、工业园区和产能合作园区等是我国境外企业的聚集地，是企业集群式‘走出去’的有效方式，也是跨境产业链建设的重要载体和有机组成部分。境外园区建设应结合‘一带一路’建设，在相关国家进一步布局各类园区的建设。截至 2015 年，我国已经在世界 15 个国家（地区）先后设立了境外经贸合作区，有的已经初具规模，需要认真总结建设经验并加以推广。”

张晓静和李梁（2015）从区分不同区域的贸易便利化措施入手，采用“一带一路”沿线 45 个国家 2008—2013 年的样本数据，利用扩展的贸易引力模型，识别出不同区域的不同贸易便利化措施对中国出口影响的异质性。[②] 成果最后根据实证结果提出了相关政策建议：一是应加大与“一带一路”沿线国家贸易便利化水平建设的投入，尤其应加快商业环境的发展，重视商业环境在贸易中的作用。二是从地缘角度看，中国在推进与

---

① 卢进勇，陈静，王光．加快构建中国跨国公司主导的跨境产业链［J］．国际贸易，2015（4）：4-10．

② 张晓静，李梁．“一带一路”与中国出口贸易：基于贸易便利化视角［J］．亚太经济，2015（3）：21-27．

"一带一路"沿线各国贸易便利化合作方面重点要有所不同。如与东亚、东南亚及南亚国家应加强商业环境方面的合作；与欧洲国家应加强边境管理方面的合作；与中亚及阿拉伯国家应加强运输与基础设施以及商业环境方面的合作。

桑百川和杨立卓（2015）提出，目前对"一带一路"的研究成果主要有三类：一类是界定"一带一路"倡议的背景、内涵；第二类是探讨"一带一路"倡议面临的风险和挑战；第三类是分析"一带一路"倡议的机遇。① 这些研究既包括了宏观层面的探讨，也触及结构性分析，但尚未对"一带一路"沿线国家进行细分，并按照不同类型国家的特点，分别考察我国与这些国家的贸易关系。故二位学者从实证分析的角度，以不同地区比较优势和资源禀赋的差异为基础，对我国与"一带一路"沿线国家的贸易竞争性和互补性进行计算和分析，为贸易拓展提供依据，并结合不同区域国家的比较优势和资源禀赋，提出了拓展和优化我国与"一带一路"沿线国家经贸关系的政策建议。建议主要包括三方面：一是在寻求经济结构转型升级中，重点将部分优势产能转移到东南亚、南欧、中欧、南亚和西欧等国家和地区，形成带动相关地区发展的新型产业链，并强化我国企业对产业链的整合能力；二是应进一步加强与这些地区国家的政策沟通，促进贸易便利化，推进基础设施的互联互通，充分挖掘双方贸易潜力，优化贸易结构，创造贸易新增长点；三是应实现能源基础设施的互联互通，加强与这些地区国家的外交合作，不断寻求政治互信和共识，确保能源运输安全。

屠新泉和蒋捷媛（2017）探讨了金砖国家合作与"一带一路"倡议的协同发展机制，以弥补两者各自的局限性。② 他们认为，金砖国家合作具有成形的机制，但是缺乏实质内容。同时，"一带一路"倡议内涵丰富、形式多样，但目前仍缺乏国际机制上的合理性。因此，金砖国家合作机制与"一带一路"倡议具有协同发展的可能性。由金砖国家提供机制支撑，丰富"一带一路"倡议的内容和形式，打造南南合作的新方式。协同发展机制的建立，不仅能推动金砖国家经济合作程度的深化，还有利于"一带一路"建设的顺利推进。具体而言，协同发展机制首先应该加强"一带一路"沿线国家尤其是金砖国家之间经济发展战略的对接，通过投资、贸易、技术、教育、基础建设、文化、能源和安全等领域的合作，获得竞争优势和综合利益。其次，以金砖国家领导人峰会推动形成更大的南南合作框架，以经济发展水平较好的金砖国家基础设施建设辐射沿线"一带一路"国家，从而带动其基础设施建设的全面发展，推进"一带一路"的设施联通。最后，作为对最新的全球经济治理机制的探索，金砖国家合作机制与"一带一路"倡议的协同发展机制旨在激发世界经济活力，探索新兴领域的合作，创新发展模式是协同发展机制重要的实现路径。

---

① 桑百川，杨立卓. 拓展我国与"一带一路"国家的贸易关系——基于竞争性与互补性研究［J］. 经济问题，2015（8）：1－5.

② 屠新泉，蒋捷媛. 金砖国家合作与"一带一路"倡议协同发展机制研究［J］. 亚太经济，2017（3）：47－51，193－194.

（二）"一带一路"倡议与国家安全问题

孙玉琴、姜慧和孙倩（2015）提出"一带一路"倡议使区域合作更加紧密，由于中国的能源进口通道基本与"一带一路"重合，因此能源是"一带一路"建设最鲜明的标签。[①] 几位学者分析了中国与中东油气合作的概况和现状，在此基础上预测了中国与中东油气合作的前景，指出中国在资金行业人力资源等方面都具有优势，但在技术和国际合作等方面还存在很大提升空间，外加中东局势复杂多变，国际局势动荡加剧，使中国与中东的油气合作也存在诸多挑战。我国应充分利用"一带一路"的战略优势，多元化油气供应渠道，保障油气安全，降低运输风险，促进中国企业"走出去"，更可以通过区域合作加强沟通建立新的能源定价体系，提高中国在国际上的能源议价能力。中东地区是"一带一路"建设能源战略的重要一环，中国可以借助丝绸之路的影响，开创与中东能源合作的新领域，突破近期的合作瓶颈。

林建勇和蓝庆新（2017）认为，关于中国与中亚国家能源合作的问题，学术界取得了一定的研究成果，但对于"一带一路"倡议下，中国与中亚国家能源合作问题的系统性分析研究还很罕见。[②] 两位学者首先分析了中国与中亚国家能源合作的基础，接着探讨了"一带一路"倡议下，中国与中亚地区能源合作面临的风险和挑战。在此基础上，就"一带一路"倡议下，如何深化中国与中亚国家能源合作问题提出了相应的对策建议：第一要加强中国油气企业国际竞争力，实施人才战略、科技战略，实施业务调整重组，坚持多元化经营管理模式，充分发挥多元化经营的抗风险优势；第二要立足民生工程，加大民间外交力度，使"一带一路"倡议在中亚地区比较顺利持久地推广；第三要加强基础设施互联互通建设，承接国际产业转移，深化中亚国家与中国的能源合作，实现合作共赢，促进"一带一路"倡议的推进。

（三）"一带一路"倡议与金融发展

王志峰、张凯博和刘冬（2015）对"一带一路"沿线经济体的银行业整体发展环境进行了风险评估。[③] "一带一路"沿线 65 个主要经济体的经济总量，在全球占比从 2000 年的 13.2%跃升至 2013 年的 29.5%，发展速度总体快于全球平均水平。总体看，这一区域在全球经济版图中的重要性日益突出，为中国企业和银行业"走出去"提供了广阔的空间。总体来说，"一带一路"沿线经济体经济快速增长，经济结构持续改善，超过 40%的经济体处于工业化发展后期；随着经济发展水平的提升，"一带一路"沿线各经济体内的投资也稳步增长，投资占 GDP 比重逐年提升；银行业信贷投放快速增长，资产质

① 孙玉琴，姜慧，孙倩．中国与中东地区油气合作的现状及前景［J］．国际经济合作，2015（9）：64－69．

② 林建勇，蓝庆新．"一带一路"倡议下中国与中亚国家能源合作面临的挑战与对策［J］．中国人口·资源与环境，2017，27（S1）：203－206．

③ 王志峰，张凯博，刘冬．"一带一路"沿线经济体银行业整体发展环境及风险评估［J］．国际金融，2015（5）：40－46．

量持续改善。几位学者在对“一带一路”沿线 55 个经济体银行业发展环境主要指标进行分析的基础上，对核心指标进行了排序和打分，并加总各项指标得分，得出各经济体的银行业发展环境总得分。

李玫和丁辉（2016）对“一带一路”框架下的绿色金融体系构建进行了研究。[①] “一带一路”倡议不仅是中国对外开放区域结构的转变，也是中国在国际秩序中从被动规则接受者转为规则制定者的转变。基于沿线国家地区差异大、生态环境脆弱、社会经济发展水平不统一，以及国际环保标准不断提高和中资企业海外环保实践中的诸多问题，中国应在“一带一路”倡议中坚持绿色化、生态化发展模式，借助绿色金融引导生态环保行业发展。同时，中国在“一带一路”倡议下，要坚持可持续发展原则，秉承创新、协调、绿色、开放、共享的发展理念，从顶层设计、金融机构绿色化改革、机制与平台建设等方面，推动绿色金融体系不断发展。

李杨和程斌琪（2018）提出，金融作为“一带一路”倡议实施过程中资金融通的重要桥梁，支撑着各国经济的持续发展；而金融外交作为整体外交的重要一环，保障着开放战略的不断深化和有效执行。[②] 作为金融外交的重要内容之一，金融合作是中国推动“一带一路”建设的重要手段，是中国深度参与国际金融体制改革和建设的重要工具。当前，以分布式技术，网络互联技术和人工智能等为代表的数字技术发展日新月异，中国的金融科技产业快速崛起，正逐渐成为全球金融科技领域的领导者。在这一新浪潮中，我国应该厘清金融科技发展的重要性，分析金融科技发展的影响和作用，设立“一带一路”金融科技合作开放平台，建立“一带一路”金融科技高级别对话机制，拟定未来金融科技深度合作的重点领域和关键环节，强化完善风险防范与控制措施。

张汉林和张鹏举（2018）对“一带一路”倡议基础设施建设国际金融合作体系进行了研究。[③] 基础设施互联互通作为“一带一路”倡议有形的连接纽带，是“一带一路”倡议建设的先导。资金融通作为无形支撑，则是实现“一带一路”倡议建设的关键环节，更是实现基础设施互联互通的重要保障。金融是“一带一路”倡议建设的重要内容、重要支撑、重要引领，将在“一带一路”倡议基础设施建设中发挥重要作用。“一带一路”倡议沿线国家基础设施建设资金需求存在巨大缺口，亟须通过银行货币合作、资本市场合作、公私合营合作、信用保险合作、金融市场合作和金融监管合作等构建基础设施建设领域的国际金融合作体系，以推动“一带一路”倡议基础设施跨国合作，解决资金瓶颈。

① 李玫，丁辉．“一带一路”框架下的绿色金融体系构建研究［J］．环境保护，2016（19）：31-35．

② 李杨，程斌琪．“一带一路”倡议下的金融科技合作体系构建与金融外交升级［J］．清华大学学报（哲学社会科学版），2018，33（5）：113-125，197-198．

③ 张汉林，张鹏举．“一带一路”倡议基础设施建设国际金融合作体系研究［J］．理论探讨，2018（2）：91-98．

（四）“一带一路”倡议与制度建设

卢进勇、王光和闫实强（2018）对“一带一路”制度建设的必要性进行了研究。[①]“一带一路”沿线国家是中国进一步推进对外开放的主要区域，这些国家将是中国未来海外投资的重要聚集地。但同时需要注意，该区域内的部分国家制度环境以及营商环境仍有许多不完善的地方。这些因素客观上会阻碍中国企业海外投资利益得到切实合法的保障。“一带一路”沿线国家绝大部分都是发展中经济体，各个国家的国情复杂，制度环境差异较大，中国企业在这个区域的投资，其海外投资利益保障更应值得关注。在对外直接投资活动中，东道国的政府监管能力强弱、行政效率水平高低、法律环境完善程度以及对腐败控制力度等，都会对母国的企业投资行为产生直接影响，甚至在一定程度上给企业带来的利益损失要远远大于企业所面临的市场风险。

薛荣久和张斌涛（2017）对“一带一路”制度建设的重要性进行了研究。[②]“一带一路”倡议旨在促进经济要素有序自由流动、资源高效配置和市场深度融合，推动沿线各国实现经济政策协调，开展更大范围、更高水平、更深层次的区域合作，共同打造开放、包容、均衡、普惠的区域经济合作框架。“一带一路”建设是一项长期的系统工程，而共同利益奠定沿线参与国家合作实施的基础，但并不能导致天然的切实合作的实现。因为在 “一带一路”建设中，必然会面临众多参与方之间的利益协调，共同应对外部势力干扰和侵蚀等方面的风险。因此，需要构建相应的规则，为“一带一路”建设保驾护航。它有如下作用：有利于建设规划落实的稳定性；有利于化解和应对建设中的诸多风险和挑战；有利于防止全球化弊病对建设的感染；有利于整合参与建设国家的法规。

杨荣珍和魏倩（2018）对“一带一路”沿线国家直接投资规则体系构建难点进行了分析。[③] 第一，不同国家发展水平“参差不齐”。“一带一路”沿线国家间发展阶段的差异性较大，开放程度和开放领域各不相同，对市场规则的认知并不一致。第二，复杂的宗教文化差异和地缘政治。“一带一路”沿线国家投资规则的构建不仅受到宗教文化差异的影响，更受到大国利益博弈的掣肘。第三，大国权力优势不明显。在国家主权平等的原则下，多边立法大都采用协商一致的立法模式，但实质上，各国并不具有平等的谈判能力。缔约国之间权力越不对称，大国的权力优势越明显，其他国家接受大国“说服”的可能性越大，其多边规则更容易协商一致。中国如何调整与“一带一路”沿线国家直接投资规则中的立场和态度，如何积极参与投资规则体系构建，对于保护中国对“一带一路”沿线国家投资安全和提升国际地位具有重要影响。

沈四宝、胡海涛和沈健（2015）指出，“一带一路”倡议的落实需要一个长期的过

① 卢进勇，王光，闫实强．双边投资协定与中国企业投资利益保护——基于“一带一路”沿线国家分析［J］．国际贸易，2018（3）：45-50．

② 薛荣久，张斌涛．WTO与“一带一路”规则的构建［J］．国际贸易，2017（12）：40-43．

③ 杨荣珍，魏倩．“一带一路”倡议下国际直接投资规则及中国方案研究［J］．国际贸易，2018（4）：38-44．

程且面临诸多障碍，并提出了一带一路制度建设的具体内容。实现“一带一路”倡议的软着陆，应该选择条约化和制度化的路径。[①] 对此，我国要推进 BIT 协议的签署，为相关国家之间的投资活动建构宏观框架，建立 FTA 网络，建立和完善国际贸易投资争端解决机制，建立和完善跨国股份公司制度以及工业园区制度。具体来说，首先，任何跨国投资活动都是在投资者母国和东道国的政策法律空间运行的，投资活动作为国际贸易的重要补充，对东道国的国内政策和法律环境有着更高的要求，东道国关于外国投资者的市场准入待遇、准入后的管理措施和税收制度等对外国投资具有根本影响。打造理想的国际投资环境的重要做法就是东道国和投资母国订立 BIT。其次，应在条件成熟的区域建立 FTA，形成 FTA 网络。如果说 BIT 主要是规范跨国投资活动，那么，FTA 则主要针对贸易活动所签订的国际条约，针对 WTO 谈判遭遇的阻碍。世界范围内各种区域性 FTA 谈判风生水起，TPP 将会对世界贸易产生重大影响。我们在落实“一带一路”倡议进程中，对于条件成熟地区可以开展 FTA 谈判，构建多层次和多形式的 FTA 网络。比如，中蒙俄、新欧亚大陆桥、中国－中亚－西亚、中国－中南半岛、中巴、孟中印巴等六大经济走廊建设，即可以尝试在不断扩大的共同利益区域寻求 FTA 的建设。再次，应建立和完善国际贸易投资争端解决机制。在落实“一带一路”倡议过程中，我们应尝试国际贸易投资活动中普遍的国际法律解决方式，如国际商事仲裁和国际投资争端解决中心（ICSID）等。淡化贸易投资争端的政治解决机制，而强化法律解决机制，特别是建立和完善国际上越来越受到重视的“企业 vs. 政府”（B2G）的解决方式。最后，应建立和完善跨国股份公司制度。我国对“一带一路”沿线国家的投资中，基础设施的投资占有重要比重。这些基础设施大部分属于管线工程，往往具有跨越多国的性质，如从中国重庆到德国汉堡的欧亚铁路，贯穿中国、中亚、东欧和中欧十几个国家，其融资、建设、运营和管理工作由多国参股的跨国股份公司来做。这种公司属于公司法理论上的具体法人制度，需要依据国际条约成立和运作。

① 沈四宝，胡海涛，沈健．“一带一路”建设的障碍和法治规范［J］．人民法治，2015（11）：9－10+21．

附　录

缅怀与致谢

深切缅怀

（本书提及的前辈学者，按姓氏笔画排序）

马乃庶（1914—1980）

北京房山人。曾在北京大学、抗日军政大学、延安马列学院学习。新中国成立前，历任陕甘宁边区鄜西县政务秘书、陕甘宁边区财政厅科员、延安人学教育研究室研究员、延安自然科学院教员、西北局社会部科员、北平解放三日刊秘书等职。新中国成立后，一直从事外贸教育工作。1950 年，于中国人民大学创建中国最早的对外贸易研究室。1954 年 9 月，任北京对外贸易学院副院长。曾讲授“对外贸易市场行情”“苏联与中国对外贸易原理”课程，主编《马恩列斯论国际贸易》《对外贸易基础知识》教材，为学校外贸专业建设做出重要贡献。

王寿椿（1930—2016）

江苏江阴人。1948—1952 年在国立上海商学院国际贸易系学习；毕业后，先后在中国人民大学、北京对外贸易学院攻读研究生，1955 年毕业。曾任国务院港澳办公室港澳研究所特邀研究员，关税与贸易总协定研究会理事等。主编《中国社会主义对外贸易》《中国对外经济关系》《中国对外贸易》《中国对外贸易概论》等，合著《中国对外经济贸易的新发展》《中国社会主义初级阶段的对外贸易》《中国对外贸易经济学》等，参编《中国百科年鉴（1980—1985）》《世界经济百科全书》《中国经济百科全书》《经济社会管理知识全书》《经济大辞典》《经济管理学辞典》等。

古比尔曼（生卒年不详）

（右二为古比尔曼）

将国际运输课程带入学校的苏联专家。1956 年受邀来学校讲学。1957 年学校增设“国际运输专门化”，古比尔曼所做工作为后来严启明和高艺萌主编的教材《国际运输》提供了基础。

史道源（1918—1976）

河北阜城人。先后就读于燕京大学、南开大学。曾任教于南开大学、燕京大学、中央财经学院。1953 年 9 月起在我校任教。著有《略论当前资本主义世界的国际金融危机》《略论西方资本主义国家的浮动汇率》《战后资本主义国家的汇率制度》等。是我国金融业的先驱者之一，新中国成立以来招收的国际金融研究生第一人，也是学校国际金融专业的奠基人。

包达包夫（生卒年不详）

莫斯科外贸研究院院长，苏联国际贸易专家。1955 年被聘请至北京对外贸易学院任院长顾问并讲学，所著《国际贸易》一书由北京对外贸易学院翻译室译成中文，1957 年 4 月由财经出版社出版。是对我国计划经济时期的对外贸易教育影响最大的苏联专家之一。

冯大同（1934—1995）

广东南海人。1961 年毕业于北京大学法学系。学校法学院奠基人之一。曾讲授“国际贸易法”“国际商法”“海商法”“国际资金融通的法律与实务”“国际技术转让法”等课程，主要作品有《国际贸易法》《国际商法》《海商法》等。著作《国际货物买卖法》获得第一届中国高校人文社会科学研究优秀成果奖二等奖、北京市第三届哲学社会科学优秀成果奖一等奖。为国家培育了大批国际经贸法律人才，为我国国际经济法学科的建立和发展做出重要贡献。

朱国兴（1929—2017）

浙江绍兴人。1948—1952 年在南开大学学习。1952—1954 年在中国人民大学学习。1954 年 9 月起在我校任教。先后在学校政治理论教研室、国际贸易研究所从事教学和研究工作。曾先后开设“政治经济学”“资本论选读”“国际贸易专题研究”“经济学原理”等课程，撰有《“开放经济”与“封闭经济”的含义和用法》《关于马克思对李嘉图“比较成本说”的评价问题》《国际贸易中的等价交换的根源》等论著。

刘朝缙（1915 年生，卒年不详）

福建福州人。1933—1934 年在上海震旦大学学习。1934—1937 年赴日本东京法政大学政治经济系就读。1937—1938 年在四川大学、延安抗日军政大学学习。曾先后在香港华润公司、中国粮油食品进出口公司等部门任职。1965 年调入我校任教授。所著论文和著作包括《英国战时经济》(合译本)、《对海外客商的使用问题》《出口贸易》(合译本)、《技术贸易手册》《中国对外贸易政策与实务》等。

刘舒年（1929—2019）

天津人。先后毕业于中国人民大学和北京对外贸易学院国际贸易专业研究生班。毕业后，留校任教。毕生从事国际金融专业的教学与研究工作，是我校国际金融专业的奠基人之一。主编的《国际金融》为我国有书号后第一本论述国际金融的教材，经数次修订再版，发行量已超百万册，先后荣获全国教育优秀教材奖、教育部优秀教材奖、全国高教畅销书奖。

许静梅（1917—2005）

上海人。1951 年毕业于北京华北大学。1951—1954 年任职于中国人民大学。1954 年调入我校任职，主要做俄语翻译和英语教学工作，享受 1995 年国务院政府特殊津贴。曾参与翻译包达包夫的《国际贸易》教材。

许煜（1934—2020）

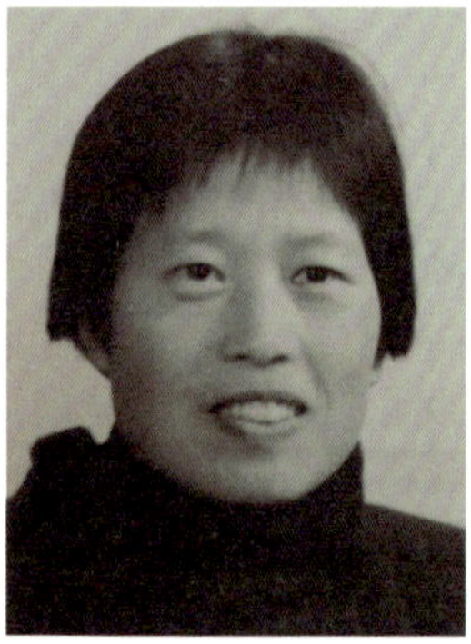

浙江诸暨人。1965 年于北京对外贸易学院毕业，后留校任教。熟悉国际贸易专业、对外贸易商情调研业务以及中国对外贸易的教学工作。曾在《国际贸易》《国际贸易问题》上发表多篇论文，参编《中国社会主义对外贸易》《中国对外贸易概论》《中国对外经济关系》等，合译《出口贸易》。

孙玉宗（1927—2009）

河北蠡县人。1945—1954 年，先后在冀中九分区贸易局、武清县税务局、中国人民大学等单位工作。1954 年 8 月调入我校任职。1965 年以中国外贸专家身份被派往越南帮助筹办河内外交、外贸学院。1977 年任对外贸易部教育处处长。1979 年调回学校。著有《中国对外贸易组织与技术》《对外贸易发展战略与实践》《对外开放与对外贸易》等，编有《对外经济贸易工作手册》《国际商务通览》等。被列入《中国当代经济科学学者辞典》《中国现代社会科学家大字典》《中国高级科技人才辞典》和英国剑桥名人研究中心编辑出版的《国际名人录》。

孙家恒（1928—2021）

江苏南京人。毕业于南开大学。曾在原外经贸部中粮总公司工作，具有丰富的外贸实践经验。1965 年调入我校任职，从事国际经济贸易理论的教学和研究工作。多次应邀随原外经贸部、国务院发展研究中心、特区办、海关总署赴国内外考察外贸体制和自由贸易区等，撰写的报告受到有关决策部门和学术界的重视。

严启明（1923—2018）

浙江上虞人。1950—1964 年，先后在香港华夏企业公司、原外经贸部中国海外运输公司、中国对外贸易运输公司、山西省供销合作社工作。1964 年 4 月起在我校任职。一生致力于国际运输领域的理论探索与实践，是学校运输系运输专业奠基人。编写教材《对外贸易运输》，著有《国际贸易基础知识与实务》《外语直观教学浅谈》《国际多式联运》等，参编《中国大百科全书·世界经济卷》《经济大字典》《中日经济法律辞典》等。

李志伟（1917—2008）

广东中山人。清华大学学士，美国芝加哥大学硕士、博士，是著名经济学家弗里德曼唯一的嫡传中国弟子。1951 年回国后，在原外经贸部行情研究所工作。1964 年 2 月调入我校任教。长期从事经贸英语、微观经济学、宏观经济学、统计学和管理信息系统的教学与研究工作。是全国最早介绍宏（微）观经济学的老师之一，在国内开创了全面使用英文统计学教材之先河，创立了国内第一门“应用统计”课程。所著《统计分析概论》获得北京市第一届哲学社会科学优秀成果奖。

吴永珣（1911—1997）

河北滦县人。1931—1935 年在北平税务专门学校学习。1941—1943 年在美国威斯康星大学（麦迪逊分校）经济系学习，获国际贸易硕士学位。1943—1944 年就读于芝加哥大学研究生院，师从著名国际贸易学者范纳。1944—1947 年在美国威斯康星大学学习，获国际贸易专业博士学位。1947—1954 年回国后，先后在暨南大学、上海财经学院任教。1954 年调入我校任教授。国际经济组织领域的专家，最早倡导在学校开设“国际经济组织”课程并编写了该课程的英文教材。著有《对外贸易价格条件》《比较成本说简介》《关于亚非国家经济发展的理论》等，主编的《英汉国际贸易与金融辞典》（1982）获得北京市第一届哲学社会科学优秀成果奖二等奖。

邱年祝（1928—2006）

福建厦门人。毕业于厦门大学。1952—1960 年在中国粮油出口公司任职。1960 年 3 月起在我校任教。长期从事国际贸易的教学和科研工作，合编《国际贸易实务》，发表文章《谈谈商品交易所》《分期付款和延期付款》《商品买卖合同中的非固定价格条款》《粮食贸易新动向》等，合译《出口贸易》《技术贸易手册》等。

余绍光（1902—1983）

广东台县人。1916—1919 年在清华留美预备学校甲子级就读。1924—1926 年在美国达特茅斯学院（Dartmouth College）学习，获经济学学士学位。1926—1928 年在美国哈佛研究院学习，获国际贸易硕士学位。1929—1950 年归国，从事贸易业务。1950—1952 年任中国茶叶公司副经理。1952 年 9 月起在我校任教。

汪廷乐（1928—2013）

安徽舒城人。先后毕业于南京金陵大学、中国人民大学。1951—1954 年在中国人民大学工作。1954 年 8 月起在我校任职。主要从事俄语口笔译和教学工作，编有《俄汉经济辞典》，与他人合译《苏联对外贸易》《资本主义市场的对外贸易业务》等，曾参与翻译包达包夫的《国际贸易》教材。

沈达明（1915—2006）

上海人。1934 年毕业于上海震旦大学法律系。1939 年获法国巴黎大学法学博士学位。曾任教于四川大学、湖北师范大学等。1951 年到原外贸部工作。1953 年起在我校任教。长期从事法语和国际经济法教学及科研工作。1984 年与同事共同创建学校国际经济法系，是学校法学院的奠基人。是我国国际贸易法学和国际商法学的主要开创者。1991 年获国家有突出贡献的专家称号。精通英语、法语，曾参加《毛泽东选集》法文版的翻译。著有《英美银行业务法》《国际资金融通的法律与实务》等，曾获得第一届中国高校人文社会科学研究优秀成果一等奖、北京市哲学社会科学优秀成果二等奖、司法部优秀教材奖等多项省部级科研奖励。

张玉珊（1907—1958）

原名张毓珊，江苏金坛人。先后就读于中国公学大学部、法国巴黎大学。曾任教于中国公学大学部、上海音乐学院、暨南大学、上海法政学院、复旦大学。1954 年 9 月起在我校任教。著有《国际贸易原理》《中国国际贸易问题》等。

陈宇杰（1931—2009）

河南汝阳人。1952—1957 年在中国人民大学经济系就读经济学说史研究生。1957 年毕业，分配到北京对外贸易学院马列教研室任教。1982 年在中国经济学团体联合会经济科学培训中心担任常务副主任。1988 年被聘为北京中国国际贸易学会基础理论委员会委员。1992 年被评为北京高校马列主义理论课(公共课)优秀导师。潜心著述，著有《政治经济学教材》(上、下册)、《中国社会主义现代化建设》、《经济师手册》、《社会主义经济建设常识》、《中国对外贸易的理论与实践》（列入国家第六个五年计划的科研项目）、《异化劳动是一个具有特定社会经济内容的概念》等。

陈寿琦（1912—1994）

安徽五河人。1937 年毕业于日本京都帝国大学经济学院。1953 年后，历任中国人民大学、北京对外贸易学院、天津财经学院教授。当代经济学家，国际贸易学泰斗，长期从事国际贸易研究。著有《日本贸易》，编有《经济学辞典》《涉外经济管理知识手册》，译有《国际经济的理论与问题》等。

陈英（1925—1985）

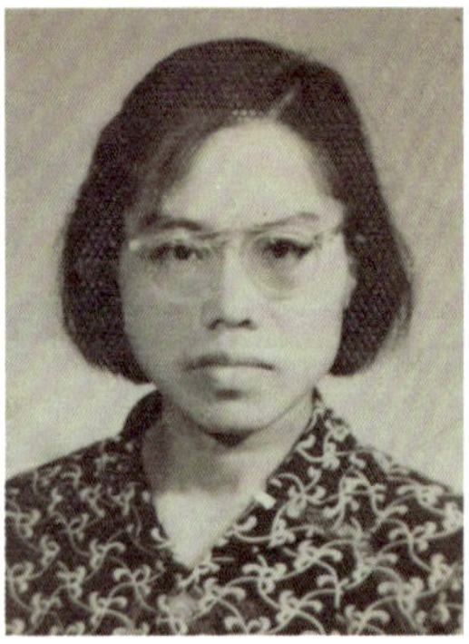

重庆人。1938 年入中央大学经济系读书。1950 年在中国人民大学贸易系任教。1954 年 9 月转入我校，先后担任外贸系教工党支部书记和院党委委员，外贸系学术委员会委员，中国对外贸易教研室副主任、主任，中国国际贸易学会会员。长期从事对外经贸的教学和研究工作，曾参加汇编出版《马恩列斯论国际贸易》《中国社会主义对外贸易经济问题》《对外贸易三十年》《经济管理大辞典》《经济大辞典·对外经济贸易卷》等书，主编出版《中国社会主义对外贸易》，发表《发展我国对外贸易的几个问题》《关于我国社会主义对外贸易指导原则的探讨》《中国对外贸易三十年》等。

武堉干（1899—1990）

湖南溆浦人。毕业于武昌商业专科学校，曾任教于复旦大学、湖南大学、上海财经学院等。1954 年 9 月起在我校任教。国际贸易学权威，对外贸易史专家，著有《鸦片战争史》《中国国际贸易概论》和译著《人口问题》等。所倡导的“出口技术加外语”的人才培养模式，至今仍是国家国际贸易人才培养体系的核心组成部分。

苗述凤（1927—2013）

辽宁盖平人。1950—1953 年在中国人民大学工作。1953 年 11 月起在我校任职。主要从事商品学教学与研究工作。编写并出版了我国第一部结合我国外贸实际、适合我国进出口业务工作需要的《商品学》。此外，还编写了《货物学》《外贸商品学概论》等教材和《经济管理辞典》《商品学辞典》等辞书。

胡敦元（1902—1975）

安徽绩溪人，与胡适同乡同族。1916—1924 年在清华留美预备学校甲子级就读。1925—1928 年在美国威斯康星大学（麦迪逊分校）学习，获经济学学士、硕士学位。1930—1934 年在哈佛大学研究数学统计。次年，受聘于华盛顿布鲁金斯研究所，研究应用统计。1941—1949 年在哥伦比亚大学就读，获博士学位。他的博士论文 The Liquor Tax in the United States 被国际上广泛引用。1951 年回国，曾参与中宣部毛泽东选集英译委员会修改译稿工作。1960 年调入我校任教授。

威廉姆·霍文克（Willem Houwink）（1920—2016）

荷兰人。生前系美国内华达大学资深经济学教授。第二次世界大战期间，积极参与世界反法西斯斗争，曾被“纳粹”关进集中营长达3年之久。1983年8月应邀到我校任教，担任经济学荣誉教授直至逝世。积极投身于中国教育事业，是改革开放后将西方经济学引入中国高等教育的第一批西方学者。从1982年开始，陆续将毕生经济学著作全部无偿捐献给学校，并斥资建设了霍文克金融模拟实验室，为学校20世纪90年代的金融和经济学人才培养做出卓越贡献。被中国政府授予“友谊奖”并获得外国专家局授予的荣誉证书。2010年虽90岁高龄，仍来校为学生作讲座。2014年，在“我与外教”全国征文大赛暨“我最喜爱的外教”评选活动中，被评为中国十大“功勋外教”。

郗藩封（1919—2012）

山西定襄人。1944年西北大学俄文专业毕业。曾就职于西北师院、中国人民大学。1954年起在我校任教，专门从事苏联等社会主义国家的对外经贸体制改革研究。译著有《中国对外经济关系简史》《国际贸易》《苏联对外贸易》等，编著《马克思、恩格斯、列宁、斯大林论国际贸易》。1959年获原对外贸易部直属机关先进集体奖。合著《苏联对外经济贸易》等。

饶毓苏（1911—1978）

湖北恩施人，清朝新疆巡抚饶应祺之孙女。燕京大学学士，美国史密斯女子大学硕士。曾任教于燕京大学、中央财政经济学院。1953年8月起在我校任教，专门讲授“中苏对外贸易原理”课程。著有 *The Land Tax in China*（硕士论文）和《云南省工业生产指数研究报告》《中国战时国际贸易应有的方针》《对外贸易在我国国民经济中的地位和作用》等。

姚周杰（1918—1983）

安徽贵池人。曾在北京辅仁大学、燕京大学就读。历任辽西行署教育厅秘书主任，“军调部”三十六小组中共代表团秘书，辽北省立二中、四中、五中校长，东北局宣传部研究员，中央外事组科长，外交部欧非司科长，原外贸部计划局科长。1960 年 9 月调入我校任教。曾担任“进出口业务”课程的讲授，指导外贸系研究生工作。编有《中国对外贸易基础知识》《国际贸易价格术语》《中国对外贸易三十年》等。

姚曾荫（1915—1988）

江苏镇江人。先后就读于北京大学、美国明尼苏达大学，曾任教于北京大学、中央财经大学。1953 年 9 月起在我校任教。1988 年病逝前，一直是我国唯一的由国务院学位委员会批准的国际贸易专业的博士生导师。长期从事战后世界经济和国际贸易问题的研究及对外贸易专业的教学工作。主编的《国际贸易概论》获全国高等学校第二届优秀教材特等奖、全国社科一等奖。

袁贤能（1898—1983）

浙江天台人。1921 年获复旦大学经济学学士学位，后获燕京大学经济学硕士学位。1922—1927 年在美国纽约州立大学学习，获博士学位。1928—1951 年，先后执教于南开大学、杭州之江大学和上海财经学院。1954 年高等院校调整后，转入我校任教授。一直从事西方经济学和贸易理论的研究，著有《经济思想史导言》《柏拉图的经济思想》等。曾有“南马（马寅初）北袁”之说。

徐子健（1955—2011）

江苏扬中人。1979 年毕业于北京对外贸易学院，后留校任教。1987 年获美国国际管理研究生院工商管理硕士学位。1999—2011 年担任学校党委常委、副校长。长期从事国际企业管理的教学与研究工作，先后开设“管理学”“国际企业管理”“企业战略管理”“组织行为学”“跨文化管理”“组织理论”等课程，撰有《企业管理原理》《管理学》《国际企业管理》《国际营销学》《国际经营导论》《国际营销战略》《中国对外经济贸易五十年》《国际商务文化差异管理》等。国家跨世纪“百千万人才工程”人选，北京市跨世纪社科理论人才“百人工程”人选，享受国务院政府特殊津贴专家。

黄毅（1911—2017）

黑龙江哈尔滨人。1949—1950 年在重庆海关任税务员。1950—1953 年在北京海关总署就职。1953—1955 年在原外贸部顾问团办公室任翻译。1955—1960 年在原外贸部交际处任副科长。1960 年调入我校任俄语教师，曾讲授“基础外语”“外贸经济选读”“口语翻译等课程”。曾与人合译出版《苏联海关法》《印度尼西亚的经济与对外贸易》《各人民民主国家经济的发展》《中苏经济关系简史》等。

曹康伯（1913—1981）

辽宁铁岭人。1932—1937 年在南开大学学习。1937—1946 年、1947—1949 年，在原国民党政府农本局、成都金陵大学、战时生产局、善后救济总署等部门任职。1946—1947 年在美国哥伦比亚大学研究生院从事研究。1949—1959 年在上海华东贸易部、中国进出口公司任副处长 / 处长。1959 年 4 月起在我校任教。著有《国际贸易的价格条件》，发表论文《资本主义世界主要港口对“船上交货”价格条件的解释与运用》等。

康有枢（1917—1991）

江苏江宁人。先后就读于中央大学、上海财经学院、中国人民大学。1944 年从中央大学经济系毕业后，一直从事国际贸易专业的教学。1954 年 9 月起在我校任教，主要讲授“世界市场行情”。注重国际经济学和国际市场调研，主编的《世界市场行情》获 1989 年全国外贸行业优秀教材二等奖。发表论文《伦敦金属交易所简介》《世界经济中心东移与西欧对外贸易》《主要资本主义国家国际支付失衡与国际经济矛盾》等，是学校早期世界市场行情专业的学科带头人。

童书兴（1931—2017）

河北大名人。1950—1953 年就读于中国人民大学贸易系。1953—1958 年，先后在中国五金电工进出口公司和中国驻苏联商参处工作，1958—1961 年为莫斯科国际关系学院研究生，1961—1962 年在原外贸部进出口局工作。1962 年转入我校任职，教授“世界市场行情”课程。著有《发展中国家的技术与成套设备市场开拓》《技术出口原理与实务》《国外外贸管理体制》等。受原外经贸部委托，为亚太经合组织汇总和编撰《亚太地区技术贸易法规》。专著《科技·外贸·国际市场开拓》获北京市第四届哲学社会科学优秀成果二等奖，《优化中国出口商品结构战略研究报告》获第六届“安子介国际贸易研究奖”优秀论文二等奖。

雷荣迪（1924—2015）

广东台山人。中国民主促进会会员。1949 年复旦大学商学院本科毕业。1952 年南开大学经济研究所研究生毕业。1952—1953 年在中央财经学院任助教。1953—1971 年在我校任职。1971—1983 年在辽宁财经学院任职。1984—1998 年又调入我校任教授。在我国国际贸易学科特别是对外贸易保险学界享有很高的威望，被评为北京市教育系统先进工作者。著有《进出口业务》《商品进出口业务》《对外贸易保险》《国际运输与保险》《国际货物保险》等著作和教材。其中，《进出口业务》《对外贸易保险》分别荣获全国经贸行业优秀教材一等奖、三等奖。

熊大惠（1909—1974）

江西南昌人。1929 年毕业于上海交通大学（铁道管理学院）。1930 年赴美国宾夕法尼亚大学专攻运输管理，获工商管理硕士学位。1933—1950 年在上海交通大学担任教授、系主任等职。1950 年调入我校任教至 1972 年退休。撰有《财务报告之比率的观察法》《运输学水道编》《运输学公路编》《成本会计之新趋势》《铁路组织与管理》等。

黎孝先（1928—2021）

湖南湘阴人。1952—1955 年，先后在中国人民大学和北京对外贸易学院国际贸易专业研究生班学习，毕业后留校任教。毕生从事国际贸易专业的教学与科研工作，是国际贸易实务学科的奠基人之一。著有《国际贸易实务》《世界经济百科全书》《国际贸易与国际金融》等。主编的《国际贸易实务》深受师生欢迎，经数次修订再版长销不衰，发行量已逾三百万册，曾被评为全国经贸行业和高校优秀教材，在首届全国教材奖评选中荣获二等奖。

学高为师

（本书提及的资深师长，按姓氏笔画排序）

于俊年（1939年生）

辽宁丹东人。1964年毕业于原北京钢铁学院（现北京科技大学）应用数学专业。1964—1980年在北京143中任教。1980—1985年在中国人民警官大学任教。1985年起调入我校任教。长期担任“计量经济学”“项目评估与可行性研究”等课程的教学工作。撰有《涉外项目可行性研究》《国际经济合作与“大经贸”战略系统理论的探讨》《现代计量经济学中的协整理论浅说》《计量经济学》等。其中，《计量经济学》于2001年被教育部评为全国推荐教材。

王玉清（1936年生）

北京人。1965年北京对外贸易学院研究生毕业后，留校任教。长期从事进出口业务和技术贸易业务的教学和研究工作。1987年主编出版《国际技术贸易》。1987年承担国家科委课题，撰写主报告《世界技术市场形势及我国技术出口战略》。1988年翻译《联合国驻外人员业务手册》。1990年编著《国际技术转让》。1996年主编《国际技术贸易》（新编本）。

王林生（1930年生）

浙江鄞县人。1948—1956年，先后在清华大学、中国人民大学、北京对外贸易学院研究生班学习。毕业后留校任教。1975年参与创办《国际贸易问题》杂志；协助筹建中国国际贸易学会和“安子介国际贸易研究奖”。1979年到斯坦福大学讲授中国对外贸易。1980年在《中国社会科学》创刊号发表首页论文《国际分工与我国对外经济关系》。1985年获第一届孙冶方优秀论文奖。1984—1994年，担任对外经济贸易大学副校长。1987—1997年任国家学位委员会经济学组评议组成员。1989—1992年被聘为联合国跨国公司中心专家顾问。1993—1996年任中国国际经贸仲裁委员会副主任。1993—2002年任全国政协委员。

王和英（1936年生）

湖北黄冈人。1958—1963年就读于北京对外贸易学院外贸经济专业。1963—1973年在四川成都商业学校任教。1973—1983年初，在学校三系从事资料收集、整理和研究工作，1983年4月调入学校国际贸易问题研究所对外贸易理论室从事研究工作。主编《中国对外经济贸易大事记》(全书80万字)，任《中国对外贸易改革全书》副主编。撰有《海峡两岸经贸发展现状与前景》《台湾当局推行“南向投资政策”的动向与目的》《发展对外贸易的根本在于科学技术》《发展中国家商品市场》等。

王绍熙（1930年生）

江西广丰人。1952年毕业于东北财经学院国际贸易专业。1955年毕业于北京对外贸易学院。长期从事国际贸易教学和科研工作，是学校中国对外经济贸易理论与政策课程创建人。1992年获国家有突出贡献专家称号。1993年获全国优秀教师称号。著有《中国对外经贸理论与政策》《中国对外贸易问题研究》《提高外贸经济效益的研究》等，主编的《中国对外贸易概论》获原外经贸合作部普通高等学校优秀教材二等奖。

王素贞（1930年生）

福建福州人。1957年北京对外贸易学院外贸系毕业，后留校工作。开始时，从事学生工作；后在国际贸易问题研究所从事研究工作，曾任副所长、党总支书记。撰有论文《利用外资、引进技术的经验及其启示》等。

叶彩文（1937 年生）

湖北武汉人。1963 年毕业于北京对外贸易学院国际贸易系，后留校任教。1979—1981 年任中国常驻联合国代表团经社组二等秘书。1984—1990 年任原外经贸部管理干部学院副院长。1990—1994 年任中国驻荷兰大使馆商务参赞。1994—1999 年，任对外经济贸易大学副校长。曾兼任中国国际贸易学会副会长、学会基础理论委员会主任委员，中国亚洲太平洋地区国际贸易研究与培训中心主任，原外经贸部学术职称评定委员会会员。编有《中国利用外资方式》《国际金融》《国际贸易结算》《通向国际市场》等。

师玉兴（1935 年生）

北京人。1965 年北京对外贸易学院国际金融专业研究生毕业。1965—1988 年在中国社会科学院世界经济与政治研究所从事国际金融研究工作。1988 年后调入我校任教。享受国务院政府特殊津贴。长期从事国际金融研究，撰有《现代垄断资本主义经济》（合著，获“吴玉章奖金”世界经济学一等奖）、《国际金融》（合著，1991 年版和 1996 年版获原外经贸部优秀教材二等奖）、高等教育自学考试教材《国际金融》（合著），主编《国际收支理论与实践》等。

关淑润（1932 年生）

辽宁大连人。曾于山西大学经济系就读。1952—1955 年攻读中国人民大学贸易经济系研究生，毕业后在中央监察部任职。1959 年调入我校任教。长期从事贸易经济、进出口业务、国际运输和企业管理方面的研究，编有《中国企业管理百科全书》《中国对外贸易企业管理》《对外贸易企业管理》等。

孙维炎（1937年生）

浙江慈溪人。经济学家、教育家，对外经济贸易大学原校长。中国共产党第十二届和十三届全国代表大会代表。1962年毕业于北京对外贸易学院，后留校任教。1964年，作为学校首位公派赴英留学生赴英国伦敦大学就读，获硕士学位。20世纪80年代初，开创跨国公司理论新的研究领域，主攻企业跨国经营与管理。撰有《中国企业跨国经营的发展道路》《中国企业跨国经营百科全书》等。曾获加拿大圣玛丽大学名誉博士，美联邦肯塔基州授予最高荣誉奖克罗奖。曾任联合国跨国公司委员会专家顾问，并于1994—1998年担任联合国贸发会议《世界投资报告》中国新闻发布人。

严思忆（1939年生）

上海人。1963年在北京对外贸易学院毕业，后留校任教。长期从事国际贸易实务的教学与科研工作，先后主讲"国际贸易实务""国际货物买卖合同""国家经济合作实务及国际贸易惯例与规则"等课程，著有《中小企业国际贸易实务》《CIF和FOB合同》《国际贸易结算与融资》等。曾任原外经贸部干部管理学院副院长，兼任中国国家经济贸易仲裁委员会（CIETAC）专家咨询委员会委员、仲裁员。曾获北京市教书育人先进工作者、全国工商管理培训优秀教师等称号。

李康华（1938年生）

浙江宁波人。1956—1961年就读于北京对外贸易学院外贸经济系（外贸经济专业），毕业后留校任教。1985—1990年，先后任学校国际贸易系党总支书记、副主任、主任、校党委常委。1990—1994年任对外经济贸易大学副校长、校党委常委。1994—1998年任中国驻荷兰经济商务参赞。

邱兆祥（1940 年生）

湖北利川人。1965 年毕业于中南财经政法大学财政信贷专业。曾先后在中央财经大学、北京语言大学和原中国金融学院等高校执教，后一直在我校任教。发表论文近 500 篇，出版著作 20 余部。代表作有《马克思的货币、信用和银行理论》《学科建设与人才培养——经济金融学科建设问题研究》《经济学理论漫笔》等。20 世纪 80 年代以来，对马克思货币理论的形成和发展、国有银行改革、发展民营银行、构建国际金融中心、人民币区域化、金融学科建设和金融教育等理论问题，提出颇多有价值的见解，是上述多个研究领域的代表人物之一。于 2019 年获“中国金融学科终身成就奖”。

陈同仇（1931 年生）

福建南安人。1949—1950 年在香港华侨工商学院就读。1950—1952 年在上海复旦大学国际贸易系就读。1952—1954 年在中国人民大学国际贸易专业就读。1954—1955 年在北京对外贸易学院国际贸易专业研究生班就读。1955—1956 年在新疆对外贸易局任职。1956 年后，转入我校任教。长期从事国际贸易专业的教学和研究工作，撰有《国际贸易》（1988 年版）第 6 章和第 8 章、《国际贸易》（修订，1991 年版）、《国际商务专业理论与实务》(1995 年版)、《新编国际贸易》（1997 年版）、《日本对东南亚的经济扩张》等。其中，参编的《国际贸易》（1988 年版）和主编的《国际贸易》（修订本）分别于 1989 年和 1995 年获得原外经贸部颁发的优秀教材一等奖。

林康（1938 年生）

浙江瑾县人。享受国务院政府特殊津贴。曾作为访问学者，先后到加拿大、美国、日本、中国香港、中国澳门等国家和地区讲学，参加联合国贸发会专家会。长期从事国际贸易和跨国公司的教学与研究工作，曾开设“国际贸易学”“WTO 与中国”“跨国公司与跨国经营”“中国利用外资”等课程，并在国内高等学校率先开设“西方跨国公司研究”课程。论文和著作包括《跨国公司经营与管理》《当代跨国公司论》《中国利用外资基础知识》《国际贸易》《当代国际贸易理论与政策》《跨国公司与跨国经营》等。

秦宣仁（1934 年生）

江苏宜兴人。1950 年起在中央贸易部工作，后赴北京对外贸易学院学习。1955 年毕业，后留校任教。曾先后担任对外经济贸易大学预科外语教研室副主任、外语二年级教改办副主任、国际贸易问题研究所常务副所长，中国国际贸易学会常委、秘书长，原外经贸部《国际贸易》（中英文版）杂志主编，对外经济贸易大学《国际贸易问题》《国际商务》杂志主编，中国驻苏联大使馆高级外交官、中国-俄罗斯 / 独联体研究中心主任等职位。著有《慎思与明辨集》《中国战略利益布局与维护问题》《思绪中的考量与期待》《静思集》《互有需求，相互借重 — 关于中俄签署石油合作大单的思考》《相互联手，着眼大局 — 关于中俄关系的一些思考》等。

徐世伟（1939 年生）

浙江绍兴人。1962 年北京对外贸易学院毕业，后留校任教。1965—1966 年公派赴英国留学。1972—1974 年在日内瓦常驻联合国代表团工作。1974—1983 年任北京对外贸易学院副院长。1983—1987 年任驻欧洲共同体、比利时、卢森堡大使馆商务参赞。1987—2000 年退休前，任中信集团公司协理、监事，中国国际经济咨询公司总经理，中信贸易公司总经理。

董玺印（1939 年生）

黑龙江哈尔滨人。1958—1964 年在北京大学数学力学系就读。1964—1981 年在河北师范大学任教。1981—1983 年在北京化工研究院任职。1983 年起在我校任教。在我校首次开设“计量经济学”课程，著有《经济数学手册》《微积分》《解析几何》等。

薛荣久（1936年生）

河北迁安人。享受国务院政府特殊津贴专家。2003年获首届北京市高校教学名师奖。2009年入选“首都教育60年人物专栏”。现任中国世贸组织研究会副会长，中国国际贸易促进委员会特约顾问，中国国际关系学会常务理事。一直从事国际贸易学科的教学与研究，主要研究领域为国际贸易理论、政策与措施，世界贸易组织和地区经济一体化等。所著《国际贸易》在首届全国教材奖评选中荣获二等奖。主讲的“国际贸易”获2005年度国家级精品课程奖，“世界贸易组概论”获2009年度国家级远程教育精品课程奖。所著《世贸组织与中国大经贸发展》于1998年获“安子介国际贸易研究奖”。

国际金融专业奠基人——致敬史道源先生[①]

史道源先生，我国金融业的先驱者之一，是新中国成立以来招收的国际金融研究生第一人，也是对外经济贸易大学国际金融专业的奠基人。

史先生学贯中西、德高望重，他的学术成果影响和培育了一大批新中国金融系统的专家学者，尤其是我校的后辈学人。已故对外经济贸易大学原金融教研室主任刘舒年先生曾回忆："我20世纪50年代末进入贸大工作后，就作为助手协助史道源先生工作。我们贸大的国际金融专业从无到有，再到形成自己的特色，都受益于史先生的学术思想和研究成果。我们是从史先生手中接过国际金融专业建设的接力棒的。"对外经济贸易大学国际贸易学科带头人、学术泰斗薛荣久教授回忆，史道源先生在20世纪70年代曾向他亲传教学方法的精要。在史教授的启发下，薛荣久教授后来创建了"国际贸易大班讨论法"和"研究生思辨式教学法"，为改革开放后我国对外贸易的发展培养了一大批中坚力量。

难能可贵的是，史道源先生不仅是对外经济贸易大学国际金融专业的奠基人，更对新中国成立以来国际金融方面的研究做出了卓越贡献。

一、史道源先生1949年以前的研究成果

史道源先生生于1918年。新中国成立前，作为燕京大学毕业的高才生，他曾在四川省银行经济研究处和南开大学工作，并在《四川经济通讯》发表了《谈物价调查》一文，在《大公报》发表了《美国贷款与当前经济》《证券交易所的使命》《论改革币制》《外汇平衡工作的检讨》《论新币制》《评修正金圆券发行办法》等当年颇有影响的六篇学术文章，对国民党时期的恶性通货膨胀、向外贷款、外汇平衡和币值改革等问题进行了深入探讨。新中国成立后，史道源先生先后在燕京大学、北京中央财经学院（中央财经大学前身）、北京对外贸易学院（对外经济贸易大学前身）担任教师。1976年唐山地震波及北京时，史道源先生不幸遇难，是我校金融专业发展史上的重大损失。

二、史道源先生在新中国成立之后的研究成果

（一）史道源先生对于国际金融危机的研究

新中国成立后，囿于国内外环境和学术条件，我国学界对国际金融发展前沿的了解相当匮乏，获取最新信息困难重重。然而，史道源先生以其深厚的学养、敏锐的洞察力和无与伦比的勤奋精神，率先在国内对汇率制度和金融危机等领域进行了极富创新性的研究。当年，其研究成果即使放在国际上对比，也颇具前瞻性。

1929年美国大萧条之后的50年，各国经济学家虽然十分重视经济危机及其成因的研究。并产生了凯恩斯学派、货币学派等诸多学说，却鲜有专家学者专门聚焦金融危机的研究。事实上，一直到20世纪70年代的银行危机、80年代的拉美债务危机、90年代的东南亚金融危机后，人们才逐渐重视对金融危机的研究。美国著名经济学家克鲁格曼于90年代初专注东南

① 本篇由刘园、汪一鸣编写。

亚经济结构问题并发出金融危机预警时，在学界引起的反响相当有限，甚至遭到很多学者的负面评价。直到 1997 年东南亚金融危机爆发之后，克鲁格曼才真正确立了其在国际金融领域的地位，并使其第一代和后续的金融危机理论问世。

难能可贵的是，史道源先生早在 1965 年就在《经济研究》上发表了《略论当前资本主义世界的国际金融危机》一文。在该论文中，史道源先生对金融危机的预警和刻画，如果不是受制于那个特殊的年代、特殊的国情，学术观点的前瞻性至少在国际金融界领先了 30 年。

史先生不但在论文中深刻分析了资本主义国家发生国际金融危机的必然性，而且对其发生的条件、程度以及危机发生后国际货币制度面临的挑战均进行了大胆预测。史先生认为，当时“一次深刻的国际金融危机早就在西方资本主义国家发展着，并且目前已经逼近了爆发的边沿”。

众所周知，20 世纪 60 年代，资本主义国家正处在布雷顿森林体系下。布雷顿森林体系是第二次世界大战后建立的以美元为中心的国际货币制度，其核心是美元与黄金挂钩、各国货币与美元挂钩的“双挂钩制度”。在布雷顿森林体系下，美元成为最重要的国际货币，规定 1 盎司 =35 美元的黄金官价，实行美元 - 黄金本位制。各国实行可调整的钉住汇率制，各国政府有义务通过外汇交易市场保障汇率波动的幅度维持在平价上下 1% 内；同时，建立一个永久性的国际金融组织 IMF 维持国际金融体系的稳定。但随着资本主义国家力量对比的变化，布雷顿森林体系本身的问题逐渐暴露，危机愈演愈烈。

史先生指出，“当前资本主义世界的国际金融危机，是在资本主义总危机日益加深、资本主义各国的经济政治发展不平衡以及它们之间的矛盾和斗争日益尖锐化的条件下，资本主义的货币信用制度危机在国际货币制度方面加剧的结果”。

史先生是国内最早介绍和分析资本主义国家的货币、国际收支和汇率制度的学者，他明确、系统地提出了金融危机产生的原因和路径。史先生认为，“资本主义国家的货币信用制度危机早已非常严重。就国内的货币流通来说，各个西方资本主义国家，只是在通货膨胀的严重程度上有一些差别，并没有质的不同。现在这些国家的工业生产的增长速度已经降低，生产和消费之间的矛盾愈来愈尖锐，爆发经济危机的条件逐渐成熟。在这种形势下，这些国家的通货膨胀还要继续恶化下去，它们的信用制度也很脆弱，有些国家已经出现了银行倒闭和有价证券价格猛跌的现象。将来随着经济危机的爆发，一次深刻的金融危机是不可避免的”。

史先生针对第二次世界大战后美国和英国的国际收支的严重逆差问题，指出“作为储备货币的美元和英镑的地位将发生动摇，再加上 20 世纪 60 年代末法国等国对美元地位的挑战，资本主义国家之间的货币关系极为紧张，因而得出布雷顿森林体系下的国际货币制度已岌岌可危，国际金融危机大有一触即发之势”。

史先生认为，布雷顿森林体系是一种“金汇兑本位制”。在这种制度下，其他国家有随时要求以美元兑换黄金的权利。布雷顿森林体系的维持，取决于美国的政治经济地位，特别是它的国际收支状况、黄金储备状况，以及对外能不能保证美元和黄金的自由兑换。史先生分析：“美国和英国的工业生产在资本主义世界所占的比重，分别由 1948 年的 53.1% 和

11.2%，下降到 1963 年的 44.7% 和 8.4%。出口贸易在资本主义世界所占的比重，分别由 1947 年的 32.4% 和 9.8%，下降到 1963 年的 17.1% 和 8.5%。法国等‘共同市场’国家的生产、贸易和国际收支的状况都比美英两国要好一些，它们在资本主义世界的工业生产、贸易等方面所占的比重逐渐上升，已经从各方面严重地威胁着美国和英国。在这种情况下，美国和英国却利用美元和英镑作为储备货币的地位，积欠了巨额的对外短期债务，而它们的黄金储备又急剧减少，实际上早已无力维持美元和英镑对外同黄金的自由兑换。这样，美元和英镑的国际信用丧失殆尽，现行的‘国际金汇兑本位制’所以还能维持一时，完全是依靠美国和英国所采取的一些人为措施苟延残喘。因此，资本主义世界政治经济的动荡，美国和英国的国际收支逆差的增长，往往会引起资本从美国和英国汹涌外逃，大量抛售美元、英镑，汇率下跌，抢购黄金和黄金涨价等情况。近两年来，这些情况的发生日益频繁。一旦美国和英国无力加以制止，现行的资本主义国际货币制度就可能崩溃，资本主义世界就要陷入一次非常严重的国际金融危机。”

正如史先生指出的那样，布雷顿森林体系崩溃的根本原因是其赖以建立的基础具有内在的不稳定性，以及其运行机制存在内部矛盾。布雷顿森林体系存在着无法克服的“特里芬难题”，美元作为单一中心货币和国际储备货币，随着国际贸易的迅速发展，各国的国际储备必须相应增加，这需要美国国际收支的持续逆差来实现。如果美国的国际收支保持逆差，则不但会使美元汇率下跌，而且导致各国政府以大量美元向美国政府兑换黄金，导致美国黄金大量外流，从而影响美元信誉和引发美元危机。除此之外，布雷顿森林体系中储备货币发行国与其他国家之间利润分配不公平、固定汇率制使得汇率对国际收支的调节失灵等，都将导致布雷顿森林体系最终走向崩溃。

史先生的论述不仅与时代同步，甚至走在了时代的前列。他在 20 世纪 60 年代的分析，富有说服力地论证了布雷顿森林体系无法克服的“特里芬难题”，深刻揭示了布雷顿森林体系走向崩溃的必然性。

此外，史道源先生还从美元和英镑两种储备货币的角度，分析了国际金融危机爆发的时机和条件。

首先，关于美元危机，史先生指出，美国的国际收支早在 1950 年就出现了逆差。不过，在 1950 到 1957 年期间，美国国际收支逆差的数额还不是很大，平均每年约 12 亿美元左右。由于过去资本主义各国的“美元荒”十分严重，所以这个时期美国发生国际收支逆差的结果，主要导致了西欧国家“美元荒”的消失和它们的黄金美元储备的增长，美元危机尚不显著。1958 年以后，美国的国际收支逆差急剧增加。最多时，每年接近 40 亿美元，平均每年也在 29 亿美元以上。在国际收支危机加剧的过程中，在西欧国家的“美元荒”已经消失的条件下，美国继续利用美元作为主要储备货币的地位，积欠对外短期债务。到 1965 年 6 月底，这种债务已经高达 290 多亿美元。西欧资本主义国家美元过剩的情况相当普遍，兑换黄金的要求越来越迫切，而美国的黄金储备只剩下 139 亿美元，因而美元危机已发展到非常严重的地步。同美国的情况相比，法国和西德等“共同市场”国家的工业生产增长较快，出口商品的竞争能力相对加强，国际收支连年出现顺差，它们的黄金美元储备不断增加，法国法郎和西德马克的国际地位也相应提高。在资本主义国家实力对比出现剧烈变化的条件下，法国等国家先展开了反对美国金融控制的斗争，进而和美国争夺货币霸权，提出了改革以美元和英镑作为储备货币的“国际金汇兑本位制”的诉求。

上述分析表明，史先生不仅十分敏锐地关注到了资本主义国家之间的矛盾和力量对比发生的变化，而且系统分析了当时形势下美元危机的发展进程，预判了美国将采取的缓解美元危机的措施。史先生认为，美国会向其他国家和国际货币基金举债以应急需。同时在国内，美国将陆续实行限制美元外流的措施，如征收利息平衡税等。不仅如此，美国还取消了联邦储备银行对会员银行存款的 25% 的黄金准备，腾挪出了 50 多亿美元的黄金。史先生认为，这些措施有的可能暂时起一些作用，有的完全没有作用；即使能够暂时起一些作用，从较长时期看，必将带来更严重的后果，从而走向它的反面。例如对外举债，史先生指出，这将使美元的基础更加虚弱，从而为未来发生更严重的危机提供土壤。而且，史先生强调，取消联邦储备银行对会员银行存款的黄金准备的做法，不仅效果有限，远不足以应付美国的国外短期债务，而且会使美元的基础更加虚弱。最终，令人信服的是，历史的进程、演变和史先生的预判高度一致。

其次，关于英镑危机，史先生指出，第二次世界大战时期，英镑的地位已经被大大削弱。但是，由于资本主义世界国际贸易的 40% 左右仍然使用英镑办理结算，所以它还具有一定的国际影响。当时，英国有巨额的对外短期负债，黄金外汇储备远远不足。1964 年，英国的国际收支逆差达到空前高峰，引起资本汹涌外逃。史先生对此评价，英国应付英镑危机的主要措施是“挖东墙，补西墙”。英国先后向国际货币基金、11 个资本主义国家的中央银行和国际清算银行借债，还变换了它所持有的美元有价证券 12.5 亿美元，才得以暂时推持平价。史先生认为，英镑是否贬值将取决于英国的紧缩措施能否取得预期的效果和英国向外借款的能力；然而，紧缩措施会影响到其国内的生产和失业，很难持续下去，且英国的对外借款已达到最大限度，不可能再有转圜。史先生指出：“就英国的条件来看，再发生危机时，英镑贬值的可能性很大。英镑贬值可能成为布雷顿森林体系制度崩溃和国际金融危机爆发的导火线。”

货币危机下，各国之间的关系纷繁复杂。为了防止国际金融危机影响自身，它们可能互相支持。同时，为了自身利益，它们也会相互斗争。史道源先生指出：“美国为了利用英镑作为美元的挡箭牌以减轻美元所受的冲击，过去在英镑危急的时候，往往支持英镑。去年（1967 年）英国 30 亿美元的大借款，就是在美国的倡导下取得的，并且其中 10 亿美元是由美国提供的。不过，这只是问题的一方面。另一方面，也是更重要的，近两年来，随着美元危机的加深，它的地位愈来愈虚弱，英镑危机总是导致资本主义国家对美元的不信任，加速资本从美国外流，使美元受到巨大的压力。英镑危机和美元危机已经发展到逐渐纠缠在一起，更难应付。”

史先生的研究和观察始终与国际金融市场同步，甚至显现出了难能可贵的超前性、客观性、务实性。史先生举例说：“1964 年 11 月，英国把贴现率提高到 7% 以后，美国立即把贴现率提高到 4.5%，并且公开声称这是‘保卫’美元的一项措施。美国提高贴现率后，英国报刊则说‘这抵销了英国措施的最高效力’。英国改善国际收支的其他一些措施，如变换美元有价证券等，对美国也产生了不利的影响。同样，今年（1965年）美国所采取的一些限制资本外流的办法，又使英国受到很大的压力。”史先生认为，矛盾不仅出现在发生货币危机的英国和美国之间，以法国为首的“共同市场”等国家，一直希望提升自己国家货币的影响力，推翻以美元作为主要储备货币的布雷顿森林体系。他们在对外贷款时，往往提出要以改革现行的国际货币制度为条件。

针对错综复杂、盘根错节的国际关系，史先生预测了未来可能发生的两种情况。一种情况是英镑不贬值情况下的小型金融危机。史先生分析道：“由于英镑在资本主义国家的货币中仍然占有重要的地位，为了避免因英镑贬值引起资本主义世界的金融震落殃及自身，法国等‘共同市场’国家可能并不一定迫使英镑贬值。何况在有国际收支顺差和多余的美元和英镑的条件下，英镑不贬值，美国的黄金‘官价’也会推持不变，法国等国可以用35美元1盎司的低价兑换大量黄金，对它们也有有利的一面。法国等国的目的主要是想分享美元和英镑作为储备货币的特权和利益，所以在必要的时候，它俩还可能支持英镑；但是，必然会利用机会狠狠地打击美国和英国，迫使它们接受改革现行的国际货币制度的条件。由于英镑危机更加严重，英国在经济上要求助于法国等‘共同市场’国家，所以英国对于法国所提出的改革‘国际金汇兑本位制’的主张表示可以考虑，不像美国那样坚决拒绝。正因为有这种情况，所以最近美国加紧拉拢和控制英国，提出要加强两国的合作，以联合抵抗法国等国家的压力。但是，利益可以使美国和英国联合，也可以使它们分裂。当英镑再度发生危机，需要求助于法国等国家时，美英的这种联合就很可能破裂。法国最近对英国已经表现了策略上的所谓‘灵活性’，想拉拢英国。如果西方资本主义各国能就改革现行的‘国际金汇兑本位制’问题达成某种协议，美元和英镑现在作为储备货币的特殊地位必将发生变化，资本主义各国在国际金融方面，要进行一系列的调整，包括提高黄金的美元价格在内。实际上，这等于爆发一次国际金融危机。不过在这种情况下，资本主义国家所受的冲击可能会稍小一些。”

另外一种情况是英镑贬值情况下的严重金融危机。史先生指出：“在英镑再度发生危机时，如果由于美国和英国不接受法国提出的改革现行的‘国际金汇兑本位制’的条件，法国等‘共同市场’国家拒绝支持英镑，英镑很可能被迫贬值。英镑的小幅度贬值，虽然不至于引起其他资本主义国家的效尤，但是，对于英国应付国际收支危机，起不了多大作用。如果英镑进行大幅度的贬值，其他资本主义国家将受到强烈的影响。”“如果英镑被迫实行大幅度的贬值，美元等其他西方国家的货币很可能随之贬值，现行的‘国际金汇兑本位制’就将陷于崩溃，资本主义世界将要爆发一次严重的国际金融危机，资本主义各国都将受到深刻的影响。”

史先生从复杂的国家政治经济关系的角度出发，分析了美、英、法等主要资本主义国家在布雷顿森林体系和金融危机中的立场，指出了各国之间矛盾斗争所在，准确预见了金融危机的发展方向。

史先生说：“在国际关系中，各国又合作又斗争。随着美国霸权力量的削弱和法国、德国等欧洲国家力量的增强，此消彼长，世界从单极化逐步走向多极化趋势。国家之间分离聚合、亲疏冷热的复杂关系，最终都离不开国家利益的诉求。”正如史先生所预料的那样，在 20 世纪 60 年代末到 70 年代，数次严重的美元危机之后，布雷顿森林体系崩溃了。

布雷顿森林体系崩溃后，国际货币制度将会出现怎样的走向呢？史道源先生认为，资本主义国家将来还要继续实行“国际金汇兑本位制”，但是，有两点是可以肯定的。

首先，美元作为储备货币的地位将要大大下降，不能再保持原有的规模和影响。英镑作为储备货币的地位必将更加削弱。其次，西德马克和法国法郎等货币在资本主义国际货币制度中的地位将相对提高。

史先生分析国际货币制度的变革将会出现三种可能：一是资本主义世界的国际流通手段，将由美国、英国、法国和西德等主要资本主义国家各占一定的此重，按照一定的办法，由一个国际金融组织负责提供，从而形成多种储备货币的国际金汇兑本位制。二是西欧“共同市场”国家组成货币同盟，同美元和英镑对抗，形成鼎足而三的局面。三是“国际金汇兑本位制”破裂，美元、英镑和法国法郎几种主要货币各在一定范围内起储备货币的作用。

布雷顿森林体系崩溃之后的半个多世纪以来，正像史先生预测的那样，黄金的作用大为降低，美元也逐渐丧失其单一中心货币的地位，特别提款权被创立并成为一种储备资产；国际储备体系逐渐呈现资产多元化的局面；区域性的经济组织扮演了越来越重要的作用；从欧洲货币联盟到《马斯特里赫特》条约下的欧洲货币体系，再到欧元诞生……所有这一切，= 都印证了史道源先生的前瞻性和洞察力。

（二）史道源先生对于汇率制度的研究

史道源先生对国际金融领域的核心问题——汇率制度的沿革及各种汇率制度的特点和影响也进行了深入研究。1975 年，史道源先生在《国际贸易问题》上发表了《略论西方资本主义国家的浮动汇率》一文。这是国内学界最早阐述和评价浮动汇率的学术成果之一。

在《略论西方资本主义国家的浮动汇率》中，史道源先生首先论述了浮动汇率制度的背景。史先生指出，浮动汇率制度“古已有之”。早在 1862—1870 年，美国就曾实行过浮动汇率制度。但是，它的广泛流行，则是在资本主义总危机以后，资本主义货币信用制度危机和国际收支危机的爆发和不断加深的条件下，资本主义国家经济政治的发展不平衡，使它们在一定时期内暂时呈现某种均势，围绕汇率的斗争一时难见分晓的时期。浮动汇率制度，是资本主义国家在这种时期所实行的汇率制度，是由旧的汇率制度向新的汇率制度转变的过渡性的汇率制度。第二次世界大战后初期，资本主义国家经济政治的发展不平衡使美国在力量对比上占了绝对优势，成为超级大国，因而浮动汇率制度退出历史舞台，钉住的但可调整的汇率制度得以建立起来。在布雷顿森林体系危机频发并在 1973 年最终瓦解之后，资本主义国家经济政治发展不平衡，进入一个新的阶段。随着美帝国主义的削弱，第二世界的西欧“共同市场”国家与日本经济实力的增强，它们在力量对比上出现一定程度的势均力敌的局势。因此，西欧“共同市场”国家与日本在国际金融领域内全面展开了反对美国霸权的斗争，而西方资本主义国家又比较普遍地陷入国际收支危机，一时难望好转。在这种条件下，新的资本主义国际货币制度和汇率制度难以建立，于是，西方资本主义国家只好实行过渡性的浮动汇率制度。

史道源先生在系统阐述浮动汇率制度产生的历史背景后，还深刻分析了浮动汇率制度的本质。史道源先生以“以邻为壑的惯技”“物价上涨的加剧”“同床异梦的干预”“银行危机的加深”四个标题概括了浮动汇率制度。史先生通过实例证明，货币贬值并不一定能够扩大出口贸易额，反而汇率经常剧烈动荡，使价格波动的风险大大增加。同时，货币贬值必然相应地引起原料等进口商品的涨价，推高国内的通货膨胀。各国都希望通过本币贬值、外币升值来增加出口，于是竞相贬值，加剧国家间的货币战。在浮动汇率下，西方资本主义国家的中央银行已不再承担维持钉住汇率的义务，也不再是投机的主要冲击对象，商业银行则首当其冲……由于外汇投机活动，发生了一系列银行倒闭和亏损事件。

史道源先生针对20世纪70年代西方国家对于浮动汇率制度提出的“管理浮动汇率的指导方针”六条进行了深入剖析。史先生说，这个方针要对会员实行浮动汇率“进行监督”，目的是防止汇率发生剧烈动荡，要求各国相互协商，将汇率控制在或使其接近某一“目标范围”。史先生认为，这样的指导方针基本没有任何约束力，对解决浮动汇率制存在的问题作用甚微。

随后在1977年，也就是史先生已经在唐山大地震的余震中罹难以后，《国际贸易问题》发表了史先生生前撰写的最后一篇论文《战后资本主义国家的汇率制度》。史先生在文中详细阐释了外汇汇率的概念和标价方法、金本位制度下的外汇汇率、纸币制度和通货膨胀下的外汇汇率、二次战后资本主义国家的汇率制度等。

史先生指出，第一次世界大战以前，资本主义国家实行典型的金本位制度，即金币本位制度。外汇市场的实际汇率，由外汇的供求直接决定，环绕着铸币平价上下波动。汇率的波动大致以黄金输送点为界限。第一次世界大战爆发后，金币本位制度陷于崩溃。战后，它们分别实行金块本位制度和金汇兑本位制度。在这两种货币制度下，资本主义国家货币的汇率的基础，是它们代表的金量，即黄金平价之比。但是，由于金块本位制度和金汇兑本位制度是严重削弱了的金本位制度，所以，这些资本主义国家货币的汇率已不稳定。这时，美国还勉强维持着金币本位制度。在1929—1933年资本主义世界经济危机期间，金本位制度彻底崩溃。

史先生强调，在实行纸币制度时，资本主义国家的政府，都参照过去流通的金属货币的含金量，用法令规定纸币的黄金平价，即纸币所代表的金量。在纸币制度下，在纸币真正代表资本主义国家的政府所规定的金量时，纸币的黄金平价是决定纸币的汇率的依据。但由于纸币不能兑换黄金并且伴有通货膨胀，其远远不能代表法令所规定的金量。在这种情况下，非常明显，纸币的汇率，不应由纸币的黄金平价决定，而应以贬值了的纸币实际上所代表的金量为依据。从实行纸币制度以后，美国等很多资本主义国家取消了私人持有和买卖黄金的自由，取缔了国内的黄金市场，因而没有一个可以表现纸币实际代表金量降低程度的国内黄金市“价”。长期以来，英国的伦敦、瑞士的苏黎世等地，存在世界性的黄金市场，资本主义国家大量的黄金买卖都集中在这些市场。这些黄金市场的金“价”，虽然受投机的影响，有时暴涨暴跌，但就这些市场的年平均金“价”的变动趋势来看，可以大致反映美元等西方资本主义国家纸币贬值的情况。纸币的黄金平价与黄金市场的纸币金“价”所反映的纸币实际代表的金量的差额，叫作黄金贴水。第二次世界大战后，资本主义国家的政府，利用外汇管制等手段，人为地维持远不符合纸币贬值程度的汇率。客观经济规律是不以人的意志为转移的，它在时机成熟的时候，必然会打破人为障碍，显示自己的作用。在纸币制度和通货膨胀下，汇率变化的规律是，它趋向于符合纸币实际上所代表的金量的减少程度。从长期趋势来看，世界黄金市场的年平均金“价”和物价上涨的总的幅度，大体可以用来说明纸币贬值的程度，作为分析纸币汇率的依据。在纸币制度和通货膨胀，以及管制的和双边的国际结算制度下，纸币汇率的波动，已经没有金本位制度下黄金输送点的界限。针对这种情况，第二次世界大战后，资本主义国家在《国际货币基金协定》中，人为地规定了纸币汇率波动的官定上下限，为黄金平价上下各 1%。当纸币的汇率接近官定上下限时，资本主义国家的政府就要进行干预，极力把纸币的汇率控制在官定上下限以内。

必须要强调的是，史道源先生是国内最早系统总结第二次世界大战以后资本主义国家实行三种汇率制度的学者。他归纳的三种汇率制度包括：

第一，固定汇率制度。第二次世界大战后初期，美国利用《国际货币基金协定》实行了“美元和黄金挂钩、各国货币和美元挂钩”的固定汇率制度。1973 年，在美元危机屡次爆发之后，布雷顿森林体系的固定汇率制度宣告崩溃，资本主义国家先后开始实行浮动汇率制度。

第二，浮动汇率制度。浮动汇率制度是资本主义国家政府，听任外汇市场根据供求情况决定本国货币的汇率。浮动汇率制度分为自由浮动和管理浮动两种形式。史先生认为，布雷顿森林体系崩溃并实行浮动汇率制度以后，美元对主要西方资本主义国家的货币大幅度下浮，取得了扩大其出口贸易的利益。在实行浮动汇率制度后，资本主义国家纸币的黄金平价、中心汇率等已经丧失作用。美元和西方资本主义国家货币危机的不断加深、浮动汇率制度的普遍实行，促使发展中国家在货币金融上加速摆脱对帝国主义国家货币的依附。

第三，复汇率制度。史先生对复汇率的描述和分析，在改革开放前的时代，对打开我国金融业、对外贸易从业者的视野，具有拓荒者的意义。史先生指出，实行复汇率制度国家的货币，对另一个国家的汇率，不是只有一个，而是有两个甚至多个。资本主义国家实行复汇率制度，是在固定汇率制度下，根据出口商品在国外市场竞争能力的大小，规定高低不同的汇率，以扩大出口；按照加强控制国内市场的需要，对进口商品规定高低不同的汇率，以限制进口；为非贸易外汇规定高低不同的汇率，以影响非贸易外汇的供求；对资本输出输入，另定高低不同的汇率，进行限制。这样，最复杂的复汇率，汇率可以多达几十种，高低可以相差几十倍。非常明显，没有严格的外汇管制，是不可能实行复汇率的。史先生提道，“根据国际货币基金的材料，当时对资本流动和一些非贸易外汇收支规定不同汇率的会员约有四分之一，对进出口贸易的外汇收支规定不同汇率的会员约有五分之一”。

《战后资本主义国家的汇率制度》一文，全面阐释了汇率制度的发展进程及其影响，深刻指出了不同的汇率制度对于干预一国货币汇率的形式和效果有很大差异，不仅会影响到一国和他国的国际关系，也会影响一国国内的经济发展。

正是在史道源先生对汇率制度尤其是浮动汇率制度、货币危机和金融危机等领域的丰硕和具有开拓性 / 先锋性的研究成果的基础上，我校国际金融专业的前辈大家刘舒年教授，在改革开放后主编了国内第一本特色鲜明、视野广阔，科学性、实践性、操作性俱佳的《国际金融》教材。至今，该教材销量已过百万。仍不断再版，为改革开放后的新时代培养了数以万计的国际金融、国际贸易方面的高级专业人才，为我国金融市场的发展和中国成为世界第一贸易大国做出了重要贡献。

与共和国同在，与贸大同行——我校的国际金融专业从无到有，从本科、硕士到博士人才培养结构的建立和完善，我校国际金融专业一代代学者的成长、人才培养特色的形成，都离不开史先生所做出的具有里程碑意义的贡献。

桃李不言，下自成蹊。

史道源先生是一位学富五车、高瞻远识的金融学家，一位筚路蓝缕、百折不挠的学术开拓者，一位虚怀若谷、泽被后人的大教育家。在贸大走过70年光辉历程的时刻，在此，谨向我校国际金融专业的奠基人——史道源先生，表示崇高的敬意！

崇高敬意

感谢在对外经济贸易大学建校 70 年中，在我国 40 余年的改革开放中，以及学校“211 工程”和“双一流”建设中，奉献汗水与智慧的所有学者。对以下列学者为代表的本书所提及其贡献或引用其成果的作者，表示崇高的敬意!

（按姓氏笔画排序）：

丁　丁	丁志杰	于俊年	门　明	马　捷	马乃庶	马其家
马春光	王　飞	王　军	王　欢	王　苒	王　直	王　珏
王　威	王　勇	王　哲	王　淳	王　晶	王　强	王　颖
王　稳	王　瀛	王分棉	王玉清	王永贵	王寿椿	王志民
王丽丽	王林生	王和英	王秉乾	王炜瀚	王绍熙	王素贞
王晓东	王榕平	王稼琼	太　平	牛　华	毛程连	孔淑红
邓慧慧	古比尔曼	石静霞	卢　林	卢进勇	叶彩文	田　巍
史　薇	史道源	史燕平	付　强	白树强	包　歌	包达包夫
冯　辉	冯大同	冯晟昊	冯鹏程	西村友作	师玉兴	吕　越
吕若思	朱国兴	伏　军	华晓红	庄　芮	庄序莹	刘　亚
刘　园	刘　青	刘　英	刘　琳	刘　辉	刘　斌	刘东升
刘立新	刘刚仿	刘伯午	刘灿雷	刘金兰	刘树林	刘雪娇
刘朝缙	刘舒年	闫雪琴	关淑润	池漫郊	汤　碧	汤谷良
许　英	许　煜	许乃炯	许亦平	许晓娟	许静梅	孙　宁
孙　娜	孙　倩	孙玉宗	孙玉琴	孙华好	孙松亭	孙家恒
孙乾坤	孙维炎	严启明	严思忆	杜奇华	杜映昕	李　芳
李　杨	李　丽	李　玫	李　勇	李　瑜	李　静	李小帆
李小萌	李计广	李玉梅	李永乐	李光辉	李自杰	李志永
李志伟	李思奇	李爱文	李海莲	李康华	李淑玲	李敬伟
杨　帆	杨　军	杨　超	杨长春	杨立强	杨志勇	杨言洪
杨杭军	杨国亮	杨荣珍	杨逢华	杨震宁	肖明明	吴卫星
吴永珣	吴承忠	吴剑峰	吴家楹	邱年祝	邱兆祥	何　茵
何小伟	余　莉	余　珮	余　湄	余心玎	余绍光	余恕莲

冷柏军 汪洋 汪廷乐 汪勇祥 沈四宝 沈达明 宋沛
张玮 张杰 张航 张琦 张锦 张冀 张玉芹
张玉珊 张汉林 张军生 张国峰 张建平 张晓静 张海森
张新民 陆亚东 陆崇玮 陈进 陈英 陈昊 陈及时
陈卫东 陈正健 陈同仇 陈全润 陈宇杰 陈寿琦 陈志鸿
陈建伟 陈建勋 陈准民 陈福中 邵新建 武齐 武堉干
武雅斌 苗述凤 苑德宇 范言慧 范黎波 林康 林汉川
林桂军 周婷 周煊 周念利 周晓艳 郑宝银 郑建明
赵苏 赵秀臣 赵忠秀 赵京霞 荆然 胡敦元 胡瑞娟
威廉姆•霍文克 郗藩封 饶毓苏 施建军 施家珍 姜荣春
洪俊杰 祝坤福 祝继高 姚周杰 姚曾荫 姚新超 贺力平
秦宣仁 袁长军 袁宇菲 袁贤能 贾怀勤 贾保华 夏申
夏友富 徐凡 徐铮 徐子健 徐世伟 徐进亮 殷国鹏
殷晓鹏 高义章 高西庆 郭飞 郭敏 郭红玉 郭桂霞
席丹 唐宜红 唐晓彬 桑百川 黄勇 黄毅 黄薇
黄人杰 黄晓玲 黄晓薇 黄健青 黄海刚 曹康伯 曹淑艳
龚炯 龚红柳 盛建明 崔凡 崔鑫生 康有枢 章昌裕
章添香 梁伟 谌哲 屠新泉 葛嬴 董灵 董玺印
蒋先玲 蒋灵多 蒋德恩 韩琪 韩艺萌 傅雨飞 傅慧芬
储祥银 童书兴 谢岷 谢远涛 蓝庆新 裘莹 雷光勇
雷荣迪 裴建锁 翟东堂 熊大惠 熊李力 樊瑛 黎孝先
滕德祥 潘红宇 潘慧峰 薛源 薛熠 薛荣久 戴长征
魏巍贤

此外，感谢对外经济贸易大学科研处、出版社、人力资源处、档案馆 / 校史馆、离退休人员工作处、国际经济贸易学院为本书编撰所提供的鼎力支持，感谢所有默默参与和支持本书编撰和出版的老师和同仁！需要指出的是，由于编写任务繁重，加之时间仓促，难免挂一漏万。书中有不充分、不完善之处甚至错误，敬请各方面专家与广大读者批评和指正。

谨以此书献给对外经济贸易大学建校 70 周年！